Sassan Niasseri
A Lifetime Full of Fantasy
Das Phantastische Kino: Aufstieg, Fall und Comeback

Für Ines, Ted und Polly.

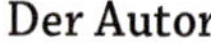

Der Autor

Sassan Niasseri wuchs an der friesischen Nordseeküste auf und studierte Diplom-Psychologie an der Freien Universität Berlin. Er volontierte beim Stadtmagazin *Tip*, wo er danach als Literatur-Redakteur arbeitete. Er ist Gesamt-Redaktionsleiter der Webseiten von *Rolling Stone* und *Musikexpress*.

Weitere Texte sowie auch die Interviews mit den in diesem Buch porträtierten Akteuren finden Sie unter swordandsorcery.de oder per Scan dieses QR-Codes:

Sassan Niasseri

A Lifetime Full of Fantasy

Das phantastische Kino: Aufstieg, Fall und Comeback

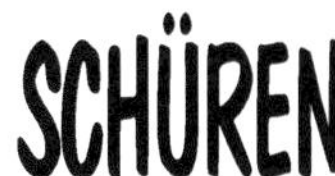

Die Deutsche Bibliothek – CIP-Einheitsaufnahme
Die Deutsche Bibliothek verzeichnet diese Publikation in der deutschen Nationalbibliografie; detaillierte bibliografische Daten sind im Internet unter http://dnd.ddb.de abrufbar.

Abbildungsnachweis
amazon (17), Arthaus (27–35), Capelight (2), Concorde (44–50), Constantin Film (52–57), Disney (58–66), Disney / 20th Century Fox (11), Netflix (14–16), Sony (18–26, 51, 67–68), StudioCanal (69–71), 20th Century Fox (37–40, 72, 74–75), 20th Century Fox / Turbine Medien (73), Universal (36), Warner Bros. (1, 3–7, 12–13, 41–43, 84), Warner Bros. / HBO (76–83, 85), Warner Bros. / MGM (8–10)
Foto S. 2: Martin von den Driesch
Sollten trotz aller Bemühungen, die aktuellen Copyright-Inhaber herauszufinden, andere Personen und Formen zu diesem Kreis gehören, werden sie gebeten, sich beim Verlag zu melnden, damit sie in künftigen Auflagen des Buches berücksichtigt werden können.

Schüren Verlag GmbH
Universitätsstr. 55 | D-35037 Marburg
www.schueren-verlag.de

Umschlaggestaltung: Wolfgang Diemer, Frechen
Gestaltung: Erik Schüßler
Umschlagfoto: © Teeraparp Maythavee | Dreamstime.com
Druck: Beltz, Bad Langensalza
Printed in Germany
ISBN 978-3-7410-0396-7

Inhalt

«The dreams of youth are the regrets of maturity.
Dreams are my speciality. Through dreams, I influence mankind.»
Der Herr der Finsternis, LEGENDE

Einleitung
Von Schwertern und Zauberern

Das Kinojahr 2001 stand im Zeichen von zwei Welten, die es nicht gibt. In der einen kämpfen Internatsschüler auf ihren fliegenden Besen gegen einen schwarzen Magier, der im Exil seine Wunden leckte und nun zur Welteroberung ansetzt. In der anderen machen sich Gnome aus ihrem beschaulichen Dorf zu einem fernen Vulkan auf, um einen Ring, dessen Besitz alles Leben zerstören kann, in einen Lavafluss zu werfen.

HARRY POTTER UND DER STEIN DER WEISEN nach dem Roman von J.K. Rowling, wurde der weltweit erfolgreichste Film des Jahres. Auf Platz zwei folgte Peter Jacksons DER HERR DER RINGE: DIE GEFÄHRTEN, die Umsetzung des ersten *Herrn der Ringe*-Bands von J. R. R. Tolkien.

Beides sind Fantasy-Filme, und DER HERR DER RINGE fällt in ein Genre, von dem es sehr, sehr lange nichts Gutes zu hören gab: «Sword and Sorcery».

Von Schwertern und Zauberern handeln solche Geschichten, von Elfen, Orks und Zwergen in mystischen Welten. Populär wurden sie zunächst in der Literatur, vor allem durch Tolkiens Roman-Zyklus ab 1954. In den 1960ern wurden sie von der Gegenkultur entdeckt, deren Anhänger den Graffiti-Slogan «Frodo Lives!» an Häuserwände sprühten. Die Hobbits genannten Zwerge wurden zu Vorbildern der Blumenkinder, denn der kleine Frodo war ein friedliebender «Niemand», der Erstaunliches vollbrachte, dem der Aufstieg zum Helden gelingt. Ab Ende der 1970er-Jahre siedelte «Sword and Sorcery» ins Kino über.

Die HERR DER RINGE-Trilogie fand 2003 ihren Abschluss, aber die Faszination für Schwerter und Zauberer hält bis heute an. Sie hat auch ihren Weg ins Fernsehen gefunden. Mit GAME OF THRONES endete 2019 die populärste TV-Serie der Dekade. Die auf George R. R. Martins *Das Lied von Eis und Feuer*-Büchern basierende Mär hat das Genre um eine unerwartete Komponente erweitert, sodass sich von «Sword and Sorcery and Politics» sprechen lässt. Der Kampf um den Thron wird nicht nur mit Waffen und Drachen, sondern auch Sondierungen und Klüngelei ausgetragen.

Auch Tolkien-Anhänger können sich freuen. 2022 wird Amazon in seinem Streamingdienst einen milliardenschweren, in Mittelerde angesiedelten Mehrteiler veröffentlichen. Konkurrent Netflix versucht derweil, mit Serien wie THE WITCHER erfolgreich zu sein.

Bevor jedoch DER HERR DER RINGE und HARRY POTTER 2001 das Kino eroberten, gab es über einen Zeitraum von mehr als einem Jahrzehnt keine Großproduktion aus Hollywood, die sich der Fantasy widmete.

Dieses Desinteresse, wohl auch diese Angst der Studios lässt sich auf drei Werke zurückzuführen. Ins Kino kamen sie in den Jahren 1982, 1984 und 1985. Diese drei Werke eint, dass auf dem Regiestuhl Filmemacher mit großen Namen saßen. Drei der besten ihrer Generation.

Sie eint, dass diese drei Filmemacher eine Vision hatten, die sich nicht verwirklichen ließ, weil entweder die Produzenten ihre Arbeiten beschnitten – oder das Publikum sie nicht verstand.

Jim Hensons DER DUNKLE KRISTALL, David Lynchs DER WÜSTENPLANET und Ridley Scotts LEGENDE. Alle drei Arbeiten gelten als Misserfolge.

Geschadet aber haben sie ihren Regisseuren nicht. Sie sind sogar neu entdeckt oder von anderen Filmemachern weitererzählt worden.

Bis zu seinem frühen Tod 1990 würde Henson der Meister der Puppen bleiben. Die Schöpfungen seiner Trickschmiede gelten bis heute als unübertroffen. Mit DER DUNKLE KRISTALL – ÄRA DES WIDERSTANDS setzte Netflix 2019 Hensons Geschichte als Prequel-Serie fort, wenn auch nur für eine Staffel.

Auch David Lynch hat sein WÜSTENPLANET-Fiasko überwunden. Er erschuf schon mit dem nächsten Film seine zum Markenzeichen erhobene Ausdrucksform. BLUE VELVET (1986) war die Blaupause für alle folgenden Werke: Geschichten über sexuelle Aggression, Rollenspiele, die Anreize der Unterwelt, den Blick hinter die Jägerzäune des Bürgertums.

Lynchs Regie-Kollege Denis Villeneuve genoss mit der Neuverfilmung vom WÜSTENPLANETEN, die im Oktober 2021 in die Kinos kommen soll, mehr Freiheiten. Er durfte beweisen, dass sich Epen leichter stemmen lassen, wenn ihnen weniger strenge Laufzeitbeschränkungen unterliegen. Dieses Zutrauen der Studios genoss Lynch seinerzeit nicht. Er musste eine arg gekürzte – und dadurch konfuse – Adaption des Romans von Frank Herbert abliefern.

Der dritte große Gescheiterte der 1980er-Jahre, Ridley Scott, wandte sich nach LEGENDE, einem Märchen mit Elfen und Einhörnern im Schnee, zunächst anderen Genres zu. Er inszenierte Thriller und Historiendramen. Aber seit seinem Erfolg mit dem Sandalenfilm GLADIATOR im Jahr 2000 darf er wieder viel Geld ausgeben. Zuletzt widmete Scott sich zwei ALIEN-Arbeiten. Er kehrte zu jenem Sci-Fi-Stoff zurück, der ihn berühmt gemacht hatte.

Warum wurde das Fantasy-Genre, insbesondere «Sword and Sorcery», ab den späten 1970er-Jahren so populär im Kino?

Manche verweisen auf ein konfliktreiches «politisches Klima», das ein Interesse an eskapistischen, «fantastischen» Stoffen bedinge. Die Fantasy-Welle hinge zusammen mit dem sich zuspitzenden Kalten Krieg. «Schwerter und Zauberer» als Flucht in ein fiktives Universum. Oder als Kampfansage gegen neue Kulturen: CONAN DER BARBAR-Regisseur John Milius ließ seinen Krieger gegen einen Sektenführer antreten, dessen Jünger an Hippies angelehnt waren. Archaischer Militarismus beendet Flower Power.

HARRY POTTER und der HERR DER RINGE kamen kurz nach den Terroranschlägen in New York, nach 9/11 ins Kino. Auch diese Filme wurden mit den Schrecken der realen Welt in Verbindung gebracht. Sie würden den Sieg des Guten über Armeen zeigen, die den Terror in unsere Welt tragen.

Diese Zusammenhänge lassen sich natürlich untersuchen, sowohl bei den Filmen der 1970er-Jahre, als auch bei denjenigen des 21. Jahrhunderts. Sie wurden auch untersucht.

Nur beweisen lassen sie sich nicht. Zwar kam CONAN DER BARBAR in einer politisch aufgeladenen Zeit ins amerikanische Kino, im März 1982. Damals siedelten die Sowjets ihre Atomraketen in Polen an, die Amerikaner bereiteten die Stationierung der Pershing-II-Raketen in Westdeutschland vor. Aber der Conan-Stoff geisterte schon seit Mitte der 1970er-Jahre durch Hollywood. Regisseur Milius erhielt das Angebot, den Film zu machen, einfach sehr spät.

Die Produktion von HARRY POTTER startete 1999, jene vom HERRN DER RINGE 1998, drei Jahre vor dem Einsturz der Twin Tower. Die Annahme, ihre Entstehung und ihr Erfolg lassen sich vor allem mit dem plötzlichen Verlangen nach Eskapismus in Verbindung bringen, schmälert die eigentliche Größe dieser Werke. Denn ihre Erzählungen sind zeitlos.

Einer der «Sword and Sorcery»-Regisseure ist Ralph Bakshi, der 1978 den ersten – animierten – HERR DER RINGE-Film drehte. Er sagt: «Natürlich ist Fantasy der schönste Eskapismus. Aber die Welt ist seit Jahrzehnten derart im Eimer, dass man auch seit Jahrzehnten schon ins Kino flüchten könnte. Dafür braucht es keine konkrete weltpolitische Katastrophe.»

Genau, denn es gibt auch Menschen, die Fantasy lieben, und die trotzdem nie einen Gedanken an Katastrophen verschwendet haben, vor denen man flüchten müsste. Wie mein Sohn und meine Tochter. Sie sind solche Menschen. Für sie ist die Welt ganz und gar nicht im Eimer. Sie lieben, wie alle Kinder, Dinosaurier. Erwachsene lieben Dinosaurier auch, aber Kinder lieben sie noch mehr. Warum ist das so? Ist es Eskapismus, sich in einer Vorstellungswelt voller Überlebenskämpfe längst ausgestorbener Tierarten zu verlieren? Sind Kinder mit ihrer Lebenserfahrung von nur wenigen Jahren schon derart gelangweilt, schockiert oder gestresst von der Fauna unserer jetzigen Erde, dass sie in eine Vorzeit flüchten wollen, die uns irreal, also aufregend vorkommt? Ich glaube, die Faszination von Tyrannosaurus Rex, Brachiosaurus und Triceratops ist an sich schon stark genug, mit Eskapismus hat die Dino-Leidenschaft wenig zu tun. Eher damit, dass Kinder die Urtiere für Monster halten. Für Fantasy. Aufgrund ihrer Größe und Gefährlichkeit können manche Dinosaurier uns vorkommen wie Fabelwesen, wie Drachen. Und die sind nun mal furchteinflößender als die Nachkommen der Dinos, wie die Krokodile.

Kriege, Terror, Umweltdesaster? Es dürften weniger dramatische Gründe gewesen sein, die ursächlich sind für die erste Fantasy-Welle Ende der 1970er-Jahre und die zweite Welle 2001.

Die Spezialeffekte wurden besser. KRIEG DER STERNE ließ ab 1977 den Glauben wachsen, dass das Trick-Kino vor einem Durchbruch steht. Die Studios steckten mehr Geld in die Erschaffung künstlicher Welten, die immer realistischer aussahen.

Aber erst im neuen Jahrtausend kam alles zusammen. Größere Etats. Revolutionäre Effekte. Das Vertrauen in die Pläne ambitionierter Regisseure. Und nicht zuletzt das Vertrauen in die Zuschauer, dass sie auch dann in Scharen in die Lichtspielhäuser strömen, wenn aus Filmen Epen werden, sie eine Spieldauer von drei Stunden vorweisen.

Wie das eigentliche, schmutzige, sogenannte F-Wort wurde einst auch das Wort Fantasy innerhalb der Branche als «F-Wort» abgekürzt. Das Genre galt zwar nicht als schmutzig – aber als unseriös. Es wurde belächelt und war chancenlos bei den wichtigsten Preisverleihungen.

Bis DER HERR DER RINGE in die Kinos kam.

Im Erscheinungsjahr dieses Buchs feiern die drei größten Fantasy-Adaptionen der Neuzeit ihre Jubiläen: Der erste HERR DER RINGE-Film, DIE GEFÄHRTEN, wird 20 Jahre alt, genau wie HARRY POTTER UND DER STEIN DER WEISEN. Und die erste Staffel von GAME OF THRONES wurde vor zehn Jahren ausgestrahlt. Alle drei Geschichten werden nun im Kino und Fernsehen weitererzählt.

Die Gemeinde kann es kaum erwarten.

Dies ist ein Bericht vom Aufstieg und Untergang des Fantasy-Genres – und seiner Renaissance ab der Jahrtausendwende.

1.
Die Renaissance der Fantasy im neuen Jahrtausend

«Many that live deserve death. Some that die deserve life.
Can you give it to them?»
- Gandalf, *The Fellowship of the Ring*

Die Wiedergeburt des Fantasy-Kinos fußt auf zwei Roman-Reihen, deren Entstehungsgeschichten rund 40 Jahre auseinanderliegen. Erstere ist eine Trilogie, die zweite stützt sich auf sieben Bücher, was ihr den ungewöhnlichen Zählbegriff Heptalogie einbringt: *Der Herr der Ringe* und *Harry Potter.*

Der Herr der Ringe ist die ältere, und an diesem Epos bissen sich Regisseure jahrzehntelang die Zähne aus, darunter auch Routiniers. Wie John Boorman, der gerne in Irland gedreht hätte, in einer grünen Landschaft, die seiner Vorstellung der Hobbit-Welt Auenland am nächsten kam. Doch statt des *Herrn der Ringe* widmete er sich dort seiner Artussagen-Interpretation EXCALIBUR.

Oder Ridley Scott, der den Tolkien-Traum auch Anfang der 1980er-Jahre begrub und lieber LEGENDE inszenierte, der dem *Ringe*-Opus nicht unähnlich sein würde. LEGENDE war ein Fantasy-Film mit einem «Herrn der Finsternis», präsentierte außerdem Hobbit-ähnliche Zwerge, eine Elfe, aber auch jenes Fabeltier, das den Märchenmeister Tolkien nicht so sehr interessierte: ein Einhorn.

J R.R. Tolkiens *Der Herr der Ringe*, dessen erster Band *Die Gefährten* 1954 erschien, galt als jenes Werk, das «unverfilmbar» ist. John Ronald Reuel Tolkien lehrte in Oxford als Englisch-Professor, in diese Zeit fielen die *Ringe*-Bücher genauso wie der Vorgänger *Der Hobbit oder Hin und zurück*. Die Fantasie dieses Gelehrten existierte nur auf dem Papier, und noch 1968, fünf Jahre vor seinem Tod, teilte Tolkien Bedenken gegen die Idee einer Verfilmung mit. Zum Vergleich zog er ein Epos heran, das noch bekannter war als seines. «Man kann eine Erzählung nicht in eine Drama-Form pressen. Es wäre einfacher *Die Odyssee* zu verfilmen. Darin passiert weniger. Gerade mal ein paar Stürme.»[1]

Er maß sich also mit Homer. Gemessen daran, dass der *Herr der Ringe* regelmäßig auf den Spitzenplatz der «besten Romane des 20. Jahrhunderts»-Listen gewählt wird, ist der Vergleich nicht abwegig.

Vielleicht auch unter dem Einfluss Tolkiens begründete der Schriftsteller Lloyd Alexander 1971 den Begriff «High Fantasy», von dem er «Low Fantasy» abgrenzte. Tatsächlich lassen sich alle Romane und Filme des Genres nach diesen zwei Kriterien unterteilen, manche gehören aber auch beiden Sphären an. «High Fantasy» kennzeichnet, wie das Mittelerde Tolkiens, eine frei erdachte Welt. Ein Beispiel für «Low Fantasy» wäre die Artussage. König Artus lebt auf unserer Erde, aber es gibt in seiner Erzählung auch Drachen und Zauberer. Eine Mischform bildet *Harry Potter*. Dessen Welt ist ein wenig komplizierter. Einerseits ist sie «Low Fantasy», da der Junge im uns bekannten England aufwächst. Andererseits ist auch sie «High Fantasy», weil eine den normalen Menschen nicht zugängliche Parallelwelt vorhanden ist, in der Magie und übersinnliche Kreaturen existieren. Harry bewegt sich hin und her.

Und eben diese zweite Roman-Reihe, jene um den Zauberschüler Harry Potter, war für die Fantasy-Renaissance mitverantwortlich. Erdacht hat sie eine Frau mit einer unvergleichlichen Aufstiegsgeschichte. Der erste Band der Hobby-Schriftstellerin J.K. Rowling, *Harry Potter und der Stein der Weisen*, erschien 1997. Er machte die frühere Sekretärin und spätere Lehrerin Joanne (das «K» stand für Kathleen, was ein ausgedachter Zweitname war, um sich mit Initialen Geltung zu verschaffen) innerhalb weniger Jahre zur Milliardärin. Rowling ist die meistgelesene Autorin aller Zeiten. Bis heute hat sie mehr als 500 Millionen Potter-Bücher verkauft.[2]

Beide Epen, *Der Herr der Ringe*, als auch *Harry Potter*, eint die abenteuerliche Suche, im Englischen so glanzvoll mit «Quest» betitelt. Menschen ziehen los, um eine Mission zu erfüllen, durch die sie selbst heranreifen. Harry muss den Mörder seiner Eltern stellen. Frodo begibt sich auf die Reise nach Mordor, um einen Ring, der ihm anvertraut wurde, zu vernichten.

Der Herr der Ringe ist einer der wenigen Fantasy-Stoffe, in denen ein übernatürlicher Gegenstand am Ende der Quest nicht gefunden, sondern beseitigt wer-

1 *The Telegraph*, bit.ly/35SIGqe (30.06.2021).
2 *Forbes*, bit.ly/3jstbsK (30.06.21).

den muss. Und einer der wenigen Fantasy-Stoffe, in denen der Held am Ende seiner Reise eine tragische Erkenntnis akzeptiert. Um seine Leute zu retten, hat er sich opfern müssen. Er ist keiner mehr von ihnen, sie können die Gefahren, die er überstanden hat, nicht erfassen. Die Quest hat ihm Narben zugefügt. Seine Rückkehr ist nur auf Zeit. Er wird weiterziehen müssen.

Auf tausende Seiten angelegte Mythen bieten Drehbuchautoren die Möglichkeit, für Verfilmungen aus entsprechend detaillierten Welten zu schöpfen. Im Fantasy-Genre stehen Produzenten aber auch öfter als in anderen Gattungen vor dem Problem, geeignete Stoffe überhaupt zu finden. Es gibt nicht viele kluge fantastische Geschichten, deren Universen so überzeugend sind, dass sie sich für eine Umsetzung eignen. Ganz zu schweigen vom Kapital, das dafür aufgebracht werden müsste.

In diesem Dilemma befanden sich etliche Produktionen der 1980er-Jahre. Die Storys waren gut, aber sie ließen sich nicht gut umsetzen. Es überwiegten Filme, die ihr Geld entweder nicht reinholten (LEGENDE, DER WÜSTENPLANET) oder nur bescheidene Einspielergebnisse vorwiesen, die die Herstellungskosten gerade mal deckten (DER DUNKLE KRISTALL, DIE UNENDLICHE GESCHICHTE).

Den Beginn einer neuen Trick-Ära markierten jedoch nicht Schwerter und Zauberer, auch kein Fabelwesen, sondern ein Tier. Steven Spielbergs DER WEISSE HAI galt 1975 als Geburtsstunde des Blockbuster-Kinos. Im Mittelpunkt stand ein sieben Meter langer Fisch beziehungsweise dessen Attrappe aus Gummi und Plastik, versehen mit Kabeln und einem Motor.

Nun, vielleicht war dieser Hai doch ein Fabelwesen. Die Meeresräuber sind schlau, aber lange nicht so schlau wie diese Filmbestie, und auch nicht so hartnäckig und groß. Um an seine Opfer zu gelangen, schmeißt sich der Fisch auf einen Kutter und benutzt ihn als Wippe.

Spätestens mit George Lucas' Weltraumsaga KRIEG DER STERNE: EINE NEUE HOFFNUNG wurde 1977 offensichtlich, dass immer mehr Leute immer mehr Filme sehen wollen, in denen immer bessere Spezialeffekte in immer besseren Welten präsentiert werden. Die Kunst, natürlich auch die Formel zum Erfolg sollte darin bestehen, dieses Kino von Figuren bevölkern zu lassen, die zunehmend echt oder zumindest einigermaßen handfest wirkten.

Es war auch die revolutionäre Entwicklung der CGI ab den 1990er-Jahren, der wir die Renaissance der Fantasy verdanken. CGI steht für «Computer Generated Imagery» und beschreibt visuelle Effekte genannte Tricks, die aus dem Rechner stammen, also nicht mehr mit Hilfe von Modell, Kostüm oder Maske inszeniert und dann abgefilmt wurden. Bis zum Durchbruch der CGI mehr als ein Jahrzehnt nach KRIEG DER STERNE waren Effekte stets als Effekte zu erkennen. Was uns zum ersten wichtigen Film der Fantasy-Ära führt. Und einem weiteren, noch bedeutenderen, der 23 Jahre später in die Fußstapfen derselben Literaturvorlage trat.

Der Herr der Ringe – Von Ralph Bakshi zu Peter Jackson

Den Beginn der «Sword and Sorcery»-Ära markierte 1978, lange vor der uns bekannten HERR DER RINGE-Trilogie Peter Jacksons, ein anderer HERR DER RINGE. Ein überwiegend am Zeichentisch entstandener.

Regie führte Ralph Bakshi, der seinen ersten Erfolg 1972 mit FRITZ THE CAT feierte, der Umsetzung eines Robert-Crumb-Comics über einen hedonistischen Kater. Als erster Zeichentrick erhielt der Film in den USA ein «X Rating», also keine Jugendfreigabe, in Deutschland zunächst auch nur ein «ab 18».

Bakshi war ein Auteur, einer, der das Siegel «adult-oriented» für den Animationsfilm in der anglo-amerikanischen Kino-Kultur etablierte. 1977 realisierte er mit DIE WELT IN ZEHN MILLIONEN JAHREN eine gezeichnete Dystopie. Auf der post-apokalyptischen Erde treten Roboter gegen Elfen und Zwerge an. Bakshi, Sohn von Palästina nach Brooklyn eingewanderter Krimtschaken, bezeichnete den Kampf der Märchenwesen gegen die Maschinen als Parabel auf die Gründung des Staates Israel, mit einem Sieg der Freiheit über den Totalitarismus.

Mit der Einbindung mystischer Kreaturen stand auch die Richtung seines Folge-Projekts fest. Aus Tolkiens *Herr der Ringe* machte Bakshi sein nächstes animiertes Abenteuer. Da ihm lediglich acht Millionen Dollar Budget zur Verfügung standen, war an einen Mittelerde-Realfilm sowieso nicht zu denken.

Über Jahre verteidigten die *Herr der Ringe*-Romane schließlich, genauso wie die sechsbändige *Wüstenplanet*-Reihe Frank Herberts, jenes ehrerbietende Attribut «unverfilmbar». Sie fielen ins Zeitalter vor der Computer Generated Imagery, die ab Anfang der 1990er-Jahre einen Roboter aus einer sich wandelnden Flüssigmetall-Hülle angreifen (TERMINATOR 2 – TAG DER ABRECHNUNG, 1991), den T.rex auf der Erde wandeln (JURASSIC PARK, 1993), oder das legendärste Passagierschiff in der Fast-Senkrechten versinken ließ (TITANIC, 1997). War einst die Abkürzung SFX das Maß aller Dinge, begann nun der Siegeszug der VFX. Die visuellen Effekte lösten die Spezialeffekte ab. Während Spezialeffekte vor allem während des Drehs am Set umgesetzt wurden, erforderten visuelle Effekte die nachträgliche Arbeit am Computer.

«Unverfilmbar» ist eine Bezeichnung, die im heutigen Kino keine Aussagekraft mehr hat, sobald es um die Darstellung von Lebensräumen und Geschöpfen, oder, wie bei Tolkien, auch um Kriegsszenarien mit riesigen Heeren geht.

Immer weniger wird heute modelliert und aufgebaut oder per Statisten erledigt, was in der Regel nicht nur mehr Arbeitsstunden, sondern auch mehr Einsatzkräfte nötig macht. Die meisten Tricks werden digital produziert. Computer besiegt traditionelles Handwerk.

Und alles ist verfilmbar.

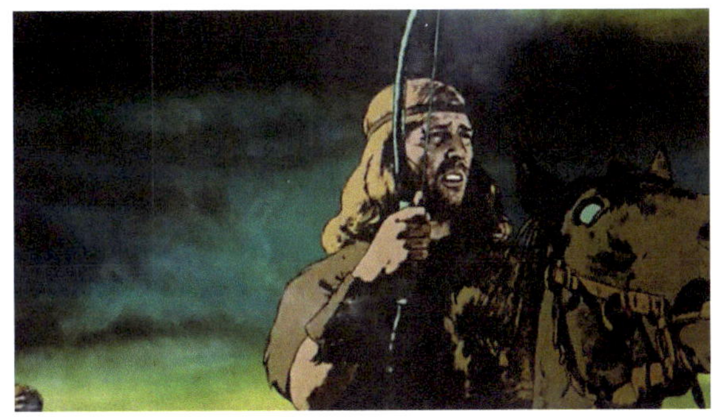

1 Ein Reiter von Rohan stellt sich der Ork-Armee, die den Sturm auf die Festung Helms Klamm vorbereitet. Ein Schauspieler wurde rotoskopiert und in den Zeichentrick-Film eingefügt. (DER HERR DER RINGE, USA, 1978)

Böser Ring, seltsame Orks

Der Clou in Bakshis RINGE-Film, der die ersten eineinhalb der drei Tolkien-Romane abbildet, besteht in der Mischung aus Zeichentrick und Realaufnahmen, eine Methode, die er schon für DIE WELT IN ZEHN MILLIONEN JAHREN anwandte. Mittels der Rotoskopie, Durchpausen auf Mattglasscheibe, wurde das mit Schauspielern gedrehte Material in der Post-Produktion nachgezeichnet.

«Ich versuchte das realistischste Gemälde überhaupt zu kreieren. Also drehte ich einen echten *Herr der Ringe*-Film mit Schauspielern», erklärte Bakshi seinen Effekt.[3] Das Ergebnis sah bisweilen so aus, als wären die Darsteller im falschen Film gelandet. Rotoskopierte Ringgeister, die Nazgûl, jagen gezeichnete Hobbits, und gezeichnete Ork-Soldaten greifen Menschen auf abgefilmten Pferden an. Immerhin wirken die Bewegungen weit flüssiger als beim Zeichentrick (Abb. 1).

Gleichwohl war Ralph Bakshi nicht der erste Regisseur, der sich Tolkien annahm. Fürs Fernsehen produzierte Rankin/Bass Animated Entertainment 1977 zwar keinen *Herrn der Ringe*, aber eine Fassung vom Vorgängerwerk: THE HOBBIT. Die Animation übernahmen die Japaner von Topcraft. Aus ihnen sollte später mit Studio Ghibli unter Führung von Hayao Miyazaki eine der weltweit bekanntesten Zeichentrickwerkstätten hervorgehen.

Der 1938 geborene Bakshi denkt gern an die Momente zurück, in denen er mit Charakteren aus Fleisch und Blut arbeitete. Auf Facebook und Instagram veröffentlicht er regelmäßig Set-Bilder aus Spanien. Sie zeigen Statisten in Monster-Kostümen in den hügeligen Landschaften La Manchas rund um die Burg Castillo de Belmonte. Dort drehte Bakshi die Attacke auf die Festung Helms Klamm, ein Höhepunkt aus dem zweiten *Ringe*-Buch, *Die zwei Türme*.

---

3 *Bobbie Wygant Archives*, bit.ly/2HiUkAC (30.06.2021).

«Der Ring ist ein Symbol für Korruption» Ein Gespräch mit Ralph Bakshi

Bakshi betreibt heute noch ein Animationsstudio. Er lebt und arbeitet in Silver City, einer Kleinstadt im US-Bundesstaat New Mexico, einstiger Lagerplatz der Apachen und benannt nach einer Silbermine. Die Mailanfrage nach einem Gespräch beantwortet er schlicht mit «OKAY, I'm around, Ralph» und hebt, einen Tag später, schon beim ersten Klingelzeichen des Telefons ab. Danach ist er kaum zu stoppen. Im Hintergrund ist immer wieder seine Frau zu hören, sie versucht ihn zum Esstisch zu rufen, es ist Mittagszeit in New Mexico. Er brüllt in ihre Richtung: «Nein, ich bin doch am Telefon! Spreche mit diesem Typen aus Deutschland!»

Dann schweigt Bakshi doch für einen Moment. Wo war er stehen geblieben? Spanien. «Kastilien! Die Verpflegung war toll. Und ich durfte mit Gypsys rumhängen, die Orks spielen. Die beste Zeit meines Lebens.»

Für seinen HERRN DER RINGE, der das Erblühen des Fantasy-Kinos einleitete, arbeitete Bakshi mit Rotoskopie, aber auch mit dem, was technisch herkömmlich war. Das mit der Realisierung Mittelerdes verbundene Problem gigantischer Kosten wurde auf praktische Weise gelöst. Die meisten Fantasien landeten direkt auf dem Zeichenblatt. Keine Burg-Attrappen, generell wenige Modelle, dafür historische Schauplätze. 3 000 Statisten, aber keine Stars, die hohe Gagen fordern würden. Wobei Bakshi zwei durchaus bekannte Schauspieler engagierte. John Hurt, der im selben Jahr für 12 UHR NACHTS – MIDNIGHT EXPRESS eine Oscar-Nominierung erhalten sollte, sprach den Streuner und späteren König Aragorn. Anthony Daniels alias C-3PO, der tapsige Droid aus KRIEG DER STERNE, nahm sich des eleganten Elben Legolas an.

1978 war dieser HERR DER RINGE dennoch eine riskante Unternehmung. Wer an Fantasy-Animationen dachte, dachte an Disney. An Kinderfilme. Nicht an Schlachten zwischen Menschen und Untieren, in denen Blut fließt. Bakshis Version war eindeutig eine für Erwachsene, aber gemalte Werke müssen sich traditionell gegen den Vorwurf wehren, sie seien für Kinder gemacht. Es gibt dafür den Begriff «Sillification». Die Darstellung von High oder Low Fantasy soll darin erheiternd sein. Auch die Erwachsenenwelt liebt «Sillification», im Cosplay («Costume» und «Play», also «Kostümspiel») auf Comic- oder Filmmessen, wo selbstgefertigte Verkleidungen wie auf einem Laufsteg präsentiert werden.

Für Ralph Bakshi war «Sillification» nie eine Option. Bei keinem seiner Filme. Viele seiner Verwandten wurden im Holocaust ermordet. Er interessiert sich für die politischen Sinnbilder der Tolkien-Saga, wie er im Gespräch erzählt: «Der Ring ist ein Symbol, ein Symbol für die Korruption. Egal, wer ihn trägt, der Ring lockt nur die schlechten Seiten im Menschen hervor.»

Bakshi seufzt, dann wird er vulkanisch: «Die Welt ist im Eimer. In Amerika, aber auch in Europa sind Faschisten zurück an der Macht. Genauso, wie ich es in DIE WELT IN ZEHN MILLIONEN JAHREN angedeutet und im HERRN DER RINGE konkretisiert habe.»

Bei unserer Unterhaltung im Oktober 2020 konnte noch keiner wissen, dass den USA vielleicht eine Veränderung zum Guten bevorsteht. Donald Trump würde einen Monat später sein Amt als amerikanischer Präsident verlieren. Ohne ihn könnte die Welt friedvoller werden. Bakshi mahnt in Richtung Deutschland: «Ihr könnt die USA, wie sie heute ist, verurteilen. Aber vergesst nicht, was ihr im Zweiten Weltkrieg angerichtet habt.»

Bakshis Herr der Ringe endet, da er nur eineinhalb Bände der Erzählung umsetzt, mit der Schlacht in Helms Klamm, jener Burg, von der er so viele Set-Pics in den sozialen Medien teilt. Den Höhepunkt im letzten Akt des Films bildet damit ein Gefecht, das über den Fortbestand der aufrechten Völker Mittelerdes entscheidet, also von entsprechender Wichtigkeit für die Zuschauerbindung ist. Und die Zuschauer sollten ja, ginge es nach Bakshi, für zwei Fortsetzungen ins Kino kommen.

Von einigen Anhängern klassischer Animation wurde Bakshis Herr der Ringe wegen seiner neuen Technik verteufelt. Aber der Film entwickelte sich zum Publikumserfolg. Er kostete vier Millionen Dollar, erwirtschaftete 30. Das Filmplakat mit dem einschüchternd wie der Turm von Orthanc aufragenden Gandalf ist bis heute sogar bekannter als die Poster-Motive der drei Herr der Ringe-Blockbuster Peter Jacksons. Und sei es nur, weil es über Jahrzehnte das einzige Plakat war, das es zu Tolkiens Saga zu sehen gab.

Am Ende wollte Bakshi aber keinen weiteren Teil mehr drehen. Er überwarf sich mit den Produzenten. Ein Grund für den Abschied, sagt er, habe in einer irreführenden Maßnahme von United Artists gelegen. Das Studio habe die Arbeit nicht als «Teil eins» kennzeichnen wollen – wegen der Befürchtung, dass die Zuschauer keine Fortsetzungsfilme mögen, also schon der erste Beitrag mit solch einem Label zum Misserfolg verdammt gewesen wäre. Bakshi widersprach United Artists, vergeblich. Und die Sorge, das Publikum mit einem unangekündigt offenen Ende zu verärgern, teilte die Filmgesellschaft anscheinend nicht.

Rankin/Bass Animated Entertainment brachte 1980 mit Die Rückkehr des Königs eine inoffizielle Fortsetzung ins Fernsehen, die jedoch wenig beachtet wurde (wenngleich John Huston, wie auch im Hobbit, den Gandalf sprach). Zudem verklagten die Nachlassverwalter des «Tolkien Estate» das Studio, da die Filmrechte für die USA nicht geklärt worden seien.

Seinen letzten, wenngleich teuersten Kinofilm drehte Bakshi 14 Jahre später. 1992 lief Cool World an, eine schwarze Gangsterkomödie und Mischung aus Live-Action-Film und Zeichentrick. Er hatte 30 Millionen Dollar zur Verfügung, verpflichtete Gabriel Byrne, den Newcomer Brad Pitt sowie, für die Stimme einer Cartoon-Femme-Fatale, Kim Basinger. Der wie eine B-Version von Falsches Spiel mit Roger Rabbit (1988) aussehende Streifen mit dem scheinbar deskriptiven, in Wirklichkeit nichtssagenden Titel war ein Flop. Bakshi verabschiedete sich danach aus Hollywood. Er glaubt, dass Cool World funktioniert hätte, wäre ihm erlaubt worden, ihn als Horrorfilm umzusetzen.

Neun Jahre davor, 1983, verwirklichte Bakshi mit Feuer und Eis zumindest seinen Traum eines zweiten animierten «Sword and Sorcery»-Abenteuers. Auch

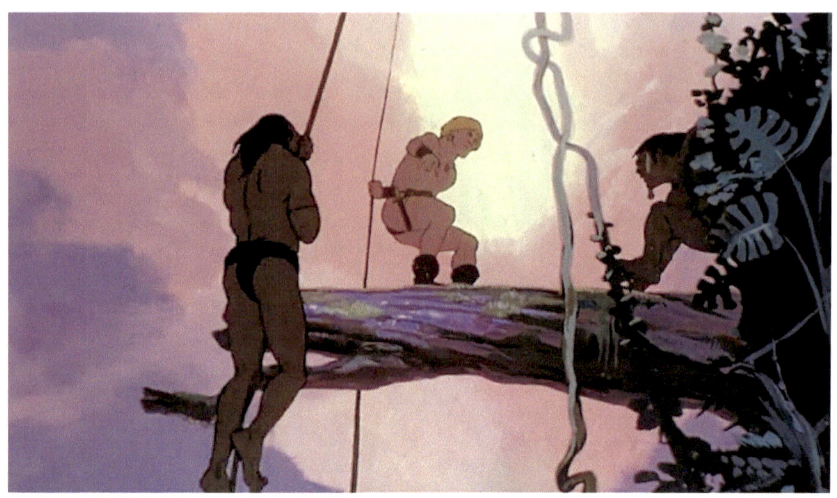

2 Larn ist der einzige Überlebende seines Stamms und wird von den «Halbmenschen» auf einen Baum gejagt. Larn erinnert an He-Man und Conan, die beide ein Jahr vor FEUER UND EIS auf den Markt bzw. ins Kino kamen. (FEUER UND EIS, USA 1983)

das entstand mit Hilfe der Rotoskopie, war grandios gemalt und detailliert im «worldbuilding», also der Errichtung eines Universums, das phantastischen, aber glaubwürdigen Gesetzen folgt. Im Grunde besteht der Film aus einer einzigen Verfolgungsjagd zwischen Menschen und monströsen «Halbmenschen» (Abb. 2).

Allerdings war FEUER UND EIS auch explizit in der sexistischen Darstellung halbnackter Frauen, denn die Zeichnungen stammten vom *Conan*-Designer Frank Frazetta, dem wohl einflussreichsten Illustrator des Genres. Gleich zu Beginn wird die Hauptfigur Prinzessin Teegra von Orks aus ihrem königlichen Schlafgemach entführt. Fortan läuft sie praktischerweise im knappen Nachtbikini durchs Bild, so spärlich bekleidet wie fast alle Frauen, die der New Yorker zeichnete.

Peter Jackson: Ein B-Filmer, der Hollywood verzauberte

Das Risiko, eine Saga zu beginnen und dann nicht vollenden zu können oder zu wollen, mochte ein anderer Regisseur auf keinen Fall eingehen. Was uns zurück in die nähere Gegenwart befördert, ins Jahr 1999. Jenes Jahr, als ein junger Neuseeländer seinen ersten HERR DER RINGE-Film schulterte, DIE GEFÄHRTEN.

Peter Jackson hatte sich 1987 mit dem Low-Budget-Zombie-Streifen BAD TASTE, vor allem aber mit dem 1992 in Cannes gezeigten BRAINDEAD einen Ruf als improvisationsfreudiger und humorvoller Gore-Meister erarbeitet.

Schnell entwickelte Jackson sich weiter. 1994 reüssierte er mit HIMMLISCHE KREATUREN, der auf einer wahren Begebenheit basierenden Charakterstudie zweier heranwachsender Mädchen, die, um ihre Liebe zu schützen, eine Mutter ermorden. Hauptdarstellerin Kate Winslet wurde zum Star. Peter Jackson erhielt eine Oscar-Nominierung für das beste Originaldrehbuch, gemeinsam mit den Co-Autorinnen Philippa Boyens und Fran Walsh, seiner Lebensgefährtin. Mit ihnen sollte er fortan ein ingeniöses Triumvirat bilden.

Nach Fertigstellung der 1996er-Geisterkomödie THE FRIGHTENERS war er bereit für sein Wunsch-Projekt, eines, von dem er seit Kindheitstagen träumte: DER HERR DER RINGE.

Der gerade mal 36-Jährige kämpfte dafür, nicht nur Band eins, sondern auch die Bände zwei und drei von Tolkiens Erzählung umsetzen zu können.

Aber nicht in einem, auch nicht in zwei, sondern gleich drei Filmen. Die zudem in einem Rutsch entstehen sollten.

Dass Jackson diesen Plan umsetzten durfte, war der entscheidende Schub fürs Fantasy-Genre. Er lieferte drei sensationelle Zuschauer- und Kritikererfolge ab und löste damit die Wiedergeburt der «Sword and Sorcery» aus, die seit mehr als einem Jahrzehnt auf sich warten ließ.

Der ehemalige Horror-Trash-Filmer durfte rund 300 Millionen Dollar ausgeben und 14 Monate drehen. Nicht in Hollywood mit seiner etablierten Studio-Infrastruktur, sondern in seiner Heimat rund um Wellington, wo noch nie ein derart teures Projekt in Angriff genommen wurde. Nicht schlecht für den Do-it-yourself-Neuseeländer Jackson, der die Masken seines Zombie-Films BAD TASTE einst herstellte, indem er sie im Ofen seiner Mutter buk.

Im Oktober 1999 fiel auf den grünsaftigen Hügeln der Gemeinde Matamata die erste Klappe der GEFÄHRTEN. Dort, wo das Hobbit-Dorf des Auenlands errichtet wurde. Dort, wo die Odyssee Frodos und seiner Freunde ihren Anfang nimmt.

Es steht außer Frage, dass die drei Beiträge Jacksons – auf DIE GEFÄHRTEN von 2001 folgte 2002 DIE ZWEI TÜRME und 2003 DIE RÜCKKEHR DES KÖNIGS – ohne Ralph Bakshi anders ausgesehen hätten. Beide Regisseure eint nicht nur das schnelle Erzähltempo, da sie ähnliche Nebenstränge aus den Romanen wegließen. DIE GEFÄHRTEN weist auch Einstellungen vor, die nahezu eins zu eins aus Bakshis 1978er-Film übernommen sein könnten.

Darunter jene, die als eine der gruseligsten gilt. Die vier Hobbits, zu ihrer langen Reise aufgebrochen, müssen sich sogleich unter einem Baumstumpf verstecken, über den sich ein Ringgeist beugt, weil er ihre Witterung aufgenommen hat. Die Aura des Nazgûls ist so diabolisch, dass sich das Gewürm bis in tiefste Erdschichten verkriecht. Es ist der erste Kontakt mit einem Lebewesen, das schlimmer ist als alles, was sich die Hobbits bis dahin vorstellen konnten (Abb. 3 und 4).

Außerdem könnte Bakshis Inszenierung des Gollum, sein affenartiger Gang, aber auch die gepeinigt klingende Artikulation des Sprechers Peter Woodthorpe, maßgeblich Andy Serkis' spätere Figur des unglückseligen Mutanten beeinflusst haben.

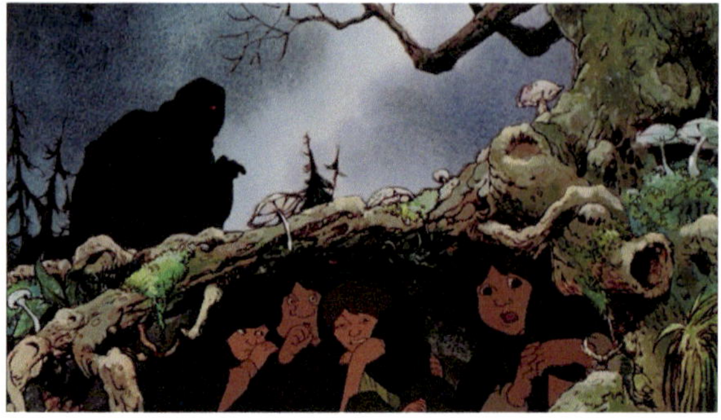

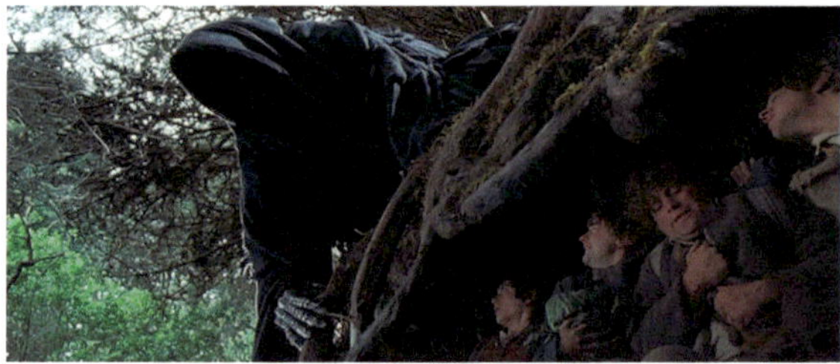

3–4 Die Hobbits verstecken sich vor dem Ringgeist in einer Baummulde. Der Nazgûl wittert Frodos Ring, den er im Auftrag seines Meisters Sauron sucht. Eine fast identische Einstellung hat Peter Jackson für DIE GEFÄHRTEN inszeniert. Die Anordnung der vier Hobbits ist bei ihm - Zufall? - spiegelverkehrt. Von links nach rechts: Frodo (Elijah Wood), Pippin (Billy Boyd), Sam (Sean Astin) und Merry (Dominic Monaghan). (DER HERR DER RINGE, USA 1978, DER HERR DER RINGE: DIE GEFÄHRTEN, NZ/USA, 2001)

Bakshis Film lebt also in Jacksons Erzählung weiter. Am Telefon äußert er sich empört darüber, dass Jackson ihn vor Drehbeginn seiner Trilogie nicht ein einziges Mal konsultierte. Ein Vorwurf, den Bakshi seit einigen Jahren schon kundtut. Der aber zumindest nicht unbeantwortet blieb. Zunächst reagierte Jackson auf jede öffentliche Beschwerde überrascht. Irgendwann aber wurde es ihm zu viel, und er ließ sich zu einem harschen, unfairen Konter hinreißen: «Warum hätte mich ein Cartoon inspirieren sollen?»

Bakshi erklärt die Herausforderung, der erste Filmemacher gewesen zu sein, der sich des *Herrn der Ringe* annahm. Cineastische Bilder von Helms Klamm, des Dämonen Balrog, von Saurons Turm Barad-dûr oder der Elbenstadt Bruchtal sind heute fest in unseren Köpfen verankert, genau wie von Gandalf mit seinem Zauberhut und dem knöchellangen, fleckigen Gewand. Aber auch diese Bilder mussten irgendwann von irgendjemandem erstmals gemalt werden.

Zwar fertigte Tolkien selbst Zeichnungen zu seinen Büchern an, ebenso sein Sohn Christopher und einige andere Künstler. Die sahen jedoch meist naturalistisch und zurückhaltend aus, also wenig filmreif, eher wie Skizzen. Ihnen fehlte der High-Fantasy-Glanz, der mit dem Kampf zwischen Licht und Dunkel assoziiert wird.

Bakshi musste sich etwas einfallen lassen. «Ich stand wie vor einer weißen Leinwand», sagt er. «Nie zuvor war auch nur ein einziger dieser Charaktere gemalt worden. Es gab kein einziges Bild, das ich zum Maßstab hätte nehmen können. Und natürlich haben sich die Leute vom *anderen,* neuen HERRN DER RINGE meinen Film genauestens angesehen.»

Drei Filme am Stück – und jeder dauerte drei Stunden

Mit DIE GEFÄHRTEN, der 23 Jahre nach Baskhis Version anlief, feierte Jackson also zwei Durchbrüche. Der erste war, dass er tatsächlich alle Filme am Stück verwirklichen konnte. Ein beispielloses Wagnis, wäre doch die gesamte Trilogie zum Scheitern verurteilt gewesen, wenn bereits Teil eins sich im Kino nicht durchgesetzt hätte. Jackson formulierte es so: Falls DIE GEFÄHRTEN gefloppt wäre, bliebe er sitzen auf den beiden teuersten, darauffolgenden Straight-to-DVD-Filmen der Geschichte.

Sogenannte «Back to Back Pictures» sind bis heute selten. Richard Donner durfte 1978 mit SUPERMAN und SUPERMAN II – ALLEIN GEGEN ALLE zwei aufeinander folgende Comicverfilmungen drehen, ohne das Box-Office-Ergebnis des ersten Films abwarten zu müssen – gleichwohl er während des Drehs von Teil zwei entlassen und durch Richard Lester ersetzt wurde. Robert Zemeckis ging mit ZURÜCK IN DIE ZUKUNFT II und ZURÜCK IN DIE ZUKUNFT III (1989 und 1990) ein geringeres Risiko als Richard Donner ein, war Teil eins der Zeitreisen-Komödie doch der erfolgreichste Streifen des Jahres 1985 und damit Grundstein eines Franchises.

Vom «Back to Back»-Prinzip profitierten auch die Regisseure Anthony und Joe Russo mit den Superhelden-Dramen AVENGERS: INFINITY WAR und AVENGERS: ENDGAME, die 2017/2018 nacheinander gedreht wurden. Das vielleicht riskanteste Projekt findet derzeit statt. James Cameron dreht parallel vier Fortsetzungen seines Abenteuerplaneten-Films AVATAR – AUFBRUCH NACH PANDORA (2009). Die erste soll 2022 erscheinen.

Peter Jackson, jener untersetzte, bärtige, gern barfüßige, also selbst wie ein Hobbit aussehende Regisseur genoss aber nicht nur den Triumph, hunderte Millionen Dollar einsetzen zu dürfen. Der zweite Triumph bestand darin, dass er jeden der Filme mit einer Spieldauer von rund drei Stunden in die Kinos brachte.

Das wäre rund zehn Jahre vorher noch unmöglich gewesen, geschweige denn zur Zeit der Fantasy-Filme der 1980er-Jahre. Bis in die späten 1990er-Jahre galt in Hollywood ein ungeschriebenes Gesetz: Als «Event Movies» geplante Geschichten dürfen nicht länger als 140 Minuten sein. Vielleicht, weil dem Zuschauer nicht genügend Sitzfleisch zugetraut wurde. Vor allem haben kürzere Filme den Vorteil, dass Lichtspielhäuser sie öfter am selben Tag zeigen können. Und sie damit mehr Geld einbringen.

Nun, theoretisch mehr Geld einbringen. Denn die TITANIC kam ins Kino, beanspruchte für sich mehr als drei Stunden Laufzeit – 90 Minuten widmen sich dem Untergang des Luxuskreuzers – und warf dieses Spieldauer-Gesetz über den Haufen.

Man stelle sich jenes Treffen vor, in dem Regisseur James Cameron den Studiobossen die geplante Struktur seines Dramas präsentierte. Sie dürften begeistert gewesen sein von der Idee eines 90-minütigen Action-Films, in dem Besatzung und Passagiere um ihre Rettung kämpfen, ehe die Titanic im eisigen Atlantik vor

Neufundland versinkt. Sie dürften begeistert gewesen sein von der Idee einer 90-minütigen Liebesgeschichte zwischen einem Holzklasse-Passagier und einer wohlhabenden jungen Frau, die bereits einem Mann ihres Standes versprochen ist. Wovon sie nicht so begeistert gewesen sein dürften: dass Cameron nicht eine, sondern beide Geschichten erzählen wollte, und sie sich eben in ihrer Laufzeit addieren. Aber er setzte sich tatsächlich durch. Und was passierte? TITANIC entwickelte sich zum kassenträchtigsten Film aller Zeiten und hielt den Rekord für zwölf Jahre, bis Cameron ihn selbst brach, mit AVATAR.

Das war 1997. Im Jahr 2021 befinden sich in den Top Ten mit den höchsten Einspielergebnissen gleich fünf Werke, die länger als jene 140 Minuten dauern, die als Grenzwert galten. 58 Jahre nach VOM WINDE VERWEHT, der sich mit einer Länge von 238 Minuten zum einst erfolgreichsten Film entwickelte (inflationsbereinigt ist er das noch immer), hatte die Branche endlich wieder verstanden, dass Kinogänger Ausführlichkeit würdigen.

Für die Regisseure der 1980er dürfte das kein Trost gewesen sein. Nicht für Ridley Scott, der LEGENDE von 114 auf 98 Minuten kürzen musste, nicht für David Lynch, der den WÜSTENPLANETEN von gar 182 auf 137 Minuten zu kappen hatte. Dabei war die Literaturvorlage Frank Herberts, der erste *Wüstenplanet*-Band, ähnlich umfangreich wie Tolkiens *Die Gefährten*. Es hätte den WÜSTENPLANET-Produzenten klar sein müssen, dass unter einer Verkürzung der Filmlänge die Plausibilität der Geschichte leiden könnte. Auf die Folgen mangelnden Vertrauens zwischen Studio und Regisseur gehen wir im 2. Kapitel ein, das auch den WÜSTENPLANETEN behandelt.

Peter Jackson profitierte für seinen HERRN DER RINGE demnach vom TITANIC-Effekt der ausklingenden 1990er-Jahre. Aber bis die Dreharbeiten auch nur angesetzt werden konnten, musste er eine Hürde aus dem Weg räumen. Denn mit seinem Plan – drei Filme, alle sehr lang – stieß er auf Gegenwehr.

Jackson geriet in Streit mit seinem Chef Harvey Weinstein und dessen Miramax-Firma, die der Produzent gemeinsam mit seinem Bruder Bob leitete. Weinstein, aufgewachsen als Sohn eines Diamantenschleifers im New Yorker Stadtteil Queens und schon im Jugendalter von bulliger Statur, machte sich einen Namen als cholerischer Finanzier mit Auge für kostensparendes Geschäft.

Er drohte Jackson zu feuern.

Der Regisseur hatte sein Script bei Miramax eingereicht, und Miramax schlug ein. Weinstein schwebte jedoch eine stromlinienförmigere Adaption des Ausgangsmaterials vor, in der eine wichtige Schlacht – der Angriff auf Helms Klamm – sowie wesentliche Figuren fehlen. Angeblich stand sogar Saruman, nach Sauron der wichtigste Antagonist, auf der Kippe. Weinstein maß einer kompakten Schilderung größtmögliche Erfolgschancen bei. Sein Vorschlag: nicht drei Filme, sondern ein Film. Auch nicht drei Stunden lang, sondern zwei.

Weinstein hatte Grund zur Zuversicht. Weil er schon selbst Hand an diverse Schnitte gelegt haben soll, trug er den Spitznamen «Harvey Scissorhands».

Schließlich würde es dem Produzenten sogar gelingen, einen weit renommierteren Regisseur als Jackson zu bearbeiten: Martin Scorsese, dessen GANGS OF NEW YORK (2001) er von rund 200 Minuten auf 168 zurechtschneiden ließ.

Den Neuseeländer nahm er nicht ernst. Weinstein habe Jackson angekündigt, einfach die für Miramax arbeitenden Regisseure John Madden (SHAKESPEARE IN LOVE, 1998) oder Quentin Tarantino die Fantasy-Saga drehen zu lassen.

Was Tarantino wohl dazu gesagt hätte? «Kill Bilbo!», wie der *Guardian* in einem Wortspiel orakelte, in Anlehnung an dessen Œuvre? Eine wenig glaubwürdige Anekdote, gilt Tarantino doch als eklektischer Stilist, der eher Genres ironisiert, statt werkgetreu Romanvorlagen per Auftrag abzuarbeiten. Sein Engagement wäre mit Blick auf Tolkiens eher humorfreie Erzählung einem irren Plan gefolgt.

Jackson nahm seinen Hut.

Das Projekt nahm er aber auch mit.

Weinstein erlaubte das, sofern sein vergraulter Regisseur ein anderes Studio finden würde und er selbst als «Executive Producer», ausführender Prozent, an den Einnahmen beteiligt werde.

Jackson fand ein anderes Studio, New Line Cinema. Und diese Firma glaubte an drei Filme. Und sie glaubte auch an drei sehr lange Filme.

New Line Cinema gilt, in Anlehnung an die Horrorfigur Freddy Krueger, als «The House Freddy Built». In den 1980er-Jahren entwickelte das Studio Wes Cravens NIGHTMARE – MÖRDERISCHE TRÄUME (1984) und ab den 1990ern Psychothriller wie David Finchers SIEBEN (1995) oder Paul Thomas Andersons Pornobranchen-Panorama BOOGIE NIGHTS (1997). Offbeat-Genrefilme, etwas teurer als Indies, und alle intelligent.

Dafür ist Harvey Weinsteins Karriere beendet. Gegen ihn hat die #MeToo-Bewegung einen Erfolg erzielt. Im Februar 2020 sprach ein Gericht Weinstein des Begehens von Sexualverbrechen schuldig. Er verbüßt seitdem eine Gefängnisstrafe von 23 Jahren. Bei Haftantritt war er 68.

DIE GEFÄHRTEN: das Schönste, was Kunst sein kann

Ein Zeitsprung. Vom Drehstart der GEFÄHRTEN am 11. Oktober 1999 geht es über den Kinostart am 10. Dezember 2001 zur Box-Office-Auswertung im Februar 2002.

Das Ergebnis von Jacksons Bemühungen: DER HERR DER RINGE – DIE GEFÄHRTEN spielte 887 Millionen Dollar ein. Fast das zehnfache seiner Produktionskosten, würde man das der Gesamt-Trilogie zur Verfügung gestandene Budget dritteln.

Jackson gelang ein Film, der aus verschiedenen Gründen einzigartig ist. Die von ihm angeheuerte Wellingtoner Firma Weta Workshop vermochte wie aus dem Nichts die besten Tricks der Kinobranche zu kreieren. Dabei vertraute Jackson seinen Landsleuten schon seit vielen Jahren. Für seinen Puppenfilm MEET THE FEEBLES (1989) arbeitete er erstmals mit der nach einer neuseeländischen Heuschreckenart benannten Werkstatt zusammen.

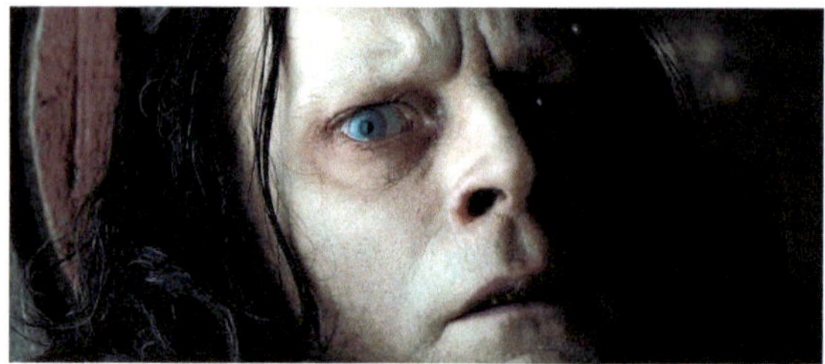

5 Gríma Schlangenzunge (Brad Dourif) verrät seinen König, weil ihm vom abtrünnigen Zauberer Saruman die Königsnichte Éowyn versprochen wurde. Er blickt ihr sehnsüchtig hinterher, den Tränen nahe. (DER HERR DER RINGE: DIE ZWEI TÜRME, NZ/USA 2002)

Der Film ist auch einzigartig im Schauspiel. Die Darsteller zerrissen sich für ihren Regisseur, sie kämpften, jubilierten und weinten, wie es das in noch keinem Fantasy-Film zu sehen gab. Gandalf-Darsteller Ian McKellen wurde für den Oscar als «bester Nebendarsteller» nominiert.

DIE GEFÄHRTEN ist ein Werk der Großaufnahmen von Gesichtern. Wie ein abgefilmtes Bühnenstück mit Menschen, deren Kostüme und Masken, die Elfenohren und überproportionalen Hobbit-Füße irgendwann nebensächlich wurden. Jackson erschuf berückende Close-Ups, und den schönsten ausgerechnet von einem der größten Scheusale Mittelerdes, Gríma Schlangenzunge (Brad Dourif). Der hinterlistige Berater ist verzweifelt, weil sich die Liebe der Königsnichte Éowyn (Miranda Otto) nicht erzwingen lässt (Abb. 5).

Die GEFÄHRTEN ist das Schönste, was Kunst sein kann, herausfordernd und dennoch zugänglich. Keine Spur von «Sillification». In der gesamten Trilogie sind so gut wie keine Kinder zu sehen, und aus Kindermund gibt es auch nur einen einzigen Satz zu hören. Eher ungelenk versieht Jackson ein Mädchen, das von Wilderen aus ihrem Dorf vertrieben wurde, mit einer klassischen Klage: «Wo ist Mama?»

Außerdem fanden die Autoren Jackson, Walsh und Boyens eine kreative Lösung für Tolkiens Gestaltung der beiden Antagonisten als allgegenwärtige, aber stationär in der Ferne waltende, dem eigentlichen Geschehen abwesende Regenten. Die drei Filme behandeln eine lange Reise, Saruman aber verlässt seinen Turm Orthanc, anders als in den Romanen, kein einziges Mal. Seinem Gebieter Sauron wird, zumindest in den Büchern, noch weniger Freiheit geschenkt. Er herrscht ausnahmslos von seiner Festung Barad-dûr aus. Saruman und Sauron senden ihre Einflüsterungen, Flüche und Befehle also stets aus den eigenen vier Wänden. Das kann man gut lesen. Im Kino aber, das auf Gegenüberstellungen von Helden und Unholden angelegt ist, macht es sich nicht so gut.

Für seine Filme haderte Peter Jackson mit einer körperlichen Darstellung Saurons. In DIE GEFÄHRTEN ist er als riesiger Ritter für wenige Sekunden zu sehen, gleich zu Beginn. Für DIE RÜCKKEHR DES KÖNIGS entschied sich der Regisseur aber gegen einen finalen Schwertkampf des dunklen Lords gegen Aragorn, und an Stelle Saurons platzierte er im Schlachtgetümmel einen digitalen Troll.

Doch auch Frodo bekommt den Diktator Mordors nicht zu Gesicht. In herkömmlichen Plots würde ein Protagonist nach monatelanger, lebensgefährlicher

Expedition seinen Gegner duellieren. Aber Tolkien war dafür zu brillant. Frodo bewegt sich direkt auf Sauron in dessen Burg zu, weicht ihm aber am Ende knapp aus, um den Ring dennoch im benachbarten Schicksalsberg zu zerstören.

Jacksons nicht minder brillante Idee bestand nun darin, den Ring um Frodos Hals selbst zum Antagonisten zu machen. «Er spricht, er singt, er ruft seinen Träger», sagte Jackson.[4] Und selbstverständlich ist der Ring dabei in Großaufnahme zu sehen. Wie ein Darsteller.

DIE GEFÄHRTEN ist also beides, ein Trick- und ein Schauspielerfilm. Ein Schauspielerfilm, für den darauf geachtet wurde, dass es eine Balance zwischen Fantasy-Sprache und Worten gibt, die so wirken, als wären sie aus unserem Leben gegriffen. Das beweist die legendär gewordene Szene in Elronds Rat. Vertreter der Völker Mittelerdes debattieren über den Verbleib des Rings. Ein Konflikt mit Sauron scheint unausweichlich.

Von Boromir-Darsteller Sean Bean stammt der famoseste Satz der Trilogie, und er spricht ihn nicht so aus, als würde über eine Reise in das Reich des Bösen, über die Konfrontation mit einer Vielzahl von Nachtgeschöpfen gestritten werden. Sondern über – bleiben wir bei gefährlichen, aber nun weltlichen Regionen – Sperrgebiete in Nordkorea. Boromir hat Respekt vor Mordor, er ist aber vor allem genervt, weil die anderen keine Vorstellung von Grenzschutz und dessen Überwindung haben. Er reibt sich die Stirn: «One does not simply … walk into Mordor.»

Die Zeile wurde zum Meme und wird bis heute als Ausspruch für viele andere (Alltags-)Situationen angewandt: «One does not simply … understand math.»

Der Witz besteht nicht nur darin, dass Boromirs Einwand in Tolkiens Roman nicht zu finden ist. Der Satz wurde auch erst kurz vor Drehtag ins Script aufgenommen. Bean blickt beim Reden so grüblerisch nach unten, weil er seine Zeilen von einem Zettel abliest, den er auf den Knien balanciert.

Viele Einstellungen der GEFÄHRTEN wurden im wahrsten Sinne des Wortes auf Sicht gedreht.

Boromirs Kommentar ist beispielhaft für das kunstvolle Drehbuch, für das die denkwürdigsten Dialoge aus dem Roman übernommen wurden, ohne literarisch oder salbadernd zu klingen. Fantasy-Bildhaftigkeit («Ich bin ein Diener des geheimen Feuers, Gebieter über die Flamme von Anor. Das dunkle Feuer wird dir nichts nützen, Flamme von Udun!») wechselt sich ab mit entschieden gekürzter und damit noch dramatischerer Lyrik. Sam baut seinen «Herrn» Frodo auf: «Ich kann den Ring nicht für Dich tragen. Aber ich kann Dich tragen.» Im Roman heißt es, etwas ausführlicher: «I can't carry it for you, but I can carry you and it as well.» Ralph Bakshi stellte Sam in seiner 1978er-Fassung als warzigen Einfaltspinsel und ängstlichen Bedenkenträger dar. Jackson dagegen erkannte, dass der Hobbit-Gärtner der heimliche Held der Saga ist.

Und jenen berühmten Satz gegen Ende des Abenteuers, der einem auch 20 Jahre später noch Tränen in die Augen treibt, verfasste, wie schon Boromirs Mor-

4 *Empire*, 3/2021.

dor-Bedenken, nicht Tolkien, sondern eben jenes Drehbuchtrio Jackson, Boyens und Walsh: «It is time, Frodo.»

Die Sprache musste für das Fantasy-Genre also nicht neu erfunden werden. Die Effekte aber schon. Und die Effekte unterstützten die Umsetzung der Geschichte, nicht umgekehrt. Peter Jackson wusste, dass eine Verfilmung außergewöhnlich, den Romanen aber nicht gleichrangig sein könnte. «Dies», sagte er, «war DER HERR DER RINGE. Wir nutzten CGI um darzustellen, was Tolkien schrieb.»[5]

Jackson nutzte aber nicht nur Computer, er vereinte das Beste beider Welten, digitale Tricks und gutes altes Handwerk. Biester wie die Uruk-Hai oder Orks wirken auch deshalb realitätsnah, weil sie nicht aus Pixeln bestehen, sondern von Menschen mit Masken dargestellt werden. Faustregel: Jedes Monster, das nicht größer ist als der größte aufzutreibende Statist, stammt auch nicht aus dem Rechner, sondern muss aus Fleisch und Blut sein – mit Ausnahme des mutierten Hobbits Gollum, zu ihm kommen wir gleich.

Bei den Aufmärschen gewaltiger Bataillone stieß man zwangsläufig an Grenzen. Digitale Soldaten waren für solche Sequenzen unabdingbar. DIE GEFÄHRTEN galt jedoch als erste Produktion, in der aus Code bestehende, einzelne Kämpfer einer tausend Mann starken Armee durch künstliche Intelligenz individuelle Bewegungen vollziehen konnten.

Dies war ein beträchtlicher Schritt in der Darstellung von Massenszenen. Jetzt erschienen Computerkrieger eigenständig und eigensinnig, nicht mehr wie Fliegen eines Schwarms, die es alle in die gleiche Richtung zieht.

Beispielhaft für die unrealistische Organisation vieler Einzelfiguren waren bis dahin die Arena-Besucher auf dem Planeten Tatooine aus dem STAR WARS-Film DIE DUNKLE BEDROHUNG von 1999, wo das Podracer-Rennen stattfindet. Die Zuschauer vollziehen im Takt einander ähnelnde Jubelbewegungen, so wie die massenhypnotisiert wirkenden Fans im Fußballstadion eines Playstation-2-Spiels.

DIE GEFÄHRTEN präsentierte die ersten Individuen unter den künstlich generierten Kriegern. Die Krönung aber ist eine Figur, die wirklich keiner anderen ähnelte: Gollum. Der vom Ring verführte und dadurch zum Mutanten gewordene Hobbit wurde per Motion-Capture-Verfahren lebendig gemacht. Dabei vermisst ein Computer menschliche Bewegungen und setzt sie als 3D-Bewegungen einer animierten Figur um. Gollum würde durch einen verkabelten Mann im blauen Anzug dargestellt werden und als bahnbrechender Charakter dieser Technik gelten. Vielleicht der erste, dessen Bewegungen in Echtzeit auf den Rechner übertragen wurden.

Der heimtückische, aber ebenso bemitleidenswerte – und als einzige Figur auch sarkastische, also das Geschehen auf einer Metaebene kommentierende – Gollum erschien derart lebendig, dass nicht wenige Fans und Experten eine Oscar-Nominierung für dessen Darsteller Andy Serkis forderten.

---

5 Nathan, Ian: *Anything You Can Imagine: Peter Jackson and the Making of Middle-Earth.*

6 Zwei Wesenheiten im selben Körper. Der bösartige Gollum und der liebenswerte Sméagol debattieren miteinander, ob «Herrn Frodo» zu trauen ist. Das imponierende Mienenspiel war der erste Beweis dafür, wie gut Figuren aus dem Computer Gefühle darstellen können. (Der Herr der Ringe: Die zwei Türme, NZ/USA 2002)

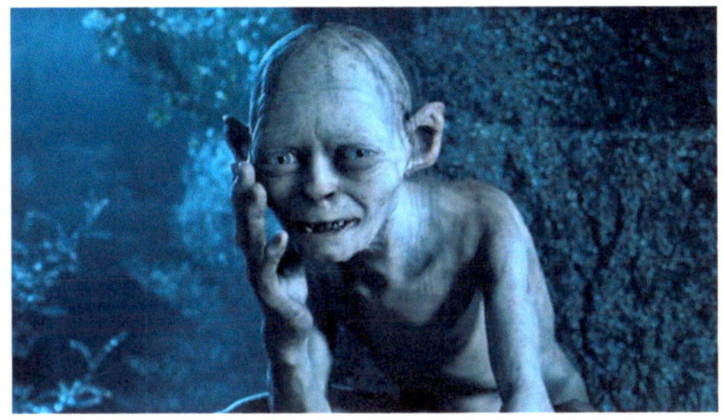

Der berühmteste Dialog der Trilogie hat keine zwei Gesprächspartner, sondern nur einen. Die zwei Wesenheiten Gollums, die eine verschlagen, die andere gutmütig. Denn im gemeinen Gollum steckt noch immer ein wenig von Sméagol, jenem Hobbit, den erst der Ring zum Mörder gemacht hat (Abb. 6).

Serkis sah auf dem Set so aus, wie man es sich ein paar Jahre vorher bei einem Schauspieler nicht hätte vorstellen können. Wie ein Patient, der mit einer Rekordzahl von EKG-Kabeln verbunden wird und dabei einen hautengen, Leotard-ähnlichen Anzug trägt.

Die Forderung nach Würdigung eines maskiert agierenden Darstellers war nicht neu. Auch Regisseur George Lucas setzte sich für die Nominierung eines Mannes ein, der im fertigen Film verborgen blieb: Frank Oz als Yoda. Nur dass Oz 1980 in Krieg der Sterne: Das Imperium schlägt zurück seine Hände in eine Puppe steckte.

Im übertragenen Sinn ist Ralph Bakshis Rotoskopie-Verfahren im Herrn der Ringe von 1978 ein Vorläufer des Motion Capture. Auch bei ihm wurden gefilmte Menschen verfremdet. Erst gefilmt und dann nachgezeichnet, statt, wie später bei Jackson, digital abgetastet.

Der Einfluss seiner Vorarbeit ist ihm bewusst, wie Bakshi im Gespräch lebhaft erklärt: «Keiner verstand damals, was ich tat. Rotoskopie war die Zukunft der Animation! Motion Capture ist Rotoskopie! Ich nahm damals echte Menschen auf und legte in der Post-Produktion Bilder darüber. Heute nehmen sie auch echte Menschen auf, aber jagen das durch ein Programm.»

Anders als Ralph Bakshi jedoch verfügte Peter Jackson 23 Jahre später über die Mittel, seine Tolkien-Welt realistisch aussehen zu lassen. In Hollywood, behauptete Jackson, hätten Fantasy-Filme als Witz gegolten – bis sein Herr der Ringe kam. Sein Urteil über die 1980er-Jahre ist vernichtend. «Ich habe all diese Fantasy-Filme gesehen. Sachen wie Krull und Conan. Fantasy war ein B-Genre. Kein einziger hochwertiger Film entsprang je dem Fantasy-Genre.»[6]

6 Nathan, Ian: *Anything You Can Imagine: Peter Jackson and the Making of Middle-earth.*

Der Herr der Ringe und das Feuilleton

Mit Jacksons Adaption der Tolkien-Saga wurden Fantasy-Filme erstmals als konkrete Spiegelungen (welt-)politischer Entwicklungen betrachtet. Seitdem brüten Kulturkritiker zuverlässig über Deutungsmöglichkeiten dieses Genres und zeigen sich um die politische Einordnung von Kunstwerken bemüht. Jeder herausragende Film sei gleichzeitig ein Kommentar. Im Fantastischen suchen Rezensenten tüchtig nach Metaphern und Allegorien, die sich aufs echte Leben übertragen lassen. Sie glauben, nur so erhalte Fantasy Wertigkeit und Nachhaltigkeit. Man spricht dann von «elevation», also Erhöhung. Aus einer Genre-Arbeit werde ein Zeitdokument. Ist das nicht gegeben, verweigern Feuilletonisten das Zungeschnalzen.

Bei Teenie-Komödien käme niemand auf die Idee der Notwendigkeit einer «elevation». Teenie-Komödien sind Teenie-Komödien. Bei Romantic Comedys verhält es sich genauso. Und Kriegsfilme sind Kriegsfilme, und Beziehungsdramen sind Beziehungsdamen. Nur Filme, in denen Irreales passiert, müssen sich dieser Untersuchung stellen. Unter Maßgabe des impliziten, problematischen «elevation»-Deals – Kritiker loben ein Werk nur dann, wenn es Gesellschaft und Politik unserer Ära abbildet – leiden aber nicht nur Fantasy-Filme. Noch mehr leiden darunter Horrorfilme.

Ari Asters Hereditary – das Vermächtnis (2018) wurde zu Recht als Genre-Meisterwerk des Jahrzehnts gefeiert. Nur, dass kaum ein Rezensent über die großartigen Jump-Scares redete oder die schockierende Darstellung einer Wiedergeburt des Teufels, der nach dem Trial-and-Error-Prinzip eine ganze Familie tötet, weil er den richtigen Wirtskörper nicht sofort findet. Nein: Alle sprachen nur davon, dass Hereditary ein Sinnbild sei. Ein Sinnbild für psychische Krankheiten. Der Beelzebub ist nicht Beelzebub, er «verkörpert» Depression. Das ist «elevation». Denn mit Depressionen können alle etwas anfangen. Mit dem Teufel jedoch können nicht alle etwas anfangen.

Es geht aber noch besser. Manch ein motivierter Beobachter erkannte im für viele Jahre erfolgreichsten Horrorfilm aller Zeiten, Spielbergs Weissem Hai, keine hochspannende Jagd auf ein Ungetüm. Sondern eine Allegorie auf die Angst des Mannes vor der Emanzipationsbewegung der 1970er-Jahre. Und zwar deshalb: Drei Alphamänner auf einem Boot im Kampf gegen einen riesigen Fisch, dessen Schlund an eine Vagina erinnere.

Der Versuch einer psychoanalytischen Deutung von Kunst ist sehr unterhaltsam, das steht fest.

Der zweite überwältigende Horrorfilm der 2010er-Jahre, Get Out (2017), kam dafür weitestgehend ohne jede Allegorie aus, obwohl viele meinten, sie darin überall zu finden. Jordan Peeles Regiedebüt erzählt von der Versklavung hypnotisierter Schwarzer im heutigen Amerika. Das zugrundliegende Thema Rassismus wird jedoch klar zur Sprache gebracht. Die weißen Rassisten offenbaren ihre rassistische Motivation. Menschen stehen für Menschen, und Magie ist ein Mittel zur Durchsetzung einer Ideologie. Da gibt es nicht viel Raum für Interpretation, nicht viel Raum für «Erhöhung».

Der Herr der Ringe: Die Gefährten lief im Dezember 2001 an, drei Monate nach den Terroranschlägen von 9/11. Die zeitliche Nähe öffnete den Allegorie-Verfechtern Tür und Tor. Viele Rezensenten kamen in ihrem Urteil überein: Die Popularität des Films sei begründet in einer eskapistischen Sehnsucht, also dem Wunsch nach Wirklichkeitsflucht aus einer Welt, die nach dem Elften September nie mehr dieselbe sein würde.

Derartige Ursachenforschung, so ehrgeizig sie auch ist, schmälert natürlich die Leistung Peter Jacksons und seines Teams. Es gibt auch eine andere Lesart des Erfolgs. Jackson könnte einfach drei sehr gute Fantasy-Filme gedreht haben, ohne Absicht einer quasi-politischen Reaktion auf das Weltgeschehen.

Redakteure übertreffen sich gegenseitig im Deutungswahn, weil sie Fantasy nicht Fantasy sein lassen wollen.

Sinnbildlich überstrapaziert betrachtete *Time*-Autor Richard Corliss Die zwei Türme, also The Two Towers, als Symbol für das World Trade Center, die Twin Towers. Er verglich den Zauberer Saruman mit den Drahtziehern von Nine Eleven. Der Kampf der Menschen gegen die Orks war für ihn das Gefecht der NATO-Länder gegen die Terroristen des Ostens: «Verbindungen zu einem neuen Konflikt sind nicht zu übersehen. Die Ring-Gefährten erscheinen als Vertreter der Demokratien des Westens, die nun von einer verrückten Fraktion islamistischer Fundamentalisten umzingelt werden (Saruman, gespielt vom großen, schmalen, bärtigen Lee, sieht Osama bin Laden irritierend ähnlich).»[7]

Aber warum können Orks nicht einfach Orks, warum kann Saruman nicht einfach Saruman sein? Weshalb verbieten wir uns die Vorstellung, Monster für Monster zu halten?

Kritiker mit ausgeprägtem Interpretationsfuror können Zeitverläufe auch schon mal durcheinanderbringen. Bei den zwei Türmen handelt es sich um einen 2002 angelaufenen Film, der auf einem Buch basiert, das fast 50 Jahre vor 9/11 geschrieben wurde, das also seinen Titel vor damals fast 50 Jahren erhielt, und dessen Dreharbeiten auch weit vor dem Elften September begannen. Als der Roman *The Two Towers* erschien, gab es die Twin Towers noch nicht. Eingeweiht wurden sie 1966, zwölf Jahre nach dem Buch. Rezensenten versteigen sich in Assoziationen, nur um aktuelle Bedeutung herstellen zu können.

J. R. R. Tolkien hat Deutungen seiner Werke in der Regel nicht kommentiert, aber zumindest in Bezug auf seine Biografie als Soldat des Ersten Weltkriegs deutlich abgelehnt, unabhängig davon, dass seine Erlebnisse in die Romane eingeflossen sind. Er kämpfte 1916 in der Schlacht an der Somme, die mit einer Million getöteten oder verwundeten Soldaten die heftigste der Westfront war. Tolkien wünschte sich, dass seine Leser das Geschriebene deuten, aber es in Beziehung

7 *Time*, bit.ly/2ED0gU5 (30.06.2021).

nur zu ihrem eigenen Leben setzen. Ihm eine sinnbildliche Motivation zu unterstellen, sei verkehrt. «Ich lehne Allegorien in all ihren Manifestationen herzlich ab, das tat ich schon immer und tue ich umso mehr, je älter ich werde und ihrer noch mehr gewahr», schreibt er im Vorwort zur zweiten Auflage des *Herrn der Ringe*. «Ich bevorzuge Historie, wahr oder vorgetäuscht, wenn der Leser sie auf seine eigenen Erfahrungen und Gedanken anwendet. Ich denke, dass viele den Begriff der Anwendbarkeit mit dem der Allegorie verwechseln, aber das eine ist der Freiheit des Lesers überlassen, das andere dem Autor.»

Oft wird Schriftstellern oder Regisseuren ein Gespür für Aktualität, gar für Zukünftiges zugeschrieben, das sie gar nicht hätten entwickeln können. Der Film DIE ZWEI TÜRME entstand nun mal vor den von Bin Laden in Auftrag gegebenen Anschlägen.

Ein anderer Fall liegt vor, wenn Autoren politische Entwicklungen, die lange vor ihrer eigenen Zeit stattfanden, metaphorisch nachempfinden. Dann ergeben auch unsere Interpretationen mehr Sinn. So, wie für Frank Herberts DER WÜSTENPLANET, der sich als Sinnbild für die Eroberung Amerikas verstehen lässt. Die Kolonialisierung der Neuen Welt ist ein Ereignis, das Jahrhunderte zurückliegt. Eines, auf dem unsere Allegorien definitiv anwendbar sind.

Was nicht heißt, dass die Terroranschläge in den USA das RINGE-Team unberührt ließen. Frodo-Darsteller Elijah Wood war damals 18, und am Morgen des 11. September 2001 saß er im Flugzeug von New York nach Los Angeles. Er schaute aus dem Fenster und sah einen der Türme brennen. Dann kam die Durchsage des Piloten. Auf Anweisung der Bundesluftfahrtbehörde müssten alle Maschinen sofort den nächsten Flughafen zur Landung anpeilen, weil unklar war, ob von weiteren Passagierfliegern Gefahr ausgeht: «Das war super-surreal und furchteinflößend.»[8]

Nach dem *Time*-Vergleich Sarumans mit Osama Bin Laden und der Orks mit fernöstlichen Islamisten schrieb Aragorn-Darsteller Viggo Mortensen der Zeitung erbost einen Brief. Darin verurteilt er mit deutlichen Worten die Interpretation des Helms-Klamm-Gefechts. Ein Sinnbild für den Krieg gegen den Terror sei es keinesfalls. Solch eine Exegese sei Ausdruck einer simplifizierenden, xenophoben und arroganten Weltsicht – die überhaupt erst dazu führe, dass die US-Regierung auf der ganzen Welt gefürchtet und als wenig vertrauensvoll erachtet werde.

Es war also dieser Film, DIE ZWEI TÜRME, der nach den Terroranschlägen – unbeabsichtigt – als wichtiges künstlerisches Statement zum «war on terror» wahrgenommen wurde: dem von Amerika und seiner Alliierten angeführten, hauptsächlich gegen Kräfte in Afghanistan und Irak gerichteten Kriegs.

Ein Fantasy-Film.

Auch Jacksons zweite Mittelerde-Trilogie, seine Adaption des *Hobbit* ab 2012, wurde atemberaubend ausgeschmückten Deutungen unterzogen. Die fantasievollste: Das Land und sein Gold, das die Zwerge (zurück)erobern wollen, seien

8 *Empire*, 4/2021.

Symbole für Öl. Das Öl des Irak, welches nun, nach dem Tod des diktatorischen Drachen Smaug (alias Saddam Hussein) ausgebeutet werden könne.

Man glaubt fast den Schwung der Feder zu spüren, die diese Worte aufsetzte.

Im Dezember im Kino, im März bei den Oscars

Peter Jackson drehte also drei Filme am Stück, und sie waren alle drei sehr lang. Mit dem Erfolg der Trilogie brach er außerdem ein Gesetz und führte ein neues ein. DIE GEFÄHRTEN startete weltweit im Dezember, kurz nach HARRY POTTER UND DER STEIN DER WEISEN, der seine Weltpremiere im November 2001 feierte. Der Weihnachtsmonat galt zuvor als Monat, in dem Hollywood nicht diejenigen Filme präsentiert, mit denen die größten Hoffnungen auf einen Blockbuster verknüpft sind. Traditionell sind die Monate Mai bis Juli die stärksten. Dann sind in den USA Sommerferien, und Feiertage wie den Heldengedenktag (25. Mai) oder den Unabhängigkeitstag (04. Juli) nutzen viele Familien zum Kinobesuch.

Wer jedoch, wie Jackson, kurz vor Weihnachten startet, zielt auch auf die «Award Season» ab, also auf Nominierungen bei den Screen Actors Guild Awards (SAG Awards), den Directors Guild of America Awards (DGA Awards), Golden Globes und natürlich den Oscars, die bis Ende März verliehen werden. Bis zum HERRN DER RINGE würden Action- und Fantasy-Filme also auch deshalb im Sommer anlaufen, weil nicht davon auszugehen war, dass sie die wichtigsten Kinopreise gewinnen. Seit des Box-Office-Erfolgs der RINGE-Filme werden Start-Termine von Fantasy-Werken immer häufiger in den Dezember verlegt, wie etwa die der jüngsten STAR WARS-Trilogie ab 2015.

Und Peter Jackson hatte allen Grund, sich auf die Preisverleihungen vorzubereiten. Jeder der drei HERR DER RINGE-Beiträge wurde für den Oscar als «bester Film« nominiert.

Vier Monate nach Kinostart seines letzten Mittelerde-Abenteuers, DIE RÜCKKEHR DES KÖNIGS, war es dann soweit. Jener Kiwi, der am liebsten in Shorts rumläuft und einst mit der Handkamera Low-Budget-Zombiefilme drehte, in denen er als Untoten-Darsteller mit dem Eierlöffel Gehirn aus einem Gummi-Kopf schabt, musste sich 2004 wohl oder übel im Smoking präsentieren. Er stolzierte gleich dreimal auf die Bühne des Kodak Theatres in Hollywood.

Weil er selbst mit drei Academy Awards prämiert wurde. Als Co-Autor für das «beste adaptierte Drehbuch», dann natürlich als «bester Regisseur», aber auch als Produzent. Und als Produzent erhielt er die Trophäe für den «besten Film».

Es war das erste Mal, dass ein Fantasy-Werk bei den Oscars als «bester Film» ausgezeichnet wurde.

DIE RÜCKKEHR DES KÖNIGS erhielt elf Auszeichnungen, so viele wie vor ihm nur BEN HUR und TITANIC.

Jackson bewies, dass man seine Heimat nicht verlassen muss, um ein Weltstar zu werden. Der Weta-Campus bei Wellington gilt heute als «Wellywood» und beschäftigt 1 500 Mitarbeiter aus 52 Ländern.[9] Die von Weta hergestellten Effekte waren nach der RÜCKKEHR DES KÖNIGS unter anderem in AVATAR und AVENGERS: ENDGAME zu sehen, den zwei erfolgreichsten Filmen aller Zeiten.

Seit seinem Oscar-Triumph gilt Peter Jackson als Mitglied eines exklusiven Zirkels von Regisseuren. Zu ihm gehören Steven Spielberg und James Cameron, und nach Jackson stieß noch Christopher Nolan dazu. Diese vier sind die wichtigsten Event-Movie-Filmemacher Hollywoods.

Harry Potter: Der Zauberschüler, ein Junge wie du und ich

Im Gegensatz zum *Herrn der Ringe*-Romanzyklus, der 24 Jahre nach Erscheinen erstmals verfilmt wurde, griffen die Studios bei J. K. Rowlings *Harry Potter und der Stein der Weisen* sehr viel schneller zu: noch im selben Jahr, als ihr erstes Buch auf dem Markt war. Bis Tolkiens Fantasy-Universum auf der großen Leinwand erscheinen konnte, mussten Spezialeffekte jahrzehntelang reifen, und es fehlte das Geld. Dabei hätte man den Film lieber heute als morgen gesehen. Im ersten Versuch von 1978, demjenigen Ralph Bakshis, ließ sich der Aufwand nur erbringen, indem er gemalt wurde.

Harry Potter und der Stein der Weisen war technisch keine Herausforderung mehr. Der Filmproduzent David Heyman war nicht mal glühender Fan des Romans. Er wollte vor allem eine Marktlücke finden. Heyman wollte ein Kinderbuch verfilmen lassen, das auch Erwachsene anspricht.

Der damals 37-Jährige hat nach HARRY POTTER UND DER STEIN DER WEISEN mit seiner Firma Heyday Films bis 2011 alle Potter-Abenteuer produziert und verantwortet die bis heute laufende PHANTASTISCHE TIERWESEN UND WO SIE ZU FINDEN SIND-Reihe desselben Universums. In deren Mittelpunkt steht mit Newt Scamander ein sogenannter Magizoologe. Der Forscher bereist auf der Suche nach magischen Tieren die Welt, natürlich auch, um die ausgebüxten Fell-Freunde einzufangen. Muggels, Menschen ohne Zauberbegabung, wären von den exzentrischen Geschöpfen überfordert und sollten sie besser nicht zu Gesicht bekommen.

Von Newt Scamanders Vorgänger Harry Potter war David Heyman sofort angefixt: «Es ist eine so menschliche, bewegende Geschichte.» Er mochte das Buch, weil es nicht sentimental ist. «Es hatte Kanten. Es war auf schräge Art lustig. Und es regte die Fantasie auf unbeschreibliche Weise an.»[10] Harry verfüge über außerordentliche Fähigkeiten, erleide zu Hause aber eine feindselige Erziehung. Er wächst bei einer Tante und einem Onkel auf, die selbst nicht zaubern können, sich vor

9 *Vanity Fair*, 3/2021.
10 *Entertainment Weekly*, bit.ly/3fgpSny (30.06.21).

ihm ängstigen und darauf mit Aggressionen reagieren. Außerdem sei Harry kein besonders guter Schüler, aber sein Fluchtpunkt Hogwarts eine Schule, zu der wir alle wollen. Im Gegensatz zu Frodo aus dem HERRN DER RINGE brennt Harry darauf, sein Zuhause hinter sich zu lassen.

Die Rechte erwarben Heyman und Warner Bros. für rund 1,6 Millionen Dollar. Eine geringe Summe angesichts des bald entstehenden, milliardenschweren Potter-Franchise. 1997 stand die Pottermania aber erst kurz davor, von Großbritannien aus die Welt zu erobern.

Die Regie bei HARRY POTTER UND DER STEIN DER WEISEN übernahm Chris Columbus. Der bewies mit KEVIN – ALLEIN ZU HAUS (1990), wie gut er mit Kinderdarstellern umgehen kann, und mit dem Drehbuch zu GREMLINS – KLEINE MONSTER (1984), dass er Kreaturen erschaffen konnte, die als drollige Pelztiere in den Tag starten, aber sich bei nicht artgerechter Haltung in tödliche Reptilien verwandeln. Auch sie waren phantastische Tierwesen, wenn auch aus einer anderen Welt.

Zuvor lehnte Steven Spielberg die HARRY POTTER-Regie mit der Begründung ab, bei der Sache würde er sich in ein gemachtes Nest setzen. Der Film erzähle sich von allein. Das stimmt, aber es stimmt auch nicht ganz. Die Tricks waren nicht das Problem. Der erste der acht Filme, HARRY POTTER UND DER STEIN DER WEISEN, präsentierte einige magische Tiere und Erfindungen, wie das Turnier auf dem Zauberbesen, genannt Quidditch, die Nachrichten-Eule Hedwig und den dreiköpfigen Hund Fluffy. Das Weta-Team vom parallel arbeitenden HERRN DER RINGE lieferte zwar weit bessere Arbeiten ab – man vergleiche Gollum mit dem hölzernen, wie einem Telespiel entsprungenem Zentaur Firenze –, aber die visuellen Effekte der Potter-Saga waren den Möglichkeiten der Jahrtausendwende gerade noch angemessen. Mit der Figur des Haus-Elfs Dobby wurde in HARRY POTTER UND DIE KAMMER DES SCHRECKENS ein Jahr später eine Mo-Cap-Figur vorgestellt, deren Weinerlichkeit stark an Gollum erinnerte, der aber die sympathische Verschlagenheit fehlte.

Das Vertrauen in die Kinder

Die inszenatorische Herausforderung hatte vielmehr mit den Schauspielern zu tun – und deren Alterungsprozess. Es mussten Kinder gefunden werden, denen zugetraut wurde, eben nicht nur als Kinder Zuschauer zu begeistern, sondern auch als Heranwachsende.

HARRY POTTER UND DER STEIN DER WEISEN war ein Experiment in Echtzeit. Eines, das es noch nie in der Geschichte des Kinos gab. Alle Kinder um Daniel Radcliffe (Harry), Emma Watson (Hermine Granger) und Rupert Grint (Ron Weasley) sollten ihre Rollen bis zum letzten Film spielen. Zwar wurden Verträge immer wieder neu ausgehandelt, geplant aber waren Neubesetzungen nicht. Das abschließende Abenteuer würde, den sieben Romanen entsprechend, frühestens sieben Jahre später zu sehen sein. Die Buchreihe war 2001 ja auch noch nicht

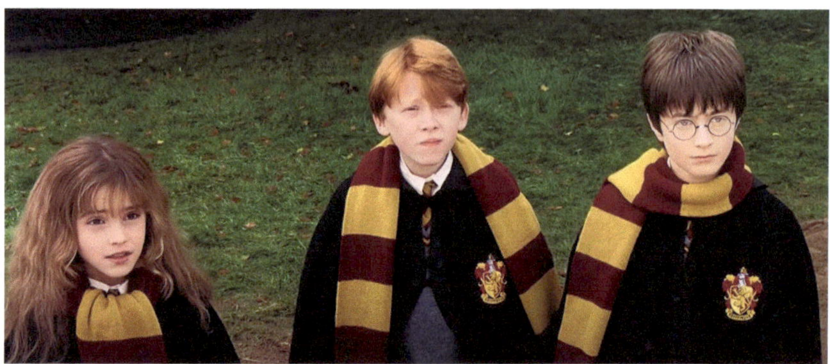

7 Hermine Granger (Emma Watson), Ron Weasley (Rupert Grint) und Harry Potter (Daniel Radcliffe) beginnen ihr erstes Jahr in der Zauberschule Hogwarts, sie tragen die Schuluniform des Hauses Gryffindor. Granger war bei Drehbeginn 1999 zehn, Grint zwölf, Radcliffe elf Jahre alt. (HARRY POTTER UND DER STEIN DER WEISEN, GB/USA 2001)

abgeschlossen. Radcliffe war bei Drehbeginn des ersten Teils elf, Watson zehn und Grint zwölf Jahre alt (Abb. 7).

Rund zehn Jahre später würde dieser Mut, vor allem dieses Vertrauen in die Entwicklung junger Menschen wieder aufgegriffen werden. Beides lebte in der Fernsehserie GAME OF THRONES weiter. Maisie Williams (in der Rolle der Arya Stark) war beim Casting zwölf, Isaac Hempstead-Wright (Bran Stark) zehn Jahre alt. «Auf dem Papier», sagte deren sehr viel älterer Schauspiel-Kollege Liam Cunningham (Ser Davos), «ist GAME OF THRONES die dümmste Investition des Planeten. Denn die Produktion hängt in Folge eins von neunjährigen Kindern ab, und die musst du elf Jahre lang durchziehen.»[11]

Mit dem Alter der Kinder hat Cunningham sich zwar leicht vertan. Aber es ist klar, welches Risiko er ansprach. Noch mehr wird er sich gefreut haben, dass er mit seiner Einschätzung der «dümmsten Idee des Planeten» danebenlag.

Die HARRY POTTER-Kinder sahen wirklich aus wie den Geschichten J.K. Rowlings entsprungen. Der schmale, niedliche Radcliffe mit seiner Nickelbrille wie ein kluger Junge, den die anderen in der Schulpause in den Spind sperren, weil sie mit seiner melancholischen Aura nicht klarkommen, ihn also insgeheim fürchten. Watson sah älter aus, als sie war, von einer Intelligenz, die Gleichaltrige nicht verstehen. Der rothaarige Grint besaß jenen Tollpatsch-Blick, den seine Figur des Tollpatschs erfordert.

Aber würde das Trio im Jugendalter noch glaubhaft auftreten? Wie würden sich ihre Stimmen entwickeln, wie ihre Körpergrößen? Könnte die Serie es verkraften, wenn einem der Kinder etwas zustößt und nicht mehr zur Verfügung stehen kann?

---

11 Hibberd, James: *Feuer kann einen Drachen nicht töten: GAME OF THRONES und die offizielle, noch unbekannte Geschichte der epischen Serie.*

Es war ein riskantes Spiel, aber die Potter-Crew hat es gewonnen. Aus den drei Kinderstars wurden Teenagerstars. Aus den Teenagerstars erwachsene Schauspieler. Mittlerweile sind Radcliffe, Watson und Grint in ihren Dreißigern und überzeugen in Filmen verschiedener Stilrichtungen, ohne dass die Erinnerung an ihre Fantasy-Charaktere zu präsent wäre.

Es gibt gute Potter-Umsetzungen, wie HARRY POTTER UND DER GEFANGENE VON ASKABAN aus dem Jahr 2004, in der Regisseur Alfonso Cuarón die Idee einer Coming-of-Age-Geschichte verwirklichen durfte. Ein Film mit einem Werwolf, jenem Monstrum, dessen Verwandlung und Blutrunst natürlich auch sexuellen Appetit symbolisieren. *Askaban* ist der dritte Potter-Roman, der damals 14-jährige Harry und seine Freunde kommen darin in ihre Pubertät. Sie sind fasziniert von Metamorphosen, die jeden irgendwann betreffen. Hormone und Blutungen verändern Körper, Haare wachsen dort, wo vorher keine waren.

Cuaróns Verfilmung ist vieldeutig, andere sind eher solide. Wie diejenigen von David Yates, der ab HARRY POTTER UND DER ORDEN DES PHÖNIX, Teil fünf aus dem Jahr 2007, das Zepter übernahm und bis heute, die TIERWESEN-Filme einberechnet, sechs Werke aus dem Rowling-Kosmos inszeniert hat.

Allen acht HARRY POTTER-Filmen ist gemein, dass ihr Fokus weniger auf Actionsequenzen als auf Charakterentfaltung liegt. Die Ausbildung zum Magier ist mit Verantwortung verbunden. So, wie Heranwachsende in der echten Welt ihre zunehmenden geistigen und körperlichen Kräfte (und ihre Hormone) beherrschen lernen müssen, so müssen auch Harry, Hermine und Ron lernen, Zaubersprüche für den richtigen Zweck einzusetzen. Machtmissbrauch wird in der Hogwarts-Schule für angehende Magier vergolten.

DER HOBBIT und die HERR DER RINGE-Prequels

Das erste Kino-Jahrzehnt des neuen Jahrtausends wurde von den HARRY POTTER-Filmen, als auch der HERR DER RINGE-Trilogie dominiert. Keine anderen Filmreihen waren erfolgreicher. Das hätte jemand mal den Studios in den 1980er-Jahren prophezeien sollen, als das Fantasy-Genre etliche Flops, zu denen wir später kommen werden, verbuchen musste.

Die POTTER-Filme setzten 7,7 Milliarden Dollar um, Tolkiens Mittelerde-Welt 2,9 Milliarden. Jeder Fan hoffte, was solche Zahlen bedeuten würden. Jeder in Hollywood wusste, was sie bedeuten mussten. Nachschub war vonnöten.

Aber welche Stoffe stünden zur Verfügung? J.K. Rowling verkündete, dass *Harry Potter und die Heiligtümer des Todes*, erschienen 2007, definitiv der finale Band bleiben würde. Mit *Harry Potter und das verwunschene Kind* wurde 2016 im Londoner West End ein Theaterstück uraufgeführt, das eine Fortsetzung von Buch sieben war, 19 Jahre nach den letzten Hogwarts-Ereignissen spielte und für das

Rowling als Co-Autorin verantwortlich zeichnet. Aber es war halt Theater. Und Theater ist halt kein Kino.

Auch im Tolkien-Universum herrschte Stille. Eine Fortsetzung seiner drei *Herr der Ringe*-Bücher hatte der Professor um 1964 zwar begonnen, jedoch nicht weiterverfolgt. Es existiert ein Exposé namens *The New Shadow*, die Geschichte setzte er hundert Jahre nach dem Ringkrieg an. Aber er erkannte darin kein Potenzial und ließ den Stift ruhen. Tolkien verstarb 1973.

Für Warner Bros. Pictures und Heyday Films, die HARRY POTTER produzierten, als auch New Line Cinema und Wingnut Films (DER HERR DER RINGE) begannen also die Überlegungen. Was lässt sich aus den literarischen Universen noch herausholen?

Am 28. November 2012, neun Jahre nach DER HERR DER RINGE: DIE RÜCKKEHR DES KÖNIGS, kam Peter Jacksons DER HOBBIT: EINE UNERWARTETE REISE ins Kino. Der Film bildete den Auftakt einer neuen Trilogie, die auf Tolkiens Roman *Der Hobbit oder Hin und zurück* von 1937 basiert, also einem Werk, das er vor *Der Herr der Ringe* schrieb, welches aber bereits in Mittelerde angesiedelt ist.

Nach Abschluss der HERR DER RINGE-Trilogie hatte sich das Verhältnis zwischen Jackson und seinen Geldgebern jedoch verändert.

Die Jahre nach DIE RÜCKKEHR DES KÖNIGS waren geprägt von zermürbenden Streitigkeiten zwischen Jackson und den Produktionsfirmen New Line Cinema und Metro-Goldwyn-Mayer. Der Filmemacher verklagte sogar New Line Cinema. Er war der Auffassung, dass ihm höhere Einnahmen aus den GEFÄHRTEN zustünden, vor allem aus den Merchandise-Verwertungen.

Es gab eine Aussöhnung, und Jackson stieg am Ende doch noch in das neue HOBBIT-Projekt ein. Auf eigenen Wunsch aber nicht als Regisseur, sondern als Produzent. Als neuer Regisseur wurde Guillermo del Toro verpflichtet. Del Toro galt als Wunschbesetzung, weil er mit Filmen wie HELLBOY (2004) und PAN'S LABYRINTH (2006) Fantasy-Welten erschuf, in denen das Absurde echt aussieht und er seine Darsteller wie Theaterschauspieler auftreten lässt.

Nur, dass Del Toro nach zwei Jahren Vorproduktion wieder ausstieg, sich vom HOBBIT verabschiedete. Wohl auch, weil Metro-Goldwyn-Mayer in Finanzschwierigkeiten steckte und noch immer nicht feststand, wann die erste Drehklappe fallen würde. Aufgeben war für die Studios aber auch keine Option.

Zeit für einen Trommelwirbel.

Denn nun bot Peter Jackson an, als Retter in der Not die Regie zu übernehmen. Auf ihn hatten von Anfang an alle gehofft.

Doch Jackson, der traumwandlerische HERR DER RINGE-Regisseur, setzte eine Idee durch, die das Undenkbare in die Wege leitete: dass der HOBBIT als Kino-Umsetzung scheitern könnte.

Und Jackson scheiterte tatsächlich.

Der Hobbit oder Hin und zurück ist ein im Original mit 310 Seiten vielleicht nicht dünnes Buch, aber eben auch kein Epos. Kein Vergleich zum dreibändigen

Herrn der Ringe, der, je nach Edition, bis zu 1 200 eng beschriebene Seiten umfasst. Jackson beschloss dennoch, den *Hobbit* nicht als einen einzigen Film umzusetzen. Er plante zunächst mit zwei, am Ende mit drei Werken. Eine Trilogie also, wie zuvor sein HERR DER RINGE. Dazu würde er im HOBBIT Teile der Appendizes aus dem *Herrn der Ringe* verarbeiten.

Ein wackliges Konstrukt. Noch am Tag des Drehstarts von Teil eins, der UNERWARTETEN REISE, war DER HOBBIT als Zweiteiler konzipiert.

Einst war Jackson der Herr der Ringe. Nun kamen Zweifel auf, ob Jackson noch Herr der Lage ist. Also ging er in die Offensive. Er sagte, das Studio hätte keinerlei Druck auf ihn ausgeübt. Er habe einen Plan und würde alle überraschen. Co-Autorin Philippa Boyens sprach von einer Jetzt-oder-nie-Situation: «Am Ende bot sich uns die Möglichkeit einen Teil der Geschichte zu erzählen, der unerzählt bliebe, wenn wir ihn jetzt nicht erzählten.»[12] Ihr dramatisches Postulat lässt sich auch anders verstehen. Team Jackson wollte das erste Wort zum HOBBIT haben. Das letzte aber auch. Niemand mehr bräuchte sich nach ihnen noch am Stoff probieren.

Ein tollkühnes Unterfangen, das jedoch so wirkte, als wäre Peter Jackson nicht nur einer künstlerischen Eingebung gefolgt. Sondern auch dem Antrieb, nicht einmal, nicht zweimal, sondern eben gleich dreimal Kasse machen zu können.

Drei Hobbits sind mindestens einer zu viel

Die HOBBIT-Trilogie besteht aus EINE UNERWARTETE REISE (2012), SMAUGS EINÖDE (2013) und DIE SCHLACHT DER FÜNF HEERE (2014) und schrieb mit einem kombinierten Einspielergebnis von knapp drei Milliarden Dollar zwar schwarze Zahlen, blieb aber unter den Erwartungen. Die Teile zwei und drei beendeten ihren Lauf unter der Eine-Milliarde-Grenze, und die gilt für Filme dieser Größe als obligatorisch. Die Trilogie ist weit davon entfernt, so geliebt zu werden wie die HERR DER RINGE-Werke.[13]

Aber nicht nur weniger geliebt, weil *Der Hobbit oder Hin und zurück*, das manche für ein Kinderbuch halten, weniger komplex ist als die *Ringe*-Romane, die als Literatur für Erwachsene verstanden werden.

Es lag nicht nur an der Vorlage. Es lag auch an Jackson. Das Buch war kurzweilig – doch die HOBBIT-Filme langatmig. Peter Jackson verließ jenen eigenen Weg, den er vormals so zielsicher beschritt.

Hier lohnt ein erneuter Blick auf die HERR DER RINGE-Trilogie, um die gegensätzlichen Maßnahmen des Regisseurs zu verstehen.

Jackson trug zähe Gefechte aus, um Tolkiens Werk nicht in einem, sondern drei Filmen würdigen zu können. Er verzichtete aber auf einiges, um die Maximallänge

12 Nathan, Ian: *Anything You Can Imagine – Peter Jackson and The Making of Middle-Earth.*
13 *Forbes*, bit.ly/334e3ey (30.06.21).

einzuhalten. Er schnitt nicht nur Sarumans Ende, den Film-Tod Christopher Lees aus der Kinoversion (in der erweiterten DVD-Version ist er zu sehen). Eine kontroverse Entscheidung, denn sie bedeutet, dass Jackson mit Saruman einen der zwei Antagonisten am Leben lässt. In der Kinofassung verbleibt der häretische Hexer schlicht in seinem Turm Orthanc, umzingelt von den Ents, laufenden Baumriesen.

Jackson strich jedoch auch, wie vor ihm Ralph Bakshi, von Lesern vergötterte Figuren wie Tom Bombadil komplett aus der Geschichte.

Das waren nachvollziehbare Beschlüsse. Bombadil ist über viele Buchseiten ein perfekter Gastgeber für die Hobbits, leistet aber keinen entscheidenden Beitrag zur Erzählung. Was auch damit zu tun hat, dass er schon zu Beginn deren Wege kreuzt und Tolkien da tatsächlich drauflosschrieb, nicht exakt wusste, wohin sich die Quest entwickelt. Tom ist nicht wichtig für Frodos Weg nach Mordor, wo im Lava-Meer des Schicksalsbergs der Ring versenkt werden muss.

Wer in Tom Bombadil einen Sinn sehen will, findet ihn vielleicht in der Szene, als er mit den Hobbits am Esstisch sitzt und unbedarft den Ring über seinen Finger streift. Anders als Frodo wird Tom dabei nicht unsichtbar. Er ist enttäuscht, hat nun aber – genau wie wir – einen Beweis. Der Ring hat sich Frodo ausgesucht, nicht Frodo den Ring. Der Ring will, dass der Hobbit sein Träger ist. Aber das haben wir längst geahnt. Und deshalb braucht der Film keinen Bombadil.

Nun aber fabrizierte Jackson für die HOBBIT-Trilogie genau das Gegenteil von dem, was ihn einst auszeichnete. Er ging in den Bombadil-Modus. Jackson behielt nicht nur unnütze Nebenfiguren im Spiel, er dachte sich sogar welche aus. Mit dem Plan, gleich drei Blockbuster zu erschaffen und es dem Studio mehr als recht zu machen, blähte er eine präzise Literaturvorlage auf. Die drei Kinofilme addieren sich zu 474 Minuten, also fast acht Stunden. Vielleicht der Rekord für die längste Umsetzung eines 300-Seiten-Buchs.

Die Streckungen waren durchgängig zu spüren. Jackson arrangierte Sequenzen, die eine – kaum im Buch vorhandene – «Action-Quote» erfüllen, aber wenig Nutzen haben.

Wie die bestenfalls burlesk anzusehende, erfundene Verfolgungsjagd aus SMAUGS EINÖDE. Aus dem Kerker der Elbenburg befreit, verstecken sich die Zwerge in Weinfässern und werden bei einer Fluss-Abfahrt von Orks attackiert, die sich wiederum gegen elbische Bogenschützen wehren müssen. Viel zu weitschweifig, und ohne entscheidende Auswirkung auf das Geschehen (Abb. 8).

In der Extended Edition der UNERWARTETEN REISE vergehen sogar geschlagene 45 Filmminuten, bis Bilbo Beutlin (Martin Freeman) das Angebot der in sein Zuhause eingedrungenen Zwerge, sie auf ihrem Abenteuer zu begleiten, annimmt. 45 Minuten, bis er die Haustür zuschlägt, sich auf ein Pony schwingt und das Auenland für seine «unerwartete Reise» verlässt. Zuvor nahmen die Gnome das Mobiliar seines Häuschens auseinander, Gandalf konnte es nicht verhindern (Abb. 9).

Für DER HERR DER RINGE: DIE GEFÄHRTEN vollendete Jackson noch die Meisterschaft der Kino-gerechten Bearbeitung eines Romans. Eine erfrischende

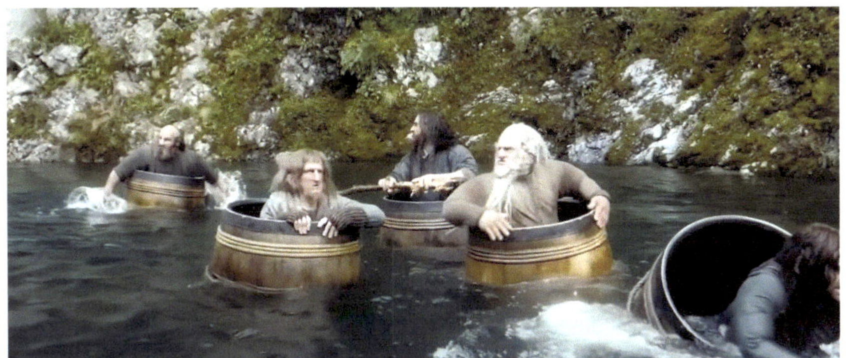

8 Die Zwerge haben das Ende ihrer Flucht aus der Elbenburg erreicht. Sie versteckten sich in Weinfässern und jagten einen Fluss hinunter. Eine Action-Szene voller Slapstick-Momente im Kampf gegen die Orks, die so nicht im Buch steht und den Erzählfluss behindert. (DER HOBBIT: SMAUGS EINÖDE, NZ/USA 2013)

Beschleunigung und Beschränkung. Kaum ist Frodo im ungewollten Besitz des Rings, bricht er schon auf. Anders im *Ringe*-Roman. Vor Missionsbeginn vergehen Jahre mit Krisengesprächen zwischen ihm und Gandalf. Der Hobbit muss auf Linie gebracht werden. Außerdem organisiert Frodo vor der Abreise tatsächlich noch eine Schlüsselübergabe mit den Nachbarn.

Ausschlaggebend für den künstlerischen Misserfolg der UNERWARTETEN REISE ist jedoch nicht nur deren Langatmigkeit. Sondern auch der Glaube, das Figurenpersonal aufstocken zu müssen. Tolkien war nicht an Liebesgeschichten interessiert. Die Kinogänger nach Ansicht des Drehbuchteams aber schon. Des-

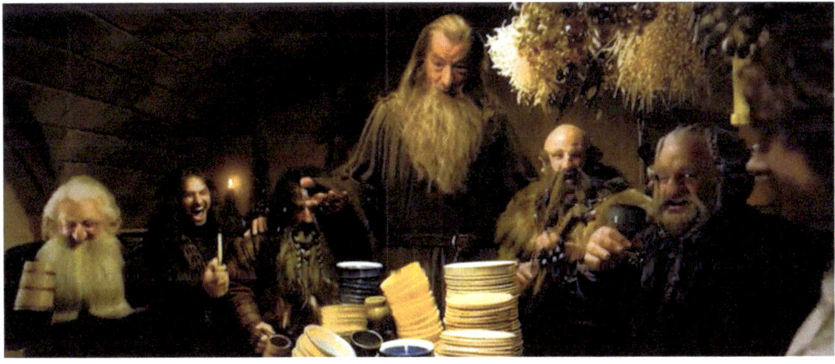

9 Ungeladene Gäste: Gandalf (Ian McKellen, mi.) und die 13 Zwerge machen es sich in Bilbo Beutlins (Martin Freeman, re.) Haus gemütlich und leeren mit Getöse dessen Speisekammer. Weil Hobbits noch kleiner und wendiger sind als Zwerge, soll Bilbo sie auf ihrer Reise nach Erebor begleiten, um den Drachen Smaug zu bestehlen. (DER HOBBIT: EINE UNERWARTETE REISE, NZ/USA 2012)

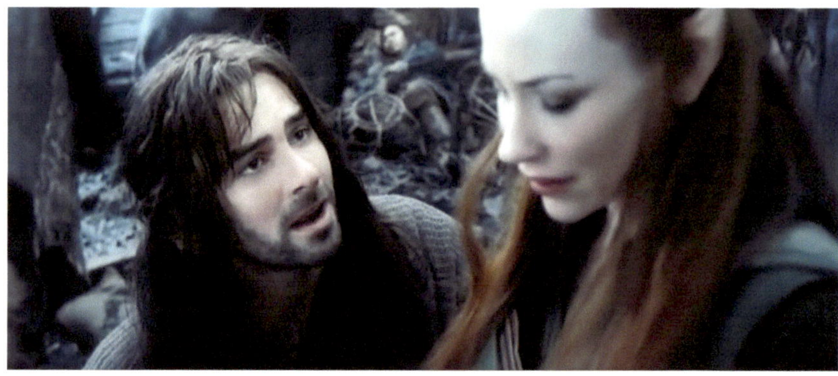

10 Kili (Aidan Turner) verabschiedet sich von der Frau, die er liebt, der Elbin Tauriel (Evangeline Lilly). Er weiß, es wird ein Abschied auf ewig. Kili schließt sich den anderen Zwergen an, um mit dem Boot zum Berg des getöteten Drachen Smaug zu fahren, dorthin, wo weitere Freunde bereits auf ihn warten. (DER HOBBIT: DIE SCHLACHT DER FÜNF HEERE, NZ/USA 2014)

halb wurde bereits in der Filmversion des HERRN DER RINGE die Beziehung zwischen Aragorn und der Elbin Arwen (Liv Tyler) ausgearbeitet.

Der HOBBIT aber stellte sie vor größere Herausforderungen. Der Roman beinhaltet keine einzige wichtige Frau. In Ermangelung einer Romanze – Bilbo hat, wie sein Neffe Frodo, keine Partnerin – konstruierte Jackson die Andeutung einer Liaison, die idealistisch anmutet, aber wenig wahrscheinlich ist: ausgerechnet zwischen den Erzfeinden Elben und Zwergen. Die von Jackson ersonnene Elbin Tauriel (Evangeline Lilly) entwickelt Gefühle für Kili (Aidan Turner), ein dreitagebärtiger, hübscher Zwerg, den sie um einen Kopf überragt (Abb. 10).

Solche von Jackson, Walsh und Boyens erdichteten Sub-Plots zeugen von Selbstüberschätzung. Sie belegen den Glauben des Regisseurs, er sei ein Jünger Tolkiens, zu dem er aufschießen könnte, nur weil er dessen Story weiterspinnt.

Von den Zwergen, ob verliebt oder nicht, gibt es gleich 13, die sich mit dem Hobbit Bilbo sowie Gandalf ins Abenteuer stürzen, um vom Drachen Smaug nicht nur einen Goldschatz zurückzuerobern, sondern auch das Königreich Erebor. Die Anzahl der Zwerge hat Tolkien in seiner Geschichte vorgegeben. Allerdings haben die Autoren Mühe, die fusseligen Wanderer unterscheidbar zu machen, ihnen also Tiefe zu verleihen.

Vielleicht erscheint auch deshalb die Einbindung von Figuren aus der HERR DER RINGE-Trilogie, die in der *Hobbit*-Vorlage nicht auftauchen, so zurechtgelegt wie überflüssig. Legolas (Orlando Bloom), Frodo, Galadriel (Cate Blanchett) und Saruman erleben ein Comeback, haben mit der Zwergen-Expedition aber nicht viel zu tun. Sie debattieren meist im Hintergrund. Das fällt unter «Fan-Service». Man erschafft Kinobesuch-Anreize durch Wiedererkennungswerte, obwohl die hinzugefügten, bekannten Neben-Charaktere weder der Handlung dienlich sind noch den eigentlichen Protagonisten etwas bedeuten – den Zuschauern aber umso mehr.

Saruman-Darsteller Christopher Lee dürfte sich dennoch über den HOBBIT gefreut haben. Nach der Premiere von DER HERR DER RINGE: DIE RÜCKKEHR DES KÖNIGS äußerte er noch seinen Unmut darüber, aus der Kinofassung herausgeschnitten worden zu sein. Zuvor hatte er seine Teilnahme an der Uraufführung abgesagt: «What's the Point?» Lee war Tolkien-Experte. Er konnte Passagen aus den Büchern zitieren und war der Einzige im Tross, der den Schriftsteller persönlich kennenlernte, und war es nur auf ein Bier in einem Oxforder Pub, zu dem sich Tolkien zufällig, über einen Bekannten, gesellte. Es half Lee nichts, Saruman war im Trilogie-Finale nicht zu sehen.

Vielleicht dachte Peter Jackson nun, er stehe bei Lee in der Schuld. Immerhin widerstand der Regisseur auch in seiner HOBBIT-Trilogie der Versuchung, Sarumans von Tolkien erdachten Spitznamen zu offenbaren. Ein Spitzname, der Sarumans Schergen in *Die Rückkehr des Königs* ohne jegliche Belustigung einfiel, ein Spitzname, der so klingt, als hätten sie ihn sich aus unserer Zeit gestohlen, und den der Hexer einfach schick fand: Sharkey.

Nun erhielt der würdevolle Hüne Lee, ausgestattet mit weißer Langhaarperücke und scharf zulaufenden weißen Slippern, in der UNERWARTETEN REISE einen weiteren gravitätischen Auftritt. Einen, der nicht mehr entfernt werden würde. Hier war er der gute Saruman, ein Zauberer, der sich noch nicht von Sauron hat umdrehen lassen. Kein Sharkey.

In DIE SCHLACHT DER FÜNF HEERE trat er 2014 ein weiteres, letztes Mal auf, mit 93. Im darauffolgenden Jahr verstarb Christopher Lee.

Der Hobbit stellt sich der Kritik

Diesen zweiten Kampf um das Gelingen einer Trilogie hat der mittlerweile ergraute Peter Jackson also verloren. Nach dem HOBBIT vertiefte er sich in der mühevollen, sensationell anzusehenden Restauration alter dokumentarischer Filmaufnahmen (THEY SHALL NOT GROW OLD, 2018, THE BEATLES: GET BACK, 2021), hat aber bis heute keinen Spielfilm mehr gedreht.

«Ohne Zweifel ist Peter Jackson ein Meister des Visuellen», schrieb der Kritiker Richard Roeper. «Aber er hat ein relativ dünnes Kinderbuch bis an die Grenzen ausgereizt.»[14]

Aber war Jackson wirklich noch der «Meister des Visuellen»? Das ließ sich anzweifeln. Nicht jedem gefiel seine Idee, den Film in einem ungewöhnlichen Format zu fotografieren. Durch die Verdoppelung der Bildrate von 24 auf 48 Bilder pro Sekunde, die High Frame Rate (HFR), sollen Bewegungen plastischer, gestochener, also lebensnaher wirken.

Dabei entsteht jedoch eine gegenteilige Optik, der «Soap-Opera-Effekt». Wie bei einer Telenovela heben sich die Schauspieler vom Hintergrund ab. «Irgendwo

14 *richardroeper.com*, bit.ly/33bPAE9 (30.06.2021).

zwischen Seifenoper, einem Football-Spiel auf dem Sportsbar-Fernseher und einem Straight-to-Video-Kinderprogramm aus einer vergangenen Ära», befand *The Globe and Mail.* «Statt in die Action eingebunden zu sein, starrt man nur auf die Masken und Requisiten. Statt sich des Dramas verbunden zu fühlen, starrt man auf das Set und die Choreografien der Schauspieler.»[15]

Mittelerde sah nun nicht mehr aus wie im Traum. Nicht mehr wie ein cineastisches Reich. Sondern wie eine Studiokulisse aus einem Fernsehspiel.

In gewisser Hinsicht wurde das Fernsehen auch Jacksons erweitertes Zuhause. Er war einer der ersten Hollywood-Regisseure, die ein neues Heimkino-Erlebnis förderten. Mit der «Extended Edition» der GEFÄHRTEN brach im August 2002 das nächste Zeitalter im damals boomenden DVD-Markt an. Der Film wurde durch eine vom Regisseur angefertigte Erweiterung von 178 auf 208 Minuten erheblich aufgewertet. Für die Extended Edition wurden Szenen sogar *gedreht*. Das sah zum Glück immer noch wie Kino aus, nicht wie eine TV-Seifenoper mit Hobbits, wie später die UNERWARTETE REISE.

Mit den «Extended Editions» erstellte ein bedeutender Kino-Regisseur also eigens für DVD-Veröffentlichungen neue Schnittfassungen. Auch Jackson haben wir daher die verkaufsfördernde Idee zu verdanken, dass Regisseure ab den Nullerjahren ihren «Director's Cut» zumindest für den kleinen Bildschirm verwirklichten. Wenngleich Jackson seine «Extended Editions» nie als «Director's Cut» bezeichnet hat. Was wohl auch Ausdruck seiner Freiheit gewesen sein soll, sowieso ins Kino gebracht haben zu dürfen, was er wollte. Er sagt sogar, er bevorzuge die kürzeren Fassungen. Das ist erstaunlich, denn wer sich daheim die Trilogie anguckt, der greift doch ausschließlich zur Extended Edition, oder? Je mehr Mittelerde, desto besser.

Allerdings werden heutzutage weit weniger DVDs abgesetzt als noch 2002, wie inzwischen auch weniger Einheiten vom später eingeführten, überlegenerem Format Blu-ray. Streaming-Portale bieten Filme nicht nur billiger an, sie lassen haptische Produkte auch überflüssig erscheinen, sofern man nicht Boxen-Sammler ist.

Der Markt der Streamingdienste und die HERR DER RINGE-Prequels

GREYHOUND und MULAN waren 2020 zwei Großproduktionen, die im Kino die Kassen klingeln lassen sollten, aber als erste ihrer Art die unbeabsichtigte Premiere – bedingt durch die Corona-Krise und der damit einhergehenden Schließung der Lichtspielhäuser – bei AppleTV+ beziehungsweise Disney+ feierten. Im zweiten offiziellen Covid-Jahr, 2021, war in den USA für kurze Zeit einer der potenziell größten Blockbuster des Jahres, WONDER WOMAN 1984, parallel auch auf HBO Max erhältlich, im deutschen Bezahlfernsehen sogar vor Kinostart.

Netflix gelang mit der Produktion und natürlich Exklusivausstrahlung von Martin Scorseses THE IRISHMAN bereits 2019 ein Coup. Scorsese prägte das Kino

15 *The Globe and Mail*, tgam.ca/2FiIgOI (30.06.2021).

in jedem der vergangenen fünf Jahrzehnte, angefangen mit TAXI DRIVER (1976) über DIE FARBE DES GELDES (1986), zu CASINO (1995) und THE DEPARTED – UNTER FEINDEN (2006) bis zu THE WOLF OF WALL STREET (2015).

Nun wurde er für sein erstes TV-Großwerk eingespannt. Es reichte aus, THE IRISHMAN in weltweit nur wenigen Kinos zu zeigen, als notwendige Formalität, um die Kriterien für die Berücksichtigung bei den Oscars zu erfüllen. Der Historienfilm wurde dann mit gleich zehn Nominierungen bedacht. Dass er keinen einzigen Academy Award erhielt, dürfen Netflix und Scorsese als Abstrafung empfunden haben. Die Botschaft Hollywoods: wichtiger Streifen, klar. Aber die große Leinwand bleibt wichtiger als das Streaming auf Flimmerkasten und Laptop.

THE IRISHMAN ist ein zwischen den 1950er- und 1990er-Jahren spielendes Mafiadrama mit dem erstmals versammelten Gangster-Dream-Team Robert De Niro, Al Pacino, Joe Pesci und Harvey Keitel, das sich Netflix zwischen 159 und 250 Millionen Dollar kosten ließ, die offiziellen Zahlen variieren. Regisseur Scorsese sagt, kein anderer Konzern hätte ihm diese 209 Minuten lange Extravaganz finanziert. Seinen Darstellern wurde digitales De-Aging verpasst, Botox per Computer. Eine Gesichts-Verjüngung, durch die der 76-jährige De Niro wie ein 30-Jähriger wirken sollte. Das sah nicht überzeugend aus, denn der zum Gesicht gehörende Körper wirkte weiterhin so gebrechlich wie eben der eines Mannes, der sich aufs Greisenalter zubewegt. Das Verfahren ging dennoch ins Geld.

250 Millionen Dollar sind jedoch Peanuts gegen das, was Amazon Studios derzeit produziert: eine *Herr der Ringe*-Serie. Fünf Staffeln sind gesetzt, mit je acht bis zehn Episoden. Die erste Folge wird im September 2022 ausgestrahlt. Am Verhandlungstisch saßen die Nachlassverwalter des Tolkien Estate und Tolkien Trust, der Buchverlag HarperCollins sowie New Line Cinema, die schon Jacksons RINGE- und HOBBIT-Trilogien ermöglichten. Gesamtkosten der Serie: mindestens eine Milliarde Dollar.

Das Budget hat Amazon nicht selbst veranschlagt. Das Studio musste den Rechte-Inhabern von Tolkiens Werken diesen Kostenpunkt als Mindestwert vertraglich zusichern, den Betrag also als Verpflichtung zur Qualitätssicherung bereitstellen.

Die noch unbetitelte, von J. R. R. Tolkien inspirierte Saga wird damit zur teuersten Serie aller Zeiten. Kostspieliger gar als der kostspieligste Kino-Film. Mit der Amazon-Serie geht es demnach um Fernsehen in einer ganz neuen Dimension.

Das bislang teuerste Leinwandwerk, PIRATES OF THE CARIBBEAN – FREMDE GEZEITEN (2011), verschlang 378 Millionen, die teuerste Trilogie, die HOBBIT-Reihe, 623 Millionen. Auf die Flughöhe der RINGE-Serie wird in absehbarer Zeit nur James Cameron mit seinen AVATAR-Fortsetzungen kommen. Cameron investiert in die Filme zwei bis fünf ebenfalls eine Milliarde Dollar, herangeschafft von seiner eigenen Firma Lightstorm Entertainment.

Damit aber nicht genug an Ausgaben. Die RINGE-Rechte sicherte sich Amazon Studios zuvor für zusätzliche 250 Millionen Dollar, angeblich nach einem Bieterkrieg, bei dem Netflix und HBO aus dem Weg geräumt wurden. Ex-Amazon-CEO

Jeff Bezos, je nach Börsenkurs der reichste oder zweitreichste Mensch, soll persönlich mitverhandelt haben.

Einen Serien-Erfolg hat Amazon Studios für seinen Streamingdienst bitter nötig, anders als im Kino-Segment. Der Spielfilm war für den Konzern nie das Problem. Die Erfolge von «Original Movies» wie THE BIG SICK (2017), DIE WEITE DER NACHT (2019) oder das Oscar-prämierte MANCHESTER BY THE SEA (2016), das im Gegensatz zum Netflix-Gewächs THE IRISHMAN konventionell im Kino lief, sprechen für sich.

Die Serien aber bereiten Sorgen. Amazon hat zwar einige hochgelobte Bingewatching-Formate nicht nur vertrieben, sondern auch produziert, wie THE MARVELOUS MRS. MAISEL (2017–), HOMECOMING (2018–) oder TOO OLD TO DIE YOUNG (2019). Aber keine hat sich seit Start ihres «Original Series»-Konzepts 2013 zu einem Phänomen entwickelt. Keine Amazon-Serie vermochte jene wichtigen Flurgespräche zu initiieren, die ein Format am Leben halten, die ein «word of mouth» entfachen.

Die Rettung sieht Amazon anscheinend auch in aggressiver Einkaufspolitik. Im Mai 2021 hat der Konzern Metro-Goldwyn-Mayer geschluckt und sich den Zugriff auf etliche Serien gesichert, wie FARGO (2014–) und THE HANDMAID'S TALE – DER REPORT DER MAGD (2017–). Zum Katalog der 1924 gegründeten Filmproduktionsgesellschaft zählen auch die JAMES BOND-Filme (1962–) und die ROCKY-Saga (1976–), vor allem aber das HERR DER RINGE- und HOBBIT-Universum. Die Firmenübernahme ließ Amazon sich 8,45 Milliarden Dollar kosten.

Jahr für Jahr wird der E-Commerce-Gigant zu einem der fünf wertvollsten Konzerne gekürt. Im Januar 2021 betrug dessen Börsenwert 1,34 Billionen Dollar.[16] Die mangelnde Relevanz Amazons als Kulturerzeuger fällt angesichts 150 Millionen zahlender Prime-Kunden (Stand: 2020) nur umso mehr auf.[17] Jeff Bezos' Baby ist immerhin die Nummer zwei des Streaming-Markts, unabhängig davon, ob Nutzer Prime nur wegen des Lieferdienstes abonniert haben. Netflix war 2021 mit 208 Millionen Usern Streaming-Anführer, allerdings lag die Anzahl der Neu-Abonnenten im ersten Quartal 2021 mit vier Millionen erstmals unter den Erwartungen, um ganze zwei Millionen.[18]

Neu-Konkurrent Apple TV+, verfügbar seit 2019, steht im Vergleich zu Amazon nicht viel glorreicher da. Zwar wurde die Anzahl der Abonnenten ein Jahr nach Start des Streamingdienstes auf ordentliche 40 Millionen beziffert.[19] Aber selbst die gelungeneren Serien des Multimedia-Konzerns, wie SERVANT (2019–) oder FOR ALL MANKIND (2019–), verursachten kein Beben. Und gerade diejenigen mit Fantasy-Stars, wie SEE – IM REICH DER BLINDEN (2019–) mit GAME OF THRONES-Schönling Jason Momoa, wurden verrissen. Apple TV+ hat bislang nur wenige Spielfilme im Programm, immerhin ein paar relevante Musik-Dokus (BEASTIE BOYS STORY, 2020, BILLIE EILISH: THE WORLD'S A LITTLE BLURRY, 2021). Im Gegensatz zu Net-

16 *t3n*, bit.ly/39QaVHt (30.06.2021)
17 *Forbes*, bit.ly/3tEIPqi (30.06.2021).
18 *Bloomberg*, bloom.bg/3goh1Tv (30.06.21)
19 *Statista*, bit.ly/3ltQB3c (30.06.2021).

flix und Amazon zeigt AppleTV+ nur Eigenproduktionen, «Original Content». Es gibt keine Programmzukäufe, der Katalog kann nicht so schnell wachsen.

Für Streamingdienste bemisst sich der Erfolg einer Serie anders als für Fernsehsender alter Ordnung. Es ist nicht allein die Anzahl der Zuschauer, im linearen Fernsehen als Einschaltquote Maß aller Dinge, die für einen Streaming-Anbieter entscheidend ist. Netflix zeigt keine Werbung, im Gegensatz zu Prime Video nicht mal Eigenwerbung. Entscheidend ist die Anzahl der Neu-Abonnenten, die durch einen Film oder eine Serie generiert werden. Eine erfolgreiche Fantasy-Serie auf Netflix soll also Fantasy-Fans anlocken, die Netflix noch nicht abonniert haben. Als der Streamingdienst im Corona-Sommer 2020 die Zahl von zehn Millionen Neu-Abonnenten verkündete, wurde wenig später grünes Licht für den Spionagethriller The Gray Man gegeben, dem kommenden Film der Avengers-Regisseure Anthony und Joe Russo. Der soll mehr als 200 Millionen Dollar kosten. In Produktionen wie diese fließt auch das Geld der Neu-Abonnenten.

Netflix ist der aktuell entscheidende Big Player im Serienmarkt. Er steht für Stranger Things (2016–), Orange Is The New Black (2013–2019), House of Cards (2013–2018) und Das Damengambit (2020).

Disney+ schickte erfolgreich den Star Wars-Ableger The Mandalorian (2019–) ins Rennen, dessen «Baby Yoda» sich sogar Erwachsene als Kuscheltier wünschen. Dieser kleine grüne Zwerg wurde im Netz derart abgefeiert, dass es den Leuten immer unbedeutender erschien, dass «Baby Yoda» gar nicht «Baby Yoda» heißt. Über den Zeitraum der ersten Season war er namenlos, deshalb hat das Internet entschieden, wie er zu heißen hat. Sein eigentlicher Name, Grogu, enthüllt in der zweiten Staffel, hat keinen mehr interessiert. «Baby Yoda» bleibt für uns «Baby Yoda». Ein Viraleffekt, der unbezahlbar ist. Für 2021 hat Disney+ die Produktion von gleich zehn Star Wars-Serien angekündigt. 2021 verweist der Streamingdienst auf 100 Millionen Abonnenten.[20]

Der ehemalige Platzhirsch HBO wiederum, das amerikanische Aushängeschild des Kabelfernsehens, schrieb zuletzt mit Game of Thrones und bereits ab 1999 mit den Sopranos Fernsehgeschichte. Selbst der alte Riese AMC, lange nicht für revolutionäres Programm bekannt, landete im neuen Jahrtausend mit Mad Men (2007–2015), Breaking Bad (2008–2013) sowie der 2010 angelaufenen und 2022 zum Ende kommenden Zombie-Saga The Walking Dead drei Volltreffer. Sie berauschen ihre Anhänger noch immer, sind eingetragen im Kanon der Popkultur und verführen zum «rewatch», was bei Serien zeitlich weit herausfordernder ist als bei Filmen. Nicht wenige wünschen sich den sinnsuchenden, zunehmend aus der Zeit gefallenen Marketing-Manager Don Draper (Jon Hamm) aus Mad Men zurück. Oder hoffen, dass der Meth-Megadealer Walter White (Bryan Cranston) aus Breaking Bad eine Prequel-Serie, oder zumindest im Spin-off Better Call Saul (2015–) ein Cameo erhält.

---

20 *Bloomberg*, bloom.bg/3goh1Tv (30.06.21)

Zaungucker Amazon will in diesem Markt, der sich in den vergangenen Jahren zunehmend fragmentiert hat – es gibt immer mehr Streaming-Kanäle mit immer mehr Sendungen –, als Hersteller von «Talk of Town»-Formaten endlich mitmischen. Gerade im Fantasy-Genre. HBO machte GAME OF THRONES zum Hit, und Netflix verzeichnet mit THE WITCHER (2019–) Rekord-Zugriffe. Auch deshalb sieht Amazon in einer Fantasy-Geschichte den größten Nutzen für seinen Streamingdienst.[21]

Zwei Prequels: «Der Herr der Ringe» und THE LORD OF THE RINGS: THE WAR OF THE ROHIRRIM

Eine Milliarde Produktionskosten also für «Der Herr der Ringe». Über den Inhalt der Serie wurde bislang wenig verraten. Bekannt ist nur, dass die Darsteller einigermaßen unbekannt sind: Das Top-Billing erhalten Roberto Aramayo und Owain Arthur. Ein charmanter Zug, der an das Casting von Peter Jacksons HERR DER RINGE erinnert, welches ebenso, und sei es nur aus Kostendruck, auf überwiegend unverbrauchte Schauspieler (Viggo Mortensen, Orlando Bloom, Dominic Monaghan, Karl Urban) setzte, denen umso stärkere unvorbelastete Zuschauer-Aufmerksamkeit zuteilwurde.

Die «Ringe»-Serie wird wieder in Neuseeland gedreht, entsteht aber ohne Mitwirkung Peter Jacksons. Eigentlich dürfte sie nicht als «Herr der Ringe»-Format beworben werden, weil es nicht wirklich um den *Herrn der Ringe* geht. Die Saga rückt den «großartigsten Schurken, den Tolkien je ersann», in den Fokus, also wohl Morgoth aus *Das Silmarillion*, einer Sammlung unvollendeter literarischer Werke. Sie spielt tausende Jahre vor dem «Zweiten Zeitalter», ein Handlungsort sei die Insel Númenor zwischen Mittelerde und den Unsterblichen Landen.[22] Númenor ist ein Königreich, das Tolkien-Apologeten seit jeher fasziniert und durch keinen der sechs Peter-Jackson-Filme abgedeckt wird.

Für die Story sollen auch Skizzen und Roman-Anhänge Tolkiens verwendet werden. Es ist also ein Prequel, im Grunde aber wird das Epos durch neue Autoren weitergeschrieben. Showrunner sind JD Payne und Patrick McKay. Ab da wird es richtig interessant. Diese beiden Autoren, in Kreativ-Verantwortung für die teuerste Serie aller Zeiten, haben nicht mal einen Wikipedia-Eintrag. Und ihr Engagement erfolgte zu einem ungewöhnlichen Zeitpunkt. Erst nachdem Amazon die Rechte erwarb, wurde nach Showrunnern gesucht. Normalerweise trägt eine Produktionsfirma einen Entwurf an die Rechteinhaber heran, die dann mit Blick auf das sich bewerbende Team entscheiden. Aber dieser Ablauf war kurios. 250 Millionen Dollar für den Rechteerwerb plus eine Milliarde Dollar garantiertes Budget für ein Projekt, deren gestalterische Köpfe noch nicht bekannt waren. Deutlicher

21 *Deadline*: bit.ly/3hiYjsZ (30.06.2021).
22 *The One Ring*: bit.ly/3bZlfhW (30.06.2021)

hätte Amazon, aber auch der Tolkien Estate nicht demonstrieren können, dass man in der *Herr der Ringe*-Serie einen Selbstläufer sieht.

Der Lebenslauf des Duos Payne/McKay deutet mehr Unterhaltung als Tiefgang an. Sie schrieben das Drehbuch zu JUNGLE CRUISE (2021), das auf einer Themenkarussell-Fahrt von Disneyland basiert. Den Beweis, dass Payne und McKay filmhistorisch etablierte Geschichten zumindest nicht in den Sand setzen, erbrachten sie mit Scripts zu zwei STAR TREK-Filmen der Reboot-Ära ab 2009 sowie GODZILLA VS. KONG (2021). Als Regisseur der ersten zwei «Herr der Ringe»-Episoden wurde J.A. Bayona verpflichtet, dem es gelingt, sowohl Effekte-Kino aus intimer Perspektive zu drehen (das Tsunami-Drama THE IMPOSSIBLE, 2012), als auch auf die Monster-Pauke zu hauen (JURASSIC WORLD: DAS GEFALLENE KÖNIGREICH, 2018). Weitere Folgen werden von Charlotte Brändström (THE WITCHER) und Wayne Yip (DOCTOR WHO, 2017–) gedreht.

Diese Tolkien-Adaption kennzeichnet natürlich eine gewisse Ironie. Sie beschreibt die Entwicklung des *Herrn der Ringe* weg vom Kino, hin zur Serie. Dabei kämpfte Peter Jackson einst darum, drei sehr lange Epen auf die große Leinwand bringen zu können. Nun wird der HERR DER RINGE des Kinos zum Vorbild des «Herrn der Ringe» im Streamingdienst. Amazon hat die Muskeln spielen lassen. Aber nicht für seine Kino-Abteilung, sondern für eine Serie, die bei Prime Video laufen wird. Denkbar wäre auch gewesen, das neue Prequel als Amazon-Dreiteiler fürs Kino auszubreiten.

Bei Serien gibt es, anders als im Kino, den Begriff der «Überlänge» nicht. Die «Überlänge» ist ein im Grunde filmfeindlicher, unseren Wunsch nach Sehgenuss ad absurdum führender Ausdruck, den natürlich nicht Zuschauer, sondern Kinos verwenden. «Überlänge» soll teurere Tickets rechtfertigen und ein unverblümter Hinweis auf ein Programmplanungsproblem sein: Wenn längere Streifen anderen Streifen ihren Leinwandplatz wegnehmen, würde ohne Preiserhöhung insgesamt weniger Geld eingenommen. Angesichts immer länger werdender Blockbuster könnte der Ausdruck «Überlänge» dennoch bald obsolet werden.

Eine kompaktere Erzählung von Mittelerde-Abenteuern dürfte indes THE LORD OF THE RINGS: THE WAR OF THE ROHIRRIM bieten. Im Juni 2021 gaben New Line Cinema und Warner Bros. Animation die Produktion eines «Stand-alone features» bekannt, also eines abgeschlossenen Films. Geschildert werden die Feldzüge von Helm Hammerhand, dem neunten König von Rohan und Namensgeber der Festung Helms Klamm, dem wesentlichen Schauplatz in DIE ZWEI TÜRME. Kenji Kamiyama (ULTRAMAN, 2019–) ist der Regisseur des animierten Werks, das nicht auf Prime Video, sondern im Kino anlaufen wird.

Ein neuer gezeichneter HERR DER RINGE-Film also, bald 45 Jahre nach Ralph Bakshis Pionierleistung von 1978. Im Gegensatz zur Amazon-Serie soll THE LORD OF THE RINGS: THE WAR OF THE ROHIRRIM zeitliche wie inhaltliche Verbindungen zu den sechs Jackson-Filmen aufweisen. Das Werk spielt nicht Jahrtausende, sondern nur 260 Jahre vor dem HOBBIT. Außerdem wurde Philippa Boyens, die Co-Drehbuchautorin der Mittelerde-Werke, als Beraterin für das Projekt engagiert.

Phantastische Tierwesen und wo sie zu finden sind: Die Abenteuer von Newt und Dumbledore

Die Hobbit-Trilogie brachte Geld ein, fand aber nicht viele Anhänger. Anders das Harry-Potter-Universum: viel Geld, viele Anhänger. Es hat sich seit dem ersten Film von 2001 souveräner vergrößert als Peter Jacksons Mittelerde. Wohl auch, weil jede weitere Hogwarts-Kinogeschichte von deren literarischer Schöpferin nicht beraten und autorisiert, sondern gar erschaffen wird. J. K. Rowling schrieb mit an den Drehbüchen von Phantastische Tierwesen und wo sie zu finden sind sowie Phantastische Tierwesen: Grindelwalds Verbrechen. Teil drei erscheint noch 2021. Rowlings Scripts sind ein kleiner Trost für ihre Leser. Sie bleibt seit 2007 bei ihrem Vorsatz, keinen achten *Harry Potter*-Band zu schreiben.

Das von ihr verfasste Phantastische Tierwesen und wo sie zu finden sind kam 2016 ins Kino, fünf Jahre nach dem letzten Potter-Werk, Die Heiligtümer des Todes – Teil 2. «Phantastische Tierwesen und wo sie zu finden sind» heißt ein Lehrbuch (das Rowling später als Buch veröffentlichte) aus dem ersten Potter-Roman, *Der Stein der Weisen*. Es datiert aus einer Vorzeit, beschreibt also eine Vorgeschichte. Und die Vorgeschichte ermöglicht die Rückkehr von Fan-Favoriten, die in früheren Filmen das Zeitliche gesegnet haben. Eine Methode, um eine Erzählung schmackhafter zu machen, wie schon Peter Jackson für den Hobbit erkannte. Darin holt er Christopher Lee, als Saruman ermordet in Die Rückkehr des Königs, zurück.

Auch in Grindelwalds Verbrechen (2018) erleben wir das Comeback eines alten Bekannten, den wir das letzte Mal sahen, als er umgebracht wurde.

Werfen wir einen Blick auf das «Prequel-Prinzip».

Sind Prequels auch Fortsetzungen?

Die Story einer Saga wird immer öfter in beide Zeitachsen verlängert. Nicht nur in die Zukunft, also als chronologische Fortsetzung, sondern auch in die Vergangenheit. Für die Studios liegt der Vorteil einer in der Vergangenheit liegenden Weitererzählung auf der Hand. Das Risiko, mit Prequels Flops zu landen, ist geringer. Das Prequel muss einer bereits im Kino erzählten, erfolgreichen, abgeschlossenen Geschichte lediglich zuarbeiten. Das Prequel-Ende ist auch definiert, denn es markiert gleichzeitig den Anfang der bereits etablierten, früheren Arbeit. Gleichzeitig kann das Prequel die reizvollsten historischen Ereignisse, die in den bisherigen Filmen nur angesprochen wurden, endlich darstellen – woher zum Beispiel kennen sich Bilbo Beutlin und Gollum?

Bei der Erschaffung einer Zukunfts-Geschichte ist die erzählerische Herausforderung größer. Es wird eine neue Tür aufgestoßen. Eine neue Quest, neue Protagonisten, neue Antagonisten. Es liegt in der Natur der Sache, dass nicht Vorgänger, sondern nur Nachfolger ein Erbe beschmutzen können.

Auch deshalb wurden in den vergangenen zwei Jahrzehnten Vorgeschichten bedeutsamer. Sogenannte «Origins»-Erzählungen, die Genesen von Figuren, widmen sich oft Superhelden beziehungsweise Menschen, die ihre Begabung entdecken, sie entwickeln und Glück oder Unglück über die Welt bringen.

Die Möglichkeiten von «Origins»-Schilderungen wurden durch jene zwei Entwicklungen verfestigt, die Peter Jackson mit dem HERRN DER RINGE anstieß. Erstens, Filme dürfen länger sein als früher. Zweitens, es wird mit mehr als nur einem Film geplant. Biografische Entfaltungen von Geburt bis Tod müssen also nicht mehr innerhalb von 120 Minuten abgehandelt werden.

Es gibt keinen Zeitdruck mehr, den Held sofort in seinem Kostüm zu präsentieren. Christopher Nolans BATMAN BEGINS (2005) zeigt einen Bruce Wayne ohne Lebenssinn. Seine Eltern wurden vor seinen Augen ermordet, er hat reich geerbt, fühlt sich der Sache unverdient. Wayne streift als Wayne durch die Kontinente und erlernt in einer Ninja-Geheimgilde seine Kampfkunst. Alles ohne eine Idee davon, später als Batman aufzutreten. Tatsächlich würde BATMAN BEGINS auch als Drama funktionieren, in dem Christian Bales Wayne und sein Ausbilder, Liam Neesons Ra's al Ghul, im ewigen Eis über Angstbewältigung diskutieren. Zum verkleideten Rächer wird der Milliardärs-Sohn erst nach rund einer Stunde Laufzeit.

Was wie ein nachvollziehbar vorsichtiger Charakteraufbau anmutet, ist so altbewährt nicht. Erst George Lucas bewies ab 1999 mit der ersten Prequel-Trilogie überhaupt, den STAR WARS-Episoden eins bis drei, dass Millionen Zuschauer auch mit Storys abgeholt werden können, deren Ausgang längst bekannt ist. Nicht mehr das Was, sondern das Wie, das «Wie es wurde, was es ist» wurde aufbereitet.

Prequels sind ein Wagnis gewesen, wenngleich STAR WARS in den Mittelpunkt des Mythos-Mappings keinen unbekannten Helden stellte, sondern einen Protagonisten mit legendärem Aufwuchs. Den wohl berühmtesten Bösewicht des Kinos. Anakin Skywalker, aus dem Darth Vader (David Prowse, Stimme von James Earl Jones) wird, der die Galaxis beherrschen will.

Verkürzt formuliert entwickelt sich Anakin (Hayden Christensen) zum Tyrannen, weil er als Kind von seiner Mutter (Pernilla August) getrennt wird, als Teenager seine Mutter nach Gewalteinwirkung sterben sieht und sich dieses Trauma dann widerspiegelt in der durch Verlustangst geprägten Beziehung zu seiner Partnerin, Prinzessin Padme (Natalie Portman). Seine Bindungsstörungen hat Anakin mit allen gebrochenen Superhelden und Freud'schen Geschöpfen gemein. Was wäre passiert, wenn sein Förderer Qui-Gon Jinn (Liam Neeson) besser verhandelt und nicht nur ihn, sondern auch seine Mutter aus der Versklavung freigekauft hätte? Die Mutter-Sohn-Bindung wäre vielleicht intakt geblieben, und die Dinge hätten einen friedlichen Verlauf genommen.

Anakins Gefährtin Padme musste nie Schicksalsschläge erfahren und kennt dementsprechend wenig Selbstzweifel. Am Ende vertraut Anakin seiner Liebsten nicht mehr und zeigt sich empfangsbereit für die Machtversprechungen eines faschistischen Ordens.

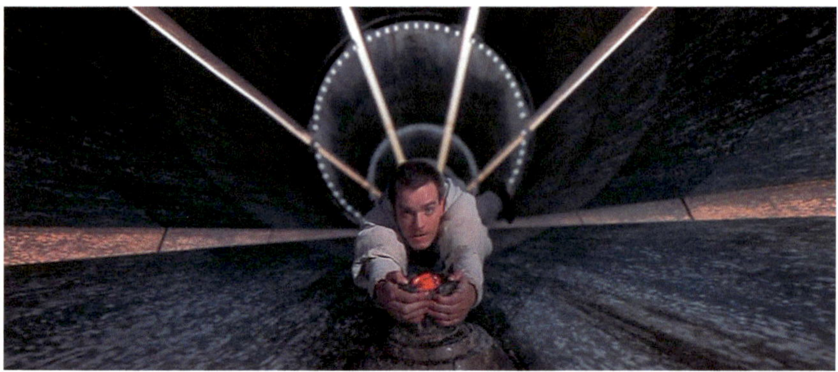

11 Obi-Wan Kenobi (Ewan McGregor) scheint das Duell gegen den Sith-Lord Darth Maul zu verlieren. Er droht in den Tod zu stürzen, klammert sich an einen Schachtvorsprung. Dabei muss man keine Angst um den Jedi haben. Wir wissen längst, dass er in einem anderen Film sterben wird bzw. gestorben ist. (STAR WARS: DIE DUNKLE BEDROHUNG, USA 1999)

Anakins Biografie erweist sich als guter Grund für die Inszenierung einer Prequel-Trilogie. Im Gegensatz zu den frühen Jahren Bruce Waynes, die in den Comics aufbereitet wurden, waren die des Jedi-Novizen keinem bekannt. Es gibt für sie keine literarische Grundlage. Wer hätte gedacht, dass Darth Vaders Hass eine pathologische Trauer um die Mutter zugrunde liegt? Sowas will man doch sehen.

Oder nicht? Vielleicht nicht. Manche finden, dass die Faszination Darth Vaders darin wurzelt, dass die Entstehung seiner Bösartigkeit in den ersten drei Filmen ab 1977 nicht offenbart wird. Sie ist einfach da. Dadurch läuft der Sith-Lord auch zu keiner Zeit Gefahr, auskommentiert, also entzaubert zu werden. Der weiße Hai aus DER WEISSE HAI kam ja, wie es so schön heißt, auch gut ohne Kindheitsgeschichte aus.

George Lucas hat innerhalb der drei Arbeiten von 1999 bis 2005, DIE DUNKLE BEDROHUNG, ANGRIFF DER KLONKRIEGER und DIE RACHE DER SITH, also die Entstehung des Imperiums dargelegt. Sklavenjunge Anakin wird erst zur Nachwuchshoffnung der galaktischen Allianz, wechselt dann aber zur «dunklen Seite der Macht». Das war spannend, obwohl wir wussten, dass er sterben würde. Wir haben 1983 in DIE RÜCKKEHR DER JEDI-RITTER gesehen, wie Darth Vader tödlichen Strahlen ausgesetzt wird.

Der Regisseur hat aber noch etwas Bedeutendes vollbracht. Er hat die Story eines zweiten, essenziellen Charakters dargelegt, der ebenfalls in einem vorangehenden Film von uns gegangen ist: Ben «Obi-Wan» Kenobi, in den KRIEG DER STERNE-Werken von 1977 bis 1983 verkörpert von Alec Guiness, nun von Ewan McGregor. Aber egal, welche Kämpfe der junge Kenobi ausstehen, an welchen Schachtvorsprüngen er sich klammern muss, wir brauchen uns in den Prequels um ihn nicht zu sorgen. Wir wissen, wann es ihn treffen wird (Abb. 11).

Lucas hat also darauf vertraut, dass wir unser Herz zwei (Anti-)Helden schenken und mit ihnen bangen, obwohl wir deren Schicksal kennen. Jedi-Meister Kenobi würde von seinem Schüler Darth Vader in EINE NEUE HOFFNUNG getötet werden. Anakin Skywalker, der niedliche Junge aus der DUNKLEN BEDROHUNG, würde als Erwachsener in der RACHE DER SITH gar zum Kindermörder werden. Lucas wettete darauf, dass die Leute dennoch in die Kinosäle strömen. Und er behielt Recht.

Disney+ inszeniert nun mit OBI-WAN KENOBI für 2022 eine Mini-Serie, in der sich Hayden Christensen und Ewan McGregor nach 17 Jahren STAR WARS-Pause ein zweites Mal duellieren. Obwohl bekannt ist, dass es darin für keinen der von ihnen verkörperten Charaktere, Obi-Wan Kenobi und Darth Vader, tödlich enden wird. Diese Chuzpe müssen Geschichtenerzähler erstmal aufbringen.

Der Leinwandtod einer Figur bedeutet also nicht mehr deren Abschied von der Leinwand. Die Prequels mit ihren Abenteuern erst viel später todgeweihter Helden sind wie ein Plädoyer dafür, die immer stärker werdende Spoiler-Verbotskultur zu überdenken.

Spoiler, also die Mitteilung wesentlicher Handlungsinformationen, verderben manchen den Spaß am Film. Sie finden sich überall im Netz, werden aber auch in privaten Diskussionen häufiger als früher angebracht und sorgen zuverlässig für Streit. Allein schon Gespräche über Inhaltsangaben werden immer toxischer und mit gegenseitigen Warnungen versehen. Es könnte ja ein Detail zu viel verraten werden.

Die Bedenken sind zum Teil nachvollziehbar. Wer 1980 noch vor dem Kinobesuch von DAS IMPERIUM SCHLÄGT ZURÜCK erfahren musste, dass Darth Vader Luke Skywalkers (Mark Hamill) Vater ist, dem wurde diese Enthüllung madig gemacht. Wer 2015 im Netz lesen musste, dass Han Solo (Harrison Ford) in DAS ERWACHEN DER MACHT getötet wird, und das auch noch von seinem eigenen Sohn Ben alias Kylo Ren (Adam Driver), ebenso.

Manchmal sind es aber Produzenten selbst, die freimütig eine Anti-Spannungshaltung forcieren. Schon ein Jahr vor Ende von THE WALKING DEAD wurde bekannt gegeben, dass die Zuschauerlieblinge Carol (Melissa McBride) und Daryl (Norman Reedus) ein Spin-off erhalten. Damit ist klar, dass sie in THE WALKING DEAD nicht sterben. Hier wird also gar nicht erst versucht, jenen Nervenkitzel aufrechtzuerhalten, die eigentlich jeder Horrorerzählung zugrunde liegt: Überlebt mein Held das Finale?

Die Abwehrhaltung gegenüber Spoilern ist kein neumodischer Spleen. Es gab sie immer schon, im Film genauso wie in der Literatur. J. R. R. Tolkien sprach sich gegen die Entscheidung seines Verlags aus, den abschließenden *Ringe*-Band *Die Rückkehr des Königs* zu nennen. Der Titel verrät ein Happy End, und er wollte den Ausgang des Kampfs um Mittelerde nicht vorwegnehmen. Der Autor bevorzugte die unberücksichtigt gebliebene Variante «The War Of The Rings». Und bei einer Pressekonferenz zu THE SIXTH SENSE bat Regisseur M. Night Shyamalan die Journalisten, keine Fragen zum Twist seines Horrorfilms zu stellen, da die TV-Übertragung des Reportertermins von einem Publikum gesehen wird, das sonst vielleicht nicht mehr ins Kino gehen würde. 1999 drang Shyamalan mit dieser Bitte durch. Das Netz schlief noch, so halbwegs zumindest. Es war damals nicht die Nummer-eins-Informationsquelle für Neuigkeiten aus dem Filmgeschäft.

Die sich weiter im Kino etablierenden Vorgeschichten, die Ausdehnungen der Narrative in die Vergangenheit, sind also ein lukratives Geschäft geworden. Beim HERRN DER RINGE war mit dem *Hobbit* schon eine Vorlage vorhanden. George Lucas behauptet bis heute, sein erster STAR WARS-Film, KRIEG DER STERNE, sei bewusst als Teil vier, also als Auftakt einer Anschluss-Trilogie gedreht worden. Den darauf verweisenden Zusatz-Titel EINE NEUE HOFFNUNG fügte er dennoch erst später hinzu, 1981, vier Jahre nach Kinostart.

Der Prequel-Mania liegt möglicherweise eine schlichte Notwendigkeit zugrunde: Vielleicht fehlen einfach Konzepte für eine Weitererzählung in die Zukunft. Lucas machte mit seiner Prequel-Trilogie den Anfang, es folgten Peter Jacksons HOBBIT-Arbeiten, dann kam Rowlings PHANTASTISCHE TIERWESEN, bald wird die «Herr der Ringe»-Serie von Amazon starten und der animierte Film THE LORD OF THE RINGS: THE WAR OF THE ROHIRRIM in die Kinos kommen.

Einen radikalen Schritt ging Disney. Drei Jahre nach Harrison Fords Film-Tod in DAS ERWACHEN DER MACHT brachte der Konzern mit SOLO – A STAR WARS STORY (2018) sogleich die jungen Jahre des schlagfertigen Schmugglers ins Kino, da wurde dessen spätere Erdolchung durch den Sohn noch immer in Foren betrauert.

Einen ähnlichen Mut bewies der Konzern mit ROGUE ONE – A STAR WARS STORY (2016), der eine vermeintlich dünne, sehr alte KRIEG DER STERNE-Notiz in den Mittelpunkt eines Heist-Abenteuers stellt: die Beschaffung der Konstruktionspläne des Imperialen Todessterns, um ihn zerstören zu können. Da so gut wie alle Figuren des Prequels ausgedacht werden mussten – keiner der Helden wurde zuvor in der Sternensaga erwähnt – war damit auch ihr Schicksal besiegelt. Alle neun werden ausgelöscht. Sie sterben. Ein einzigartiger Vorgang innerhalb eines Blockbusters. Für einen Disney-Film und einen STAR WARS-Streifen sowieso.

Das Risiko wurde belohnt. ROGUE ONE spielte mehr als eine Milliarde Dollar ein und stand 2021 auf einem stolzen Platz 36 der erfolgreichsten Filme aller Zeiten.

Tote bringen also Leben in die Bude, weil die Großtaten ihres Daseins aufbereitet werden. Deshalb wird nicht nur Ewan McGregor als Obi-Wan Kenobi, sondern auch Diego Luna als ROGUE ONE-Offizier Cassian Andor bald auf Disney+ zu sehen sein (ANDOR, 2022).

Radikal geht auch Marvel vor. Zwei Jahre nach dem Opfertod der Black Widow (Scarlett Johansson) in AVENGERS: ENDGAME erschien 2021 ... BLACK WIDOW im Kino und auf Disney+. Dort laufen auch LOKI und WANDAVISION (beide 2021), deren Marvel-Helden Vision (Paul Bettany) und Loki (Tom Hiddleston) auch schon abgedankt hatten. LOKI geht dabei besonders pfiffig vor. Der nordische Gott des Feuers lebt darin einfach in einer alternativen Realität weiter. Hoffentlich macht das nicht Schule. Denn Wiederauferstehungen wie die von Loki entwerten natürlich auch die Dramen ihrer vorangehenden Opfertode. Vielleicht wäre ein Prequel hier die angemessenere Option gewesen.

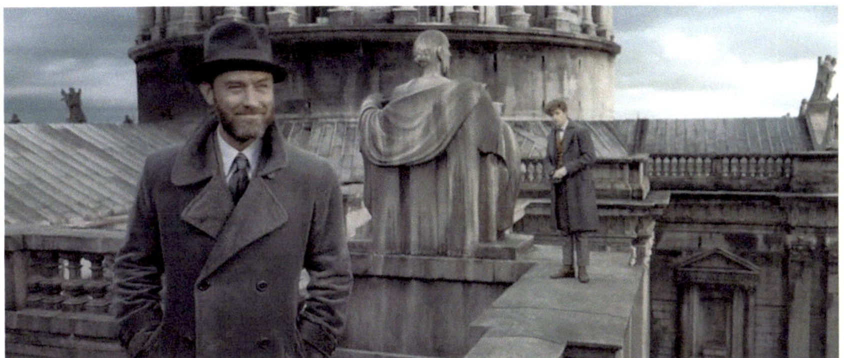

12 Über den Dächern Londons beraten sich Albus Dumbledore (Jude Law, li.) und Newt Scamander (Eddie Redmayne). Dumbledore bittet seinen Gehilfen, den geflüchteten Zauberer Credence vor dem bösen Gellert Grindelwald zu beschützen. (PHANTASTISCHE TIERWESEN: GRINDELWALDS VERBRECHEN, GB/USA 2018)

Wiedersehen mit Dumbledore

Da Harry Potters Abenteuer zu Ende erzählt sind, geht es mit PHANTASTISCHE TIERWESEN UND WO SIE ZU FINDEN SIND aus der Potter-Neuzeit zurück ins Jahr 1926 und zu einem Quasi-Prequel. Mit dem Magizoologen Newt Scamander (Eddie Redmayne) lernen wir einen ähnlich wuscheligen Menschen wie den Zauberlehrling Harry kennen. Es ist aber der zweite Film, GRINDELWALDS VERBRECHEN, der den entscheidenden Oha!-Moment auslöst. Albus Dumbledore ist wieder da, er wartet schon über den Dächern Londons auf seinen Gehilfen Scamander (Abb. 12).

Der Direktor der Zauberschule Hogwarts ist der größte Sympathieträger des siebenbändigen *Potter*-Epos. Ein Wizard aus dem Märchenkatalog. Weißhaarig, bärtig, gütig, beherrscht, alles vorhanden bis auf einen Schultüten-Hut. Jedes Kind will so einen als Großvater. In GRINDELWALDS VERBRECHEN taucht Dumbledore, der in den POTTER-Filmen von Richard Harris und Michael Gambon verkörpert wird, als junger Gentleman in der Darstellung Jude Laws auf.

Nach STAR WARS-Held Obi-Wan Kenobi wieder ein längst toter Mentor, der unser Herz erfreut. Die Ermordung Dumbledores durch den Adlatus Severus Snape (Alan Rickman) ist der Schock-Moment der HARRY POTTER-Reihe. Ein Schock, der nach Aufdeckung eines Plans noch größer wird. Der Zauberer gab seinen Tod selbst in Auftrag, um einer höheren Sache zu dienen. Der vorgeblich bösartige Snape hat sich überwinden müssen, sein heimliches Vorbild Dumbledore umzubringen. Snape war also doch ein guter Kerl. Er wurde zum von Schülern gefürchteten Widerling, weil er, wie wir erst spät erfahren, im Jugendalter eine narzisstische Kränkung durch Harrys Vater erlitt.

Dieser Schock-Moment erfasste sogar die Modebranche. Potter-Spoiler-Shirts, die in aufgedruckten Großbuchstaben den Mord, das Opfer und seinen Täter verkünden, entwickelten sich zum verhassten Verkaufsschlager. Die Spoiler-Vorkämpfer sind also spätestens seit den Nullerjahren unter uns.

Das «Cinematic Universe» von HARRY POTTER wird durch die TIERWESEN-Filme smart fortgeführt. Wohl keiner anderen Autorin als J.K. Rowling würde man das durchgehen lassen: Sie zeigt erwachsene Menschen, die bedeutungsschwanger ihre Mundwinkel nach unten ziehen und dann mit Zauberstäben in Essstäbchen-Länge Blitze verschießen. Im HERRN DER RINGE sind die tödlichen Stöcke knorrig und so lang wie Gewehre, und im KRIEG DER STERNE schossen Jedi von Anfang an aus ihren Händen. Bei Harry und Dumbledore herrscht der alte Hexenmeister-Charme aus der Fibel. Was woanders camp bis kindisch aussehen würde, führt hier zu mitreißender Action.

Warum die Tierwesen nicht nur phantastisch, sondern auch fantastisch sind

Die TIERWESEN-Filme kombinieren die Vorzüge der POTTER-Filme, den Spaß, das Clowneske ausgedachter Kreaturen, mit dem Thrill, dem Aufwachsen junger Menschen in Lebensgefahr. Rowling weiß schließlich besser als jeder Drehbuchautor, was ihre Leser begeistert.

Schon in den Potter-Büchern erschuf Rowling skurrile Tierwesen, niedliche wie bedrohliche, die nicht immer bedeutsam für die Story, aber Ausdruck enormer Fantasie sind. Sie bieten eine Flucht aus dem schwersinnigen Gedankenraum Harrys, der sich auf das Duell mit dem Mörder seiner Eltern, Lord Voldemort, vorbereitet.

Zu den Tierwesen zählen die Müll mampfenden Knuddelmuffs und die Whiskey trinkenden Abraxaner-Pferde. Das herausforderndste Geschöpf, das Newt Scamander als Magizoologe einfangen muss, ist ein Dachs-ähnlicher Niffler, der sich am liebsten Münzen einverleibt. Oder ist es doch der Bowtruckle, ein kleiner lebender Grünzweig? Seit der Figur des Groot im Superhelden-Film GUARDIANS OF THE GALAXY (2014) gelten Pflanzen tatsächlich als süß. Solange sie Gesichtszüge haben. Das ist der Spaß, den die TIERWESEN-Filme bieten. Scamander ist nun von London nach Amerika gereist, um den Donnervogel Frank einzufangen, den er zuvor in Ägypten aus den Fängen von Tierhändlern befreite (Abb. 13).

Der Ernst wiederum begründet sich in der Leidenschaft, mit der Rowling über die Erniedrigung außergewöhnlicher Menschen schreibt. Sie wachsen in einer Gesellschaft auf, die sie für Freaks hält. Der Film erzählt von missbrauchten Kindern, vom Waisenjungen Credence (Ezra Miller), der seiner Wut freien Lauf lässt und in Form eines Tornados eine Spur der Verwüstung durch New York zieht. Credence' Zorn ist im übertragenen Sinn der des Pubertierenden, der seine Sexualität nicht ausleben darf.

Am Ende sind es Magier-Polizisten auf ihren Drachen, die die zerstörte Stadt wiederaufbauen, indem sie jeden heruntergefallenen Ziegel an seinen ursprünglichen Ort zurückschweben lassen. Das Trauma New Yorks stellt seit 9/11 das kol-

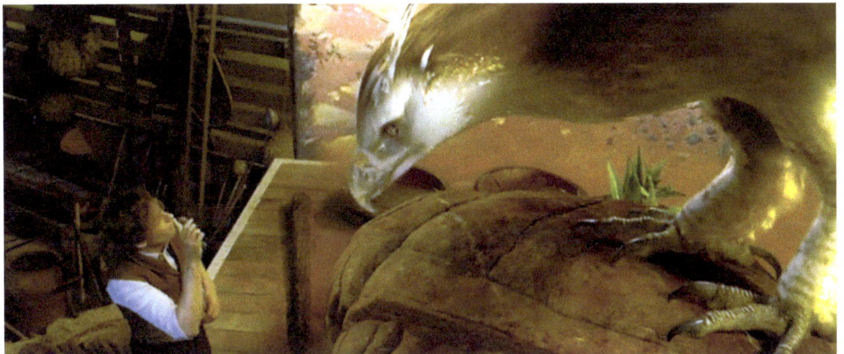

13 Scamander (Eddie Redmayne) nähert sich dem ausgebüxten Donnervogel Frank. Das Tierwesen ist unruhig. Es will Scamander mitteilen, dass vom Zauberer Credence Gefahr ausgeht. (PHANTASTISCHE TIERWESEN UND WO SIE ZU FINDEN SIND, GB/USA 2016)

labierende Gebäude dar. Nun richten sich die Häuser wieder auf, und auf die Menschen regnet ein «Vergessenszauber» herab – das Vergessen als größtes Geschenk einer gepeinigten Bevölkerung.

Vielleicht lassen Sie dem Autor dieses Buchs die politische Nine-Eleven-Auslegung der Szene durchgehen, auch wenn es im Fantasy-Genre, wie ich finde, zu viele politische Interpretationen gibt. Beim HERRN DER RINGE aber waren die Rezensenten übers Ziel hinausgeschossen. Ich kann mir den Magier Saruman schwerlich als Osama bin Laden und seine Ork-Streitmacht nicht recht als arabische Extremisten vorstellen. Geläufige Deutungen der PHANTASTISCHEN TIERWESEN-Filme schließen zumindest Bezüge zwischen fiktiven und echten Terroristen aus.

Mit der Figur des Jacob Kowalski (Dan Fogler) hat J.K. Rowling den ersten wirklich wichtigen Muggel kreiert, einen Menschen ohne magische Fähigkeiten. Kowalski stolpert nicht einfach staunend von einem Moment in den nächsten, er hilft dem Magizoologen. Auch Kowalski, den ein Zufall mit Scamander zusammenführt, benetzt am Ende der Vergessenszauber. Allerdings per Kuss, denn ausgerechnet in den stämmigen Fabrikarbeiter hat sich, so abwegig sind sonst eigentlich nur Richard-Curtis-Romanzen, die wunderschöne Halbblut-Hexe Queenie (Alison Sudol) verliebt. Kowalski ist der Top-Charakter des Films, denn Kowalski ist… wie wir. In der Welt der Zauberer, Hexen, Phönixe und Elfen ist er ein Mann ohne große Talente. Ein Niemand, der zufällig durchs Schlüsselloch gucken und dann die Tür öffnen durfte. Die Gegenkultur der 1960er-Jahre feierte solche Nobodys noch mit «Frodo Lives!»-Sprüchen, nun also gäbe es Anlass für «Kowalski Lives!»

In PHANTASTISCHE TIERWESEN UND WO SIE ZU FINDEN SIND lässt sich jemand auch zum Depp machen, nämlich zum Johnny Depp. Im Finale entpuppt sich der Antagonist Percival Graves als Oberschurke und Namensgeber des nächsten Films: Gellert Grindelwald. Das Gesicht des Stars Colin Farrell verwandelt sich dabei in das Gesicht des Stars Johnny Depp. Selten wurde ein hierarchisches Gefälle unter

Schauspielern derart deutlich dargelegt. Der Feind im Film ist also eigentlich ein anderer, größerer, und der ihn verkörpernde Darsteller ist ein berühmterer.

Das hat nicht allen Fans gefallen, es gab einen Shitstorm. An den Bedenken gegen das Casting Johnny Depps war was dran. Aus dem einstigen «Hollywood-Rebell» mit «Rock'n'Roll-Attitüde» wurde in den letzten Jahren, vielleicht bedingt durch seinen unerwarteten Ruhm als geistesverwirrter Pirat Jack Sparrow in FLUCH DER KARIBIK (2003), ein Selbstparodist, der fast nur noch Blockbuster-Engagements annimmt, um seinen ausschweifenden Lebensstil zu finanzieren.

Und doch scheint die TIERWESEN-Reihe in guten Händen zu sein. Im November 2021 läuft der dritte Teil an, in dem Grindelwald die Diktatur der Magier über die Muggel errichten will. Ohne Depp. Der wurde von Warner Bros. gebeten von der Rolle zurückzutreten, nachdem ein Gericht es als erwiesen ansah, dass er seine damalige Ehefrau Amber Heard misshandelt hat. Mads Mikkelsen schlüpft nun in die Rolle Grindelwalds. Angeblich soll es in Teil drei Cameos vom gutmütigen Wildhüter Hagrid als auch von Tom Riddle geben, besser bekannt als Voldemort.

Die neuen Fantasy-Serien: THE WITCHER, SHADOW AND BONE – LEGENDEN DER GRISHA, CURSED – DIE AUSERWÄHLTE, CHILLING ADVENTURES OF SABRINA, CARNIVAL ROW

Wird die für 2022 auf Amazon Prime erwartete «Herr der Ringe»-Serie zu einem Kulturerbe, wie zuvor GAME OF THRONES? Es gibt bisher kein Format, das an die Bedeutung des HBO-Epos anknüpfen kann. Die achte und letzte Staffel wurde 2019 ausgestrahlt. Als Buchreihe ist die Saga bis zum heutigen Tag noch nicht mal beendet.

Das Lied von Eis und Feuer, wie George R. R. Martins bislang fünfbändige, auf sieben Romane angelegte Geschichte auch betitelt ist, wird an erzählerischer Komplexität, Charakter-Vielfalt und Schauplatz-Fantasie nur von Tolkiens *Herr der Ringe* und Frank Herberts *Der Wüstenplanet* übertroffen.

Im Bieterkrieg um das *Ringe*-Prequel unterlag Netflix dem Konkurrenten Amazon Studios, und es lässt sich nicht sagen, dass der weltweit größte Streaming-Anbieter diesen Tiefschlag mit Eigenproduktionen im selben Genre hat ausgleichen können. Dessen auffälligste Fantasy-Serien sind THE WITCHER und CURSED – DIE AUSERWÄHLTE, die an «Sword and Sorcery» angelehnt sind, sowie die im April 2021 gestartete Young-Adult-Fantasy SHADOW AND BONE – LEGENDEN DER GRISHA. Das 2018 erstausgestrahlte CHILLING ADVENTURES OF SABRINA, eine Art *Harry Potter* für Horror-Liebhaber mit schwarzem Humor, wurde bereits im Juli 2020 abgesetzt.

Amazon hält derweil, bis deren «Herr der Ringe» kommt, an CARNIVAL ROW fest, eine Neo-Noir-Fantasy-Serie, die 2019 Premiere feierte, mit Orlando «Legolas» Bloom einen früheren RINGE-Star in der Besetzungsliste vorweist – aber unter dem Radar läuft.

Was fehlt diesen fünf Formaten?

THE WITCHER, produziert von Lauren Schmidt Hissrich (THE UMBRELLA ACADEMY, 2019–), basiert auf der «Geralt-Saga» und «Hexer-Saga» genannten Buchreihe Andrzej Sapkowskis. Der polnische Schriftsteller bietet eine lockere Betrachtung mittelalterlicher Mythen und slawischer Märchen, die bisweilen ins Satirische abgleitet. Er schafft dadurch Distanz zum Pathos, das Vampire, Elfen oder Zwerge in ihren Reden zum Ausdruck bringen. Sapkowski hat Erfolg, seine neun Bücher wurden in 20 Sprachen übersetzt. Mit «The Witcher: Blood Origin» ist bereits ein Prequel-Spin-off in Arbeit. Auch die «Witcher»-Computerspiele haben sich millionenfach verkauft. Die Serie startete im Dezember 2019, sieben Monate nach der letzten GAME OF THRONES-Folge von HBO. Das Timing war perfekt, die Leute hatten Hunger auf Serien-Fantasy.

Die unbenannte Fabelwelt durchstreift der Hexenmeister Geralt von Riva. Seine Mitmenschen verachten den weißhaarigen, muskulösen «Mutanten», bezahlen ihn jedoch als Söldner, damit er mit seinem Schwert Monster erledigt.

Henry Cavill spielt Geralt als stoischen Überbegabten, der, Clint Eastwoods «Mann ohne Namen» gleich, im Kampf nicht die meisten Wörter spricht, aber immer das letzte Wort hat.

Cavill ist keine Fehlbesetzung, vor allem ist er ein arg unterschätzter Mime. Natürlich auch, weil er mit einem nahezu symmetrischen Antlitz gesegnet, eben ein gutaussehender Mann ist. Folgerichtig verkörperte er in bislang vier Filmen auch Superman. Es gelang ihm, dieser eher eindimensionalen Comic-Figur jenen durch permanente Selbstbändigung verursachten Weltschmerz einzuverleiben, den die Verantwortung, das stärkste Geschöpf auf Erden zu sein, mit sich bringt.

Superman ist ein auf unseren Planeten gefallener Gott, der für die Rettung unseres Planeten in die Pflicht genommen wird. Er und Geralt von Riva retten beide die Welt, in der sie leben. Aber sie haben nicht das Gefühl, dass sie in ihr zu Hause sind.

Das Problem Cavills: Sein grübelnder Hexer lässt keine Gelegenheit verstreichen, eine Todessehnsucht mitzuteilen. «Tötet mich, ich bin bereit», sagt er. Im Film wäre das eine pikante Aufforderung, worauf am Ende der Geschichte, nach vielleicht 90 Minuten, die Erlösung folgt. Wenn ein Titelheld jedoch nicht im Film, sondern in vielen Episoden einer langen Serie seine Mitmenschen mit diesem Manierismus konfrontiert, dann wird der Titelheld irgendwann selbst zum Problem. Na, dann erlöst ihn doch gleich, möchte man rufen.

Serielles Erzählen als Zauberformel

Dabei ist der WITCHER ein Hit. Mit insgesamt 76 Millionen Zuschauern war er, für ein Jahr, sogar die meistgesehene Netflix-Serie überhaupt. Erst ab Weihnachten 2020 wurde der Rekord gebrochen. BRIDGERTON erreichte 82 Millionen Zugriffe innerhalb der ersten 28 Tage.[23] Anderen Analysen zufolge ist der WITCHER im Jahr 2020 nach STRANGER THINGS und THE MANDALORIAN Anbieter-übergreifend die meistgestreamte Serie, und BRIDGERTON kommt darin nicht vor.[24]

Der WITCHER wird also viel gesehen. Möglicherweise aber auch deshalb viel gesehen, weil die Serie bei Netflix läuft. Schon im Jahr 2019 hatte der Streamingdienst 167 Millionen Abonnenten. Netflix platzierte die Serie, die mit einem Budget von zehn Millionen Dollar pro Episode ihre teuerste des Jahres war, selbstverständlich im oberen Schaufenster der Startseite.[25] Man kam gar nicht drum herum, zumindest einmal reinzusehen. Im Vergleich: GAME OF THRONES feierte die deutsche Erstausstrahlung 2011 beim Bezahlsender TNT Serie, der im Jahr zuvor die Anzahl von verhältnismäßig wenigen drei Millionen Kunden vermeldete.[26] Der GAME OF THRONES-Muttersender HBO hatte in jenem Jahr weltweit 93 Millionen Abonnenten.[27] Die Westeros-Saga besaß also geringere Chancen als der WITCHER, aus dem Stand Buzz zu kreieren.

Die Netflix-Erfolgsmeldung von 76 Millionen WITCHER-Abrufen enthält eine schwammig formulierte, aber dadurch umso interessantere Anmerkung über die Dauer jener Abrufe: «watched at least some of the show», die Zuschauer «haben wenigstens ein bisschen angesehen». Die Rekord-Bekanntgabe liefert also keine Information darüber, wie viele Abonnenten überhaupt weiter als Folge eins, oder, zugespitzt, wie viele überhaupt mehr als zehn Minuten geguckt haben.

Es ist denkbar, dass Serien wie THE WITCHER vom Anbieter als Erfolg verkauft oder von uns als Erfolg interpretiert werden, weil Marktführer Netflix mittlerweile das Grundrauschen für unser Fernsehkonsumverhalten verursacht, wir heutzutage alle einen Laptop im Bett haben und bestimmte Serien und Filme nur deshalb ansehen, weil wir aus Gewohnheit gerade diesen Streamingdienst anwählen und dann bei demjenigen Angebot, das uns vorgeschlagen wurde, nach zehn Minuten einschlafen.

Der Algorithmus von Netflix kennt unsere Gewohnheiten. Aber trifft der Algorithmus auch unseren Geschmack? Auf jeden Fall kennt er die Serien, die wir anschalten müssen, damit wir Zerstreuung finden.

Der WITCHER-Erfolg steht im Missverhältnis zur Tatsache, dass außerhalb von «Witcher»- und Fantasy-Foren niemand über den WITCHER redet. Kulturkritiker diskutieren über die «Hexer»-Saga nicht. Einen nicht zu unterschätzenden Hinweis auf die Beliebtheit einer Serie liefern die alljährlichen Ranglisten mit den am meisten illegal heruntergeladenen Serien. Über einen Zeitraum von sieben Jahren, 2013–2019, führte GAME OF THRONES die Statistik an und fiel 2020 zurück auf die Drei. Dafür schoss THE MANDALORIAN auf Platz eins, und auf der Zwei steht THE BOYS (2019–), ausgestrahlt auf Prime Video. In der Top Ten der Down-

23 *Forbes*, bit.ly/3dPBIpA (30.06.2021)
24 *Forbes*, bit.ly/2Re6vjE (30.06.2021).
25 *Screenrant*, bit.ly/3eTJT4H (30.06.2021)
26 *Blickpunkt: Film*, bit.ly/3etW3jf (30.06.2021)
27 *Statista*, bit.ly/3ygZT8t (30.06.2021)

load-Piraterie befindet sich kein einziges Netflix-Format.[28] Aber warum sollte das auch so sein. Gefühlt hat jeder von uns einen Netflix-Account und zahlt sein Geld.

Warum hat sich THE WITCHER, dessen zweite Staffel im Dezember 2021 ausgestrahlt wird, bislang nicht zu einem Serienphänomen entwickelt? Wieso gibt es darin kein Monster, über das wir bis heute sprechen, keinen Twist, keinen schockierenden Mord, der uns um den Schlaf bringt?

Vielleicht liegt es an der episodischen Struktur der Geschichte. Sie ist weniger «seriell» als die heute klügsten Serienstoffe. «Serielles Erzählen», das sich seit Beginn des Jahrtausends etabliert, seit Beginn des «Goldenen TV-Zeitalters», kommt einer epischen Erzählung am nächsten. Darin werden Handlungsstränge nicht innerhalb einer Episode abgeschlossen, sondern erst viel später, im besten Fall am Schluss der Geschichte.

Zweifellos stellt serielles Erzählen Autoren wie Produzenten vor Herausforderungen, die sich bei der Konzeption von Folgen als separate Kapitel nicht stellen. Nichts wäre schlimmer, als ein seriell erzählendes Format wegen mangelnden Erfolgs einzustellen, obwohl noch viele Fragen offen sind.

Einfach formuliert, alle Beteiligten müssen beim seriellen Erzählen weitsichtiger denken und bestenfalls langjährige Verpflichtungen eingehen. Autoren müssen ihre Story von Anfang an kartieren. Sie müssen ein Studio mit einer Perspektive überzeugen, die sich nicht über eine Staffel, sondern über Staffel-Jahre ausbreitet.

Auch an Zuschauer werden implizit Forderungen gestellt. Erst innerhalb einer Season einzusteigen, weil jede Woche sowieso ein neues Abenteuer ansteht und sogleich beendet wird, das geht bei diesen Formaten nicht mehr. Und wer nicht bei der Stange gehalten wird, wer einmal aussteigt, der kommt oft nicht wieder.

Ab den 1990er-Jahren gelang das serielle Erzählen schon einigen Formaten, natürlich Mystery-Serien, in denen Geheimnisse erst zum Finale gelöst werden. Sie stehen im Kontrast zu Klassikern wie TWILIGHT ZONE – UNWAHRSCHEINLICHE GESCHICHTEN (1958–) oder selbst noch Neunziger-Welterfolgen wie AKTE X – DIE UNHEIMLICHEN FÄLLE DES FBI (1993–), die Fragen bis zum Serienende offenlassen, in der Regel aber pro Folge in sich abgerundete Kurzgeschichten bieten.

David Lynch und sein Co-Autor Mark Frost brachen dieses Muster 1990 mit TWIN PEAKS auf und hielten von Episode zu Episode die Spannung aufrecht. Wer tötete Laura Palmer? Die Identität des Killers wurde erst auf Druck des Senders ABC aufgeklärt, zu Beginn der zweiten Staffel. Danach sanken prompt die Einschaltquoten und die Serie lief im selben Jahr aus.

Ein anderes ABC-Format, LOST (2004–2010), offenbarte seine größten Geheimnisse erst im sechsten Jahr und nach mehr als 100 Episoden. Als LOST endete, wurde Zuschauern bereits zugemutet, Ungewissheiten über mehrere Seasons auszuhalten. Aber nicht nur Mystery-, sondern auch Drama-Formate wie DIE SOPRANOS (1999–2006), MAD MEN oder THE WEST WING – IM ZENTRUM DER

28 *cnet*, c.net.co/3vjCXDd (30.06.2021)

MACHT (1999–2006) erzählen sich über weite Strecken, ohne am Ende jeder Folge ein Whodunnit zu erhellen oder das Problem der letzten 45 Minuten zu klären.

Der WITCHER wirkt mit seiner jedenfalls zu Beginn vorherrschenden Monster-der-Woche-Dramaturgie gegen solche Epen altmodisch. Dabei gerät das große Ganze aus dem Blick. Und das war eine Stärke der populärsten Fantasy-Serie, GAME OF THRONES: Schon in der ersten Episode werden die gegeneinander in den Krieg ziehenden Parteien und deren Königreiche vorgestellt. Die Starks, Lennisters, Baratheons, die Targaryens ... der eisige Norden, die frühlingshafte Küstenidylle, eine orientalisch anmutende Wüste ... alle Figuren stehen auf dem Spielfeld ihrer Landschaft. Der Einsatz ist sichtbar, ja, eben: das GAME. Von der ersten Minute an scheint klar, wer hier gegen wen antritt. Dabei gibt es, im Gegensatz zur Witcher-Country, nicht eines, sondern gleich sieben Königreiche.

Diese Stärke eines offenkundigen, aber bedächtig konkretisierenden Plots teilt GAME OF THRONES mit den drei HERR DER RINGE-Filmen. Dass von einem Ring größte Gefahr ausgeht, dieser Ring die stärkste Waffe des Feindes sein würde und in einem Paradies namens Auenland gelandet ist, dann schnellstens nicht nur ins Land des Bösen gebracht, sondern auch dort vernichtet werden muss, quasi unter den Augen dieses Feindes – das klärt sich in DIE GEFÄHRTEN nach etwa 75 Minuten Spielfilmlänge auf. Oder eher: klärt sich *schon* nach 75 Minuten auf. Denn auf diese 75 Minuten folgen noch zehn Stunden. Spektakulär. In diesen darauffolgenden zehn Stunden erleben die Gefährten Abenteuer, die sich nicht im Geringsten erahnen ließen. Aber das Ziel bleibt unverrückbar.

Der Hexer nimmt seine Welt nicht ernst

Beim WITCHER bringen allein die ersten zwei Episoden keine Klarheit über persönliche Einsätze. Geralt, Kronprinzessin Ciri (Freya Allan), Viertel-Elfe Yennefer (Anya Chalotra) und Kommandant Cahir (Eamon Farren) sind die Hauptfiguren. Sie finden im Guten wie im Schlechten zueinander, sind aber zunächst in unabhängigen Erzählsträngen unterwegs, die keine naheliegenden Verknüpfungen aufweisen.

Die Dialoge wirken arg augenzwinkernd. Als hätten sich die Autoren mit jeder Zeile bemüht, im Sinne Andrzej Sapkowskis gegen das Genre anzuschreiben. Als versuchten sie, sich mit dem Publikum als Kritiker antiquierter Gesprächsformen zu verkumpeln. «Zauberer sind alle gleich», fährt Geralt einen Magier an. «Ihr redet Unsinn, während ihr weise und bedeutungsvoll dreinschaut. Sprecht normal!»

Wow! Vielleicht hat ja der verknöcherte Gandalf zugehört!

Aufgesetzte Respektlosigkeiten könnten Zuschauer begeistern, die mit Fantasy-Traditionen nicht viel anfangen können. Aber diejenigen vergrätzen, die das Genre ernst nehmen. Bei solch grotesken Infragestellungen der Zauberer-Etikette soll vielleicht die inflationäre Behauptung greifen, dass ein guter Stoff heutzutage «die Erwartungen unterläuft». Eine selbst im postironischen Zeitalter überhäufig gebrachte Interpretation.

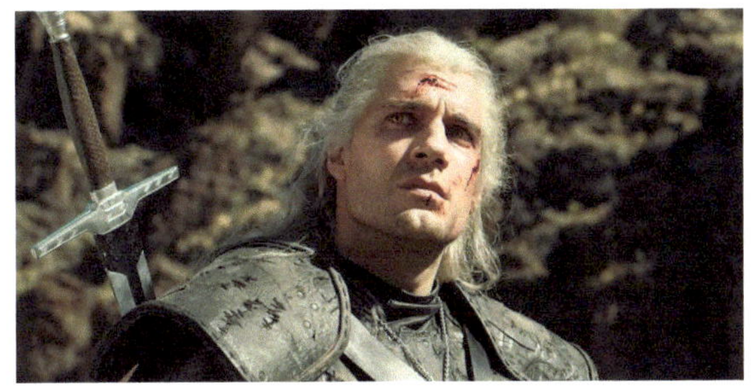

14 Geralt (Henry Cavill) sinniert über die Worte des Barden Jaskier, der sich Lieder mit falschen Heldentaten ausdenkt. «So ist es nicht gewesen! Wo ist euer Respekt?», fragt der Witcher. Jaskier entgegnet: «Respekt schreibt keine Geschichte.» (THE WITCHER, PL/USA, 2019)

In Wirklichkeit beschreibt «die Erwartungen unterlaufen» meistens jedoch nicht, dass etwas die Erwartungen schlussendlich übertrifft. Sondern in erster Linie, dass etwas die Erwartungen nicht erfüllt. Ist «die Erwartungen unterlaufen» nicht eine überstrapazierte, defensive Kritiker-Floskel, mit der man einer echten Auseinandersetzung aus dem Weg gehen will? «To subvert expectations» ist bei schlechten Filmen ein zunehmend geläufiges Totschlagargument, um unser Urteil zu erschweren. Es greift sogar unsere Urteilsfähigkeit an. Wie bei STAR WARS: DIE LETZTEN JEDI (2017), der eine Welle von «to subvert expectations»-Besprechungen nach sich zog. Wenn wir das Werk nicht mögen, liege das daran, dass wir zu festgefahren sind in unseren Erwartungen.

Der also alle Erwartungen unterlaufende Geralt verachtet Zauberer. Dabei stehen Sonderlinge wie er selbst zur Diskussion. Das Motiv der übermenschlichen Kraft als Bürde, gar als Stigma, das zur Ausgrenzung führt, ist bekannt durch HARRY POTTER oder die X-MEN (2000), wie auch durch CARNIVAL ROW. «Wenn ich töte, bin ich dann das, was ich jage?», philosophiert der Hexer. Was macht ihn zu einem Ausgestoßenen?

Ein Mangel an Sensibilität zeigt sich in der Darstellung der körperlich behinderten Yennefer. Man hielt es wohl für angebracht, der buckligen, heimlichen Magierin auch im Gesicht einen «Makel» zu verleihen. Allem Anschein nach, indem Darstellerin Anya Chalotra – Marlon Brando setzte das schon im PATEN (1972) um – ihre Wangentaschen mit einer Füllung ausstopft. Yennefer sieht so aus, wie unbedachte Kinder Menschen mit Behinderungen darstellen: indem sie ihre Zungen von innen gegen die Unterlippe pressen. Zumal Yennefer erst dann als begehrenswert dargestellt wird, nachdem sie eine Verwandlung zum «normal» aussehenden Menschen vollzogen hat. Beast-To-Beauty-Transformationen verursachen normalerweise nur Augenrollen, aber hier liegt etwas anderes vor. Eine an Diskriminierung grenzende Notwendigkeit einer Transformation, damit zwei Menschen überhaupt zusammenfinden können.

THE WITCHER ist außerdem eine Serie, in der die Zauberwaffe einer Frau ein trommelfellplatzendes Kreischen ist. Kronprinzessin Ciri demonstriert es nach einem Kidnapping-Versuch eindrucksvoll als Gegenwehr. Das weibliche Wesen als Furie. Die WITCHER-Mannschaft hat anscheinend nicht vergessen, dass in der Fantasy auch Geschlechterstereotypen ihren Platz haben. Wie zuletzt in den 1980er-Jahren.

Und ein Barde (Joey Batey) klampft, Mittelalter hin oder her, auf seiner Akustikgitarre wie ein Rockabilly-Gott, er tanzt neben dem berittenen Geralt und singt: «Reicht Gold eurem Hexer, ihr gütigen Menschen!» (Abb. 14).

Jaskiers Hüftschwung ist der eines Elvis Presley. Auch hier verstehen sich Autor Andrzej Sapkowski und die Showrunner als Parodisten. Aber mit der Entscheidung, das Genre durch popkulturelle Klänge aufzupeppen, wird dem Zuschauer eine Last auferlegt. Die Last zu erkennen, was ein schelmischer Verweis auf die Neuzeit ist, und was tatsächlich zu gutem alten «Sword and Sorcery» gehört. Wer aber keine Lust hat zu deuten, der wird nur überfrachtet – und ermüdet.

Von der Last, ein besonderer Teenager zu sein

Ein Blick auf drei andere Fantasy-Formate, die weniger erfolgreich sind als der WITCHER, dazu eines, dessen Zugriffsquote erst nach Erscheinen dieses Buchs bekannt gegeben werden könnte. Im April 2021 startete SHADOW AND BONE – LEGENDEN DER GRISHA. Die Serie basiert auf der *Legenden der Grisha*-Trilogie Leigh Bardugos sowie einer großspurig als *Krähen-Dilogie* beworbenen, also schlicht auf zwei Bände angelegten zusätzlichen Saga. Showrunner ist der Produzent und Sci-Fi-Autor Eric Heisserer (ARRIVAL, 2016, BIRD BOX – SCHLIESSE DEINE AUGEN, 2018).

SHADOW AND BONE hat alles, oder? Zumindest vordergründig. Drachen mit den Gesichtern des CLOVERFIELD-Monsters. Den Retro-Look des Steampunks, also Ästhetik und industrieller Standard des Viktorianischen Zeitalters, gemischt mit futuristischen Gadgets. Harry-Potter-Zauberer, die aus den Händen schießen. Und Protagonisten, die noch deutlicher als in den zugrunde liegenden Romanen einer Young-Adult-Entwicklung folgen.

Mit Young Adult – die Abkürzung YA ist inzwischen genauso geläufig – sind in der Fantasy Geschichten bezeichnet, in denen Menschen erwachsen werden und ihre (magischen) Fähigkeiten zunehmend zu nutzen wissen. Alle Ereignisse werden aus ihrer Perspektive erzählt, wir erleben also gerade auch Adoleszenz-typische Unsicherheiten aus ihrer Sicht.

Manchmal stehen den Pubertierenden ihre Begabungen im Weg, weil ihr Gefühlshaushalt unberechenbare Entscheidungen fördert. Manchmal setzen sie ihre Besonderheit im Balzgehabe ein, um die Chancen bei der Partnerwahl zu erhöhen. Ein moderner Young-Adult-Klassiker ist die *Bis(s) zum…*-Romanreihe Stephenie Meyers, deren erster Band 2005 erschien. In diesen Storys muss sich eine junge Frau zwischen den (sexuellen) Angeboten zweier junger Männer entscheiden, von denen einer ein Vampir, der andere ein Werwolf ist.

Von den *Harry Potter*-Büchern, die von minderjährigen Menschen mit besonderen Talenten handeln, unterscheiden sich die *Bis(s)*-Romane, wie alle anderen Young-Adult-Romane, elementar. Im YA-Genre bestimmt eine Liebelei die erzählerische Dynamik, die Frage, ob zwei Menschen zueinanderfinden. Die Potter-Geschichten vollzögen aber auch dann ihren Handlungsbogen – es geht um nicht weniger als die Rettung der Welt –, wenn Hermine und Ron am Ende kein Paar würden, Harry nicht mit seiner Ginny glücklich wird.

Die Entscheidung Shadow and Bone – Legenden der Grisha als Young-Adult-Serie zu konzipieren, ist riskant. Der Fokus liegt nun auf einer jüngeren Alterszielgruppe, und nicht jeder erwachsene Zuschauer will dabei zusehen, wie Teenager Leichtsinnsfehler begehen dürfen, um endgültig den Kindheitsschuhen zu entwachsen.

Young-Adult-Geschichten lenken ihre Figuren in vorhergesehene Bahnen. Am Ende steht die Vereinigung. Das unterscheidet Shadow and Bone auch von jener mächtigen Fantasy-Erzählung, mit der manche Rezensenten meinen sie messen zu können, *Game of Thrones*. Sie zählt nicht zur YA, obwohl im Roman einige der Protagonisten gerade in die Pubertät kommen. Sansa Stark ist zu Beginn 13 Jahre alt, Daenerys Targaryen auch, Robb Stark und Jon Schnee sind 14.

Autor George R. R. Martin entschied sich jedoch gegen die Konstruktion von Liebesverhältnissen zwischen Teenagern. Er erkannte, dass unfreiwillige Arrangements höheres Konfliktpotenzial bergen. Bei ihm gehen Paarbeziehungen meist auf politische Entscheidungen zurück, die zu Problemen zwischen den einander versprochenen Menschen führen, sei es aufgrund von Altersdifferenz, Kulturunterschieden oder charakterlichen Abnormitäten. Die arrangierte Verlobung zwischen der naiven Sansa und dem psychopathischen Joffrey Baratheon, die einzige ohne großen Altersunterschied, endet in der Hinrichtung ihres Vaters. Nachdem Joffrey sie fallen lässt, muss der Teenager Sansa den Erwachsenen Tyrion Lennister ehelichen, und sie weiß nicht, ob sie ihn fürchten, bemitleiden oder verabscheuen soll. Margaery Tyrell heiratet den kindlichen König Tommen Baratheon, weil er beeinflussbar ist. Die gerade ins Jugendalter gekommene Daenerys wird mit dem barbarischen Khal Drogo vermählt und mehrfach von ihm vergewaltigt. *Game of Thrones* ist allein deshalb schon kein Young Adult, weil in den meisten Verbindungen Liebe durch Kälte oder Gewalt ersetzt wird.

Bei Shadow and Bone – Legenden der Grisha sind schwelende Interessenskonflikte auch ohne jede Kenntnis der Romane schnell ersichtlich. Hauptfigur ist Alina Starkov (Jessie Mei Li), die – Ausdruck einer schlichten Erzählsymbolik – als Kartografin Landschaften, aber nicht ihre eigene Gefühlswelt deuten kann. Begehrt wird sie von ihrem Freund aus Kindheitstagen, der wie sie als Waise aufgewachsene Malyen Oretsev (Archie Renaux), ein Fährtenleser. Weil beide untere Dienstgrade in ihrer Armee besetzen, ist es kein Wunder, dass bald auch eine Autoritätsperson auf Alina anziehend wirkt, der General Kirigan (Ben Barnes). Sie träumt von Malyen, wann immer sie gefangen ist oder schwerverletzt. Aber sie interessiert sich auch zunehmend für die Geheimnisse des hochrangigen Feldherrn.

Als sie Malyen vor einer Schar Drachen rettet, wird ihre Bindung stärker. Sie entwickelt dabei eine in ihr schlummernde Kraft. Die der Sonnenkriegerin, die jedes Monster zu töten vermag (Abb. 15).

Zusätzlich ins Spiel kommt Kaz Brekker (Freddy Carter). Auch der Ganglord könnte für Schmetterlinge im Bauch sorgen, wenn auch nicht bei Alina. Brekker

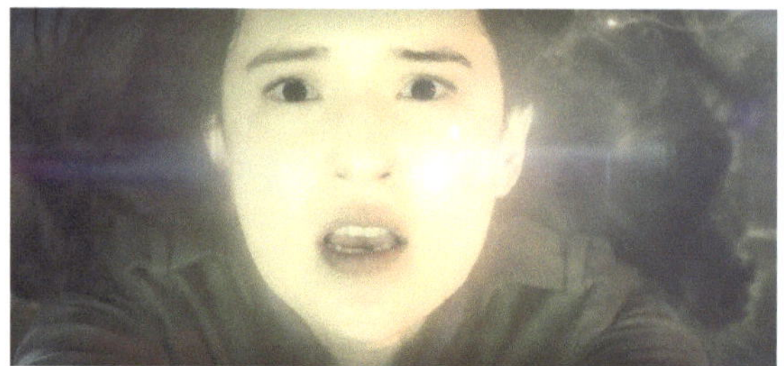

15 Im Kampf gegen die Monster der Schattenflur lässt Alina Starkov (Jessie Mei Li) ein Lichtenergie-Feld entstehen, das die Kreaturen vertreibt. Alina ist von sich selbst überrascht, weil sie von dieser in ihr ruhenden Kraft nichts wusste. (SHADOW AND BONE – LEGENDEN DER GRISHA, USA 2021)

ist eigentlich zu jung, um ein Verbrechersyndikat anzuführen. Es ist ein Merkmal des YA-Genres, dass Teenager Positionen bekleiden, die sie normalerweise nicht bekleiden könnten, da ihnen das Alter für jahrelang aufgebaute Reputation fehlt. Aber: Je mehr Young Adults alle Hierarchie-Ebenen durchdringen, desto mehr Beziehungs-Optionen werden geboten. Und Standesunterschiede bilden oft Grundlagen für erotische Abhängigkeitsverhältnisse. Verwirrung, Enttäuschung und Herzschmerz erscheinen vorprogrammiert.

Alles in allem eine recht matte Konstellation; da haben Showrunner des heutigen «Goldenen Fernsehzeitalters» schon mehr Ideenreichtum bewiesen. Vom Produzenten und Drehbuchautoren Matthew Weiner stammt eine vortreffliche Theorie zum Erfolg seiner Serie MAD MEN, einem Meilenstein dieses «Goldenen Fernsehzeitalters». Weiners Charaktere finden eben nicht nach dem «Sandkasten-Prinzip» zusammen. Das «Sandkasten-Prinzip» meint, dass jedes Kind mit seinen vor ihm ausgebreiteten Spielfiguren stets dasselbe Spiel-Schema nutzt. Es lässt jede dieser Figuren mindestens einmal mit den anderen interagieren, und zwar als Streit-, aber auch als Liebespartner. So entsteht ein absehbares Spiel, eine absehbare Erzählung. Und genau dieses Schema ist bei MAD MEN nicht vorhanden, und diese Unberechenbarkeit macht das Format reizvoll. Die zwei schönsten Menschen der Serie, Don Draper und Joan Holloway (Christina Hendricks) finden nicht zueinander, und es steht, sehr zu unserer Verwunderung, auch zu keiner Zeit als Möglichkeit im Raum. Wir warten dennoch bis zur allerletzten Episode darauf.

Bei SHADOW AND BONE aber liegen alle Karten auf dem Tisch. Jedes Duo aus Mann und Frau, zum Beispiel Alina und Malyen, oder Kaz und seine Untergebene Inej Ghafa (Amita Suman), wird sich früher oder später die Frage stellen, ob einem die Liebe des Lebens nicht die ganze Zeit schon zur Seite steht.

Der durcheinander geratene Gefühlshaushalt Alinas nimmt derart viel Platz ein, dass das «worldbuilding» in den Hintergrund gerät. In einer von Kriegen zerrissenen High-Fantasy-Welt werden die Nationen durch die Schattenflur getrennt, eine dunkle Wolkenwand, die vom Boden bis in den Himmel reicht, und die ein Zwischenreich beherbergt, in dem Monster herrschen. Der Weg durch diese Twilight Zone verläuft meist tödlich, was auch die verfeindeten Parteien davon abhält, Fortschritte in der beidseitigen Annäherung zu erzielen. Bei einer Durchfahrt kommt es zum Angriff von Flugreptilien, und Alina entdeckt, dass sie eine Grisha ist, ein Mensch, der die Elemente beherrschen kann. Sie ist sogar noch mehr, eine Sonnenkriegerin. Mit ihrer Energie könnte sie vielleicht die Schattenflur zerstören. Sie wäre dann das mächtigste Lebewesen des Planeten.

Alle zerren an ihr. «Ich will das nicht», klagt Alina dem General Kirigan ihr Leid. «Wieso könnt denn ihr sie nicht zerstören? Jetzt muss ich lernen für den Rest meines Lebens eine Zielscheibe zu sein!» Wie wir noch mit Blick auf die drei weiteren, in diesem Kapitel behandelten Serien sehen werden, ist dieses Erzählmuster in so ziemlich jedem neuen Fantasy-Format dominant: Eine junge Frau hat eine verborgene Superkraft, möchte aber nicht exponiert werden, weil sie dann um ihre seelische und körperliche Gesundheit bangen müsste.

SHADOW AND BONE-Autorin Leigh Bardugo ist US-Amerikanerin, wohltuend unorthodox ist daher ihre Entscheidung, das Königreich Ravka als quasi-russischen Staat zu skizzieren. Militärcamps in dunklen, kargen Wäldern, mongolische Barbaren, Fellmützen, verschnörkelt verzierte Uniformen wie aus dem Zarenreich von Nikolaus II. Lediglich die Städtenamen sind zu schwach, um Linguisten rätseln zu lassen. Eine heißt Ketterdam, eine andere Novokribirsk. Ketterdam hat ein Rotlicht-Viertel, sicher so verrufen wie sein niederländisches Vorbild. Und Novokribirsk ist bestimmt so kalt wie die sibirische Metropole, deren Name uns doch partout nicht einfallen will.

Ob eine zweite Staffel von SHADOW AND BONE gedreht wird, steht bei Veröffentlichung dieses Buchs noch nicht fest.

Nimue und Excalibur

Auch CURSED – DIE AUSERWÄHLTE (2020) stellt in den Mittelpunkt eine junge Frau, die zu Höherem bestimmt ist und deshalb gejagt wird. Titelheldin ist Nimue (Katherine Langford), die noch vor dem Bauernbuben Artus nicht nur in den Besitz des Schwerts Excalibur gelangt, sondern damit auch Abenteuer besteht.

Nimue ist in der Artussage keine Unbekannte. Sie ist die «Herrin des Sees» und taucht in Fantasy-Filmen auf, im wahrsten Sinne des Wortes, wie in John Boormans EXCALIBUR von 1981. Zumindest ihre Hand ist darin zu sehen. Sie schnellt aus dem Fluss und reicht dem König seine Waffe. Nimue ist, je nach Überlieferung, die Ziehmutter des Konkurrenten Lanzelot oder Gespielin des Magiers Merlin.

Frank Miller hat an der CURSED-Vorlage mitgeschrieben, was im Vorfeld Aufsehen erregte. Miller ist ein Zeichner und Autor, der mit *Sin City* nicht nur den meist der Literatur vorbehaltenen Noir-Thriller als Comic dargestellt hat, sondern auch mit eigenen Storys traditionelle, eigentlich zu Ende erzählte Comic-Figuren weiterentwickelt (*The Killing Joke, The Dark Knight Returns*) und antike Mythen auf Pulp trimmt (*300*). Miller kann Batman, er kann den Joker, er kann die Spartaner und er kann die Perser. Alles gut?

Nicht wirklich. CURSED sieht aus wie die 1990er-Jahre-Serie eines Nachmittagsprogramms, in dem süße Heldinnen ihre Feinde durch Zaubersprüche besiegen, die Boys vor Bewunderung nur den Kopf schütteln können, die Girls aber irgendwie auch Hilfsbedürftigkeit ausstrahlen. Geistesverwandte Nimues sind, unbeabsichtigt, BUFFY – IM BANN DER DÄMONEN (1997–2003), XENA – DIE KRIEGERPRINZESSIN (1995–2001), oder, allein durch den Titel schon in unglücklicher Nähe zu CURSED – DIE AUSERWÄHLTE, die total verrückten Frauen von CHARMED – ZAUBERHAFTE HEXEN (1998–2006). Bei CURSED tritt Miller auch als Produzent in Erscheinung, ist also fundamental involviert. Erstaunlich daher, dass die Serie gar nicht nach ihm aussieht. Anders jedenfalls als das Spartaner-gegen-Perser-Epos 300 (2006), für das er lediglich die Vorlage lieferte, und das im Kino prächtig visualisiert wurde, wie ein zu 3D gewordener Blutrausch seines Comics.

Nimue widerfährt in der Artussage ein tragisches Schicksal, Buffy bleibt vom endgültigen Tode verschont. Den Autoren könnte statt Buffy also auch Daenerys Targaryen aus GAME OF THRONES im Sinn gewesen sein, die Tochter eines gefallenen Imperators, die ein Volk von befreiten Sklaven zum Marsch auf den Eisernen Thron anführt. Daenerys verliert dabei ihren Verstand, wie ihr Vater, der «irre König». Ob die Showrunner sich trauen, Nimue auch auf diesen Weg einer verstörenden Charakterentwicklung zu schicken? Bis zum Erscheinen dieses Buchs wurde noch keine zweite Staffel der Serie angekündigt. Während einige Sender zum Ende jeden Jahres «Cancelled»-Auflistungen mit eingestellten Formaten veröffentlichen, etabliert Netflix zunehmend eine Kultur des leisen Abschieds ohne Meldung. Das muss für CURSED nichts heißen, das Season-Finale lässt Nimues Schicksal jedenfalls offen.

Mit Magiern wie Gandalf teilt Nimue die taktisch unkluge Eigenheit, ihre übermenschlichen Kräfte – sie beherrscht Telekinese – nicht in jedem Gefecht einzusetzen. Sondern nur dann, wenn die Dramaturgie es als letztes Mittel erfordert, tatsächlich also, um für Zuschauer Spannung zu kreieren.

Was soll man auch von jenem eigensinnigen HERR DER RINGE-Hexer halten? Als «Gandalf der Weiße» vertreibt er mit einem Lichtblitz aus seinem Zauberstab die schlimmsten Kreaturen Mittelerdes, die Nazgûl, will diesen Zauber in der finalen Schlacht gegen Sauron aber nicht einsetzen. Prinzipiell müsste in seiner Gegenwart niemand besorgt sein. Und doch verwendet er nur ein einziges Mal die wohl mächtigste aller Formeln, die zur Wiederauferstehung, und holt den gehirngegrillten Pippin zurück ins Leben. Tolkien verstand seine Magier als «Istari»: Zauberer als Engel, die Rat erteilen, helfen, aber selten lenken. Das haben Gandalfs Gefährten anscheinend akzeptiert. Nie bittet ihn jemand um ein Abrakadabra.

Bis heute wird im Netz gewitzelt, warum Frodo und Sam nicht einfach auf den mit Gandalf befreundeten Riesenadlern nach Mordor geflogen sind, anstatt den monatelangen Fußmarsch durch Feindesgebiet auf sich zu nehmen. Schließlich haben die Vögel sie am Ende auch abgeholt. Aber mit der Adler-Abkürzung wäre es eben auch eine eintönige Erzählung geworden. J. R. R. Tolkien ging hier nur scheinbar ungesetzmäßig vor. In Wirklichkeit tat er uns einen Gefallen, er konstruierte einen aufregenderen Verlauf. Vielleicht sollten gerade Superfans die Dinge auch mal so nehmen, wie sie sind, anstatt sich über augenscheinliche Logiklöcher aufzuregen.

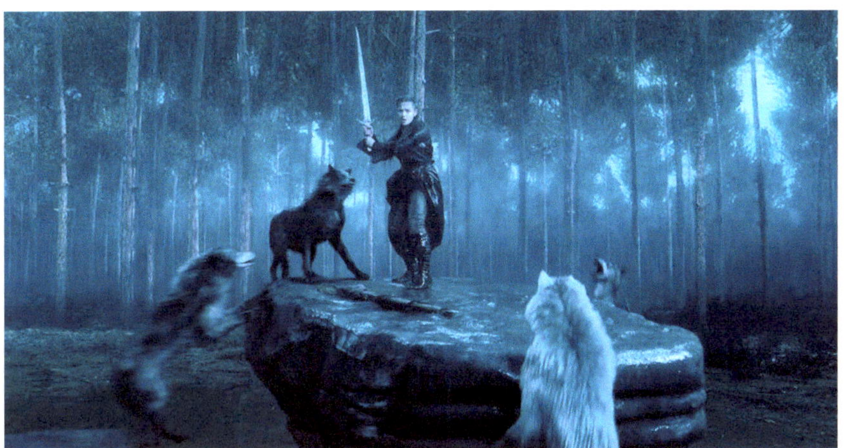

16 Nimue (Katherine Langford) hat von ihrer Mutter Lenore ein in Tüchern verpacktes «Objekt» bekommen, das sie Merlin bringen soll. Sie wird von Wölfen verfolgt und flüchtet auf einen Felsen. In letzter Not wickelt sie das «Objekt» aus. Es ist das Schwert Excalibur, das sie gegen die Tiere einsetzt. (CURSED – DIE AUSERWÄHLTE, USA 2020)

Nimue und Gandalf stehen in einer Linie mit einem zauberbegabten Menschen, der sämtliche Geschicke lenken könnte, aber es noch weniger will: Bran Stark, der Dreiäugige Rabe aus GAME OF THRONES. Bran kann alles und jeden sehen, in der Vergangenheit, Gegenwart und Zukunft. Ideale Voraussetzung, um über ein Westeros als neuartigen Überwachungsstaat zu gebieten. Seine Fähigkeit macht den Regenten zum potentesten Geschöpf des Kontinents, und er gibt nur preis, was ihm durch gezielte Fragen entlockt wird. In unserer Welt würde man derartiges Verhalten als blasiert bezeichnen. Am Ende sitzt der Junge als Herrscher auf dem Eisernen Thron. Bran weiß alles, interessiert sich aber für nichts. Ist das nicht langweilig?

Nimue, die in CURSED – DIE AUSERWÄHLTE entgegen der Artuslegende kein Wassergeist, sondern eine Fee ist, hält sich als Magierin also zurück, jedoch aus anderen Motiven. Denn so wie Artus gelangt sie an das Schwert Excalibur, das ihre Fähigkeiten herausfordert. Sie packt es im richtigen Moment aus, als Wölfe sie zu zerfleischen drohen (Abb. 16).

Artus, den wir als eigentlichen Excalibur-Schwertkämpfer kennen, wird sie auf ihrer Reise dennoch kennenlernen. Sie helfen sich gegenseitig im Kampf gegen die Roten Paladine, die Ungläubige, sprich: Hexen, auf dem Scheiterhaufen brennen lassen wollen.

Im Kino bedeutet die Revision tradierter Helden in der Regel nicht gerade, dass sie lustiger oder menschenfreundlicher werden. Das stellen Batman in THE DARK KNIGHT (2008) und Wolverine in LOGAN (2017) unter Beweis, oder neu gedachte Archetypen, wie Clint Eastwoods Cowboy in ERBARMUNGSLOS (1992). Grimmig, unsympathisch, hart. Im Englischen spricht man von «gritty». CURSED will dieser

Tradition folgen. Merlin (Gustaf Skarsgård) ist die Neuinterpretation einer Figur, die an «Ihr könnt mich alle mal!»-Haltung ihresgleichen sucht. In John Boormans EXCALIBUR von 1981 war der Zauberer schon ein Egozentriker. Hier ist er ein mürrischer, verwahrloster Alkoholiker mit dennoch durchtrainiertem, oft nackt zu sehendem Oberkörper, der – eine klassische Charakter-Grundierung begabter Fantastiker – an der Last seines Genies zu zerbrechen droht.

«Du hast uns Regen versprochen!», faucht ihn sein Arbeitgeber, König Uther (Sebastian Armesto), an. «Das Wetter ist nun mal launisch», gibt der verkaterte Merlin zurück. Eine Antwort, die von Schlagfertigkeit, Neigung zu Phrasendrescherei oder Indifferenz zeugt. Vor allem soll sie demonstrieren, dass dieser Merlin keine Rauschebart-Weisheiten von sich gibt.

Raffinierter wird die Geschichte durch Merlin aber auch nicht. CURSED ereifert sich in nicht wirklich verständlichen Vergleichen. «Feen sind die besseren Bauern. Also findet der Pöbel in Zeiten von Not Gründe, ihnen die Ernte zu stehlen«, sagt der Hofmagier. Auch der deutsche Serientitel-Zusatz DIE AUSERWÄHLTE ist rätselhaft. Wer «cursed» ist, verflucht, kann nicht «auserwählt» sein. Deutsche Titel fremdländischer Filme und Serien genießen weltweit nicht umsonst einen speziellen Ruf.

«Ohne neue Sichtweise gäbe es auch keinen Grund, die Story neu zu erzählen», sagt Frank Miller.[29] Er ging kontraintuitiv vor, entschied sich gegen eine Comic-Darstellung der Mittelalter-Saga.

Hexen auf der Highschool

Vielleicht wäre er als Showrunner bei einem anderen Netflix-Format, CHILLING ADVENTURES OF SABRINA, besser aufgehoben gewesen. Die Teenage-Horror-Serie basiert auf den gleichnamigen Strips von Archie Comics, wurde für den Sender auch vom SABRINA-Erschaffer und Zeichner Roberto Aguirre-Sacase betreut und von Warner Bros. Television produziert. Die letzte der immerhin 36 Episoden, verteilt auf zwei Staffeln, lief erst Ende 2020 an. Doch im Juli desselben Jahres schon setzte Netflix die Serie mit dem fabelhaften B-Movie-Titel ab.

Den Machern schwebte eine Hommage an Horrorklassikern aus den 1960er- und 1970er-Jahren vor, in denen die Bedrohung von Kindern ausgeht, deren Entwicklungsmöglichkeiten unterdrückt werden. Das Zombie-Mädchen in George A. Romeros NACHT DER LEBENDEN TOTEN (1968), das seine Mutter umbringt, wurde als Kind interpretiert, das während der 1968er-Bewegung gegen die Elterngeneration protestiert. In William Friedkins DER EXORZIST (1973) macht sich die besessene, pubertierende Regan (Linda Blair) allerlei Körperflüssigkeiten zunutze, um die Mutter zu terrorisieren.

In CHILLING ADVENTURES OF SABRINA wird die Highschool Schauplatz dämonischer Umtriebe, und die Hauptfigur ist ein Mädchen mit Zauberkräften, das zur

29 *Total Film*, 7/2020.

Satans-Anbeterin reifen soll. Blut fließt, Schraubenzieher rasen in Halsschlagadern und es werden Tieropfer gebracht, aber die «gruseligen Abenteuer» finden nie den richtigen Ton zwischen humorvollem Umbringen, Young-Adult-Romantik und echtem Schrecken. Das Serienende vermittelt eine verantwortungslose Botschaft. Sabrina stirbt, aber sie trifft im Jenseits auf ihren Partner Nick (Gavin Leatherwood). Der beging, um bei ihr sein zu können, Suizid. Das wirkt wie ein Aufruf an Teenager zur Selbsttötung, um sich mit verstorbenen Geliebten wieder zu vereinen.

Hauptdarstellerin ist Kiernan Shipka, die ab 2007 in MAD MEN auf sich aufmerksam machte, da war sie acht. Mit einer Mischung aus frühem Zynismus und Abgeklärtheit, die von ihren überforderten Eltern natürlich als Neurose fehlgedeutet wird, muss sich die kleine Sally Draper in einer Welt der 1960er-Jahre behaupten, in der die Väter Befehle erteilen und die Mütter ihre Wut verinnerlichen oder an den Kindern auslassen.

Die dicken dunklen Augenbrauen einer Erwachsenen hatte Shipka schon als Mädchen. Das teilt sie mit Emma Watsons Hermine Granger aus HARRY POTTER. Keine Frage, dass sie nun, als 20-Jährige in einer Comic-Horror-Show, massiv unterfordert zu sein scheint. Auch durch Dialoge aus dem Setzkasten der Konfliktbewältigung zwischen Teenagern und Eltern: «Du willst Freiheit und Macht? Beides wirst du niemals kriegen!»

Feen auf der Flucht

Sabrina und den WITCHER Geralt eint eine tragische Fügung mit Vignette Stonemoss, Hauptfigur der 2019 gestarteten Amazon-Serie CARNIVAL ROW. Sie werden wegen ihres Andersseins verfolgt. Geralt, weil er ein Mutant ist. Sabrina wird von den Hexern gejagt, weil sie eine gute, keine schlechte Hexe sein will, und sie wird von den Menschen gejagt, weil sie zaubern kann.

Vignette (Cara Delevingne) ist eine Fee, die, wie alle Fabelwesen in CARNIVAL ROW, aus ihrem Reich fliehen musste. Ihre Heimat wurde von Menschen besetzt, die sich «der Pakt» nennen. In der Stadt Burgue – ein Steampunk-London des Viktorianischen Zeitalters und nur marginal aufgeräumter als der Steampunk-Sündenpfuhl Ketterdam aus SHADOW AND BONE – versuchen die Kreaturen, darunter Faune und Zentauren, mit einigermaßen zivilisierten Menschen auszukommen. Die rufen ihnen dennoch Entwürdigungen hinterher: «Der Ziegenbock hat sich wohl verlaufen – das hier ist nicht Schäfchenland!» Staatsdiener sind korrupt und drangsalieren die Asylsuchenden (Abb. 17).

Die Verleumdung phantastischer Tierwesen ist natürlich eine Parabel auf die Demütigung von Minderheiten. Im Gegensatz zu den bellizistischen Wuchtvergleichen beim HERRN DER RINGE ergeben hier gesellschaftspolitische Deutungen einen Sinn. CARNIVAL ROW liefert, so wie CHILLING ADVENTURES OF SABRINA, SHADOW AND BONE und THE WITCHER, ein Plädoyer für Diversität. Die Serien und Filme spiegeln den Kampf um Gleichberechtigung wider.

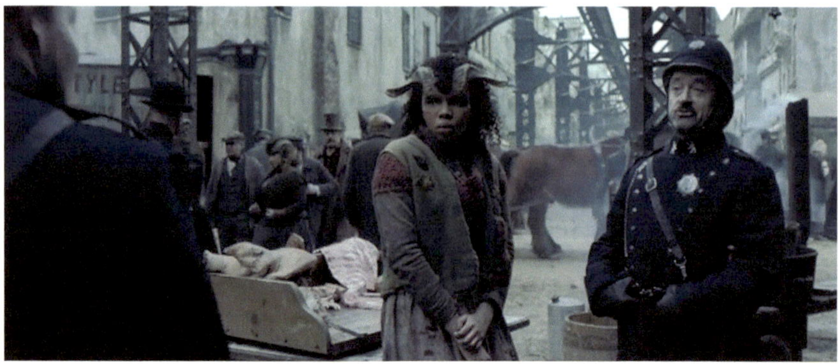

17 Die korrupten Constables Boggs (David Nykle, r.) und Thatch (Ryan Hayes) drangsalieren Callie (Lukwesa Mwamba). Sie behaupten, das faunische Mädchen dürfe seine Waren nicht auf der Straße verkaufen. Die Genehmigung dazu aber könne es bei ihnen erwerben. (CARNIVAL ROW, USA 2019)

Die CARNIVAL ROW-Fabelwesen dienen als Stellvertreter für Migranten, gerade für Geflüchtete, die ihren Kontinent aufgrund kriegerischer Konflikte verlassen mussten. Ein CARNIVAL ROW-Vorgänger war der Netflix-Film BRIGHT aus dem Jahr 2017. Elfen, Feen und Orks leben darin in einer alternativen Realität mit Menschen zusammen und werden von Rassisten verfolgt.

Die Forderung nach Anerkennung von Diversität war damit endgültig im Fantasy-Genre angekommen. Das Klischee, Fantasy sei alt, weiß und männlich, greift im neuen Jahrtausend nicht mehr.

In DER HERR DER RINGE: DIE RÜCKKEHR DES KÖNIGS kommt die neue Ordnung bereits zum Ausdruck. Darin wird mit altertümlicher Sprache abgerechnet, weit gewandter aber als im WITCHER. Oft wird in Mittelalter-Filmen anstelle des «human» vom «man» gesprochen, hergeleitet von «mankind», was «woman», die Frau, ausgrenzt. Der Hexenkönig von Angmar, der gefährlichste Gehilfe Saurons, duelliert sich mit Éowyn. Er wähnt sich als Sieger: «Du Narr. Kein Mann kann mich töten.» Éowyn nimmt den Helm ab, sodass er sehen kann, wen er vor sich hat: «Ich bin kein Mann.» Und stößt ihm ihr Schwert ins Gesicht.

In Denis Villeneuves WÜSTENPLANET-Verfilmung DUNE wird die Figur des Ökologen Liet Kynes nicht von einem Mann, sondern einer Frau gespielt, Sharon Duncan-Brewster. Der Rollenname ist so exotisch, dass er nicht umbenannt werden müsste. Es soll nun einfach, so Villeneuve, mehr Frauen auf dem Wüstenplaneten geben: «Wir leben im Jahr 2020. Ich kann keinen LAWRENCE VON ARABIEN drehen.»[30]

Ob es bis zur Gleichberechtigung der Frauen im Fantasy-Kino genauso lange gebraucht hat wie in anderen Genres, müsste noch erforscht werden. Bis in die

30 *Empire*, 10/2020.

1990er-Jahre waren die Zuteilungen klar. Da die Fähigkeit zu Kampf und Rettung meist mit Körperkraft zusammenhing, hielten Rollenbilder, in denen Männer stark waren und Frauen schwach, lange an.

In John Boormans EXCALIBUR ist die Königin Guinevere derart zertrümmert ob ihres Ehebruchs, dass sie als Nonne in ein Kloster geht, also um göttliche Vergebung bittet. König Artus verabschiedet sich zwar ins innere Exil, aber er behält seine Rüstung an und bleibt der Boss seiner Burg.

Prinzessin Lily in Ridley Scotts LEGENDE (1985) entspricht dem Typus der «verfolgten Unschuld» und «Jungfrau in Nöten», die im falschen Moment ihrer mädchenhaften Lust nachgeht. Sie streichelt Einhörner, begeht damit wider besseres Wissen einen Fehler, wird gefangengenommen und muss von einem Mann befreit werden. Gegen ihren Entführer, dem Herrn der Finsternis, fällt Lily nicht viel ein, außer so zu tun, als wolle sie ihn verführen. Eben «die Waffen der Frauen» einzusetzen.

Die Figur der Valeria in John Milius' CONAN DER BARBAR (1982) erscheint als eine der wenigen Ausnahmen in der von Männern dominierten Fantasy-Dekade der 1980er-Jahre. Valeria verpfändet ihr Leben, um den verstorbenen Conan durch Geister reanimieren zu lassen. Sie muss sich sogar aus dem Jenseits per Schwertkampf zurückmelden, damit er kein zweites Mal stirbt. In der UNENDLICHEN GESCHICHTE (1984) ist ein Mädchen zum Staatsoberhaupt geworden und regiert ihr Volk im Frieden: die «Kindliche Kaiserin».

Ihr Land retten muss dann aber doch ein Junge.

Im neuen Jahrtausend dürfen Frauen die Dinge endgültig selbst in die Hand nehmen. Die Entwicklung der Königstochter Sansa Stark (Sophie Turner) in GAME OF THRONES ist so unabsehbar wie überwältigend. Sansa, die an noble Ritter und liebliche Prinzessinnen glaubte, wächst durch jede Schmach, die ihren Traum von einer Märchenbiografie zerstört. Sie wird als Geisel gehalten, muss die Enthauptung ihres Vaters miterleben. Sie wird zweimal zwangsverheiratet und als Jungfrau von ihrem zweiten Ehemann in der Hochzeitsnacht vergewaltigt. Sansa beendet den falschen Traum vom Leben im Legendenbuch aber nicht als Opfer. Sie wird zur Realpolitikerin. Die zwei Männer, die ihr die größten seelischen und körperlichen Schmerzen zugefügt haben, lässt sie hinrichten.

Auch so «weiß» wie in den 1980er-Jahren sind Science-Fiction und Fantasy nicht mehr. Mit Finn (John Boyega) gab es in STAR WARS: DAS ERWACHEN DER MACHT (2015) erstmals einen schwarzen Hauptdarsteller, ohne dass die Hautfarbe, wie schon bei Billy Dee Williams als Lando Calrissian in DAS IMPERIUM SCHLÄGT ZURÜCK (1980) nicht, thematisiert würde. Das nennt man «colorblind casting». Und in der Stephen-King-Verfilmung DER DUNKLE TURM wurde die Rolle des weißen Revolverhelden Roland 2017 mit Idris Elba, einem afrobritischen Schauspieler besetzt, obwohl in Kings Roman die Tatsache, dass der Revolverheld weiß ist, eine wichtige Rolle spielt.

In den vergangenen Jahren wurden im Kino und Streaming auch Stimmen präsenter, die die Gleichberechtigung der sexuellen Identität einfordern. Auch hier schritt zumindest unter den sogenannten «Mainstreamfilmen» der Sci-Fi-Dinosaurier STAR WARS voran. Im jüngsten Werk, DER AUFSTIEG SKYWALKERS (2019), wird ein lesbisches Pärchen gezeigt, wenn auch nur im Sekundenbruchteil und bei einer Siegesfeier, was theoretisch den Schluss zulässt, dass bei einer rauschenden Party jede(r) auch jede(n) küsst.

Allegorien sind, wie wir gesehen haben, in der Fantasy weit verbreitet. Sie können jedoch den Nachteil haben, dass sie die Unerträglichkeit von Lebensbedingungen verschleiern. Die schöne CARNIVAL ROW-Fee mit den verführerisch flirrenden Flügeln tut einem leid, weil sie wegen ihrer Andersartigkeit getötet werden könnte. Aber sie ist weit entfernt von unserer Wirklichkeit. Auch, wenn sie für Geflüchtete steht. Fantasy-Formate wie CARNIVAL ROW scheitern also vielleicht nicht an ihrem politischen Anspruch. Aber die gefolterte Fee und der ins Bockshorn gejagte Zentaur ersetzen nicht den Schrecken der Wirklichkeit, mit dem reale Personen konfrontiert sind. Dementsprechend dünn sind viele Dialoge, wenn die Fabelwesen sie führen. «Ich habe Dich gefunden!», sagt Vignette zur Artgenossin, von der sie lange getrennt war. «Nur, um zu erfahren, dass ich jetzt eine Hure bin», entgegnet die andere Fee resigniert. Darauf Vignette resolut: «Wir tun, was nötig ist, um zu überleben.»

Aber die Menschen sind auch nicht schlauer als die Elfen, wie Vignettes Ex-Geliebter, der Polizeiinspektor Philo (Orlando Bloom) unter Beweis stellt. Er ermittelt zu einer Mordserie, der nur übernatürliche Kreaturen zu Opfer fallen.

Wie könnte der Täter ausgesehen haben? «Er hatte keine Haare auf dem Kopf, aber seitlich im Gesicht», gibt eine schwerverletzte Fee zu Protokoll.

Der Möchtegern-Sherlock schlussfolgert, bedeutungsschwer: «Mhmm. Ein Backenbart.»

Auf alles hat er eine Antwort.

Aber auf diese Frage steht die Antwort aus: Wohin geht die Reise der Fantasy-Filme und -Serien in diesem Jahrzehnt?

Es gibt viel mehr von ihnen als noch in den 1980er-Jahren. Und doch bleibt das Genre unberechenbar. Eine Erfolgsformel existiert nicht. Was uns zu den Filmen dreier großer Regisseure führt, die damals ihrem eigenen Anspruch nicht gerecht wurden.

Mit Jim Henson, David Lynch und Ridley Scott scheiterten gleich drei Regisseure an fantastischen Stoffen.

2.

Der dunkle Kristall, Der Wüstenplanet und Legende – Wie drei große Regisseure an Fantasy-Filmen verzweifelten

«There is no real ending. It's just the place where you stop the story.»
- Frank Herbert

Der dunkle Kristall – Der geplatzte Traum Jim Hensons

Was einst als kommerzieller oder künstlerischer Misserfolg gewertet wurde, erhält manchmal eine zweite Chance, weil es über viele Jahre zum «Kult» geworden ist. Kein Film ist «Kult» von Anfang an. «Kult» bedeutet, dass sich langsam eine verschworene Anhängerschaft herausbildet. Deren Wachstum bleibt nicht unbemerkt. Die Film-Industrie nimmt Hardcore-Fans später als potenzielle Zielgruppe für einen zweiten Versuch ins Visier, für ein Remake oder eine Weitererzählung.

Jim Henson durfte nicht mehr miterleben, wie sein Film Der dunkle Kristall zum «Kult» wurde. Er verstarb 1990, im Alter von nur 53 Jahren.

In den 1970er-Jahren erschuf der Regisseur und Produzent mit den MUPPETS und der SESAMSTRASSE die zwei bedeutendsten Puppen-Ensembles des Fernsehens. Gerade die MUPPET SHOW präsentierte anarchistische Charaktere, deren Travestien des Showgeschäfts Erwachsene anders verstanden als ihr Nachwuchs. Den Kleinen standen die Münder offen, aber es waren die Großen, die häufiger lachten.

Und auch Jim Henson ließ sich von der Fantasy-Welle der frühen 1980er-Jahre mitreißen. Oder vielmehr: Er erkannte ein Zeitfenster, in dem er ein lang gereiftes Konzept endlich verwirklichen konnte. In der Comedy-Sendung SATURDAY NIGHT LIVE stellte er bereits 1975 seine Sketch-Reihe THE LAND OF GORCH vor. Darin hausten vulgäre Muppets auf einem Sumpfplaneten. Die Ähnlichkeit mit bestimmten Horrorfiguren, deren Herstellung Henson später in Auftrag geben würde, war unverkennbar.

Aber erst 1982 realisierten Henson und sein Kollege Frank Oz ihr auf THE LAND OF GORCH basierendes Traumprojekt, DER DUNKLE KRISTALL. Es war der erste Spielfilm, in dem ausschließlich Puppen in lebensgroßen Landschaften zu sehen waren. Die Hand-, Stab- und Ganzkörpermodelle funktionierten zum Teil animatronisch. Entworfen wurden sie von Brian Froud, der 1978 durch sein illustriertes Buch *Fairies* zu einem innig geliebten Fantasy-Konzeptionisten wurde. Wie alle großen Folk-Tales-Zeichner ist Froud von Tolkien beeinflusst. Co-Autor von *Fairies* ist Alan Lee, der gemeinsam mit John Howe das Filmdesign von Peter Jacksons HERR DER RINGE-Trilogie übernehmen würde. Lee und Howe sind die beiden Illustratoren, die unser Bild von Mittelerde prägen würden wie keine zweiten.

Die KRISTALL-Puppen waren eine Weiterentwicklung der Muppets, in denen sich so gut wie immer Hände befanden und die deshalb überwiegend von der Brust aufwärts gefilmt werden mussten. Kurz, DER DUNKLE KRISTALL bot einige der tollsten Handwerks- und Akrobatikarbeiten, die es bis dahin zu sehen gab. Verwirklicht wurden sie insbesondere für die Landstrider sowie die Garthim-Soldaten. Unter ihren Kostümen arbeiteten Artisten auf Händen und Füßen beziehungsweise zwängten sich zu zweit in einen künstlichen Schuppenpanzer (Abb. 18 und 19).

«Wir können mit den Puppen alles anstellen», sagte Henson zu seinem Autoren David Odell. «Es gibt keine Begrenzungen. Sie können schwimmen, fliegen, sie können Karate und essen (...). Sie können alles, nur gehen und sprechen, das können sie nicht.»[1] «Gehen und sprechen» sah bei Puppen tatsächlich sonderbar aus, das Umsetzungs-Problem teilten Hensons Künstler mit allen anderen Animateuren. Beim Sprechen ließen sie ihre Hände in den Stoffmündern auf und zu klappen. Beim Laufen blieb ihnen meist nichts anderes übrig, als ihre Arme in den Puppen senkrecht auf und ab zu bewegen. Nur in wenigen Szenen, in denen Ganzkörperbewegungen zu sehen sein mussten, steckten Menschen in Gelflings-Anzügen. Wie in jener, als Jen auf den dunklen Kristall springt (Abb. 20).

---

1 *thedarkcrystal.com*, bit.ly/2FJZmFV (30.06.2021).

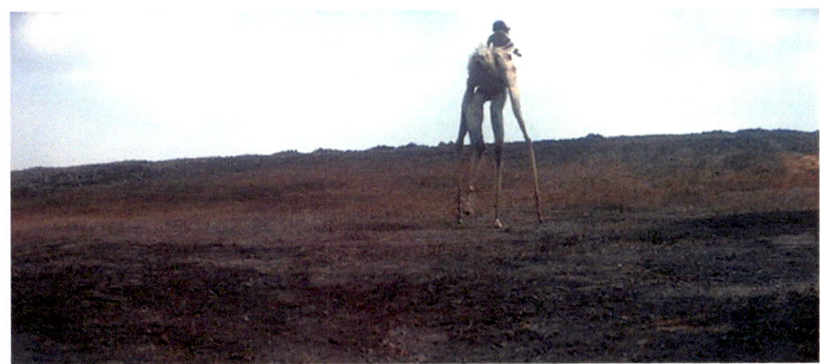

18 Auf den Landstridern reisen die Gelflinge Jen und Kira zum dunklen Kristall. In dem Kostüm des Transporttiers befindet sich ein Zirkuskünstler, der nicht nur mit seinen Füßen, sondern auch mit den Händen auf Stelzen läuft. (DER DUNKLE KRISTALL, USA/GB 1982)

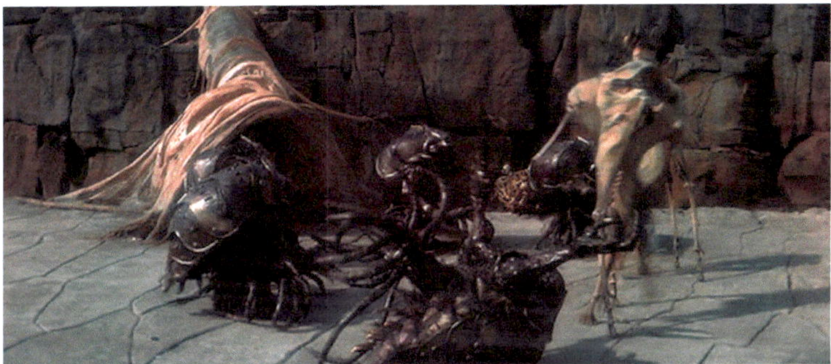

19 Die Landstrider im Kampf gegen Garthim-Monster, riesige Kakerlaken. Als Soldaten der Skekse beuten sie die Welt von Thra aus, Jen stellt sich ihnen entgegen. Schuppenpanzer und Klauen jedes Garthims werden von jeweils zwei aufrechtstehenden, kostümierten Animateuren bedient. (DER DUNKLE KRISTALL, USA/GB 1982)

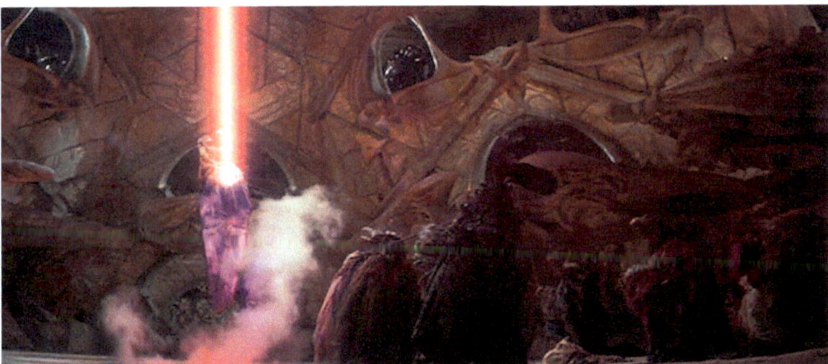

20 Jen ist an seinem Ziel angekommen. Es gelingt ihm, während der Großen Konjunktion der drei Sonnen einen Splitter in den großen Kristall einzusetzen. Die Skekse sind damit besiegt. Jens Sprung auf den Kristall war eine der wenigen Szenen, in denen es notwendig war, dass ein Mensch in ein Gelflings-Kostüm schlüpft. (DER DUNKLE KRISTALL, USA/GB 1982)

Befremdliche Puppen

Die zwei kleinen Gelflinge (also Elfen) Jen und Kira begeben sich auf eine Reise durch die Welt Thra, um einen Splitter zurück in den «dunklen Kristall» einzufügen. Nur so kann die Herrschaft der monströsen Skekse beendet und Frieden auf der Welt geschaffen werden. Auf ihrem Streifzug über Wiesen und Wüsten haben die Freunde, die sicher ein Liebespaar werden, allerlei Abenteuer zu bestehen.

Im Gegensatz zu Fantasy-Werken jener Zeit, wie David Lynchs DER WÜSTENPLANET und Ridley Scotts LEGENDE, war Hensons Arbeit kein Flop. Der von Universal Pictures vertriebene Film kostete 25 Millionen Dollar und nahm 41 Millionen ein. Er war also vielleicht auch kein Hit, erzielte aber wohl Gewinn.

In Frankreich wurde DER DUNKLE KRISTALL als «Bester Film» auf dem Avoriaz Fantastic Film Festival ausgezeichnet, in den USA sogar mit dem wichtigsten Fantasy-Kinopreis, dem Saturn Award, der von der Academy of Science Fiction, Fantasy & Horror Films vergeben wird. Eine gute Ausbeute für ein Puppenabenteuer, das 1982 mit E.T. – DER AUSSERIRDISCHE, CONAN DER BARBAR, POLTERGEIST und BLADE RUNNER konkurrierte.

Und doch scheiterte mit Jim Henson schließlich der erste von drei großen Filmemachern am Fantasy-Genre. Zwei Jahre nach ihm David Lynch. Drei Jahre nach ihm Ridley Scott. Henson scheiterte, wenn nicht an der Kasse, dann doch künstlerisch.

Aus heutiger Sicht erscheint klar, weshalb DER DUNKLE KRISTALL nicht funktionierte, warum dem Studio das Werk nicht gefiel und die Einspielergebnisse hinter den Erwartungen zurückblieben. DER DUNKLE KRISTALL zeigt zwar beeindruckende Wesen auf einem beeindruckenden Planeten. Aber: Er fand keine Alterszielgruppe.

Erwachsene reagierten mit Schulterzucken auf jene süßen Gelflinge, die den Frieden sichern wollen. Die Gelflinge bieten keine Reibungspunkte, kein Gegen-den-Strich-Denken, geschweige denn eine Entwicklung während ihrer Heldenreise. Sie erscheinen eindimensional.

Die Kinder wiederum erschraken beim Anblick der Podlinge, denen ihre «Essenz» entzogen wird. Nach Verlust ihrer Lebensenergie-Flüssigkeit mutieren die knuffigen Gnome zu ausgezehrten, willenlosen Dienern mit milchigen Augen.

Und natürlich erschraken Kinder beim Anblick der Skekse, riesige Zwitterwesen aus Geier und Reptil auf zwei Beinen. Die lebend verrottenden Monster sind gewandet in modrige Adeligen-Kostüme, die strenger riechen müssen als das Ankleidezimmer von Ludwig XIV. Henson beauftragte seinen Artwork-Chef Brian Froud, diese aussterbende Spezies als «juwelenbehangene Krokodile, die ein Schloss bevölkern» zu entwerfen. Das ist Froud gelungen. Die Skekse sind ausladende Erscheinungen, unter deren dicken Kleiderschichten sich etwas abspielt. Es passten zwei Leute hinein. Die in ihrem Inneren arbeitenden Puppenspieler sahen die Außenwelt, mit der sie interagierten, über kleine Monitore.

Nach dem Tod mumifizieren die Gesichter der Skekse in Zeitraffer, dann zerfallen sie. Man stelle sich vor, das hätte Henson mit Puppen inszeniert, die nicht

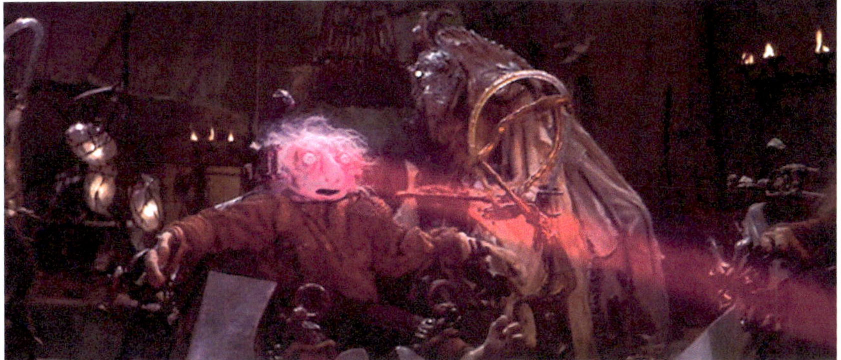

21 Die Garthim-Soldaten versklaven die Podlinge und bringen sie zu den Skeksen. Der Bannstrahl des dunklen Kristalls entzieht den Podlingen die «Essenz», eine Lebensenergie-Flüssigkeit, welche die Skekse verjüngt – und deren Entzug die Podlinge wiederum zu Zombies macht. (DER DUNKLE KRISTALL, USA/GB 1982)

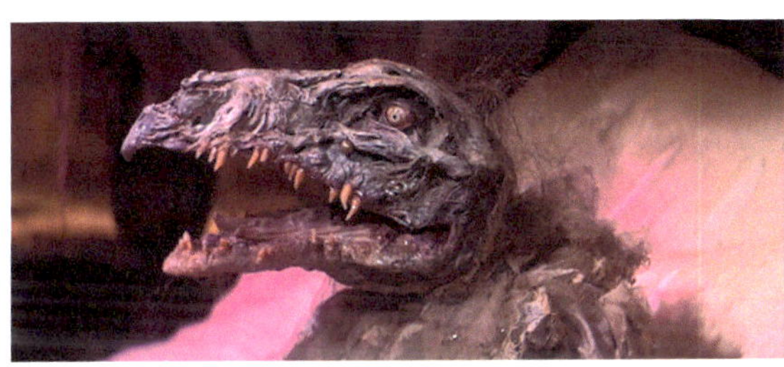

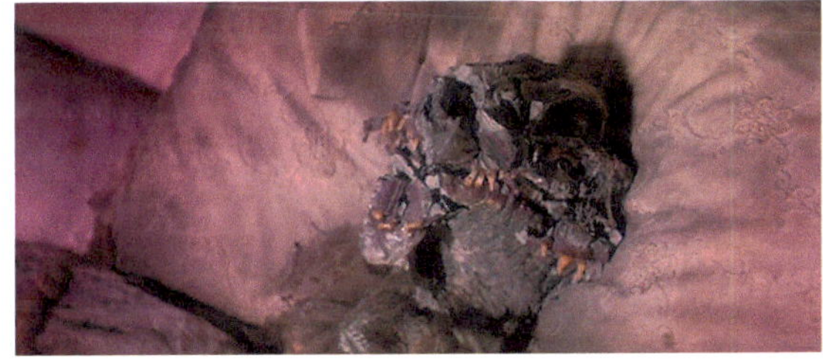

22–23 Der Imperator der Skekse stirbt, beäugt von den Mitgliedern seines Königreichs, den Generälen und Kammerherrn, von denen jeder den frei gewordenen Platz auf dem Thron einnehmen will. Nach dem Tod des Imperators zerfällt sein Gesicht zu Staub. (DER DUNKLE KRISTALL, USA/GB 1982)

abstoßende Kreaturen, sondern echte Menschen darstellen sollen. Spätestens hier wird deutlich, dass DER DUNKLE KRISTALL einem anderen Kosmos entstammt als die MUPPET SHOW. In der MUPPET SHOW kommt niemand zu Tode. DER DUNKLE KRISTALL war folgerichtig ein Puppen-Film, für den Henson die Entscheidung traf, dass darin keine Lieder geträllert werden (Abb. 21–23).

Jim Henson, der stets die Bedürfnisse seiner Zuschauer zu kennen schien, erlag erstmals einer Fehleinschätzung. Die Großen wollten kein 90-minütiges Werk nur mit Puppen sehen. Die Kleinen wollten kein 90-minütiges Werk mit Puppen sehen, vor denen sie sich gruseln.

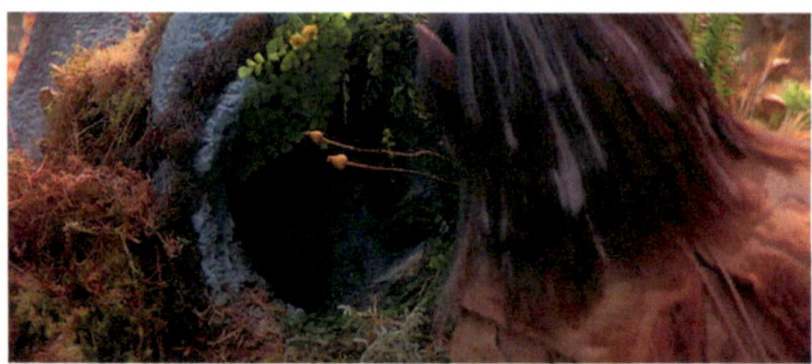

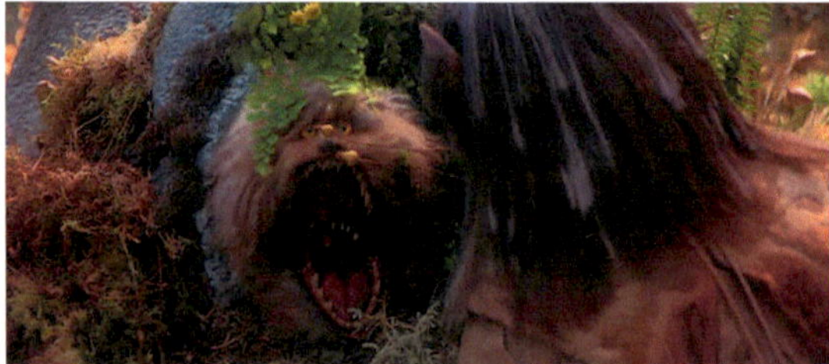

24–25 Im Wald entdeckt Jen Pfotenspuren eines Tiers, die er nicht zuordnen kann. Sie führen zu einem Loch. Regisseur Henson inszeniert meisterhaft einen Jump-Scare. Eben noch leer, schnellt aus der Grube der Hund Fizzgig hervor. Die Öffnung ist derart klein, dass keiner vermutet haben kann, dass sich etwas Bedrohliches dahinter verbirgt. Wie viele Kinder dürften sich bei der Szene erschrocken, wie viele danach erleichtert aufgelacht haben? (DER DUNKLE KRISTALL, USA/GB 1982)

Die mangelnde Möglichkeit zur Identifikation macht auch den entscheidenden Unterschied zur MUPPET SHOW aus. Charaktere wie der ultrapatriotische, bierernste und damit stinklangweilige Adler Sam, die empfindliche Sau Miss Piggy oder der tragisch unlustige Fozzie Bär sind ebenso fiktiv wie die Thra-Kreaturen. Aber jeder erkennt in ihnen Persönlichkeiten aus seinem eigenen Umfeld wieder. Sie sind das Ergebnis geistreicher Vermenschlichung. Über Fozzie lachen wir nicht wegen seiner schlackernden Teddybär-Ohren. Sondern weil jeder so einen Onkel hat, der die Familie mit schlechten Pointen traktiert.

Henson sah sich demselben Problem ausgesetzt wie Ralph Bakshi mit seinem HERRN DER RINGE. Die meisten Zuschauer erwarten bei Puppen oder Zeichentrick ein gewisses Maß an «Sillification», zumindest ein wenig Humor. Aber dazu hatten beide Regisseure keine Lust.

Dabei war sich Henson nicht nur im Klaren darüber, dass er Kinder das Fürchten lehren könnte. Er wollte das sogar. Henson bewunderte die Gebrüder Grimm und war der Überzeugung, dass Entsetzen ein guter Lehrmeister ist. 2021 gingen auf YouTube frühe Arbeiten Hensons viral, brutal-lustige Werbeclips, die er ab Ende der 1950er-Jahre für die Kaffeemarke Wilkins inszenierte. Darin schwärmt die Handpuppe Wilkins vom Getränk und macht kurzen Prozess mit seinem Freund Wontkins, der sich des Genusses verweigert. In den Kurzepisoden wird er erschossen, lebendig gekocht, von einem Gebäude gestoßen, mit einem Rasiermesser aufgeschlitzt, Wilkins wischt dessen Blut von der Klinge …

Im DUNKLEN KRISTALL gibt es dafür einen Jump-Scare, also einen Horror-Moment, im dem wir uns durch eine plötzliche Einblendung erschrecken. Allerdings wegen des plüschigen Hunds Fizzgig, der für die Bewohner Thras keine Gefahr darstellt. Er schnellt kläffend aus einem Loch hervor (Abb. 24–25).

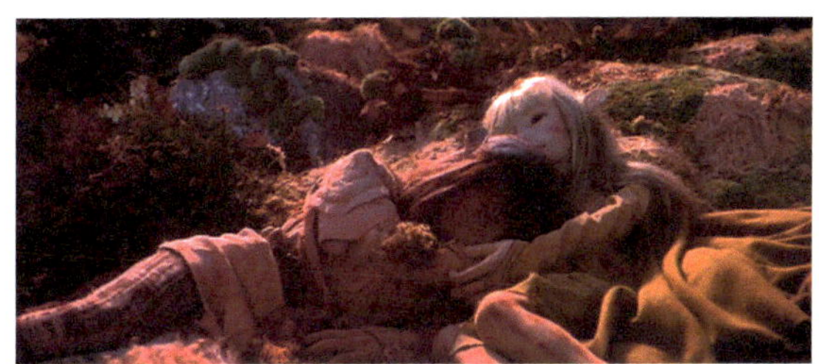

26 Jen liegt in den Armen seiner Gefährtin Kira. (DER DUNKLE KRISTALL, USA/GB 1982)

Welt ohne Charme

Henson vertraute auf die Wirkung von Puppenspielerkunst und Ausstattung, weniger auf die Erzählung. Und das warfen Rezensenten ihm zu Recht vor. «Zum ersten Mal», schreibt sein Biograf Brian Jay Jones, «stellte Jim das Spektakel über die Story. Seine Vision war für ihn auf der Eins, die Geschichte nur auf der Zwei – und das Publikum, das ihm sonst mehr als gerne entgegenkam, zeigte sich unversöhnlich.»[2]

Die Kritiker waren sich einig darin, dass DER DUNKLE KRISTALL detailprächtig aussah, aber inhaltlich dünn gestrickt war. Reines Kulissenkino. «Das Drehbuch von David Odell, basierend auf einer Geschichte von Mr. Henson, hat keinerlei narrativen Antrieb», schrieb Vincent Canby in der *New York Times*. «Es hat keinen Charme und weckt kein Interesse.» Für ihn das Ergebnis eines Kampfs mit inszenatorischen Herausforderungen, die zu viel Raum eingenommen hätten: «Offensichtlich ist viel Aufwand in dieses schöne Märchen gesteckt worden, aber alles nur, um sich um technische Probleme zu kümmern.»[3] Dave Kehr vom *Chicago Reader* verurteilte jedoch auch die Darstellung: «Die Puppen sind ein süßes Gimmick, aber sie sind derart steif und ausdruckslos, dass der Film daran zugrunde geht.»[4]

Gerade solche Besprechungen empfand Henson als schmachvoll. Er machte nie einen Hehl daraus, dass sein Fokus diesmal auf der Präsentation der Puppen lag und ihm die Geschichte zweitrangig war. Nun wurde aber auch das von ihm gesteuerte Ausdrucksvermögen der Figuren und dementsprechend seine eigene Kunstfertigkeit kritisiert. Ausgerechnet die Gelflinge, die Henson wegen ihrer menschenähnlichen Gesichtszüge als «Brücken-Charaktere» bezeichnete, als Identifikationsfiguren, wirkten befremdlich.

«Kein Charakter war für mich schwieriger zu manipulieren als Jen», sagte er. «Manipuliert»: Die Stoffpuppen betrachtete Henson als lebendige Wesen, die ihre eigenen Wege gehen würden, wenn er sie nicht durch seine eigene Hand beeinflusst. Gerade Sequenzen, in denen sich die Gelflinge zärtlich einander annähern, in denen also viel Fingerspitzengefühl gefragt war, maß er entscheidende Bedeutung zu (Abb. 26).

Dem Kinostart waren deprimierende Verhandlungen voran gegangen, an deren Ende Jim Henson sein Privatvermögen antastete, um sich für 15 Millionen Dollar

---

2 *Jim Henson: The Biography*.
3 *New York Times*, nyti.ms/3hnARfe. (30.06.2021).
4 *Chicago Reader*, bit.ly/3la3bUu. (30.06.2021).

die Rechte am Film zurückzukaufen. Nach Abschluss der Dreharbeiten hatte die Produktionsfirma ITC Entertainment den Besitzer gewechselt, und deren neuer Eigentümer, der australische Milliardär Robert Holmes à Court, war vom DUNKLEN KRISTALL nicht überzeugt. Er betrachtete ihn als überteuerten Kunstfilm. Henson befürchtete deshalb, dass sein Werk nicht mehr gebührend vermarktet werde.

Zuvor hatte er bereits einen Kompromiss eingehen müssen. Ursprünglich erhielten die Lebewesen Thras eine neue, nicht übersetzte Sprache. Das Testpublikum war jedoch überfordert, weil sich die Story allein auf die Bilder nicht zu stützen vermochte. Kurzerhand sollte DER DUNKLE KRISTALL auf Englisch nachsynchronisiert werden. Drehbuchautor David Odell musste sich nun Dialoge ausdenken, die die Geschichte erzählen und passgenau waren zu Mundbewegungen und Gestik der Puppen.

Ein Kristall, um sie zu knechten

Dabei war Jim Henson anfangs davon überzeugt, dass sein Film sich allein durch die Bildsprache erklären würde, unterstützt durch Stöhn- und Grunz-Geräusche der Skekse und liebliche Rufe der Gelflinge. Es war eine harte Zeit für Henson, der in seinem Leben so viel Glück gehabt hatte und selbst so wirkte wie eine Figur aus dem Fantasy-Universum. Groß, schlaksig, viele lange Haare auf dem Kopf und im Gesicht. Oft trug er Muppets auf seinen Schultern, sie schienen mit seiner Mähne verwachsen zu sein. Henson war ein Spät-Hippie in Schlaghosen, wie sie Anfang der 1980er-Jahre nicht mehr auf der Straße, schon gar nicht mehr in Zeitschriften oder im Fernsehen, sondern fast nur noch in den Trickfirmen zu sehen waren. Leute wie Henson oder die haarigen Maskenbildner Rob Bottin und Rick Baker, die ihr Äußeres nicht mit der Zeit gehen ließen, weil ihnen ihre Handarbeiten wichtiger waren. Sie sahen aus wie die von ihnen geschaffenen Fellwesen, aber werkelten lachend an Puppen und Motoren herum. Heute würde man sie als Geeks bezeichnen.

Ein gängiger Vorwurf lautet, dass DER DUNKLE KRISTALL lediglich eine Neuerzählung von Tolkiens *Der Herr der Ringe* sei. Die Geschichten ähneln sich. Auserkorene einer körperlich schwachen, kleinwüchsigen Spezies sollen einen übernatürlichen Gegenstand an einen Ort zurückbringen, der von ihren Feinden beherrscht wird. Sie begeben sich auf eine lebensgefährliche Expedition. Dunkle Herrscher senden ihnen Truppen entgegen, um sich selbst des Gegenstands zu bemächtigen.

Irritierend sind aber nicht die inhaltlichen Übereinstimmungen zwischen beiden Werken, sondern schlicht die dramaturgischen Ungereimtheiten des DUNKLEN KRISTALLS. Der mutige Jen, Gelfling mit den langen Haaren und spitzen Ohren, wird in einem Bilderbuch-Szenario vorgestellt. Er sitzt am Wasserfall eines sommerlichen Bachs, Schmetterlinge umkreisen den friedlich auf seiner Flöte musizierenden Jungen – und aus dem Off berichtet ein Erzähler mit seelenruhiger Stimme, dass Skekse seine Familie umgebracht haben. War dies als sich schleichend offenbarender Horror-Moment geplant? Vielleicht. Aber es wirkt wie eine Ton-Bild-Schere, entstanden durch den Zwang zur Nachsynchronisation.

Vor allem hat Jim Henson versäumt, Jen ein Rächer-Motiv zu verleihen. Als vielleicht letzter seiner Art (später erst lernt er seine Gefährtin Kira kennen, allerdings hat sie im Gegensatz zu ihm Flügel) hätte er allen Grund, seine Mission als Vendetta aufzunehmen. Als Blutrache, auch als Vergeltung für einen Völkermord. Stattdessen scheint Jen die Skekse lediglich als Hindernis auf dem Weg zum Kristall zu betrachten, der aus ihm einen Gott macht.

Puppenspieler als Schauspieler

Jim Henson teilte die Regie mit seinem Freund aus Muppets-Tagen, Frank Oz. Oz, wie Henson ein versierter Puppenspieler, war der Mann hinter Yoda, dem Jedi-Lehrer aus Krieg der Sterne: Das Imperium schlägt zurück. Die Figur spielte er derart facettenreich, dass Star Wars-Chef George Lucas eine Kampagne führte. Frank Oz sollte als «bester Nebendarsteller» für den Oscar nominiert werden. Es wäre das erste Mal gewesen, dass jemand, der eine Handpuppe bedient und nicht zu sehen ist, für den Academy Award in Betracht gezogen worden wäre.

Die Nominierung erwies sich als Wunschtraum. Aber die Werbetour blieb hängen. Ab Yoda wurde offenbar, dass Dinge aus Stoff lebendig erscheinen können, solange ein begabter Mensch seine Hände dafür benutzt. Henson erinnerte seine Mitarbeiter immer wieder daran: Nicht die Puppe macht die Performance, sondern der Puppenspieler.

Das Team stand hinter dem Chef, auch wenn Rezensenten die Figuren kritisierten. «Es war ein seltsamer Prozess», sagte Designer Brian Froud. «Manchmal verzweifelte ich daran, ob sich die Dinge so entwickeln würden, wie geplant. Es gab so viele Meinungsverschiedenheiten, so viele Kompromisse mussten gemacht werden, um die Charaktere an die Beschränkungen des menschlichen Körpers anzupassen. Aber am Ende hat alles gepasst.»[5]

Als Produzent verpflichtete Henson einen weiteren Krieg der Sterne-Kollegen Oz', Gary Kurtz, der mit den ersten beiden Filmen, Eine neue Hoffnung und Das Imperium schlägt zurück, Meilensteine des Blockbuster-Kinos verantwortete. Kurtz wurde auch als Regisseur der Second Unit engagiert, also als Spielleiter für weniger Darsteller-bezogene Szenen. «Ich hoffe, dass es so wirkt, als ob wir den Film mit echten Schauspielern inszenierten», sagt er im Making-of. «Dass wir auf einen anderen Planeten reisten, um dort einen Film zu drehen. Und dass die Zuschauer sich nicht um technische Aspekte sorgen, und wie schwierig es gewesen sein muss, diese zu realisieren.»[6]

Der dunkle Kristall brachte wohl Geld ein, auch wenn er kein Kassenschlager wurde. Schlechter lief Hensons Reise ins Labyrinth, das vier Jahre danach

5 Finch, Christopher: *The Making of The Dark Crystal*, Henson / Mitchell Beazley.
6 The Making of The Dark Crystal, bit.ly/34u2Nub (30.06.2021).

in die Kinos kam. Darin agieren Puppen mit Menschen, darunter David Bowie als kapriziöser Goblin-König. Wir betrachten den Film im 7. Kapitel, das sich der zweiten Hälfte der 1980er-Jahre widmet.

Zweite Chance in retro-verliebten Zeiten

Mit viel Liebe inszenierte Werke, die in ihrer Kino-Laufzeit kein Erfolg wurden, versammeln über die Jahre also durchaus eine Gefolgschaft, den Kult. Allein in der Rückschau ist es möglich, Strömungen wie den «Zeitgeist» als weitere Ursache für ein wirtschaftliches Fiasko zu identifizieren. Bei der Korrektur eines früheren, negativen Urteils geht es deshalb auch darum, einen Film unabhängig von der Ära betrachten zu können, in der er entstand, und unabhängig von den anderen Filmen, mit denen er einst in den Kino-Charts konkurrieren musste, was ja über sein Abschneiden mitentschied.

Von solch einer Neubewertung profitierte DER DUNKLE KRISTALL. Er war zwar nicht «seiner Zeit voraus», denn ein Puppenkino-Trend fand bis heute nicht statt. Aber die Leistungen von Regisseuren wie Jim Henson und Frank Oz werden inzwischen gewürdigt und dienen als Inspiration.

Viele Regisseure, die sich als Kinder von solch gefloppten Werken beeindrucken ließen, drehen heute deren Fortsetzungen oder Remakes. Für sie ist dies die Aufarbeitung der Wunder ihrer eigenen Kindheit.

Keine neue Serie versetzte im Jahr 2019 das Netz derart in Unruhe wie DER DUNKLE KRISTALL: ÄRA DES WIDERSTANDS. Die Fortsetzung von Hensons Traum, nach 37 Jahren. Eine zehnteilige Serie, die sich erneut der Welt Thra und dem Kampf der Gelflinge gegen die Skekse widmen würde? Henson-Anhänger jubelten.

Für Begeisterung sorgte das Versprechen des Regisseurs Louis Leterrier, bei der ÄRA DES WIDERSTANDS ausschließlich auf Puppen zurückzugreifen, anstatt von der mittlerweile üblichen, oft auch kostengünstigeren Darstellung durch Digitaleffekte Gebrauch zu machen. Das versprach ein haptisches Erlebnis wie bei Henson, vor allem eine Ästhetik anno 1982.

Als Puppendesigner wurde Toby Froud verpflichtet, der in zweifacher Hinsicht für den Job prädestiniert schien. Zum einen, weil seine Eltern überbordende Fantasie besitzen. Wendy Froud stellte die Figur des Jedi-Meisters Yoda her, Vater Brian kennen wir von seiner Design-Arbeit am originalen DUNKLEN KRISTALL. Toby Froud hatte aber auch schon im frühesten Kindesalter mit Monstern zu tun. Als Einjähriger verkörperte er das Baby Toby, das von David Bowie in der REISE INS LABYRINTH entführt und in einen Goblin verwandelt werden soll.

Netflix veröffentlicht selten Zugriffszahlen. Aber kurz nach Start der ersten Episode wurde bereits eine zweite Staffel in Auftrag geben, und die Rezensionen fielen überwiegend positiv aus. 2020 gab es für ÄRA DES WIDERSTANDS einen Emmy als «Outstanding Children's Program». Die Auszeichnung als «Kinder-Serie» ist bemerkenswert, weil die Serie ja überwiegend von Zuschauern gesehen worden sein könnte, die nicht jetzt, sondern vor 37 Jahren Kinder waren.

Dann kündigte Netflix im September desselben Jahres an, doch keine zweite Staffel mehr finanzieren zu wollen. Und 2020 erinnerte plötzlich an 1982. Die Gelflinge wurden ausgebremst.

Der dunkle Kristall: Ära des Widerstands bietet ein zwiespältiges Erlebnis. Per Hand bediente Puppen fügen sich in computeranimierte Territorien ein. Das wirkt surreal, falls man ein klar abgegrenztes Nebeneinander verschiedener Techniken noch als künstlerischen Ausdruck betrachten möchte. In Wirklichkeit erscheint es bizarr. Bisweilen unästhetisch.

Die Gesichter sehen aus, als wären sie doch digital bearbeitet worden, um Wut, Freude oder Trauer ausdrücken zu können. Mit dem verstörenden Ergebnis, dass ihre mobilen Visagen innerhalb unbeweglicher Stoffkopfränder geradezu schwimmen. Das tangiert ein bis dahin ungelöstes Problem in der Mimik fast aller Filzgesichter. Eines, das 1982 den vermeintlich Menschen-ähnlichen Gelfling-Charakteren Jen und Kira vorgehalten wurde: Sie sind nicht sehr ausdrucksstark.

Die befremdlichen Gesichter in der Ära des Widerstands, ob nun ausschließlich durch Hände oder mit kleiner Hilfe digitaler Tricks animiert, führen zu demjenigen Gefühl, dessen Entstehung als Höchststrafe bei der Betrachtung künstlicher Wesen gilt: dem in Fotografie und Film geläufigen «Uncanny Valley»-Effekt. Erscheinen menschenähnliche Geschöpfe als zu fotorealistisch oder anthropomorph, empfinden wir Beklommenheit, manchmal auch Ekel. Vielleicht, weil uns Abweichungen der Kunstfiguren von uns selbst besonders dann deutlich auffallen, wenn sie minimal sind. Deshalb lieben wir Zeichentrick- oder Animationsmenschen auch deutlich lieber, wenn sie cartoonisiert, ihre Gesichtszüge also mehr oder weniger absichtlich verzerrt sind.

Die Effekte verunsichern, aber sie sind nicht das einzige Problem. Die Ära des Widerstands bietet genau das, was dem Vorgängerfilm Der dunkle Kristall nach dem Test-Screening, aber eben nur im Test-Screening vorgeworfen wurde: maximale Unübersichtlichkeit. In Hensons Frühfassung herrschte Verwirrung, weil die Gelflinge und Skekse zunächst nur in ihrer eigenen Sprache kommunizieren sollten. Jetzt werden wir bereits in Episode eins der Serie mit einem angestrengten, monologisierten Prolog konfrontiert, der sämtliche Grundlagen für das Verständnis dieses Universums liefern soll, wozu die Handlung der zehn Folgen anscheinend nicht dienlich ist. Immerhin nicht in «Gelflisch», sondern in der Menschensprache Englisch.

Und dennoch: Ära des Widerstands erschien als erster Versuch, ein älteres Fantasy-Erlebnis mit neuen Kniffen so aufzubereiten, dass es dem heutigen Publikum gefällt.

Zum Ende der 2010er-Jahre wurde also eine Schatzkiste geöffnet und Der dunkle Kristall als erste Antiquität aus einer untergegangenen Ära geborgen und blank poliert. Auch von Jim Hensons Reise ins Labyrinth wurde bereits ein Remake angekündigt. Dabei erfuhr Henson, der die Renaissance seiner Filme nicht mehr miterleben kann, 1982 noch eine Enttäuschung im Fantasy-Kino. Sein Kollege David Lynch würde ihm zwei Jahre später mit einer viel größeren folgen.

David Lynch verliert sich in Traumwelten: DER WÜSTENPLANET

«Do you know the water of life? ... Come ... watch ... the mystery of mysteries ... the end and the beginning.» Das «Wasser des Lebens» und «das Ende und der Anfang des Mysteriums der Mysterien» – das hört sich aufregend an. Wie die Antwort auf die Frage, wodurch galaktische Gesetze entstanden. Oder doch eher, wie Gut und Böse in unsere Welt eintraten? Das «Mysterium der Mysterien» klingt auch ein wenig wie die Beschwörung aus einem TWIN PEAKS-Universum.

In den drei Staffeln seiner TV-Serie TWIN PEAKS, entstanden zwischen 1990 und 2017, erzählte David Lynch von einem Dämon, der sich der Menschen bemächtigt. Er versetzt sie in Trance und verwandelt sie in Mörder, ohne dass sie hinterher von ihren Taten wissen.

Dass der B. O. B. genannte Teufel seinen Weg auf die Erde fand, war des Menschen alleinige Schuld. Für B. O. B. hatte sich ein Portal geöffnet. Durch den ersten Atombombentest, 1945 in New Mexico, hieß der Mensch das Böse willkommen. Denn er war B. O. B. nicht unähnlich. Er erwies sich fähig zum Bau einer Waffe, die Zerstörung in einem undenkbaren Ausmaß ermöglicht. Noch im selben Jahr wurden Atombomben auf Hiroshima und Nagasaki abgeworfen.

Es ist einer der morbidesten Sätze Lynchs: «Komm und betrachte das Mysterium aller Mysterien, das Ende und den Anfang.» Wie ein Leitmotiv für jedes seiner Werke. Die Träume innerhalb von Träumen, das Labyrinth aus Phantasmen. Es bedeutet auch, dass wir uns dem, was wir nicht verstehen, höchstens annähern können. Und dass das Mysterium niemals endet. Am Ende des Satzes steht wieder der Anfang des Mysteriums.

Dieses «Mysterium der Mysterien» tauchte aber nicht erst in TWIN PEAKS auf, das als Meilenstein in Lynchs Schaffen gilt. Die Passage stammt aus seinem sechs Jahre zuvor angelaufenen, dritten Kinofilm DER WÜSTENPLANET von 1984. Lynch war also damals schon, weit vor TWIN PEAKS, dort, wo er sich am liebsten aufhält. In den Träumen innerhalb von Träumen.

Das «Mysterium» bezeichnet die Einladung zu einer Zeremonie. Wer auf dem Wüstenplaneten Arrakis das «Wasser des Lebens» trinkt (eine giftige Ausscheidung der Sandwürmer), erhält, sofern dieser Ritus überlebt wird, hellseherische Fähigkeiten. Wer das Mysterium versteht, wird zum Beherrscher von Daseinsformen. Wie in TWIN PEAKS der Mensch durch die Nuklearwaffe.

Lynch mochte, wie sich während der Dreharbeiten zum WÜSTENPLANETEN schnell herausstellen würde, am Sci-Fi-Genre an sich, an den Raumschiffen und Soldatenaufmärschen, verzweifelt haben. Nicht aber am Mysterium. «Das ‹Wasser des Lebens›», sagte Lynch, «war meine persönliche Spielwiese.»[7]

7 *Lynch über Lynch.*

Paul Atreides (Kyle MacLachlan) ist der vor gegnerischen Verbänden geflüchtete und bei den indigenen Fremen untergekommene Sohn eines ermordeten Herzogs (Jürgen Prochnow). Er ist der Kwisatz Haderach, der Auserwählte. Ihm wird das «Wasser des Lebens» verabreicht, das die meisten Menschen umbringen würde. Paul überlebt den qualvollen Test, ruft «der Schläfer ist erwacht!» Er wird zum Gott-ähnlichen Anführer des Naturvolks, das den Planeten gegen die Ausbeutung durch Kolonialisten verteidigt (Abb. 27–30).

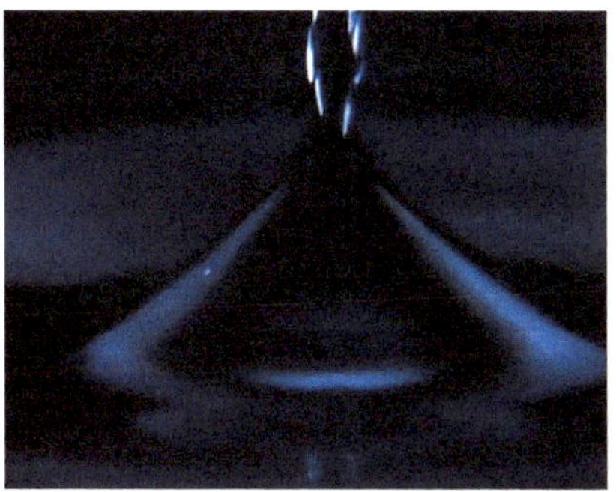

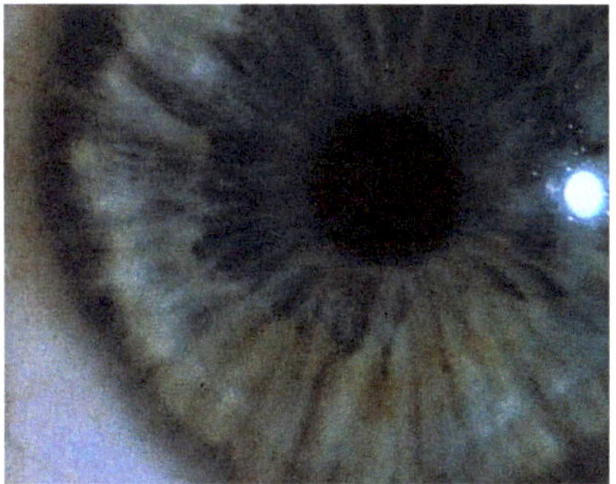

Der schlechteste Film des Jahres?

Das «Mysterium der Mysterien» markiert den Höhepunkt des WÜSTENPLANETEN, des einzigen Lynch-Werks, das als gescheitert galt. Schlimmer noch: bis zum heutigen Tag als gescheitert gilt. Das beständige Urteil verschafft dem Film im Schaffen des Regisseurs eine unvorteilhaft exklusive Stellung. Zwingend zu erwarten gewesen wäre sie nicht. Alle anderen seiner schwer zu deutenden Arbeiten haben irgendwann Anerkennung erfahren, zuletzt der 1992 noch verrissene Kinofilm TWIN PEAKS – FIRE WALK WITH ME.

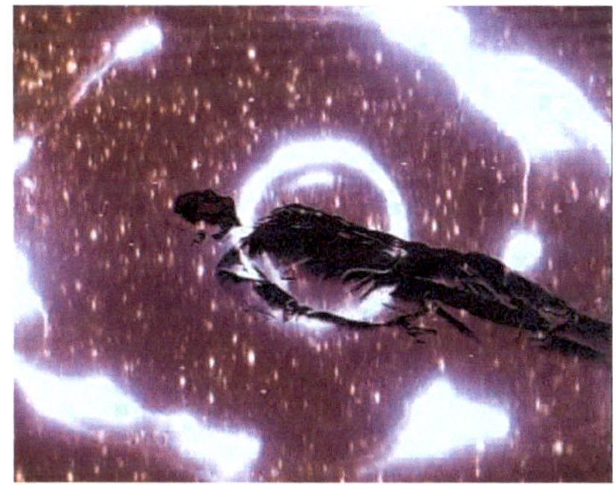

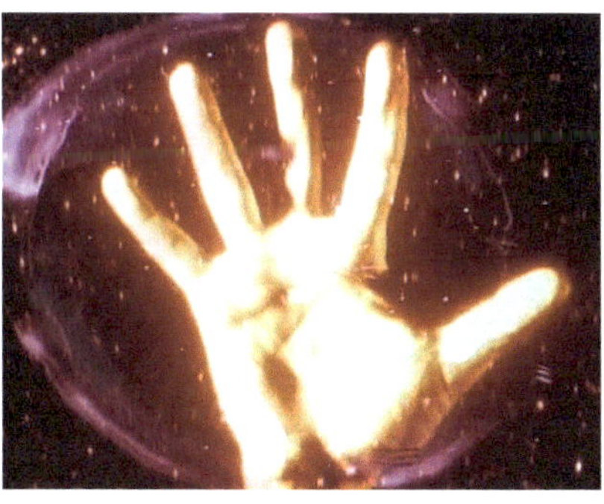

27–30 Paul Atreides stellt sich dem Fremen-Ritual und trinkt das «Wasser des Lebens». Die Verarbeitung der giftigen Flüssigkeit inszeniert David Lynch als drogeninduzierten Rausch, in dem der zukünftige Fremen-Anführer das «Wasser« tatsächlich «sieht» und sich eins mit dem Universum fühlt. (DER WÜSTENPLANET, USA, 1984)

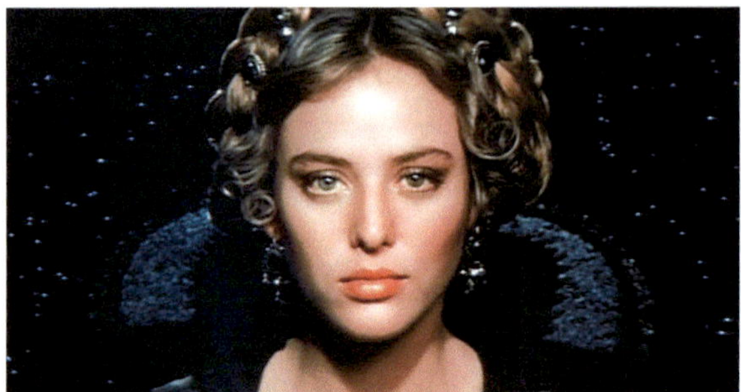

31 Prinzessin Irulan (Virgina Madsen). Das Gesicht der goldblonden Adeligen mit dem Diadem nimmt, ein Sternenbild im Hintergrund, die gesamte Leinwand ein. Irulan erzählt von Dune-Legenden und der politischen Ausgangslage der verfeindeten Häuser. (DER WÜSTENPLANET, USA 1984)

Nicht so DER WÜSTENPLANET. Er sei bis heute unverständlich. Aber nicht, weil er zu herausfordernd sei. Sondern zu wirr. Lynch hat versucht, einen 412 Seiten starken Roman in einen mit 137 Minuten zügig erzählten Film – der schon länger war als die meisten Genrefilme seiner Zeit – umzusetzen.

Roger Ebert von der *Chicago Sun-Times* bezeichnete den WÜSTENPLANETEN als schlechtesten des Jahres. «Dieser Film ist ein echtes Durcheinander, eine unverständliche, hässliche, sinnlose Exkursion in die düsteren Bereiche eines der verwirrendsten Drehbücher aller Zeiten.»[8]

Durch die relativ kurze Spieldauer erhielten zentrale Buch-Charaktere (Duncan Idaho, Liet Kynes) gerade mal bis zu zwei Szenen. Opfer dieser Verknappungen waren auch solche Figuren, die zunächst herausgehoben wurden, deren Schicksal aber ungeklärt bleibt. Zum Beispiel Prinzessin Irulan (Virginia Madsen). Sie ist als Prolog-Erzählerin der Titelsequenz prominent vorangestellt. Der Prolog dient als Mittel, um möglichst viel Information innerhalb kurzer Zeit unterzubringen (Abb. 31).

Die an den Filmanfang positionierte Irulan ist, wenn man die frühen Werke Lynchs in einen Zusammenhang bringen will, die Wiedergeburt der Mutter, die der sterbende John Merrick (John Hurt) am Ende des ELEFANTENMENSCHEN (1980) im Firmament ersehnt. In dem Sinne wäre der Beginn des WÜSTENPLANETEN die traumbildliche Fortsetzung dieses Films.

Im ELEFANTENMENSCHEN spendet die Mutter Trost, hier ist sie als Irulan eine allwissende Erzählerin, die auch Antworten geben könnte. So weit kommt es aber nicht. Irulan ist im WÜSTENPLANETEN nur noch am Ende zu sehen, als Ensemble-Statistin. Was darauf hindeutet, dass einige ihrer Szenen der Schnittschere zum Opfer gefallen sind.

Leichter zu verstehen ist der Film durch solche Kürzungen nicht. Kinogängern wurde sogar die Verantwortung übertragen, sich WÜSTENPLANET-Wissen vorab anzulesen. Ihnen wurden Infoblätter ausgehändigt, strukturiert wie Lexika und mit Erklärungen zu Schauplätzen und Figuren: «Gom Jabbar: eine Giftnadel, gestippt in Meta-Zyanid, benutzt von den Bene Gesserit.» Aber wer sind die Bene Gesserit, und was ist Meta-Zyanid? Jede Erklärung warf neue Fragen auf.

8 *Chicago Sun-Times*, bit.ly/2YpSXWC (30.06.2021).

Vielleicht hat der Verleih wirklich geglaubt, dass diese sogenannten «Cheatsheets» erhellend sind. Dass es jemanden gibt, der Fakten auswendig lernt, bevor das Licht ausgeht im Saal. Dass jemand im Dunkeln nachschlagen würde, was er auf der Leinwand nicht versteht. *Time* schrieb: «Die meisten Sci-Fi-Filme bieten eine Ausflucht, einen Urlaub von der Heimarbeit, aber DUNE ist so schwierig wie eine Abschlussprüfung. Man müsste büffeln dafür.»[9]

Fünf Stunden dauerte der Rohschnitt, das ist keine Länge, die Produzenten Angst macht. Deshalb nennt man ihn auch Rohschnitt. Drei Stunden plante Lynch für die finale Version. Am Ende wurden es jene 137 Minuten. Zur Verteidigung führte der Regisseur an, dass der Film erst durch die Kürzungen abstrus geworden sei. Die Tochter des Produzenten Dino De Laurentiis, Raffaella, widersprach ihm. Sie sagte, dass die Länge einen unwesentlichen Einfluss auf die Kohärenz ausübte: «Hätte David den Endschnitt gemacht, wäre es kein besserer Film gewesen. Ich habe die Fassung gesehen, die er gemacht hat. Entweder ist man dabei eingeschlafen oder hat nichts verstanden.»

Vereinte Kräfte in der Wüste von Mexiko

Der *Time*-Vergleich des Films mit einer anstrengenden Schulprüfung ist hart. DER WÜSTENPLANET hat Schauwerte. Vor allem wegen seiner enthusiastischen Schauspieler. Es ist ihnen nicht anzumerken, ob sie am Script zweifelten oder nicht verstanden, was sie zu artikulieren oder darzustellen hatten. Bis zum Finale nach zwei Stunden werden wir beispielsweise eines herzoglichen – und äußerst tierlieben – Waffenmeisters gewahr, der bei der Verteidigung seiner brennenden Noir-Barock-Festung zu unkonventionellen Mitteln greift. In der einen Hand hält er eine Laserpistole, in der anderen einen hechelnden Mops. Vielleicht Lynchs Karikatur der Adeligen, und welche Prioritäten sie in Lebensgefahr setzen.

Den Waffenmeister verkörpert Patrick Stewart, aber der zukünftige STAR TREK-Held war nicht größter Star des Films. Sondern, wenn auch nur in einer Nebenrolle als sadistischer Berufsneffe Feyd-Rautha Harkonnen, Gordon Sumner alias Sting.

Sumner ist ein guter Schauspieler und ein noch besserer Musiker. Zwei Monate nach Beginn der WÜSTENPLANET-Aufnahmen veröffentlichte er mit seiner Band The Police «Every Breath You Take» – ein Song, der am Ende des Jahres auf Platz eins der weltweit meistverkauften Singles stehen würde. Erstaunlich, dass der Brite mit der cremig tiefen Stimme im ganzen Film nur 90 Worte von sich gibt. Er habe dennoch begeistert zugesagt, für die Dreharbeiten in die Samalayuca-Dünenfelder zu kommen, im nördlichen Teil des mexikanischen Bundesstaats Chihuahua. «Ich war gerade mit den letzten Arbeiten an unserem Album *Synchronicity* beschäftigt, das die erfolgreichste Platte von The Police werden sollte», gab Sting in David Lynchs Memoiren *Traumwelten: Ein Leben* zu Protokoll. «Den Sommer

9 *Time*, bit.ly/2ZQrqOB (30.06.2021).

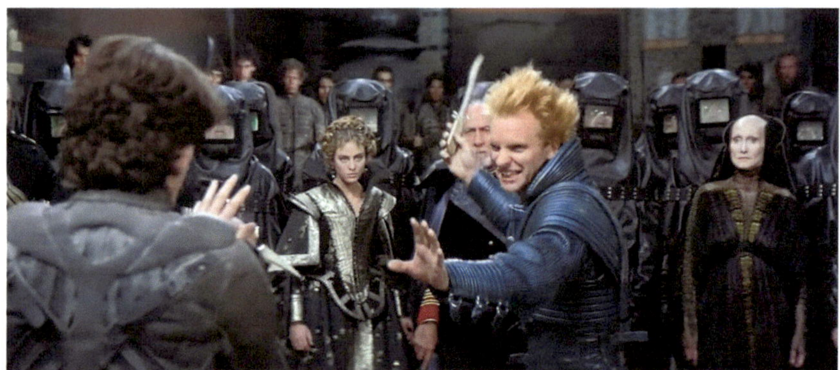

32 Paul Atreides (Kyle MacLachlan, l.) hat die gegnerische Armee besiegt, aber mit Feyd-Rautha (Sting) ist ein Familienmitglied der Harkonnen noch am Leben. Im Messerkampf muss er ihn töten, um Arrakis beherrschen zu können. Im Hintergrund der sie umgebenden Menge: Irulan (Virgina Madsen) und daneben ihr Vater, Imperator Shaddam IV (José Ferrer). (DER WÜSTENPLANET, USA 1984)

über hatte ich jedoch frei und verbrachte ihn dann in einen Gummianzug eingezwängt in Mexiko.»

Direkt nach dem Dreh begann die «Synchronicity»-Konzertreise, bei der Sting, vielleicht inspiriert vom WÜSTENPLANETEN, nicht mehr als Post-Punker auftrat, sondern grellbunte Fantasy-Kostüme präsentierte. Er sah aus wie ein Wanderprediger der Apokalypse. Viele Kritikerlisten jenes Jahres führten The Police als «größte Band der Welt» auf. Sting befand sich auf dem Höhepunkt seines Ruhms. Und dieser Superstar spielte nun in David Lynchs neuem Film mit.

Seinen großen Kino-Auftritt erhält Stings Figur des Feyd-Rautha, als er zum Messerduell gegen Paul Atreides antritt (Abb. 32).

Theaterschauspieler Patrick Stewart, der später in der Rolle des Captain Picard populär werden würde, bekannte 2018 auf einem Podiumsgespräch, von Pop im Allgemeinen und Sting im Besonderen keine Ahnung gehabt zu haben. «Sie machen also Musik?», fragte er ihn. «Was spielen Sie denn so?» – «Bass.» – «Sie tragen dieses riesige, schwere Ding immer mit sich herum?» – «Ich spiele Bass-*Gitarre.*» – «Sind Sie Solokünstler?» – «Ich spiele in einer Band.» – «Wie heißt sie?» – «The Police.» – «Sie spielen in einer Polizei-Band?»[10] Dabei sollte doch Stewart der einzige Schauspieler im WÜSTENPLANETEN sein, der sich der Musik widmet. In der längeren TV-Fassung zupft seine Figur des Offiziers Gurney Halleck auf dem – ausgedachten – Saiteninstrument Baliset erbauliche Folklore-Lieder, zur Freude seines Schülers Paul Atreides.

Die Stimmung unter den Schauspielern war also gut, keiner fremdelte, und die Besetzung war multinational. Neben Newcomern wie Kyle MacLachlan und Jung-Stars wie Sean Young standen die Größen Max von Sydow, José Ferrer und

10 *Omega Ordained*, bit.ly/3aPagW4 (30.06.2021).

Jürgen Prochnow vor der Kamera. Dazu Weggefährten Lynchs oder solche, die es werden würden, Jack Nance, Freddie Jones, Dean Stockwell, Brad Dourif und Everett McGill. Lynch brauchte Nestwärme.

Aber das Leben auf Arrakis scheint, auch in Frank Herberts Romanvorlage, skurrilen Gesetzen zu folgen. Die unter Extrembedingungen in der Wüste lebenden Fremen müssen ihre Exkremente wiederverwerten. Die Kläranlage ist praktischerweise in ihren enganliegenden Lederanzügen eingebaut. Das heißt, die stolzen Kämpfer dürfen sich nicht nur wie Babys in die Hose machen, sie müssen es sogar, da ihre nackte Haut den unmenschlichen Temperaturen nicht preisgegeben werden dürfte. Andererseits, als Windelträger wären die Fremen auch nicht vorstellbar. Hoffentlich ziehen sie die Schutzanzüge nie in geschlossenen Räumen vor anderen aus, sonst …

Genau solche Gedanken dürfen einem nicht kommen. Sie kommen aber, und unfreiwillige Lustigkeit ist der Beweis dafür, dass ein Autor sein Ziel nicht immer erreicht. Daran konnte auch David Lynch, der die Story Frank Herberts umsetzte, nichts ändern.

Aber wie kam es zum Debakel mit dem Wüstenplaneten?

Ein Schuldiger wurde damals schnell gefunden. Am Ende landet alles beim Regisseur. Der Schuldige sollte Lynch sein. Ausgerechnet Lynch. Der gefeierte Visionär. Gleich sein zweiter Spielfilm, Der Elefantenmensch von 1980, war noch mit acht Oscar-Nominierungen gewürdigt worden, darunter eine für den damals 34-Jährigen als «bester Regisseur».

Er war dennoch nicht erste Wahl für das produzierende Studio Universal Pictures. Ridley Scott war einige Jahre zuvor an der *Dune*-Umsetzung interessiert, machte sich dann aber an Blade Runner, der 1982 in die Kinos kam. Alejandro Jodorowsky, ein Surrealist der Filmwelt, biss sich bereits in den 1970er-Jahren am Wüstenplaneten die Zähne aus. Er plante mit Salvador Dalí als Hauptdarsteller und Alien-Zeichner HR Giger als Produktionsdesigner.

Die Regie wurde auch David Lean angeboten, zum Wüstenplanet-Drehstart 1983 bereits 75 Jahre alt und Schöpfer von Panoramen wie Die Brücke am Kwai (1957) und Lawrence von Arabien (1962). Schwärmerisches, aber Anfang der 1980er-Jahre schon statisch wirkendes Old-Hollywood-Kino. Lean lehnte ab. Er konnte Krieg, er konnte Wüste, aber was er nicht wollte, war die Zukunft.

Dass sich David Lynch letzten Endes den Wüstenplaneten vorknüpfen würde, war überraschend. Kurz zuvor hatte er einen anderen Sci-Fi-Film abgesagt, das dritte Krieg der Sterne-Werk, Die Rückkehr der Jedi-Ritter. Die Teil habe an einem sicheren Hit, der ihn reich gemacht hätte. «Ich hatte aber null Interesse», erinnerte sich Lynch 2010 im Gespräch mit der New Yorker Hudson Union Society. Star Wars-Schöpfer George Lucas habe ihn nach Hause eingeladen und Wookie-Puppen vorgeführt. «Und meine bereits leichten Kopfschmerzen wurden nur noch stärker. Er zeigte mir immer mehr dieser … Tiere.»[11]

11 *Hudson Union Society*, bit.ly/3hkm9pn (30.06.2021).

Nun hat David Lynch ein Talent dafür, Phantastisches als gleichermaßen anziehend wie albtraumhaft zu inszenieren. Es sind reizvolle Gedanken: Wie hätte er die Geschöpfe in der RÜCKKEHR DER JEDI-RITTER dargestellt? Wie sähe bei ihm der Wabbelwurm Jabba aus, quasi eine Miniatur der Sandwürmer von Arrakis, und wie die um den Gangsterchef versammelten Kopfgeldjäger? Was hätte Lynch erst mit den Ewok-Teddybären angestellt?

Nicht nur als Filmemacher, auch als Mensch lässt er sich schwer fassen. Freunde und Geschäftspartner verweisen auf seine gewählte Art zu sprechen, gebügelte Jacketts, eine sorgsam geföhnte Tolle und die guten Manieren eines Mannes aus dem Mittleren Westen. Weil er aber auch einen Hang zum Übernatürlichen kultiviert, gilt der höfliche Lynch nicht etwa als neuer «Jimmy Stewart», sondern als «Jimmy Stewart vom Mars».

Seine Arbeit jedoch ist geprägt von drastischen Darstellungen. Er inszeniert Frauen als Sirenen. Er liebt voyeuristische, manchmal pornografische Aufnahmen. Aber er war in seiner Jugend auch Pfadfinderführer und als Erwachsener ein Anhänger des erzkonservativen US-Präsidenten Ronald Reagan, vielleicht, weil er die Zurschaustellung tragisch-romantischer Liebe bewundert, die in Reagans Ära als Leinwandgröße fällt. Er wird es gemocht haben, dass ein ehemaliger Schauspieler nun die mächtigste Nation der Welt regiert. Lynch vergöttert die Werke von Fellini, aber auch die Seifenoper-Serie PEYTON PLACE von 1964, die Vorlage für seinen Film BLUE VELVET wurde und die Risse in der bürgerlichen Fassade zeigt.

Helden, Anti-Helden, Junkies

Für den Produzenten Dino De Laurentiis erschien Lynch am Ende also doch als geeigneter Kandidat für die Verfilmung der Saga Frank Herberts. Die *Dune*-Reihe wird bis heute für ihre Sinnfragen über unsere Existenz verehrt, behandelt grundsätzlich aber eine kriegerische Auseinandersetzung um Drogenanbaugebiete. Sowohl das Haus Atreides, als auch das Haus Harkonnen streiten um das «Spice», bezeichnet auch als «Melange» oder «Gewürz».

Das «Spice» vermittelt die Fähigkeit in die Zukunft zu sehen. Außerdem wird es von den sogenannten Navigatoren konsumiert. Sie bewegen Raumschiffe mittels Raumkrümmung durchs All, und zwar in einem derart gigantischen Maßstab, dass interstellare Reisen möglich sind, ohne sich vom Fleck zu bewegen. Das soll auch Einblicke in das «Warum sind wir eigentlich hier?» liefern.

Überspitzt formuliert erhielt David Lynch den Auftrag, einen Film über Helden und Schurken zu drehen, die scharf darauf waren Junkies zu werden. Lynch unterschrieb für gleich drei Filme. De Laurentiis freute sich darauf, dass sein junger Regisseur prachtvolle Wüsten-Landschaften und mit Giedi Prime einen ganzen Planeten entwerfen würde, der nicht nur wie eine dampfende Fabrik aussieht, sondern mit seinen nach oben offenen, also observierbaren Räumen auch

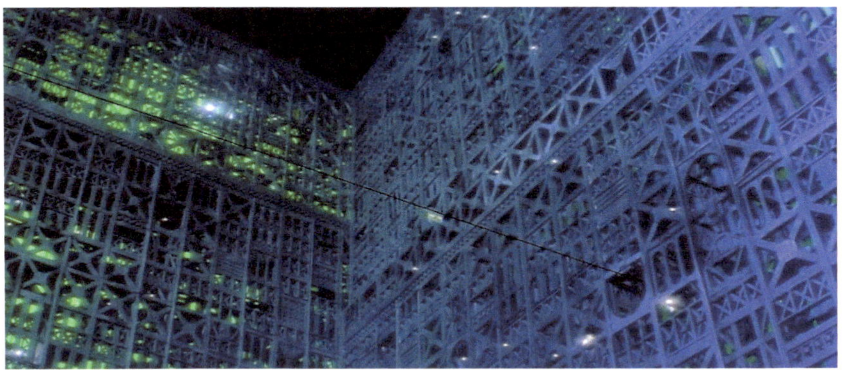

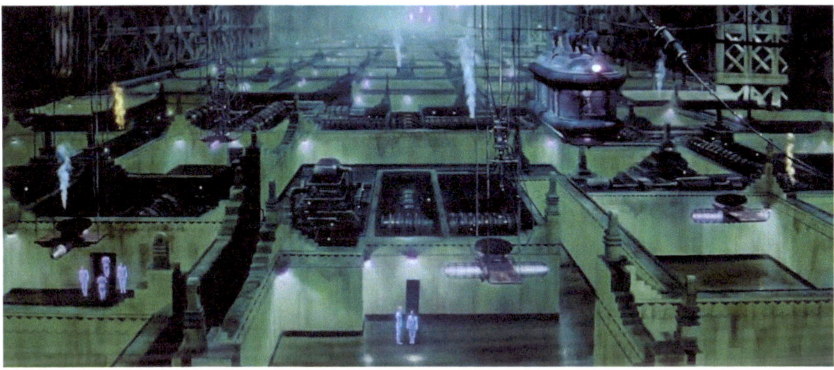

33–34 David Lynchs Faible für Maschinen und Dämpfe floss in seine Darstellung der Heimat Baron Harkonnens ein. Über dem Planeten Giedi Prime ein pechschwarzer Himmel, zerschossen von Hochbahn-Zügen, die über vereinsamte Gleise und Seilbahnen rasen. (Der Wüstenplanet, USA 1984)

an Hochsicherheitsgefängnisse erinnert. Sie berühren unser Unbewusstes aufs Unbehaglichste (Abb. 33–34).

In der Welt des Wüstenplaneten ist Paul Atreides der «Schläfer», der «erwachen» soll. Wie so viele Charaktere aus dem Lynch-Kosmos, die ihre Berufung noch finden, die ein Muster brechen müssen.

Die Figur des Paul findet Niederschlag in Dale Cooper in Twin Peaks, Fred Madison in Lost Highway (1996) oder Nikki Grace in Inland Empire (2006). Zum Bild des Schläfers, der sich seiner – gefährlichen – Umgebung nicht gewahr ist, passt auch die in Frank Herberts Roman bestechend konstruierte Verschwörung innerhalb des Hauses Atreides, der Herzog Leto zum Opfer fällt.

Eine dankbare Aufgabe für Lynch, den «Bilderstürmer», der Wahrheit als subjektive Empfindung auslegt, also die Trennung zwischen Realität und Illusion aufhebt und es ablehnt, eindeutige Antworten auf die Frage zu geben, was wir in seinen Werken sehen sollen. Wer wäre geeigneter solch einen *Mind Trip* zu visualisieren?

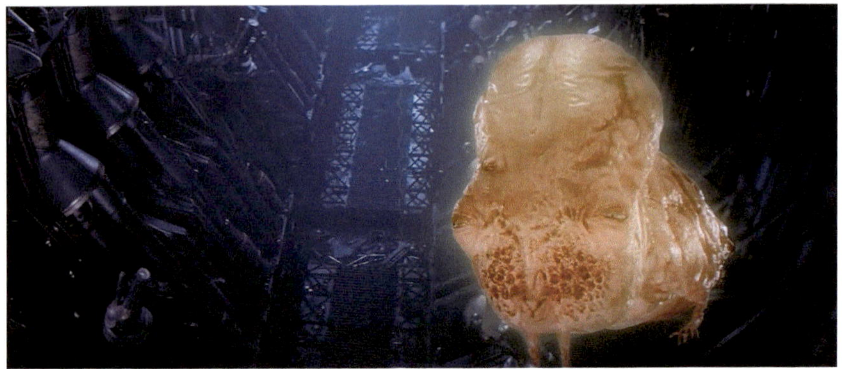

35 Um den Flug von Caladan, der Heimat des Hauses Atreides, zum Wüstenplaneten Arrakis antreten zu können, muss der Weltraum gekrümmt werden. Der Atreides-Clan wird durchs All transportiert, ohne dass sich ihre Raumschiffe bewegen. Der Gilden-Navigator, mutiert durch Spice-Konsum, steuert den Vorgang an einer Schaltstelle. (DER WÜSTENPLANET, USA, 1984)

Mit dieser Großproduktion widmete sich Lynch einem Thema, das schon den ELEFANTENMENSCHEN sowie sein 1975er-Debüt ERASERHEAD prägte: der Kampf anormaler Menschen um Akzeptanz. Wer das «Spice» einnimmt, entwickelt sich zu einem neuen Organismus. Die durch die Droge transformierten Navigatoren sind in Lynchs Interpretation überdimensionierte Raupen, deren rasselnde Münder einer monströsen Vulva nachempfunden zu sein scheinen. Sie haben übersinnliche Fähigkeiten, benötigen die Droge zum Überleben, sehen aber nicht mehr wie wir, sondern wie Untiere aus. Lynch taufte sie «fette Grashüpfer». Als Kapitäne steuern sie Raumschiffe (Abb. 35).

Die verbindenden Motive zwischen Lynchs frühen Werken sind offensichtlich. Träumen und Erwachen, Transformation und Neugeburt. Aber die Umsetzungen unterscheiden sich doch sehr deutlich voneinander. Ohne Frage erschien DER WÜSTENPLANET als Unternehmung, die anders war als jener Schwarzweiß-Film, den er in den Londoner Shepperton Studios drehte, den DUNE-Vorgänger DER ELEFANTENMENSCH mit seinen Nachempfindungen des Viktorianischen Englands. Lynch war im Effekte-Kino Hollywoods angekommen. Und sicher gab es in der Geschichte Hollywoods kein anderes Werk, das für so viel Geld frei erfundene, Halluzinogenen ähnelnde Flüssigkeiten abfeierte, wie hier das «Wasser des Lebens».

Zu Lynchs Ideen, erzählte Brad Dourif, der den Harkonnen-Berater Piter de Vries spielt, gehörte auch die chirurgische Veränderung der Körper seiner Darsteller. Lynch wollte ein Loch in die Wange eines Ensemble-Mitglieds schneiden lassen, ein Rohr hindurchführen und es dann so aussehen lassen, als ströme Gas aus einem Zahn.

Zur Produzentin Raffaella De Laurentiis, die von dieser angekündigten Verstümmelung gut versicherter Mimen alles andere als begeistert war, soll ein verwunderter Lynch gesagt haben: «Aber warum denn nicht?»

Später stellte sich heraus, dass er diese Idee tatsächlich abwog, und sie nicht etwa einem Statisten unterbreitete, sondern mit Leto-Darsteller Jürgen Prochnow einem Star des Films (nicht zu verwechseln mit der Szene, in der Leto tatsächlich auf einen Giftzahn beißt, um mit ausströmendem Gas Baron Harkonnen zu vergiften).

Das Spice fließt – die Dreharbeiten des Wüstenplaneten und die TV-Fassung von Alan Smithee

Als die Dreharbeiten im März 1983 in Mexiko begannen, war David Lynch optimistisch, trotz herausfordernder Bedingungen. In Chihuahua herrschten an manchen Tagen Temperaturen von bis zu 49 Grad Celsius. Es gab 80 Aufbauten und vier parallel arbeitende Aufnahmeteams mit 1 700 Mitarbeitern. Lynch war begeistert, wie er in seinen Memoiren *Traumwelten* mitteilt: «Der Wahnsinn. Die Sets selbst waren echte Kunstwerke. Die mexikanischen Handwerker waren einfach unglaublich. Die Rückseiten der Sets sahen genauso toll aus wie die Vorderseiten.»

Besonders stolz war Lynch auf die Arbeiten seines Produktionsdesigners Tony Masters, der für die Raumschiffe Bronze, Zinn, Silber, Kupfer, Messing und obendrein noch Gold verbaute. Der Regisseur wünschte sich die Verwirklichung von Inspirationen, die ihm während einer Kanalfahrt durch Venedig gekommen sind. Vielleicht sehen die Palast-Szenen in Der Wüstenplanet auch deshalb aus wie ein italienischer Neureichen-Traum.

Sowohl die Sandwürmer als auch die Gilde-Navigatoren kreierte Carlo Rambaldi, der zuvor für Steven Spielberg den legendären E. T. entworfen hatte – paradoxerweise der hässlichste und gleichzeitig niedlichste Außerirdische, der jemals über die Leinwand watschelte. Den Dune-Soundtrack komponierte die Rockband Toto, die sich, so wie Sting, auf dem Gipfel befand. Kurz vor Drehstart erhielten sie für ihre Platte *Toto IV* sechs Grammys, darunter für das «Album des Jahres», und spielten außerdem für Michael Jackson Songs seines *Thriller*-Topsellers ein. Lynch holte also Leute an Bord, die allesamt Meister ihres Fachs waren. Umso verblüffender, dass weder Sting noch Toto für den mit den Wiener Symphonikern aufgenommenen Instrumentalscore Gesangsbeiträge anboten.

Die Kinopremiere fand am 03. Dezember 1984 statt. Der Wüstenplanet kostete die damals märchenhafte Summe von 40 Millionen Dollar, war der teuerste Film, den Universal Pictures in jenem Jahr ins Rennen schickte – und nahm gerade mal 30 Millionen Dollar ein.

Am Anfang konnte Lynch über sein in den Sand gesetztes Abenteuer lachen. Auch über das schwierige Verhältnis zu seinem Produzenten, und wie alles anfing. «Dino De Laurentiis rief mich an und unterbreitete mir das Angebot Regie zu führen», erinnerte er sich ein Jahr nach Kinostart. «Ich kannte das Buch nicht und glaubte gehört zu haben, er wollte, dass ich einen Film namens ‹June› angehe.»[12]

12 *Interview mit David Lynch*, bit.ly/3aLZiQQ (30.06.2021).

Dabei sei De Laurentiis an Lynch mit dem Wunsch herangetreten, er möge keine «High-Tech-Science-Fiction» inszenieren. Sondern einen Film, «bei dem es um Menschen ging und nicht um Laserpistolen und Raumschiffe.»[13] Lynch verstand. Er sah eine Lücke für sich, betonte, er wolle sich mit «Wellen» beschäftigen: «Wasserwellen, Sandwellen, Wellenbewegung, Symbole, Wiederholung von Formen, Verbindungsfäden.» Anordnung und Struktur des Sandes. In der Wüste formt sich der Sand zur Düne, zur *Dune*, und auch Frank Herbert gab seiner Saga bewusst einen unprätentiösen, aber vieldeutigen Titel.

Lynch suchte nach der Poesie im WÜSTENPLANETEN, und er fand sie. In den Elementen der Natur, und wie Menschen sie in Bräuche einbinden. «Sie hatten nur nicht viel mit der Story zu tun und beanspruchten Zeit (...). Die unterirdischen Wassertropfen, die Rituale, was die Leute so taten und wie sie lebten oder wie das Wasser des Lebens aus einem Wurmbaby gewonnen wurde. Das ließ sich ohne Worte erzählen.»

Vielleicht ahnte er, dass die «Worte», also die per Dialog vermittelte Geschichte, zu verschlungen für einen Film sein würden. Weiter entfernt von dem, was einen SF-Blockbuster auszeichnet und er nur am Rande inszenierte – Gefechte zwischen Flugkörpern, Aufmärsche von Infanteristen – könnte sein Ansatz über die vielleicht lehrreiche, aber nicht gerade spannende Abschöpfung eines Elixiers nicht sein.

Ausgerechnet Lynchs einziger bewusster Versuch einer Emanzipation von Frank Herbert scheiterte. Er dachte sich ein Sci-Fi-Schießeisen aus. Vielleicht wollte er ja doch das Kriegsfilm-Genre neu denken. Die «Schallmodule» sind Handfeuerwaffen, die sich allein durch Stimmbefehl steuern lassen. Durch sie gewinnen die Fremen im Konflikt mit den Harkonnen die Oberhand.

Natürlich ist gerade auf Arrakis eine nicht von externen Energiequellen abhängige Pistole vorteilhaft. Wer aber vor jedem Schuss ein «Tcha!» in exakt vorgegebener Tonlage und im Crescendo brüllen muss, benötigt nicht nur längere Ladezeiten als bei einer herkömmlichen Waffe, schießt also langsamer und ist durch sein eigenes Geschrei im Zweikampf abgelenkt. Er fiele auch bei der nur kleinsten Andeutung einer Atemwegserkrankung als Soldat aus, weil das Gerät seine Stimme nicht mehr erkennt.

Lynchs Fantasie, sonst so verführerisch, ist hier fast schon amüsant. Denkbar ist, dass er ein Zeichen gegen die grün-gelb-roten Laser-Spektakel aus STAR WARS setzen wollte: Meine Stimme im Schallmodul ist mächtiger als euer artifizieller Sound. Meine Knarre hat für mich stets ein offenes Ohr. Niemals aber hätten die Fremen mit den Schallmodulen gegen die hochgerüsteten Harkonnen-Krieger gewinnen dürfen.

Mittlerweile lässt Lynch unverhohlen durchblicken, dass er die Mission in der Wüste am liebsten aus seinem Œuvre streichen würde. Davon berichtet er ausführlich in seiner Autobiografie. Er habe damals einen «beschissenen» Vertrag unterschrieben. Zum Glück sei es bei nur einem Film statt drei geblieben. «Hätte

13 Lynch, David: *Lynch über Lynch*.

der Film Erfolg gehabt, wäre ich heute Mr. Dune.» Der Mann für Big-Budget-Kracher also, keiner, der danach noch Blue Velvet oder Lost Highway gedreht hätte. Werke, für die er sich das Recht am Endschnitt sicherte.

Als Regisseur des Wüstenplaneten wird in der später zusammengeschusterten TV-Fassung nicht mehr David Lynch angegeben, sondern «Alan Smithee». Ein Pseudonym, das sich manche Filmemacher zulegen dürfen, die ihren Namen nicht mehr mit dem Endprodukt in Verbindung gebracht haben wollen.

«Alan Smithee» wirkt wie das widersinnige Ergebnis eines Schlichtungsversuchs zwischen Regisseur und Produktionsstudio. Einerseits bietet das Alias dem Spielleiter, der seinen Ruf ihn Gefahr sieht, Schutz. Andererseits stellt «Smithee» das Studio bloß und rückt auch den Regisseur in ein ungünstiges Licht, sobald dessen Identität offenbart wird: Er hat sich und sein Konzept nicht durchsetzen können.

Dabei hätte die «Smithee»-Fernsehversion mit einer um 41 Minuten erweiterten Länge von 178 Minuten eigentlich dazu dienen können, Dune verständlicher zu machen. Aber der ausführliche Fernsehschnitt verwirrt noch mehr. Anstelle des Prologs mit Prinzessin Irulan sehen wir eine gezeichnete Vorerzählung, die von durch Roboter versklavten Menschen berichtet. Obwohl der Kampf zwischen Menschen und Maschinen im Laufe des Films nicht wieder aufgegriffen wird, hat es der dazugehörige Romanbegriff «Djihad», der als «Heiliger Krieg» der Muslime bekannt ist, hier aber den allgemeinen Aufstand des Homo Sapiens gegen die Roboter bezeichnet, dann doch in die Leinwandadaption geschafft.

Eröffnet wird die Bilderbuch-Darstellung durch die Einblendung des *Dune*-Romandeckels Frank Herberts, also einem Moment des aus-dem-Film-Tretens. Eine Stimme aus dem Off erklärt: «Vier Planeten verdienen unsere Beachtung beim Plot.» Das hört sich nicht nach einer Erzählung für die Zuschauer an, sondern nach gedrechselten, durchgesickerten Notizen der Filmemacher. «Plot» gehört nicht zum Vokabular von Fantasy-Figuren.

Dabei wurde gleich nach Drehstart deutlich, dass Lynch und sein Produzent De Laurentiis, der noch zu Beginn keine «High-Tech-Science-Fiction» einforderte, verschiedene Vorstellungen hatten: «Dinge wie Abstraktion oder Poesie waren nichts für Dino. Das verstand er einfach nicht. Er wollte Action.» Im Schneideraum wurde offensichtlich, dass die Arbeit in einem «Desaster» enden würde. «Es war grauenhaft, ganz und gar schrecklich. An allen Ecken und Enden wurden Sachen herausgeschnitten und flüsternde Voiceovers hinzugefügt, weil man glaubte, das Publikum würde sonst nicht verstehen, was überhaupt vor sich ging.»

In der TV-Edition gibt es noch mehr Voiceover als in der Kinoversion, also erklärende, über die Tonspur gelegte Kommentare. Aber nicht nur durch einen übergeordneten Erzähler, sondern auch in Form verlautbarter Gedanken der Charaktere. Auch Voiceover wirken wie das Ergebnis einer Intervention in der Post-Produktion.

140 Minuten wäre die Maximalgrenze für den Wüstenplaneten gewesen. Bei einer Laufzeit darüber hätten die Kinos eine Abendvorführung streichen müs-

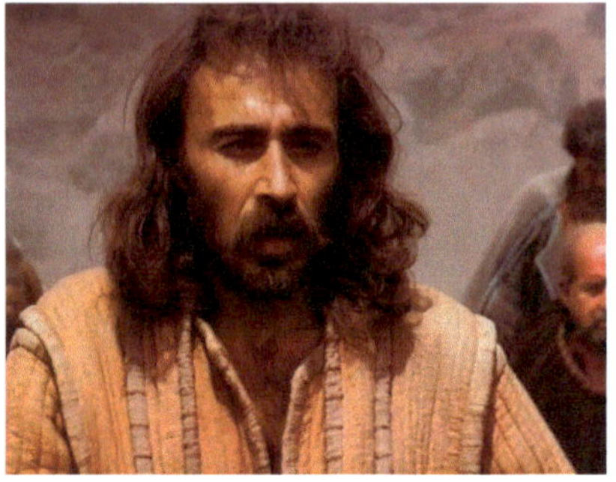

36 Ein vor Ehrfurcht erstarrender Fremen-Häuptling beobachtet aus sicherer Distanz die Landung der Atreides' und ihrer Truppen. Keiner der in dieser Szene der TV-Fassung vorgestellten Fremen taucht später wieder auf, und ihre atypische Kleidung lässt darauf schließen, dass sie gar nicht während der Wüstenplanet-Dreharbeiten aufgenommen wurde. (Der Wüstenplanet, USA, 1984)

sen, was zu geringeren Einspielergebnissen geführt hätte. «Der Rest *(des Films)* wurde in der Müllpresse auf ein Minimum reduziert», sagte Lynch.

Dafür gibt es in der Fernsehversion eine neue, anscheinend nicht von David Lynch inszenierte Sequenz, für die auch nicht auf Originaldarsteller und -Kostüme zurückgegriffen wurde. Schlimmer noch, sie wirkt, als sei sie einem Film aus einer anderen Epoche entnommen. Die Landung des Atreides-Clans auf Arrakis wird von den Fremen auf einem Hügel beobachtet, und die Stammesmitglieder, von denen keines später mehr auftaucht, tragen nicht ihre schwarzen, gepolsterten, lebensnotwendigen Lederanzüge, sondern lumpige Kaufmannskleidung wie aus einem 1950er-Jahre-Streifen über Gauklerfeste aus dem Mittelalter. Die Fremen erstarren vor Ehrfurcht, obwohl es nicht ihrem Wesen entspricht (Abb. 36).

In der erweiterten Fassung rückt ein wesentlicher, in der Kinoversion schon wenig beachteter Gedanke weiter in den Hintergrund: das an Shakespeares *Hamlet* angelehnte Motiv des entmachteten Sohns als Rächer des ermordeten Vaters. Der Wüstenplanet enthält keine einzige Szene, in der sich die Widersacher Paul Atreides und Wladimir Harkonnen (Kenneth McMillan) für einen Dialog gegenüberstehen. Dabei gehört es zu den elementaren Regeln einer Geschichte, dass Protagonist und Antagonist bei ihrem Aufeinandertreffen wenigstens ein paar Worte wechseln, der Konflikt also verbalisiert wird (oder sie sich zumindest einiger vielsagender Blicke würdigen). Es scheint eher so, als stünde der Vatermörder Harkonnen den eigentlichen Ambitionen des neuen Jung-Gottes, der durch die Beherrschung des «Spice» zum Orakel werden möchte, nur im Weg.

«Alan Smithee» allein reichte also nicht mehr aus, um den eigenen Namen als Regisseur zu schützen. David Lynch schrieb auch die Story. Als Drehbuchautor für die TV-Version ließ er deshalb den Namen «Judas Booth» eintragen.

Judas Iskariot war der Jünger, der Jesus betrog. John Wilkes Booth war der Mörder Abraham Lincolns.

Lynch wollte zum Ausdruck bringen, dass das Studio ihn hintergangen und den Film «ermordet» hat.

Am Schnitt der Fernseh-Fassung war er nicht beteiligt. Er sagt, er wollte sie unter keinen Umständen begutachten. «Ich sehe nur noch Angst und Schrecken.»

Die Imperialisten des Wüstenplaneten

Der Film wurde im Laufe der Jahre keiner Neubewertung unterzogen. Zumindest keiner, die ihn freispricht, auch nicht unter Berücksichtigung der erst später ans Licht gekommenen Entstehungsbedingungen. Aber häufiger als früher wird DER WÜSTENPLANET hinsichtlich seiner politischen Bedeutung untersucht.

Auf Arrakis ist das Trinkwasser knapp. Im Machtspiel der Häuser mag das «Spice» die wertvollere Ressource sein, fürs Überleben ist jedoch nur das Wasser fundamental. Als Frank Herbert 1965 seinen *Wüstenplaneten* veröffentlichte, konnte er nicht ahnen, dass die «Desertifikation» genannte Ausbreitung der Wüste im kommenden Jahrhundert weit stärker voranschreiten würde als noch zu Drehbeginn von Lynchs Film 1983. Schon in einem Interview von 1977 sprach Herbert sich für eine Methode der Energiegewinnung aus, die heute eine allgegenwärtige Forderung von Umweltaktivisten und immer mehr Politikern ist, vor mehr als 40 Jahren jedoch schwarzmalerisch geklungen haben dürfte: «Uns muss der Wandel gelingen von nicht-erneuerbaren Energien hin zu erneuerbaren Energien. Und diese Schritte müssen wir jetzt erledigen. (...) Wir müssen in den sauren Apfel beißen und sagen: ‹Das wird uns etwas kosten›. Ich weigere mich meinen Enkeln sagen zu müssen: ‹Es tut mir leid, aber für euch gibt es keine Welt mehr. Wir haben sie aufgebraucht›.»[14]

Die meisten Kritiker klopfen den WÜSTENPLANETEN jedoch nicht nur auf seine ökologischen Metaphern ab, sondern finden darin Sinnbilder für den Imperialismus. Die direkten Ernte-Zugang zum «Spice» anstrebenden Atreides' ließen sich demnach als Stellvertreter der Regierungen des Mittleren und Nahen Ostens deuten. So, wie sie die «Spice»-Produktion kontrollieren können, würden das auf dem Planeten Erde die Saudis mit dem Öl tun.

Die neu ins Spiel kommenden Imperialisten um Shaddam IV (José Ferrer) seien in dieser ausgedehnten Übertragung die USA, die aggressiv Zugang zu den Quellen vorantreiben. Dieser Sicht wird jedoch durch eine suggestive Detaileinblendung bei der Vorstellung der unterschiedlichen Planeten widersprochen. Als der Sprecher gemahnt «das Spice muss fließen», wird eine Landschaft auf Kaitan eingeblendet, der Heimat des Imperators. Und die erinnert an den Persischen Golf und die Straße von Hormus, die jede Supermacht gern für sich beanspruchen würde. Das Haus Corrino von Shaddam IV wäre dementsprechend bereits eine über Ölvorkommen herrschende Supermacht.

Häufiger noch finden sich Vergleiche mit der europäischen Kolonialisierung Amerikas. Darin sind die Fremen ein Naturvolk, das Bodenschätze bewahren, nicht veräußern will. «Arrakis», schreibt Georg Seeßlen in *David Lynch und seine Filme*, «ist zunächst nichts anderes als ein Symbol der von imperialistischen Raubzügen ausgebeuteten ‹Dritten Welt›, deren Rohstoffe man bedingungslos auszu-

14 *WWTW*, bezogen über bit.ly/342IwLK (30.06.2021).

beuten bereit ist.» Ihn erinnert gerade das Haus Atreides an neu-amerikanische Herrscher: «Eine Macht, die sich aus einem europäischen Kontext gelöst hat und die den ewigen Indianern, den Fremen begegnet.»

Zudem bedient Fremen-Gebieter Paul Atreides das in Filmen wie AVATAR oder DER MIT DEM WOLF TANZT (1990) vorgeführte Stereotyp des «White Savior». Ein vorgeblich klügerer und strategisch besser ausgebildeter Neuankömmling aus einer fremden Kultur rettet Eingeborene aus einer existenziellen Notlage, aus der sie sich nicht selbst befreien könnten. Der Messias wird dabei nicht nur zu einem der ihren, sondern zu einem, der sie übertrumpft. Er wird zu ihrem Oberhaupt.

Buchautor Herbert brach in einem Gespräch mit NBC die Botschaft des *Wüstenplaneten* auf eine eher simple Aussage herunter: «Glaubt nicht, dass Anführer stets richtig liegen.»[15] Mit der filmischen Darstellung des gefallenen Herzogssohns war er nicht im Reinen. Bei Lynch wird Paul Atreides zu einem Mann, der die Elemente beherrschen kann. Er schenkt dem Wüstenplaneten Wasser. Herbert hielt dagegen: «Paul war ein Mann, der Gott spielte, kein Gott, der Regen machen konnte.»[16] Paul, der Mann, der Gott spielte, würde sich im Laufe der Romanreihe als Opportunist herausstellen. Tatsächlich bleibt bei Lynch ein zentraler Aspekt Herberts außen vor. Paul verkauft seinen Kultismus als Religion, und er manipuliert seine Anhänger. Lynch hingegen konzipierte für den neuen Anführer des Naturvolks eine lupenreine Hagiografie.

Der Schriftsteller wollte dennoch nicht in den Chor der Rezensenten einstimmen, die Lynch ein Versagen attestieren. Er lobte vielmehr den WÜSTENPLANETEN als «visuelles Fest» und freute sich, dass viele seiner Textpassagen in den Film gelangten. So oder so ist es nicht das Schlechteste für ein als Misserfolg geltendes Werk, wenn zumindest politische Deutungen es als relevant erscheinen lassen. Das sichert ihm eine Bedeutung über inszenatorische Schwächen hinweg.

Frank Herbert verstarb zwei Jahre nach dem Film, 1986, im Alter von 66 Jahren.

Das Leben nach Arrakis

Bei Kinostart konnte David Lynch noch lachen. Dann kam die Verbitterung. Aber was sagt er heute über sein Werk?

«DER WÜSTENPLANET erzählt die Geschichte einer Erleuchtung, und zum Teil habe ich mich deshalb für dieses Projekt entschieden.» Früh habe er erkannt, dass ihn die Verflochtenheit von Herberts Welt vor Probleme stellen würde. «Ich meine, da gibt es den Schildwall und die Schilder, dann Details aus dieser Kultur und Aspekte jener Kultur, und alles dreht sich irgendwie um diesen Dschihad,

15 *NBC*, 1982, bezogen über imdb.to/32kzjw2 (30.06.2021).

16 Herbert, Frank: »Introduction«, *Eye*.

diesen Heiligen Krieg, und um eine ganze Menge anderer Sachen.» In diesem Urteil sind einige Gedankensprünge enthalten. Es ist Lynch anzumerken, dass er heute nur äußerst abstrakt über das Material zu sprechen vermag oder dazu bereit ist.

David Lynch ging aus dem Dune-Desaster dennoch unbeschadet hervor. Auch mit seinem Chef raufte er sich zusammen. Für die De Laurentiis Entertainment Group machte er sich an die Dreharbeiten des von ihm geschriebenen Blue Velvet, ein Neo-Noir-Thriller, der heute als einer der besten Filme der 1980er-Jahre gilt. Paul-Atreides-Darsteller Kyle MacLachlan vertraute seinem Entdecker ein zweites Mal und schlüpfte nun in die Rolle des Jeffrey Beaumont.

Zwischen dem Collegestudenten Beaumont und dem Herzogssohn Atreides gibt es einige Gemeinsamkeiten. Beide geraten in eine lebensgefährliche Situation und müssen vor ihrer Zeit erwachsen werden. Atreides wird von Attentätern gefangen genommen und zum Sterben in die Wüste geflogen, der von Gangstern entführte Beaumont zu einem verlassenen Industriegelände gefahren und dort gefoltert. Was sie unterscheidet, ist die Verarbeitung der unvorhergesehenen Situation.

Paul, jener «Schläfer», der «erwachen» musste, lässt mit dem Aufwachen eine Welt, die real existierte, hinter sich. Jeffrey aber wünscht sich nach seinem unfreiwilligen nächtlichen Road-Trip mit den Schwerverbrechern, dass der Ausflug tatsächlich nur ein übler Traum gewesen ist. Im Wüstenplaneten zeigt Lynch den Jubel eines tatkräftigen jungen Mannes, der erwacht und fortan die Welt beherrschen will. In Blue Velvet den Nervenzusammenbruch eines anderen jungen Mannes, der sich am nächsten Morgen in seinen Bettlaken verkriecht. Die alte Welt, das schreckliche Gestern wird ihn sein Leben lang begleiten.

Von Dino De Laurentiis wollte Lynch für Blue Velvet das Recht auf den Endschnitt haben, die schwer zu ergatternde Trophäe eines Regisseurs. Er bekam es und nahm dafür in Kauf, für weniger Gage zu arbeiten und die Produktionskosten halbieren zu müssen. De Laurentiis wollte also, wenn er schon nicht mehr das letzte Wort haben durfte, zumindest kein Risiko eingehen.

Letztlich erhielt David Lynch für Blue Velvet seine zweite Oscar-Nominierung als «bester Regisseur». Sein Ruf war wiederhergestellt. Und er wusste nun auch, welche Filme er, um diesen Ruf nicht zu gefährden, nicht mehr angehen dürfte.

Einer, der den Misserfolg des Wüstenplaneten im Blick hatte, war Lynchs Kollege Ridley Scott. Auch der hatte sich, Anfang der 1980er, für die Welt von Arrakis interessiert. Aber Scott drehte dann Blade Runner. Als Der Wüstenplanet ins Kino kam, steckte er inmitten seines nächsten Projekts.

Eines, das entscheidend sein sollte für das Fantasy-Genre. Weil es das vorläufige Ende von «Sword and Sorcery» mitbesiegelte.

Ridley Scotts LEGENDE: Das Scheitern des «Sword and Sorcery»

Als Ridley Scott nach ALIEN – DAS UNHEIMLICHE WESEN AUS EINER FREMDEN WELT (1979) und BLADE RUNNER (1982) sein drittes Projekt des Phantastischen Kinos anging, konnte er nicht wissen, dass dies ein Werk der Superlative werden würde. Eines der traurigen Superlative. Vierzehnmal wurde das Drehbuch von LEGENDE umgeschrieben, bevor die erste Klappe fiel. Und dann stand, nachdem die Dreharbeiten endlich begannen, auf einmal alles in Flammen. Der künstliche Märchenwald auf der «007 Stage» in den Londoner Pinewood Studios, also dort, wo sonst Missionen des Geheimagenten James Bond inszeniert wurden, fing Feuer. Flammen aus Gasflaschen, wie Scott rekapitulierte, müssen die Stromversorgung unter dem Dach erreicht haben, was in Verbindung mit den zum Teil aus Styropor bestehenden Natur-Nachbauten zu einer Kettenreaktion führte.

Zehn Millionen Dollar hatten die Kulissen gekostet, fast die Hälfte des Budgets verschlungen. Eine Pracht ging verloren. Künstliche Mammutbäume, ein Fluss, Hütten und Höhlen füllten dieses Industriegebäude, das 20 Meter hoch war und 100 Meter lang. Das Set sah aus wie ein Miniatur-Tal. Es entwickelte einen eigenen Charakter. Weil es einer Außenwelt nachempfunden, aber in dieser Innenbühne aufgebaut wurde, sahen die Filmszenen nie ganz real, sondern wie eine Theater-Fantasie aus. Bald nisteten 400 Tauben in der Halle.

Viele der Vögel entflohen aus dem eingestürzten Dach der «007 Stage», aber das Feuer ließ sich nicht rechtzeitig löschen. Von draußen stieg eine Rauchwolke in den Himmel, so hoch wie bei einem brennenden Ölfeld. Bei jeder weiteren in die Luft gehenden Gasflasche blähten sich die Hallenwände auf wie ein Ballon. Das komplette Set brannte ab. «Irgendwie sah es schön aus», kommentierte Scott in einer DVD-Doku auf überkandidelte Art das Geschehen. Die in Flammen stehende Halle habe ihn an einen attackierten, untergehenden Flugzeugträger erinnert. Verletzt wurde niemand. Die gesamte Filmcrew befand sich, als das Inferno losbrach, beim Lunch.

Als Ridley Scott die Nachricht vom Brand überbracht wurde, brannten ihm die Nerven nicht durch. «The Bond stage is on fire!», rief einer, der in die Büros geeilt kam. Scott verstand zunächst nicht, was vor sich ging, dachte vielleicht, da sei halt einer heiß auf den kommenden Drehtag. Er beugte sich wieder über den Schneidetisch: «Schon klar.» Dann dämmerte ihm, was passiert war, und er eilte nach draußen.

Ein Feuerwehrmann deutete auf die Halle: «Ist das Ihre? Die ist wohl dahin.» Scott entgegnete ruhig: «So sieht's aus, Kumpel.» Die ersten Hubschrauber waren auch schon da, mit Reportern, die die Feuerhölle fotografierten.

Scott musste etwas tun. Und verließ das Set. Er ging, wie geplant, Tennis spielen – «das ist für mich wie eine Zen-Übung.» Produzent Arnon Milchan wunderte das nicht: «Er sieht das ganz praktisch. Wer einen derart großen Film leitet, der darf sich nicht erschüttern lassen. Ridley ist eine harte Nuss.»

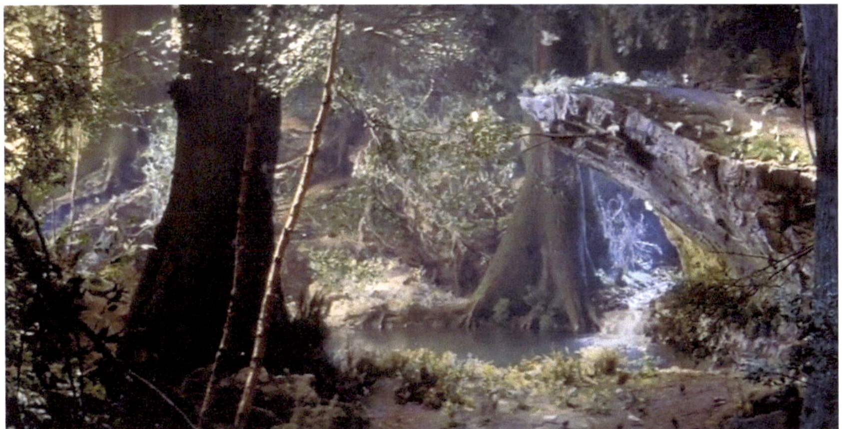

37 Szenenbild des frühlingshaften Märchenwaldes, der auf der «007 Stage» in den Londoner Pinewood Studios errichtet wurde. Die Halle brannte ab, und damit wurde auch das Set vernichtet. (LEGENDE, USA/GB 1985)

Eine harte Nuss. Wer Scott sieht, kann das bestätigen. Heute wie damals. Er sieht nämlich seit Jahren gleich aus. Immer tough. 2021 noch genauso wie 1984 am Set von LEGENDE. Als könnte er durch die Dekaden reisen. Fit, vollbärtig, die Augen fokussiert zu Schlitzen. Selten hat er Lust zu lachen.

Mit THE LAST DUEL soll im Oktober 2021 sein jüngstes Werk anlaufen, ein Historiendrama über Duellanten aus dem 14. Jahrhundert, mit Matt Damon und Ben Affleck. Im November desselben Jahres der Thriller HOUSE OF GUCCI mit Lady Gaga und Adam Driver. Danach steigt Joaquin Phoenix für ihn in den Sattel und spielt in KITBAG Napoleon Bonaparte.

Scott ist 84 Jahre alt und bringt fast jedes Jahr Epen ins Kino. Der ältere Herr dirigiert weiterhin Drehorte mit enormen Ausmaßen. Diese Abgeklärtheit zeichnete damals schon den Hobby-Tennisspieler Scott aus, der erstmal zum Match aufschlug, als die James-Bond-Bühne dem Erdboden gleichgemacht wurde. Das Set brannte ausgerechnet an dem Morgen ab, als er den ersten *tracking shot* plante, wie sein Produktionsdesigner Assheton Gorton erzählte. Der *tracking shot* ist eine Kamerafahrt, die Darsteller konstant bei ihrer Bewegung begleitet, damit sie im Bild bleiben. Die ausführliche Kamerafahrt hätte den Umfang dieser wohl in ihrer Größe und Finesse einzigartigen Aufbauten erstmals offenbart. Nun blieben nur noch verkohlte Reste übrig. Immerhin waren einige Szenen auf der 007 Stage bereits abgedreht. Darunter Totalaufnahmen des Walds sowie jene Einstellungen, in denen sich Prinzessin Lily (Mia Sara) im Flussbett den Einhörnern nähert (Abb. 37–38).

Scott beschloss, die Dreharbeiten in einem Waldstück fortzusetzen, in einem Park neben den Pinewood Studios. Da ein überwiegender Teil des Films im Schnee spielen sollte, kündigten sich bei den Aufnahmen in der Natur Schwierigkeiten an. Es war Frühling in London.

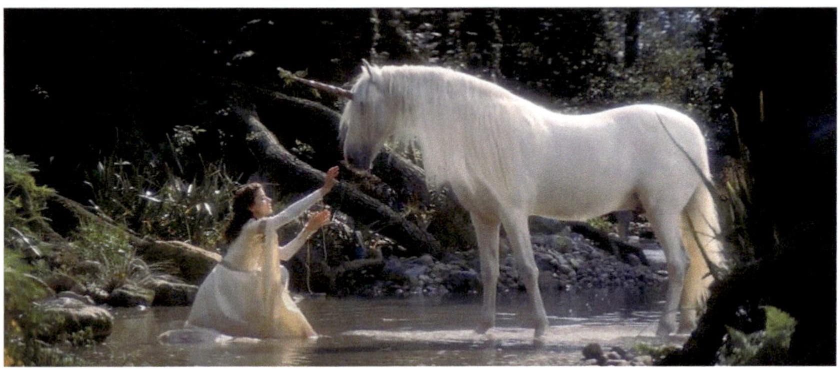

38 Der Waldläufer Jack hat Lily (Mia Sara) an eine geheime Stelle am Bach geführt, wo sie das Verbotene tut: Sie berührt eines der Einhörner. Ein Goblin wird die Ablenkung nutzen, um auf den Hengst mit einem Giftpfeil zu schießen. (LEGENDE, USA/GB 1985)

Das zerstörte Set war symbolisch für die Probleme, die von Anfang an das Werk begleiteten. Aber es war das kleinere Problem Ridley Scotts.

Das eigentliche Problem wurde LEGENDE selbst, der fertige Film.

Tom Cruise, Einhörner und Elfen – was konnte schiefgehen?

In der Post-Produktion musste das Werk drei Testvorführungen bestehen. Keine verlief gut. Die Spieldauer wurde nach jedem Screening gekürzt, von 150 Minuten auf schlussendlich 98. Als Tippgeber für den letzten Schnitt dienten, wie Scott erzählte, mehrere bekiffte Zuschauer, die den Filmemacher, anscheinend ihrer speziellen Erleuchtung folgend, ins Gebet nahmen.

Dann endlich wurde der Termin für die Europa-Premiere festgelegt: 28. August 1985. Die Produktion verlief chaotisch, aber LEGENDE war soweit. Was konnte schiefgehen? Die Namen der Beteiligten versprachen Großes. Tom Cruise war in der Rolle des Helden verpflichtet worden, damals 22 und ein gedeihender Star. Er spielt einen langhaarigen Waldläufer namens Jack, der sich, Mowgli als Vorbild, am liebsten in der Hocke fortzubewegen scheint. Dazu Tim Curry als sein Gegner. Der Brite mit der Bariton-Stimme verkörpert den Teufel, einen rothäutigen Riesen mit Hörnern, Hufen und Vampirgebiss, der sich «Herr der Finsternis» (Original: «Darkness») nennen lässt. In entscheidenden Momenten kann er jedoch ein Charmebolzen sein, denn er will die von ihm entführte Lily als Gemahlin (Abb. 39). Currys Darstellung knüpft in ihrer überspannten Diabolik an jene des Transvestiten Dr. Frank N. Furter aus der ROCKY HORROR PICTURE SHOW an, die den Bühnenschauspieler 1975 auch im Kino berühmt machte.

«Wir sehen besser zu, dass er sexy aussieht», wies Ridley Scott seinen Monster-Designer Rob Bottin an, der nach furchteinflößenden Arbeiten in DAS TIER (1981) und DAS DING AUS EINER ANDEREN WELT (1982) schon mit Anfang 20 zu einer Berühmt-

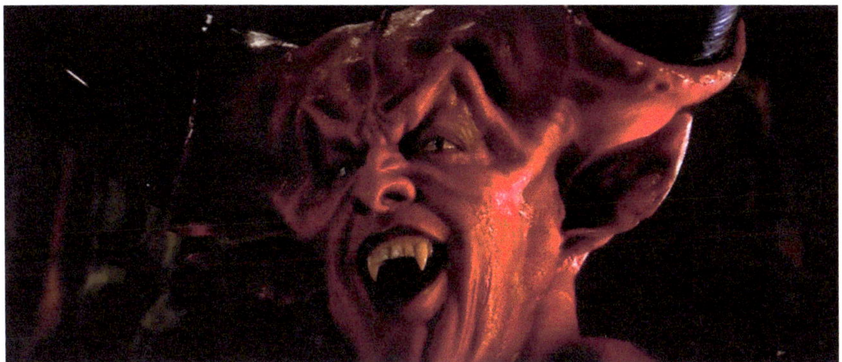

39 Der Herr der Finsternis (Tim Curry) versucht seine Gefangene Lily zu bezirzen. Er schenkt ihr Juwelen, ein Kleid und verspricht ihr Macht. Sie geht scheinbar auf das Angebot ein, unter der Bedingung, dass sie das letzte Einhorn töten darf. Er freut sich und glaubt, eine Seelenverwandte gefunden zu haben. (Legende, USA/GB 1985)

heit innerhalb seines Fachs wurde. «Wie ein Satyr. Halb Ziege, und mit den Hörnern eines Wasserbüffels.»[17] Als Vorbild diente auch Chernabog, der schwülstige Dämon aus Disneys Fantasia von 1940. Nur, dass dessen Haut blau statt blutrot war.

Der Herr der Finsternis sah aus wie ein Opernstar der Hölle. Tim Curry präsentierte den glanzvollsten Luzifer, der je über die Leinwand stolzierte. Dessen Auftritte wurden weise, also sparsam inszeniert. Seine Nettozeit im Film beträgt keine zehn Minuten, und in voller Herrlichkeit ist er erst nach mehr als einer Stunde des knapp 100-minütigen Werks zu sehen. Gemessen an seinem außergewöhnlichen Erscheinungsbild war es eine entweder sehr kluge oder sehr fahrlässige Entscheidung, den Herrn der Finsternis bereits auf Kinoplakaten sowie dem Soundtrack-Cover zu offenbaren. Wer nicht ahnt, wie er aussieht, könnte sich beim ersten Anblick der Gestalt im Film wirklich erschrecken. Andererseits: Seine Optik allein macht schon neugierig auf das Werk, und der Zweck von Kinoplakaten besteht in möglichst effizienter Werbung.

Der Herr der Finsternis erscheint als dunkle Gottheit, aber zu Filmbeginn sind Aussehen und Ausstrahlung lediglich zu erahnen. Wir sehen nur eine Hufe und seine Hand. Er senkt seinen mit einem langen Fingernagel geschmückten Zeigefinger auf die Nase des Untertanen Blix (Alice Playten) ab, berührt aber die Nasenspitze nur fast. Ein Bild wie aus Michelangelos *Erschaffung Adams*, in satanischer Neudeutung.

Entscheidend war natürlich der Mann hinter der Kamera, Ridley «Zen» Scott. Als die Legende-Dreharbeiten im März 1984 begannen, galt er als gute Partie. Mit Alien und Blade Runner hatte er sich den Ruf eines retrofuturistischen Ästheten erarbeitet. Zwei Filme, in denen Science-Fiction greifbar erschien und die Welten grobkörnig, schattig, vernebelt und verlebt aussahen, geradezu vorzeitig gealtert.

17 «Shadows of the Darkness» und «A Dark Day», Legende-Doku, bit.ly/3iYu1Nw (30.06.2021).

Für ALIEN, in dem ein Außerirdischer als blinder Passagier die Crew eines Allfrachters attackiert, verwandelte Scott erstmals ein Raumschiff in das labyrinthische Szenarium eines Horrorfilms. In BLADE RUNNER, der freiheitlichen Umsetzung von Philip K. Dicks Roman *Träumen Androiden von elektrischen Schafen?*, machte er 1982 aus seiner Idee vom Los Angeles des Jahres 2019 den Schauplatz eines Thrillers in einem regendurchtränkten Moloch, in dem ein Detektiv Replikanten genannte Cyborgs aufspürt.

Jetzt also LEGENDE. Die Geschichte von Einhörnern, die die Welt bewachen und deshalb vom Herrn der Finsternis gejagt werden, damit er nach dem Tod der magischen Pferde in ewiger Düsternis regieren kann. Verhindern wollen den Triumph des Bösen die Prinzessin Lily, Fantasy-Park-Ranger Tom Cruise und eine Schar Zwerge und Elfen um David Bennent, den Star aus DIE BLECHTROMMEL (1979).

Die Wichtelbande sollte einige Lacher garantieren, genau wie die linkischen Goblin-Soldaten des Teufels. Der hält selbstherrliche Reden über seine bevorstehende Weltherrschaft und putzt seine Leute herunter, hat es aber anscheinend versäumt, aus ihnen eine schlagkräftige Armee aufzubauen.

Es gibt einen berechtigten Vorwurf. LEGENDE wäre wohl um einiges erfolgreicher gewesen, hätte er weniger fidele Schlagabtäusche und Techtelmechtel, dafür mehr Gefechte gezeigt. Prunkvolle Bauten, ein Kostümbild wie aus royalen Nähstuben sowie State-of-the-Art-Spezialeffekte waren vorhanden, nur hätten sie wohl besser den Hintergrund für Action-Szenen, sogenannte «Set Pieces», geboten. Nun ist es ein sehr dünn besiedeltes Reich, dass dieser Dämon namens Darkness beherrscht. Das bot nicht viele Möglichkeiten für Paraden infernalischer Kompanien. Und die wenigen Begebenheiten waren zum Teil dramaturgisch unschlüssig.

Goblin-Anführer Blix ist ein erbarmungswürdiger Trampel, erhält aber einen per Zeitlupe pathetisch aufgebauten Moment, in dem er, aus dem Schatten heraus, mit der Seelenruhe eines Großwildjägers seine Pfeile auf den Zwerg Brown Tom (Cork Hubbert) abschießt. Eine echte Bedrohung, würde der ins Visier genommene Gnom dabei nicht, um die Pfeile abzuwehren, mit einer Bratpfanne als Schild einen närrischen Tanz hinlegen. Hier trifft Drama auf Comedy, und es funktioniert nicht.

Legendär, aber aus unbeabsichtigten Gründen

Und dennoch: Cruise, Einhörner sowie ein charismatischer Satan, angeleitet vom Erschaffer der Welten, Ridley Scott, der eine leicht verständliche Gut-gegen-Böse-Story vor sich sah. Nichts deutete auf einen möglichen Flop hin.

LEGENDE kostete 25 Millionen Dollar, eine für damalige Verhältnisse beträchtliche Summe. Das Einspielergebnis: 23 Millionen. Ein Fiasko, das an David Lynchs WÜSTENPLANETEN erinnerte: 40 Millionen Dollar Budget, Umsatz 30 Millionen. Beide wurden von Universal Pictures produziert.

Aber nicht nur Kinogänger, auch die Presse, zunächst im Sommer 1985 die europäische, ab April 1986 und dortigem Kinostart die amerikanische, fertigte den Streifen ab. Die meisten Kritiker waren sich in Spott und Mitleid einig. Das Märchen sei in nahezu allen Belangen misslungen. «Ich möchte eigentlich gar nicht mehr über LEGENDE nachdenken», urteilte Gene Siskel in der *Chicago Tribune*. «Nur insofern, als dass ich den Film in meine Schlechten-Liste des Jahres 1986 aufnehmen und ihn ganz sicher nicht ausleihen werde, sobald er auf Video erscheint.[18]» *Washington Post* schrieb: «LEGENDE könnte durchaus legendär werden, aber nicht auf die Weise, wie es sich die Filmemacher erhofft hatten (...) Eine Lachender-Hans-Mischung aus *Ein Sommernachtstraum* und TARAN UND DER ZAUBERKESSEL, aber ohne Geist und Charme.»[19]

Alle kamen darin überein, dass die Fabelwelt ansprechend visualisiert, aber, wie es beispielhaft in der *Variety* hieß, «erzählerisch alarmierend dünn» sei und auf «einer beliebigen Sammlung von Mythen- und Märchen-Motiven» fuße.

Einer, der am Flop zu kauen hatte, war LEGENDE-Drehbuchautor William Hjortsberg, zu Drehbeginn 44 Jahre alt und als Autor von Mystery-Romanen einer eher überschaubaren Leserschaft bekannt. Der Schriftsteller durfte – oder musste? – sein Script vierzehnmal umschreiben, hatte die Überarbeitungen aber wenigstens nicht in fremde Hände zu geben.

Sein Auftraggeber Ridley Scott war fasziniert von Märchen wie DIE SCHÖNE UND DAS BIEST, in denen zwischen Menschen und Monstrum erotische Anziehungskraft besteht. Beim ersten Treffen im Herbst 1980 sei der Regisseur an seinen Autoren mit der Bitte herangetreten, ein derartiges Drehbuch zu verfassen.

«Eingelocht!», frohlockte Scott, als Hjortsberg ihm den Entwurf zukommen ließ.[20] Der habe dann gedacht, seine 145-Seiten-Story würde eins-zu-eins auf die Leinwand übertragen werden. Kurz darauf wurde dem Schriftsteller klar, dass er als Drehbuch-Debütant zu gutgläubig an die Sache herangegangen war. Beim Treffen mit den ausführenden Produzenten von 20th Century Fox, die von Universal Pictures den Vertrieb für den europäischen Markt übernahmen, kam die Ernüchterung: «Nur eine kleine Sache muss geändert werden. Es geht nicht, dass der Bösewicht die Prinzessin f****.»

Tatsächlich sah ein erster Story-Entwurf Hjortsbergs etwas Drastisches vor, das nicht zu einem Märchen gepasst hätte. Lily wäre in ihrer Gefangenschaft zunächst ausgepeitscht und dann verführt worden. Ihr Gegenspieler hieß auch nicht Herr der Finsternis, sondern, in bester Marquis-de-Sade-Tradition, Baron Couer De Noir.

Was wäre die Welt ohne Polarität?

In der finalen Version versucht der Teufel die Prinzessin zumindest auf seine Seite zu ziehen. Er suggeriert, dass sie kein Wertgefühl für andere Lebewesen empfindet. Lily habe doch das Leben eines Einhorns gefährdet, weil sie es anfassen

18 *Chicago Tribune*, bit.ly/3t51hbs (30.06.2021)
19 *Washington Post*, wapo.st/35Sg14s (30.06.2021).
20 Hjorstberg, William: *Legend of Darkness*, «Legend Making», bit.ly/34mKp6m (30.06.2021).

wollte. Ein Tabubruch, der die Existenz der ganzen Welt aufs Spiel setzt. Der Herr der Finsternis gibt sich selbstsicher: «Wir sind alle Tiere. Die meisten von uns wollen es nur nicht wahrhaben.»

Am Ende von Jack und seinen Freunden besiegt, dem Tode nahe, lacht der Luzifer dennoch. Er spricht aus, was wir instinktiv begreifen. Polarität ist das einfache Prinzip, durch das sich die Welt ordnen lässt. Fehlt sie, sind wir verunsichert. Der Herr der Finsternis setzt zu einer dieser schematischen «Du und ich, wir sind nicht so unterschiedlich»-Filmreden zwischen Helden und Bösewicht an: «Was ist denn schon das Licht ohne die Dunkelheit? Was seid ihr – ohne mich? Ihr könnt mich gar nicht aus der Welt schaffen.»

Es ist ein verlockender, nicht abwegiger Gedanke, sich LEGENDE als einen Horrorfilm vorzustellen, in dem eine Prinzessin sich der Sünde – das Einhorn zu berühren – hingibt, aber für ihre Schuld nicht geradestehen will. Sie arbeitet sogar an der Vernichtung aller, die sich ihr in den Weg stellen. Der Herr der Finsternis, ein Mahner, wird sterbend ins All geschossen. Lily will nicht lernen.

Scott hat durchaus versucht die Widersprüche in ihrer Persönlichkeit herauszuarbeiten. Als Jack die zu den Einhörnern eilende Gefährtin zurückruft, dreht sie sich mit entrücktem Lächeln zu ihm um. Der Regisseur verwendet jene Kamerafahrt, die am deutlichsten den Wahnsinn einfangen kann: der Zoom auf die Augen, die erprobte Methode der Blickführung. Lilys Augen verraten, dass sie nicht mehr bei Verstand ist.

Hjortsberg und Scott gefiel der Gedanke, in das Schwarz-Weiß-Schema von Gut und Böse, das Fabeln sonst auszeichnet, ein paar Grautöne hineinzuschmuggeln, ein paar gut versteckte Zweifel. Sie entwickelten das Script Anfang der 1980er-Jahre weiter, der Regisseur arbeitete parallel zu BLADE RUNNER daran. Die Adaption eines Romans war von Anfang an ausgeschlossen. «Es ist viel einfacher eine Geschichte zu entwerfen, die zum Kino als Medium passt, anstatt dieses Medium einer bereits vorhandenen Geschichte anzupassen.»[21] Vielleicht hatte Scott DER WÜSTENPLANET von David Lynch im Blick, der mit dem Vorhaben scheiterte, eine Schwarte für die Leinwand umzusetzen.

Aber LEGENDE hatte auch nach Abschluss der Dreharbeiten Schwierigkeiten. Unerklärlich ist der Beschluss der Produzenten, für verschiedene Märkte unterschiedliche Soundtracks zu verwenden. In Europa lief LEGENDE mit der Filmmusik Jerry Goldsmiths an, einem Klassik-Komponisten, mit dem Ridley Scott 1979 schon für ALIEN zusammenarbeitete. Aufgrund eines enttäuschend verlaufenen Test-Screenings kam man bei MCA, deren Tochtergesellschaft Universal Pictures war, zu einer wunderlichen Einschätzung. Schuld an allem könnte der Score sein. Also wurde LEGENDE in den Staaten mit Klängen unterfüttert, die laut MCA-Chef Sidney Sheinberg bei jüngeren Zuschauern bessere Chancen hätten: Elektronik-Kompositionen der Ambient-Band Tangerine Dream. Dazu, quasi für Kids der MTV-Generation, ein Song von Roxy-Music-Sänger Bryan Ferry, «Is your love strong enough?».

21 *Cinefantastique, Januar 1986.*

Gefloppt ist der Film auf beiden Seiten des Atlantiks, unabhängig von den Liedern. Der 2011 auf Blu-ray veröffentlichte «Director's Cut» ist mit dem Score Goldsmiths unterlegt. Da diese Heimkino-Produktion unter Mitwirkung Ridley Scotts entstand, könnte damit auch die Frage geklärt sein, welche Musik er präferiert. Goldsmiths Musik ist lyrisch, die von Tangerine Dream transzendent.

Ein uriger Moment entsteht, als sich die in den Palast des Feindes eingedrungenen Zwerge riesige Teller zuwerfen, die als Sonnenlicht-Reflektoren gegen den sehr helligkeitsempfindlichen Herrn der Finsternis eingesetzt werden sollen – und dazu die Mördermelodie des Norman Bates aus Goldsmiths Score zu PSYCHO II (1983) ertönt. Es würde das zweite Mal sein, dass Scott Stücke seines Komponisten aus einem anderen Film übernimmt. Für ALIEN verwendete er Goldsmith-Sequenzen aus FREUD, einer Filmbiografie über den Psychoanalytiker von 1962.

Schnee im Sommer

Aber nicht nur das Gezerre um den richtigen Soundtrack sorgte für Verwunderung. Ausschlaggebender für Sieg oder Niederlage an den Kassen ist die kalendarische Veröffentlichungsstrategie eines Films. «Er hatte einen Tom-Cruise-Streifen im Kasten, mit Einhörnern und Schnee», betonte Hjortsberg. Ideale Winter-Atmosphäre also. Der Drehbuchautor war daher besorgt, dass solch eine Film-Ästhetik kein Sommer-Publikum anzieht. Außerdem erschien es als unglückliches Timing, dass der Einhorn-Förster Cruise im Kino gegen den Kampfjet-Cruise aus TOP GUN – SIE FÜRCHTEN WEDER TOD NOCH TEUFEL (1986) antreten musste. «Warum nicht warten und ihn als Weihnachtsfilm anlaufen lassen?», fragte Hjortsberg seinen Regisseur. Doch Ridley Scott blieb hart.[22]

Cruise wurde ja im Laufe des Jahres zum Star. Jedoch nicht durch dieses Werk, sondern eben durch seine Mitwirkung im US-Kampfpiloten-Vehikel, das in den USA wenig später anlief, LEGENDE aus dem Multiplexprogramm kickte, zum erfolgreichsten Film des Jahres avancierte und ausgerechnet von Ridley Scotts jüngerem Bruder Tony inszeniert wurde.

Aber wäre LEGENDE zu einem späteren Starttermin als im Sommer 1985 in Europa, beziehungsweise zu einem früheren als im April 1986 in den USA, erfolgreicher geworden? Dass Weihnachtsfilme am besten zu Weihnachten anlaufen sollten, ist eine Marketing-Binsenweisheit. Andererseits war LEGENDE ein Winter-, aber kein Weihnachtsfilm. Der Schnee setzt ein und die Eislandschaften entstehen, als das Böse in die Welt einzukehren droht. Nur deshalb spielt LEGENDE schon nach kurzer Zeit in dunkler, weißer Kälte. Festlichkeit sieht anders aus.

Folgender Konkurrenz hätte sich Scotts Märchen in den USA bei einem Starttermin im Dezember 1985 stellen müssen: dem Sylvester-Stallone-Streifen ROCKY IV – DER KAMPF DES JAHRHUNDERTS und dem Indiana-Jones-Verschnitt AUF DER JAGD

---

22 *The Telegraph*, bit.ly/31lhNIS (30.06.2021).

NACH DEM JUWEL VOM NIL; Wolfgang Petersens ENEMY MINE – GELIEBTER FEIND, ein Rassismus-Drama im All; sowie zwei Literaturverfilmungen, Steven Spielbergs DIE FARBE LILA, ein Rassismus-Drama auf der Erde, und Sidney Pollacks JENSEITS VON AFRIKA. Bis auf ROCKY IV alles kein todsicheres Blockbuster-Material. Es wäre den Versuch wert gewesen, LEGENDE vor Heiligabend ins Kino zu bringen.

Für Dezember hätte auch die größere Aufmerksamkeit durch entscheidende Kritikervereinigungen gesprochen. Die Vorweihnachtszeit gilt als «Award Season». Es sind die letzten Monate vor der Oscar-Verleihung, und die Academy erinnert sich am liebsten an jene eingereichten Beiträge, die nicht zu lange zurückliegen. Aber auch, wenn LEGENDE im Dezember mehr Geld als im April eingespielt hätte – Verrisse hätte es wohl auch in der Weihnachtszeit gehagelt.

Später sollte William Hjortsberg das Ringen um seine Story mit Humor nehmen. Er berief sich auf einen Freund, den Schriftsteller Richard Brautigan. «Du kennst das Geheimnis des Drehbuchschreibens?», habe der ihn gefragt. Hjortsberg verneinte, worauf Brautigan antwortete: «Du lässt einfach das Geschriebene weg.»[23] Damit meinte er wohl, dass von den Ideen des Autors im Filmgeschäft eh nicht viel übrigbleibe. Ein einziges Drehbuch würde Hjortsberg noch bis zu seinem Tod im Jahre 2017 verfassen. ANGEL HEART, 1987 verfilmt von Alan Parker, basierend auf seinem Roman *Falling Angel.*

Es gab ja Befürchtungen, dass die Zuschauer mit LEGENDE überfordert oder unterfordert sein könnten. Darauf wiesen jene ersten Testvorführungen hin. Überarbeitete Schnittfassungen – von LEGENDE existieren mittlerweile vier – sind das deutlichste Zeichen dafür, dass Regisseur, Produzenten und (Test-)Publikum sich über das ideale Endprodukt nicht einig werden konnten. Scotts favorisierter «Director's Cut» ist mit 114 Minuten die längste Version, was darauf hindeuten könnte, dass der Film seiner Meinung nach in einer ausführlicheren Fassung schlüssiger ist. Das klingt selbstverständlich, ist es aber zumindest für Scott nicht. Sein 2003 veröffentlichter «Director's Cut» von ALIEN ist mit 116 Minuten um eine Minute kürzer als die Kinoversion.

Unabhängig aller hämischen Kritiken hat Scott LEGENDE, so, wie er in die Kinos kam, nie verurteilt. In Interviews oder im DVD-Audiokommentar verschwendet er keine Zeit damit, über Ursachen für seinen Misserfolg zu grübeln.

Scott gilt nicht als Mann, der unter den geringen Einspielergebnissen seiner Werke leidet. Er pickt in der Nachbetrachtung stattdessen herausfordernde Aspekte heraus, die ihn bis heute beschäftigen. Wie der Tanz einer Elfe, die sich von einem Glühwürmchen leiten lässt. «Das hätte ein Computereffekt sein müssen», sagte er. «Aber die gab es damals nicht!» Deshalb habe man einen Requisiteur dazu verpflichtet, mit einer Leuchtbirne, befestigt an einer Angel, herumzuspringen. «Wissen Sie, was mich das heute kosten würde? Um die 200 000 Dollar. Wissen Sie, was es mich damals kostete? Ein Angellicht und eine kleine Glühbirne. Hallo?»[24]

---

23 Hjortsberg, William: *Legend in the Making*, bit.ly/34mKp6m (30.06.2021).

24 «*Shadows of the Darkness*» und «*A Dark Day*», LEGENDE-Doku, bit.ly/3iYu1Nw (30.06.2021).

Aber so kostengünstig Ridley Scott auch arbeiten konnte – wenn am Ende abgerechnet wird, ist das kein Trost. Bei der Produktionsfirma Embassy International Pictures N. V. klingelten nach den ersten Box-Office-Zahlen die Alarmglocken. Für Universal Pictures, die LEGENDE vertrieben, stand die Konsequenz fest: Viel Geld für Fantasy nehmen wir nicht mehr in die Hand. Der Schock mit dem Verlustgeschäft aus DER WÜSTENPLANET saß tief, nun kam ein zweiter hinzu.

Für die Schauspieler war der Film keine schlechte Erfahrung, außer für Tom Cruise, der über LEGENDE nicht mehr reden möchte.

David Bennent aber, der den Waldelf Gump verkörpert, erinnert sich gern an den Dreh, an die Kooperation mit Regisseur Scott zurück.

Die Fantasie geht auf Reisen – Ein Treffen mit David Bennent

Der 1966 geborene Schweizer feierte seinen Durchbruch 1979 in Volker Schlöndorffs Günter-Grass-Verfilmung DIE BLECHTROMMEL, das als erstes deutsches Werk mit einem Oscar als «bester fremdsprachiger Film» ausgezeichnet wurde.

Die Rolle des erbosten Trommler-Jungen Oskar Matzerath, der in Danzig die Schrecken der Nazi-Herrschaft durchlebt und nicht mehr wachsen will, machte Bennent berühmt. Fünf Jahre später nahm ihn Scott unter Vertrag. Einen Casting-Prozess musste der damals 18-Jährige nicht durchlaufen. «Aber die Leute der Produktionsfirma fragten sich dennoch, warum Scott ausgerechnet einen Schweizer, also keinen Amerikaner oder Briten haben wollte», erzählt Bennent erstaunt.

Unser Treffen findet in seinem Lieblingscafé im Berliner Stadtteil Prenzlauer Berg statt, wenige Meter von seiner Wohnung entfernt. Er rührt in seinem Tee, lächelt und sagt: «Die Produzenten urteilten, ich sei nicht gerade ein internationaler Star. Sie wussten auch nicht, wie mein Englisch klingen würde.» Er schnaubt leise, zieht die Füße auf die Couch, macht es sich bequem. Mit ruhiger Stimme erzählt Bennent von einer der aufregendsten Zeiten seiner Karriere. Die Figur des Elfs Honigdorn Gump hat er geliebt, und er verlieh ihr Bestimmtheit, Würde und Wut, die einschüchternd wirkt (Abb. 40).

Scott habe ihn vom Fleck weg engagiert, als er noch in Paris am Theater arbeitete. «Ridley war damals schon eine Ikone», sagt Bennett. «Er galt als der Mann, der seiner Zeit technisch voraus war. Selbstverständlich kannte ich ALIEN, und für mich als gerade Volljährigen konnte es nichts Spannenderes geben, als für ihn vor die Kamera zu treten.»

Bennent sieht mit Mitte 50 noch immer ein wenig aus wie die Fabelfigur, die in LEGENDE hilft, die Welt vor der Dunkelheit zu retten. Er hat schwarzes, struppiges, nun aber mit Silbersträhnen meliertes Haar. Er trägt ein Amulett-artiges Halsband und an den Händen Ringe verschiedener Größen und Farben. Als hätte er sie wie Abzeichen aus verschiedenen Kampfgebieten erobert.

Bennent brillierte nach LEGENDE in seiner eigentlichen Leidenschaft, dem Theater, ist aber auch heute noch in Fernsehproduktionen zu sehen. Mehr als 40

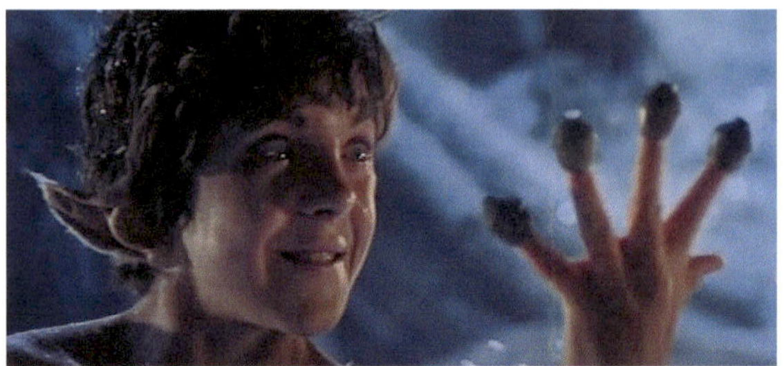

40 Der Elf Honigdorn Gump (David Bennent) stellt sich am Lagerfeuer dem Waldläufer Jack vor. Er fragt ihn, ob er wüsste, warum sich die Welt plötzlich verdunkelt hat. Jack erzählt ihm, dass Prinzessin Lily verbotenerweise ein Einhorn berührte. (LEGENDE, USA/GB 1985)

Jahre nach Karrierebeginn mit der BLECHTROMMEL schaut er einen aus jenen schönen, gleichwohl stechenden Augen an, die ihn berühmt machten. Augen, in denen Geschichten aus Jahrhunderten zu stecken scheinen.

In solchen Momenten wird einem bewusst, dass David Bennent ein Kinderstar war, ohne je in Kinderfilmen gespielt zu haben.

Bennett besitzt die Fähigkeit, seine Umgebung mit Blicken, aber auch Worten zu beherrschen. Dies nutzte er auch in der Rolle des Honigdorn Gump. Der Elf erklärt dem immer betretener dreinschauenden Waldläufer Jack per strengem Vortrag die Gesetze der Natur. In der internationalen Filmversion wurde Bennent synchronisiert, er hat darin die Stimme Alice Playtens, die in LEGENDE auch den Goblin Blix spielt. Es lohnt sich, die deutschsprachige Fassung allein schon wegen Bennents salbungsvollem Timbre zu hören.

Wie viele Darsteller leidet er zum Zeitpunkt des Gesprächs im Oktober 2020 unter der Coronavirus-Situation. Bühnen-Engagements sind nicht möglich, da fast alle Häuser die Auflagen für Publikumsaufführungen nicht erfüllen könnten. Dies ist der Moment während unseres Treffens, in dem Bennent sauer wird. So sauer wie der LEGENDE-Elf Gump, als Jack ihm beichtet, dass die Welt erschüttert wurde, weil die Prinzessin ein Einhorn berührt hat. Eine Erschütterung hat auch unsere Welt erfasst, schuld daran ist aber ein Virus. «Ich will endlich wieder Theater spielen», sagt er. «Und ich will Kultur auch erleben. Am Rumsitzen gehen wir doch alle bald zugrunde.»

Zum Fernsehzuschauer ist Bennent im Lockdown nicht geworden. «Ich kann mit den kleinen Kästen nichts anfangen. Deshalb habe ich wohl auch LEGENDE so lange nicht mehr gesehen. Das letzte Mal vor Jahrzehnten, in einer Cinematique in Paris, bei einer Ridley-Scott-Retrospektive, also auf der großen Leinwand.»

Bennent kann sich den Misserfolg des Films nicht erklären, und, wie ihm unter vier Augen gesagt worden sein soll – Scott kann es auch nicht. Der Stoff allein, konstatiert er, hätte bei viel mehr Zuschauern wohlige Gefühle auslösen müssen. «Seit es Menschen gibt, gibt es Märchen. Schauen Sie allein nach Skandinavien oder die Nordischen Länder. In Island glauben sie noch heute an Goblins und Elfen.»

Er ist verwundert, dass es 1985 und 1986 keine Promotion-Reise für den Film gegeben habe, dass er nicht gefragt wurde, ob er zumindest hierzulande die Werbetrommel für LEGENDE rühren könne. Es war doch eine kleine Sensation: Ein

Schweizer Schauspieler – den sowieso alle für einen Deutschen hielten – drehte mit dem großen Ridley Scott.

Bennent wuchs auf Mykonos auf, dorthin zog sein Vater, der Bühnenschauspieler Heinz Bennent, mit seiner Frau Paulette Renou, ihm und seiner Schwester Anne, die später ebenfalls auf verschiedenen Bühnen Europas stehen würde. Griechenland empfand der junge David als abenteuerlich.

«Ich war allein am Strand», erinnert er sich. «Meine Fantasie ging auf Reisen. Mit wem ich da alles im Wasser kämpfte!»

Er sah das Meer, die Wellen, Blitze, die in den Ozean einschlugen. Die Sagen der Griechen wurden ihm durch diese Naturschauspiele erstmals bewusst.

«Man versteht, wie die Götter das Leben der Griechen bestimmt haben, wie sie sich Zeus und Poseidon vorstellten. Beim Tauchen, diese Felsen! Fische mit Köpfen, die ich mir nicht hätte erträumen können.»

Er sammelte dort Erfahrungen, die sein Denken erweiterten. Für ihn wurde die Sagenwelt zu einer echten. Aus diesem Grund, sagt Bennent abschließend, treffe er seine Rollenauswahl nie danach, ob ein Film zur «Fantasy» gehöre, oder ob er «realistisch» sei. Er schüttelt verwundert den Kopf.

Eine Fortsetzung von Legende, dies wurde David Bennent jedoch früh bewusst, war schnell vom Tisch. Das war im Herbst 1986, etwas mehr als ein Jahr nach dem Starttermin in Europa und ein halbes Jahr nach dem enttäuschenden Verlauf in den Staaten.

Schreiend ins Nichts

Der nächste Film Ridley Scotts, Der Mann im Hintergrund (1987), würde von einer Geschichte erzählen, die ziemlich anders war. Down-to-Earth. Ein verheirateter New Yorker Cop verliebt sich in die Frau, die er als Zeugin eines Mordes beschützen soll.

Es ging also um unsere Welt. Keine Aliens, keine Replikanten, keine Glühwürmchen und Einhörner mehr.

Dabei hielt Scott das Einhorn für seinen Glücksbringer. Es war jenes Wesen, das schon in Blade Runner existenzialistische Fragen in Gang setzte. Jene, die Verehrer des Films am meisten fesseln. Was, wenn ich nur ein Roboter bin – kann ich dennoch, weil ich etwas fühle, ein Lebewesen sein? Wo fängt Leben an? Kurioserweise gab es 1982, im Blade Runner-Jahr, das damals noch keines war, weil der Film erst viel später abgefeiert wurde, noch einen weiteren, an den Kassen nicht gut gelaufenen Film, in dessen Zentrum ein gehörntes Pferd stand. Das letzte Einhorn, animiert von Jules Bass und Arthur Rankin, Jr.

Auf die Frage, was den Misserfolg von Legende vielleicht verhindert hätte, gab Ridley Scott zu Protokoll: «Ich hätte um ein höheres Budget kämpfen müssen. Ich hätte um mehr Action kämpfen müssen.»[25]

---

25 «*Shadows of the Darkness*» und «*A Dark Day*», Legende-Doku, bit.ly/3iYu1Nw (30.06.2021).

Nun, ein bisschen Action gab es. Jack stößt dem Herrn der Finsternis nach leidenschaftlichem Kampf das abgetrennte Horn des Einhorns in die Brust, und ein Tornado reißt den Fiesling schreiend in die Schwärze des Nichts.

Das Finale erinnert ein wenig an jenes aus ALIEN, in dem Ellen Ripley (Sigourney Weaver) den Außerirdischen aus ihrer Raumkapsel befördert. Auch da wird das Ungeheuer durch einen Luftzug fortgesaugt. Für den Regisseur hat sich mit LEGENDE also ein Kreis geschlossen.

Ist LEGENDE ein guter Film? Ja, ist er. Zumindest ein guter Märchenfilm. Vielleicht waren diejenigen enttäuscht, die sich mehr «Sword and Sorcery» gewünscht hätten.

Mit LEGENDE erschuf Scott seine bis heute einzige Arbeit, die einfach nur schön aussieht. Also nicht nur ästhetisch, das sind fast alle seine Werke. Sondern wirklich schön. «Schön» heißt nicht immer einfältig. Auch Farben können eine komplexe Geschichte erzählen, und es ist ein Merkmal jedes Märchens, das auch schrecklichen Szenen eine gewisse Schönheit innewohnt. Auf den rauchenden Maschinenraum-Realismus von ALIEN und der New-Wave-Optik von BLADE RUNNER folgte diese Waldromantik in satten Winterblau-Tönen, die zu einer trügerischen Palastromantik in satten Goldtönen wird, sobald unsere Helden das Reich des Herrn der Finsternis betreten. Wer Scott nicht kennen würde und sich diese drei aufeinanderfolgenden Werke ansieht, käme leicht zu dem Schluss: Jeden Film hat ein jeweils anderer gedreht.

LEGENDE endet mit einem zauberhaften, aber auch traurigen Dialog zwischen dem vereinten Liebespaar, der Prinzessin Lily und ihres im Hain lebenden Jack. «Kann ich morgen wiederkommen?», fragt sie schüchtern. «Natürlich», lautet seine Antwort. Als gebe es jeden Tag ein neues Abenteuer zu bestehen.

Doch gemeinsam leben, das geht, selbst nach der Rettung ihres Planeten, nicht. Sie bleiben die Teenager, die sich immer nur treffen dürfen und dann wieder voneinander verabschieden müssen. Und damit endet die Fabel.

Mit Jim Hensons DER DUNKLE KRISTALL, David Lynchs WÜSTENPLANET und LEGENDE von Ridley Scott hat das Genre also innerhalb weniger Jahre drei kommerzielle oder künstlerische Misserfolge erlitten.

Natürlich gibt es auch Fantasy-Spektakel, die nicht deshalb in die Filmgeschichte eingegangen sind, weil ihre Regisseure scheiterten. Sondern, weil sie eindrucksvoll waren und das Publikum sie liebte.

Dafür bedurfte es zweier Männer, die unterschiedlicher nicht sein könnten. Der eine ein naturverliebter, britischer Liebhaber von Rittersagen. Der andere ein kalifornischer Waffennarr, der einem der größten Fantasy-Krieger aller Zeiten ein Denkmal setzen wollte. Sie brachten ihre Werke vor Henson, Lynch und Scott ins Kino. Und trugen damit zur (Fehl-)Einschätzung bei, dass eine lange Blütezeit des Genres bevorstehen würde.

3.
John Boorman und EXCALIBUR: Auftakt der «Sword and Sorcery»

«I was not born to live a man's life, but to be the stuff of future memory»
– *König Artus, EXCALIBUR*

Mit EXCALIBUR wurde 1981 eine der populärsten Sagen als «Sword and Sorcery»-Film verwirklicht. Eine, die die Fantasy-Welle des Kinos mit in Gang setzte, aber über Rüstungen, Burgfräuleins und Turnierkämpfe hinausging. Einem König steht ein Magier zur Verfügung, doch er benutzt dessen Magie für die falschen Zwecke. Beim Versuch des Machterhalts entfaltet sie ihre korrumpierende Wirkung. Am Ende steht der Untergang einer ganzen Zivilisation. EXCALIBUR ist somit ein Vorläufer von GAME OF THRONES, wo Zauberei stets drastische Konsequenzen für diejenigen Emporkömmlinge hat, die sie missbrauchen.

Zwar würde John Milius' ein Jahr später angelaufener CONAN DER BARBAR (1. Kapitel) die einflussreichste Arbeit im «Sword and Sorcery»-Genre sein. CONAN ist ein amerikanischer Film über einen Pulp- und Comic-Helden, der sich leicht von anderen Regisseuren für Plagiate missbrauchen ließ, die dann folgerichtig das Kino fluteten. Aber John Boormans EXCALIBUR ist der frühe, erzählerisch solitäre Höhepunkt des Genres.

Geschildert wird die Artus-Sage nach Sir Thomas Malorys *Le Morte D'Arthur*, ein von den Briten wie ein Nationalschatz gepflegtes Märchen (mit einigen wenigen Wahrheiten) über die Ritter der Tafelrunde, den Hofzauberer Merlin und die Suche nach dem Heiligen Gral. «Erfinden wollte ich nichts für diese Geschichte», sagt Regisseur John Boorman im Audiokommentar der DVD. «Ich wollte verlorene Elemente wiederentdecken.»

Die Artussage war schon in den Filmen der Stummfilm-Ära behandelt worden, aber erst in den 1950er-Jahren machten ton- und farbenprächtige Werke wie DIE RITTER DER TAFELRUNDE (1953) den Stoff zu Box-Office-Gold. Bereits 1969 trat John Boorman an United Artists mit der Idee heran, sich des Heiligen Grals anzunehmen. Das Studio schlug ihm aber den *Herrn der Ringe* als nächstes Projekt vor. Die Produzenten dachten dabei so pragmatisch wie andere nach ihnen auch. Alle drei Bände verwirklicht in einem Film. Eine Herausforderung, der sich Jahrzehnte später Peter Jackson nicht stellen wollte. Boorman seinerzeit womöglich schon.

Schlussendlich scheiterte er aber nicht am Ein-Film-Konzept. United Artists konnte für den «Ring» einfach nicht genug Geld zur Verfügung stellen. Außerdem wäre Boorman an die Grenzen des Darstellbaren gestoßen: «Ich wollte zehnjährige Jungen als Hobbits besetzen und ihnen Fell-Füße überziehen, mit Haaren im Gesicht, und sie mit den Stimmen Erwachsener synchronisieren. Das hätte wirklich lächerlich werden können.»[1]

«Lächerlich», vielleicht. Andererseits war 1969 an die technischen Möglichkeiten, die dem HERR DER RINGE-Regisseur Peter Jackson 1999 zur Verfügung standen, nicht zu denken. Jackson konnte die erwachsenen Hobbit-Darsteller digital schrumpfen lassen. Boorman erkannte, dass Tolkiens Werk als Realfilm noch nicht glaubwürdig umzusetzen war. Er verabschiedete sich von Mittelerde.

Fotos aus den Swinging Sixties zeigen den Briten mit Stirnlocke und im Tweed-Jacket. Als wäre er ein Kumpel Michael Caines und unterwegs in einer Agenten-Mission. Sein Start in Hollywood verlief mit dem Lee-Marvin-Thriller POINT BLANK 1967 rasant und führte 1972 zu einem Höhepunkt mit BEIM STERBEN IST JEDER DER ERSTE, einem gewalttätigen Kommentar zum Verhältnis zwischen Großstädtern und Hillbillys. Dann aber drehte Boorman ZARDOZ (1974), einen Sci-Fi-Film. Darin trägt Sean Connery einen Tanga-Badeanzug, der sich Jahrzehnte später mit demjenigen der Ulk-Figur Borat messen kann, nur dass BORAT-Darsteller Sacha Baron Cohen wusste, wie schlimm er darin aussieht. 1977 folgte mit EXORZIST 2: DER KETZER schließlich eine misslungene Fortsetzung des Horrorklassikers von William Friedkin.

Der Atem der Schlange

Mit EXCALIBUR wurde Boorman der Heilige Gral gereicht, der Kelch revitalisierte seine Karriere. «Anál nathrach, orth' bháis›s bethad, do chél dénmha» – das liest sich zungenbrecherischer, als es ausgesprochen klingt, ist altirisch und wird seit

1 *Empire*, 11/2020.

dem Jahr 900 nicht mehr in Irland gesprochen. Übersetzt heißt das in etwa: «Atem der Schlange, Zauber des Todes und des Lebens, dein Zeichen des Erschaffens.» In EXCALIBUR ist dies der Zauberspruch, mit dem Merlin (Nicol Williamson) seine Gestalt verändern oder Menschen gefügig machen kann.

Später berichtete John Boorman, dass Fans die Formel ihm entgegenriefen, jederzeit und überall. «Anál nathrach …» war die meistzitierte Kino-Sentenz des Jahres 1981, noch vor Indiana Jones' «Vertrau mir!» aus JÄGER DES VERLORENEN SCHATZES (acht Jahre danach würde Indy selbst auf die Suche nach dem Heiligen Gral gehen, in INDIANA JONES UND DER LETZTE KREUZZUG). Die Formel Merlins feierte Wort für Wort ihre Renaissance in Ernest Clines Roman *Ready Player One* von 2011, einer verkaufsträchtigen Hommage an die Popkultur der 1980er-Jahre aus Sicht eines retro-verrückten Kids aus der Zukunft, die sich streckenweise wie «Sword and Sorcery in Metropolis» liest.

Wie in Clines Buch geht es auch in EXCALIBUR um die Suche nach einem Gral, der nicht nur Macht verleiht, sondern auch verloren gegangene Lebensgeister weckt. Für Boorman ist der Becher ein weibliches Symbol für Harmonie und Einklang mit der Natur. Also genau das, was König Artus (Nigel Terry) fehlt, um seine Wunden zu heilen. Seine Gemahlin Guinevere (Cherie Lunghi) betrog ihn mit dem Ritter Lanzelot (Nicholas Clay) und ging, erschrocken über die Entlarvung des Ehebruchs, zur Buße in ein Kloster. Artus' Ländereien sind nebelverhangen, die Tiere sterben aus, die Pflanzen erblühen nicht mehr, die Menschen verhungern.

Als Boorman EXCALIBUR nach seiner schweren Zeit Mitte der 1970er (ZARDOZ, EXORZIST 2: DER KETZER) in Angriff nahm, hatte er längst sein Domizil weit weg von Hollywood bezogen. Er lebte jetzt in der Republik Irland. Dort drehte er bereits ZARDOZ, wahrscheinlich war Boorman gar der Erste, der den Inselstaat zum Schauplatz eines Science-Fiction-Films machte.

Und in Irland sollten 1980 auch die Dreharbeiten für seine Adaption der Artussage stattfinden. Nahezu jede Aufnahme entstand in einem Umkreis von zwei Kilometern seines Landhauses. Das gab dem damals 47-Jährigen zum ersten Mal seit seinen Amerika-Jahren die Gelegenheit, am Ende jedes Arbeitstages in seinem eigenen Bett zu übernachten. Sein Zuhause war und ist bis heute in Annamoe, ein Dorf am Avonmore River in der Grafschaft Wicklow, 30 Kilometer südlich von Dublin.

Seine Liebe zur irischen Natur ist in EXCALIBUR eingeflossen. Er hat die Dreharbeiten den Jahreszeiten angepasst, um all die Blüten im Bild festzuhalten, die er über die Jahre bei seinen Spaziergängen durch die Wälder in Augenschein genommen hat.

Das Grün des Lebens

Auch bei seiner neuerlichen Betrachtung des Films steht die Natur im Mittelpunkt. Im DVD-Audiokommentar spricht Boorman während der Turnierszenen seiner Recken weniger über Action als über die Flora Annamoes, die Apfelblüten,

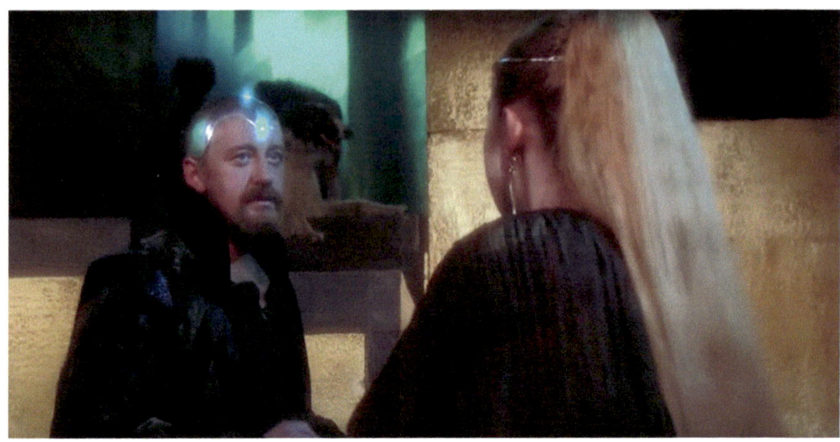

41 Merlin (Nicol Williamson) diskutiert mit Morgana (Helen Mirren) im Thronsaal von Camelot über die Aufgaben der Ritter der Tafelrunde. Aus dem Aufgang hinter ihm erstrahlt grünes, magisches Licht, wie so oft im Film, wenn die Natur ihre Protagonisten ruft. Camelot ist nichts für den Zauberer. (EXCALIBUR, USA/GB 1981)

Blaubeerfelder und das Wasser in den Flüssen. Darüber, wie die Flurfarben in den Rüstungen von Artus und seiner Gefährten reflektieren.

Auch in seinen Memoiren *Adventures of a Suburban Boy* beschreibt Boorman das Klima Irlands. Weil es unvorhersehbar und ständig im Wechsel begriffen ist, aber es meistens regnet, «bricht es einem als Filmemacher das Herz.» Es komme darauf an, mit der Kamera die kurzen Momente zu erfassen, in denen sich die Sonnenstrahlen durch die Wolkendecke kämpfen. «Dieses mystische Licht war wie eine Metapher für den Film an sich. Ich versuchte das Unbeschreibliche zu erfassen, den Geist einzufangen.»[2] EXCALIBUR wurde seine eigene Sinnsuche.

Ursprünglich wollte Boorman sein Werk nicht EXCALIBUR benennen, also nicht nach dem Schwert betiteln, das seinen Besitzer zum König macht. Angedacht war «Merlin», eine sinnfällige Idee, ist dies doch eindeutig der Film des Merlin-Darstellers Nicol Wiliamson. Auch Williamson macht EXCALIBUR zu einem Werk, zu dem der Genrebegriff «Sword and Sorcery» besser passt als zu jedem anderen.

Der britische Theaterstar, über den Boorman sagte, «er entlockt jedem Wort mehr Klänge als jeder andere, den ich kenne», verkörpert den berühmtesten Magier der Fantasy-Geschichte nicht als Graubart-Alchemist mit zottigen Haaren, also nicht als Gandalf. Williamson interpretiert seinen Merlin als wankelmütigen Königs-Berater mit den Zügen eines opportunistischen Fatzkes. Selbst dann, wenn er mit seiner Jüngerin Morgana (Helen Mirren) debattiert (Abb. 41).

Ein silberner Schädeldecken-Aufsatz schmiegt sich passgenau seinem Kopf an. Er muss darunter also glatzköpfig sein, und aus diesem Helm verläuft ein Zacken

2 Boorman, John: *Adventures of a Suburban Boy*.

in die Furche zwischen seinen Augen. Er sieht aus wie jemand, der eine außerirdische Denkfabrik hinter der Stirn verbirgt, die es vor Strahlen aus unserer Welt zu schützen gilt. Boorman sagt, die Silberkappe sollte Merlin als jemanden kennzeichnen, der weder Geschlecht noch Alter hat und eine unsterbliche «manwoman» ist.

Allerdings hat Merlin, wie auch der neuzeitliche Merlin aus CURSED – DIE AUSERWÄHLTE, doch eine Gemeinsamkeit mit klassischen Rauschebärten-Magiern à la Tolkiens Gandalf. Er kann mit seinen Zauberkräften alles bewerkstelligen, will es aber nicht. Er ist der Mentor, stets zur Stelle, wenn er gerufen wird, aber ohne Drang seinem Anführer Superkräfte zu verleihen. Der Schwarzkünstler will die Welt nicht lenken, so wie eben Gandalf aus *Der Herr der Ringe* es nicht will.

Ohnehin wird der potente Zauberer schon nach rund 90 von 140 EXCALIBUR-Minuten aus dem Spiel genommen. Merlin erweist sich als zu eitel, lässt sich von der Nachwuchsmagierin Morgana einlullen. Dann wendet sie den «Anál nathrach»-Spruch gegen den Altmeister an. Er wird Gefangener in einem Eis-Sarg und weggesperrt.

Die Länge von 140 Minuten war nach damaligen Fantasy-Maßstäben nahezu monumental. Das Maximum dessen, was Warner Bros. Pictures zuließ, und auch die Grenze, die David Lynch für seinen WÜSTENPLANETEN gesetzt wurde.

Dementsprechend flott wird die Geschichte Artus' *from cradle to grave* erzählt. Zwischen dem Augenblick, als der Bauernjunge das Schwert aus dem Stein zieht, und seinem ersten Ritt als hochnäsiger Regent in Ritterrüstung vergehen gerade mal 15 Film-Minuten. Merlin kann den Untergang Artus' nicht stoppen. Der hat sich vom agilen, Angebote abwägenden Monarchen zum selbstgerechten Despoten entwickelt, einer, der das Volk nicht mehr versteht. Artus sitzt an seiner Tafelrunde, lässt sich die Welt da draußen ins Ohr flüstern, wird zum saturierten «armchair king».

Merlin spürt, dass auch seine eigene Zeit abgelaufen ist. Die Menschen halten ihn für einen Budenzauberer. Und die Rolle des Jahrmarkt-Clowns nimmt er, zumindest dann, wenn nichts Politisches im kleinen Rat hinter der Burgmauer beschlossen werden soll, auch ein. Etwa, wenn er beim Handangeln nach einem Fisch greift und sich dabei melodramatisch im Fluss langlegt.

Die alten Götter verschwinden

König Artus beziehungsweise King Arthur ist eine Sagengestalt, von der viele Historiker annehmen, dass sie eher auf einen Feldherrn als einen Adeligen zurückgeht. Er wird dem 5. und 6. Jahrhundert n. Chr zugerechnet. Jene Zeit, in der die Zivilisation in England Fortschritte machte (in derselben Ära spielt der ebenfalls 1981 ins Kino gekommene «Sword and Sorcery»-Film DER DRACHENTÖTER, Kapitel 6). Die christliche Religion wird sich im Land verbreiten. Alte Götter verschwinden, und damit auch der Glaube an Zauberei.

Der Alchemist Merlin ist ein solcher Gott der Vergangenheit. Er verabschiedet sich aus dem Saal der Tafelrunde, und als er sich ein letztes Mal zu seinem Freund Artus umdreht, umflort ihn ein grünes Licht aus dem Burgfenster. Grün ist die Farbe der Natur, und sie ruft ihn.

Das Grün illuminiert auch die Rüstungen der Ritter, wenn sie durch die Wälder streifen. Der Wald ist ihr natürliches Zuhause. Dort umgibt sie die Magie, die sie verschanzt in ihrem Schloss nicht mehr sehen.

Camelot, Artus' Burg, ist der erste Schritt zur Errichtung einer neuen Gesellschaft. Sie zerfällt, als Artus den Ehebruch seiner Gemahlin Guinevere aufdeckt. Die Ehre der Ritter der Tafelrunde steht und fällt mit dem Grundsatz, sich der «Wahrheit» verpflichtet zu fühlen. Und ausgerechnet einer aus Artus' Reihe sagt nicht die Wahrheit, er betrügt ihn. Schlafend liegt Lanzelot mit der Königsbraut zwischen den Bäumen. Der wütende König rammt sein Schwert Excalibur in die Erde, genau in die Mitte zwischen den Liebenden.

Es ist nicht das Ende der Welt, aber es ist das Ende von Artus' Welt, im Film illustriert durch Richard Wagners *Ouvertüre* aus *Tristan und Isolde*, aus dessen Szenenbild sich Boorman hier bedient. Für seinen Film MELANCHOLIA von 2011 hat Regisseur Lars von Trier dasselbe Opernstück verwendet. Es erklingt in dem Moment, als die Erde buchstäblich untergeht, weil ein anderer Planet auf sie kracht, aber auch in solchen Momenten, als sie metaphorisch untergeht, für die unter Depressionen leidende Protagonistin Justine (Kirsten Dunst).

Die EXCALIBUR-Erzählung offenbart John Boormans pessimistische Weltsicht. Camelot kollabiert und Artus verliert, abgeschieden in seinen Gemächern, den Kontakt zur Natur. Im Audiokommentar spricht der Regisseur von «the past, present and future of humanity»: Vergangenheit, Gegenwart und Zukunft der Menschheit, am Beispiel von Aufstieg und Untergang des Königs der Könige. Aus dem Frühling mit den Apfelblüten und grünlichem Bachschimmer wird ein kalter, grauer Winter.

Ein zerstörtes Ökosystem ist das, was Boorman uns 1981 prophezeite, und er liegt mit dieser Voraussage nicht weit daneben. Im Fantasy-Genre sind Plädoyers für Umweltschutz nicht selten, DER WÜSTENPLANET und DIE UNENDLICHE GESCHICHTE berichten davon. Im Ritterfilm jedoch sind sie eine Rarität. Natürlich gab es im Mittelalter Epidemien und Wasserverschmutzung. Aber das Überleben des ganzen Planeten stand damals nicht auf dem Spiel.

Die Zersetzung der Natur durch den Menschen und die im Anschluss von ihm vorgenommene Neuordnung von Gesellschaft und Lebensraum durchzieht einige von John Boormans Arbeiten. ZARDOZ spielt in der Post-Apokalypse, in einer Welt, die in weiten Teilen aus verstrahlten und unbewohnbaren Steppen besteht. Als Staatsform setzt sich, wie überall, wo es an allem mangelt, die Diktatur durch. In dem auf EXCALIBUR folgenden Werk, DER SMARAGDWALD (1985), würde Boorman das Thema des Natursterbens, nun vorangetrieben durch Industrielle, weiterverfolgen. Darin sind es Amerikaner, die im brasilianischen Regenwald den Bau eines Staudamms erzwingen und die Ureinwohner bedrohen.

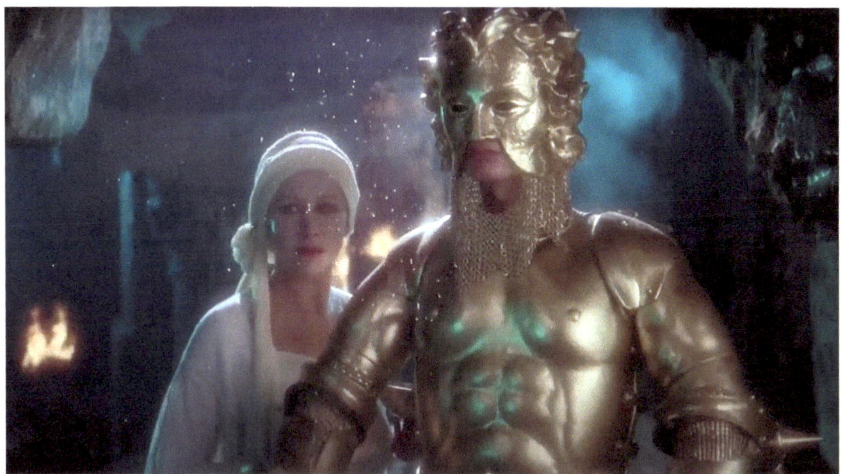

42 Mordred (Robert Addie) wird von seiner Mutter Morgana (Helen Mirren) für den Ritt nach Camelot instruiert. Dort soll er seinen Vater Artus zum Duell herausfordern, damit er nach dessen Tod Herrscher über das Land wird. (EXCALIBUR, USA/GB 1981)

In EXCALIBUR ist das Land zur vernebelten Zwischenwelt geworden. Der dritte Akt, der Streifzug der Tafelrundenritter durch die Einöde, führt eine neue Eskalationsstufe ein. Die Wastelands haben in Mordred (Boormans Sohn Charley als Junge, Robert Addie als rapide gealterter Teenager) einen Schattenherrscher, der seinem Vater Artus nach dem Leben trachtet. Ganz nach dem Plan seiner Mutter Morgana (Abb. 42).

Mordred foltert die Ritter, tötet sie und hängt deren Leichen zur Abschreckung an Bäumen auf. Golden ist seine Rüstung und muskeldefiniert. Er trägt einen Engelshelm mit in Edelmetall gegossenen Locken. Die Augenschlitze sind eng geformt, was ihn wie eine stets wütend dreinschauende, asketische Putte erscheinen lässt. Mordred ist, unter der Ägide seiner Mutter Morgana, der Vernichter der gerade erst errichteten Zivilisation.

Aber John Boorman wusste, dass seine Annäherung an «Sword and Sorcery» auch Risiken bergen würde. Er hatte Angst, die Leute würden lachen. Film-Ritter sind für geschwollene Reden und Grimm bekannt.

DIE RITTER DER KOKOSNUSS, die gelungenste, also noch am wenigsten bildungsbürgerliche Filmsatire von Monthy Python, erschien zwar schon 1975, also sechs Jahre vor Boormans Werk. Dennoch kämpfte der Regisseur mit EXCALIBUR. «Diese Art Geschichte hatte etwas an sich», sagt er im Audiokommentar. «Ich verspürte inneren Widerstand. Da waren viele ‹Sword and Sorcery›-Filme in der Mache. Sie sind auf gewisse Art albern. Und über sie kann man sich lustig machen.»

Vielleicht hatte Boorman seine einstige *Herr der Ringe*-Idee, Zehnjährigen Hobbit-Bärte anzukleben, noch nicht verwunden. In EXCALIBUR meint er insbe-

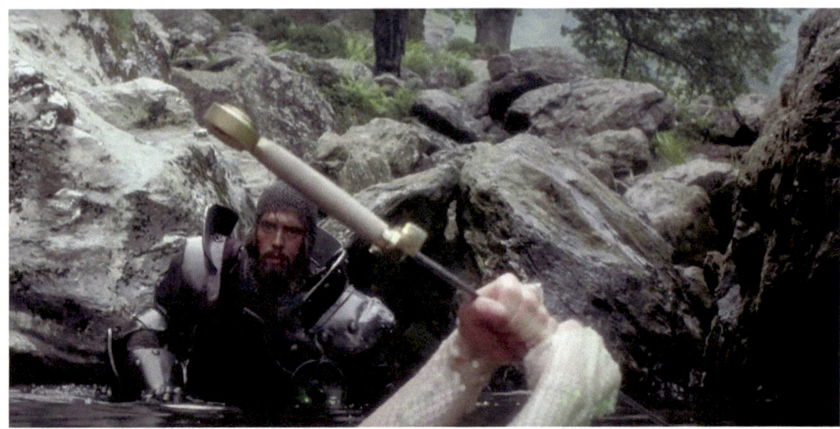

43 Artus (Nigel Terry) besiegte Lanzelot in einem unfairen Kampf und warf aus Scham sein Schwert Excalibur ins Wasser. Nimue, die Herrin des Sees, reicht es ihm zurück. Auf Artus' Rüstung reflektiert das magische Grün der Natur. (EXCALIBUR, USA/GB 1981)

sondere die «alberne» Szene, in der sich ein haushoch überlegener Lanzelot im vermeintlich ehrenhaften Duell von Artus überrumpeln lässt. Im Moment größter Not manipuliert Artus die Kampfregeln, beschwört die Zauberkräfte Excaliburs und schlägt den Kontrahenten bewusstlos. Der König erkennt schamvoll sein Versagen und schleudert Excalibur weg. Los aber wird er das Schwert nicht, denn Nimue, die Herrin des Sees, reicht es ihm zurück. Lanzelot wirft sich, kaum erwacht, sogleich zu Artus' Füßen und schwört ewige Treue (Abb. 43).

Aber ist das wirklich ein Kokosnuss-Moment? Oder nahm Boorman den Mythos des Heiligen Grals zu ernst? Vielleicht wollte er auch etwas für seine mit Stolz auf ihre Sagen blickenden Landsleute geraderücken. Katapultierten Monty Python 1975 noch muhende Kühe als Geschosse über Burgmauern, schlägt Boorman einen äußerst getragenen Ton an. Zu den Chören von Orffs *Carmina Burana* zieht König Artus in den Kampf gegen seinen Sohn Mordred.

Unabhängig von Boormans Einschätzung bestimmter Szenen ist der Audiokommentar ein Genuss. Wie die meisten Regisseure, die ihre Filme nochmal sehen müssen, achtet er vor allem auf Fehler. Boorman merkt sie aber, im Gegensatz zu vielen anderen, die pikiert schweigen, auch an. Er ärgert sich über die zu künstlich aussehende Tropfsteinhöhle, in der Merlin, einem ausrangierten Museumsstück gleich, weggesperrt wird. Oder über die glänzenden Zähne eines dreckigen Ritters, in einer laut gedachten Notiz an sich selbst: «Dental work too good!»

Geschickt setzt Boorman falsche Fährten, indem er die Artussage für weniger belesene Zuschauer im Dunkeln lässt. Morgana schwärmt vom «Drachen», dessen man sich in Trance bewusstwerde. Man könnte glauben, Merlin selbst sei damit gemeint. Er wies zuvor den unruhigen, frisch zum König gekrönten Artus an: «Schlafe nun in den Armen des Drachens» und bettet ihn in seinen eigenen

Armen. In der Artussage war es der Drache Kilgharrah, der das Schwert Excalibur mit seinem Atem glättete und so zur mächtigsten Waffe der Welt machte. Das Ungeheuer und Merlin sind Gefährten, der Zauberer stieß Excalibur in den Stein (im Film tut dies der König Uther Pendragon). Merlin wollte sicherstellen, dass Artus als rechtmäßiger Erbe des Königs in dessen Besitz gerät, nur er das Schwert wieder herauszuziehen vermag.

So oder so verweist der «Drache» auf eine Stärke des Films. EXCALIBUR hat eine Zauberin und einen Zauberer, sogar die Stimme Gottes, sie spricht zum Tafelrunden-Ritter Parzifal (Paul Geoffrey). Aber er hat keine Fabelwesen. Kilgharrah lässt sich nicht blicken.

Einen Drachen braucht Boormans Werk auch nicht.

Wieviel mit Monstern gerade in der filmischen Adaption von Überlieferungen falsch gemacht werden kann, führt ein anderes Werk vor. Die zweite «Sword and Sorcery»-Arbeit von 1981, die sich einer berühmten Legende bedient.

EXCALIBUR lief in den USA am 10. April an, und zwei Monate später, am 12. Juni, kam KAMPF DER TITANEN ins Kino. Der Vergleich beider Arbeiten zeigt, wie wichtig der richtig dosierte Einsatz von Spezialeffekten ist, damit ein Fantasy-Abenteuer, das auf einem Mythenschatz beruht, glaubhaft erscheint.

Der von Desmond Davis gedrehte KAMPF DER TITANEN ist lose angelehnt an die griechische Sage um Perseus, Sohn des Gottes Zeus und dessen irdischer Geliebten Danaë. Perseus (Harry Hamlin) muss seine Prinzessin Andromeda (Judi Bowker) retten und kämpft gegen allerhand Sagenmonster. Er überquert den Styx und misst sich in der Unterwelt mit dem zweiköpfigen Hund Dioskilos sowie Medusa, der Gorgone, deren Blick jedes Lebewesen in Stein verwandelt.

Der Film ist so stark besetzt wie Boormans EXCALIBUR. Laurence Olivier als Zeus, Claire Bloom als Hera, Ursula Andress als Aphrodite, Maggie Smith als Thetis. Grundsätzlich aber ist er eine Werkschau des Produzenten und Trick-Künstlers Ray Harryhausen. Er betrachtete KAMPF DER TITANEN als nächste passende Gelegenheit, die von ihm verfeinerte Stop-Motion-Technik vorzuführen. Die Sagen-Nacherzählung verkam damit zur Effekt-Präsentation. Dabei war Stop-Motion, die Montage aus Einzelbewegungen von Modellen, schon im Jahr 1981 überholt. Wir widmen uns den State-of-the-Art-Tricks der frühen 1980er-Jahre im 7. Kapitel, im Gespräch mit dem Go-Motion-Guru Phil Tippett.

EXCALIBUR kannte keine Medusa, keinen Dioskilos, auch keinen geflügelten Schimmel namens Pegasus. Auch deshalb ist er ein besonderer Fantasy Film. Die Monster sind darin die Menschen.

KAMPF DER TITANEN bleibt im Gedächtnis, aber leider aus den falschen Gründen. Etwa, weil Perseus gegen ruckelig animierte Riesenskorpione kämpft. Weniger, weil sein Vater, der verliebte Schürzenjäger Zeus, sich unter den Göttinnen und Göttern des Olymps mal wieder ein Problem damit gemacht hat, mit einer sterblichen Frau ein Kind gezeugt zu haben. Ein Gott, der fehlbar ist, dazu noch der mächtigste? Das ist doch die viel unterhaltsamere Story. Laurence Olivier hätte eine großartige Darstellung daraus machen können, wäre das Drehbuch ein anderes gewesen.

In EXCALIBUR wird dagegen eine äußerst brutale Empfängnis geschildert. John Boorman schenkte sich nichts, und seiner eigenen Familie auch nichts. Zu Beginn sehen wir, wie Artus durch eine Vergewaltigung gezeugt wird. Großkönig Uther (Gabriel Byrne) nutzt einen Zauberspruch Merlins, der ihm das Antlitz des Herzogs Gorlois (Corin Redgrave) verleiht, und erschleicht sich so den Weg in die Gemächer der Herzogin Igerne. Die vergewaltigte Igerne wird von Katrine Boorman gespielt, der Tochter des Regisseurs. «Ich werde oft danach gefragt, wie ich mich fühle, die Figur meiner Tochter vergewaltigen zu lassen», erzählt er im Audiokommentar. Er wollte die Überlieferung für seine Geschichte aber nicht ändern: «Nun, natürlich musste sie vergewaltigt werden.» Während der schwer zu ertragenden Szene lenkt er ab, redet über das schöne Dekor des Schlafzimmers, die Glanzleistung seines Filmarchitekten Anthony Pratt.

Boorman schildert sexuelle Gewalt; und nicht einvernehmliche, wenn auch nicht gewalttätige Akte erfindet er dort, wo es keine gegeben hat. Sein früheres Drehbuch zum *Herrn der Ringe* beinhaltet eine Szene, in der die Elbin Galadriel den Hobbit Frodo verführt, und der zukünftige König Aragorn schafft es, Éowyn durch einen magischen Orgasmus wiederzubeleben.

So ganz im Reinen war John Boorman mit seiner finalen Version der Artussage nicht, doch er fand Frieden durch seinen Film. «EXCALIBUR mag seine Mängel haben, es mag nicht der transzendierende Film geworden sein, den ich beabsichtigte», schreibt er in seiner Autobiografie. Geradezu bescheiden weist er darauf hin, dass die Geschichte zu eindrucksvoll ist, um einen schlechten Film abliefern zu können: «Aber er bezieht seine Kraft aus dem Mythos, den er nacherzählt, und er wächst mit den Jahren (...). Es war eine lebenslange Suche: Ich fand den Gral.»

Und den Gral hat sich Boorman bis heute gesichert. Keiner der Versuche, die Ritter der Tafelrunde danach neu zu erzählen, hat überzeugt. Weder als Romanze (DER 1. RITTER, 1995) noch als Pop-Version (KING ARTHUR: LEGEND OF THE SWORD, 2017).

Revival durch den Grünen Ritter?

Im Juli 2021 kam THE GREEN KNIGHT ins Kino, der auf die Überlieferung *Sir Gawain und der Grüne Ritter (Sir Gawain and the Green Knight)* zurückgeht. Entdeckt wurde sie als Abschrift im 14. Jahrhundert, deren Original muss also noch älter sein. Darin steht nicht Artus im Mittelpunkt, sondern sein Neffe.

Sir Gawain begibt sich auf die gefährliche Reise zum Grünen Ritter. Im Duell, das der grünhäutige Baumriese als «Spiel» verharmlost, will Gawain seiner Familie beweisen, dass er ein würdiger Recke ist. In der Hauptrolle der Coming-of-Age-Geschichte ist Dev Patel (SLUMDOG MILLIONÄR, 2008) zu sehen, die Regie übernahm David Lowery (ELLIOT, DER DRACHE, 2016).

Diese «Sword and Sorcery»-Arbeit kommt tatsächlich ohne Pathos oder unfreiwillige Komik aus. Sie zeigt keine Turniere, nicht mal einen Schwertkampf. Produziert hat sie A24, ein unabhängiges Studio, dessen Portfolio seit Gründung 2012 bereits einige moderne Klassiker aufweist: Under The Skin (2014), Ex Machina (2015), Moonlight (2016), The Florida Project (2017) und Der Leuchtturm (2019).

Doch auch A24 wird es womöglich nicht gelingen, dem Genre neues Leben einzuhauchen, 40 Jahre nach Excalibur. Das Box-Office-Ergebnis steht erst nach Druckschluss dieses Buchs fest, vielleicht wird The Green Knight ein Hit. Mutig aber ist das Werk Lowerys, der auch das Drehbuch schrieb, keineswegs.

The Green Knight zieht Parallelen zu Excalibur. Die Ritter der Tafelrunde haben sich auch hier «der Wahrheit verpflichtet». Es ist ruhmvoller, im Kampf zu sterben, als vor einem ausweglosen Kampf zu flüchten. Ein Ritter tut nicht so, als hätte er in der Ferne sein Schwert erhoben, nur um dann zu Hause Kaminfeuer-Reden zu halten.

Was am Ende passiert, ist, das sollen wir zunächst glauben, nicht weniger als eine Abkehr vom Helden-Mythos. Gawain will sich seinem Schicksal – der Enthauptung durch den Grünen Ritter – nicht stellen und reitet panisch nach Camelot zurück. Er behält die Schmach für sich. Als angeblicher Bezwinger der Fabelfigur wird er zum Ritter geschlagen, von seinem Onkel Artus (Sean Harris), dem er nicht mehr in die Augen sehen kann.

Gawain verstößt, nachdem sie das gemeinsame Kind gebärt, die bäuerliche Geliebte Esel (Alicia Vikander) und lässt sie auszahlen, als wäre sie eine Prostituierte. Er zieht, nach dem Tode Artus' selbst zum König geworden, in einen sinnlosen Krieg, in dem sein Sohn stirbt. Schließlich wird der Parvenü gestürzt, der Feind stürmt den Thronsaal. Hingerichtet werden muss Gawain jedoch nicht. Letztlich rollt sein Kopf von allein von seinen Schultern. Der Fluch des Grünen Ritters, vor dem er einst winselnd flüchtete, hat ihn doch noch ereilt.

Es ist die Chronik eines zwingenden Untergangs, so düster wie der Untergang Artus' in Excalibur.

Wenn es doch nur so passiert wäre.

In der Realität findet Gawains Ruin, der im eigenen Tod endet, nicht statt. Der Untergang ist nur ein Albtraum Gawains, der uns zunächst als Wahrheit vorgeführt wird. Eine alternative Wirklichkeit, ein Was-wäre-wenn, das so wirkt, als hätten David Lowery und A24 gern diesen brutalen Schluss präsentiert, aber aus Angst vor der eigenen Courage ein zusätzliches Ende nachgeschoben. Damit wir an die Ehre glauben können, die in jedem angehenden Ritter schlummert, selbst in Gawain.

Denn Gawain erwacht nun, kniend unter der Axt des Grünen Ritters, und gibt sich, allein durch sein schreckliches Gedankenkino zum Mann gereift, dem Schicksal hin. Lieber sterben, als ein schwindelnder König werden: «Ich bin bereit!»

Der Grüne Ritter muss schmunzeln. Seine Holz-Visage knistert und knackt, die Äste in seinem Gesicht werfen Lachfalten. Er erkennt das innere Wachstum Gawains auf einen Blick. Er verschont ihn.

«Alles nur geträumt»-Enden sind nicht die besten Enden. Sie sind Ausdruck außerordentlicher Bequemlichkeit. Sie bieten den Verzicht auf eine schlüssige Erklärung der gesamten Geschichte.

Dabei beinhaltet THE GREEN KNIGHT einige gute Ideen, die auch den Ritterfilm neu hätten aufstellen können. Wir glauben an Gawain als Held, aber er ist zu keiner Zeit ein Held. Er trinkt gern, und er spielt für seine ärmliche Geliebte den Playboy-Prinzen. Sobald er aber auf Fremde trifft, die ihn herausfordern, packt ihn die Angst, und er verleugnet seine Herkunft, die ihn doch zu einem selbstsicheren Auftritt im Gefecht verpflichten müsste.

Warum ist alles, was die Recken wollen, stets von übertriebenem Ehrgefühl bestimmt, der zu einem Anspruch führt, den sie nicht erfüllen können? «Weshalb willst Du immer großartig sein?», fragt Esel ihren Gawain, bevor er zu seiner Odyssee aufbricht, die alle längst als Selbstmord-Mission betrachten. «Reicht es denn nicht einfach, gut zu sein?» Die Ehre verhindert klares Denken. Auch der EXCALIBUR-Artus begeht die gravierendsten Fehler, weil er sich umso schneller gekränkt fühlt, je mächtiger er wird.

Rot, sagt eine Lady zu Gawain, ist die Farbe der Leidenschaft. Das Grün des Grünen Ritters ist, wie in EXCALIBUR, die Farbe, des Alterns, der Akzeptanz, dass jeder sterblich ist. Wenn Gawain seine juvenilen Lüste besiegt, wenn er erwachsen wird, dann kann er grün sein und sich dem Ritter auf Augenhöhe stellen.

Hochkomplexe Sinnbilder fährt THE GREEN KNIGHT nicht auf, aber sie helfen uns, Sympathie für Gawain zu entwickeln. Er stürzt sich in sein Abenteuer, weil er glaubt, seinem Onkel Artus etwas beweisen zu müssen. Artus ist tattrig geworden, doch bot er seinem Neffen unerwartet einen Platz an der Tafelrunde an. Gawain glaubt nun, sein Schwert in einer Heldentat schwingen zu müssen, obwohl es allen im Königreich gut geht.

Bekanntermaßen zeichnet sich die Monarchie, zu dessen fiktiven Vertretern auch Artus und Gawain zählen, durch überkommene Bräuche und Verpflichtungen aus. Zum treuen Gefährten Gawains wird ausgerechnet ein Fuchs – jenes Tier, das bis heute von adeligen oder reichen Briten in Schleppjagden getötet wird. Das macht THE GREEN KNIGHT auch zu einem anti-monarchistischen Statement. Gawain betrachtet ein Gemälde, das eine Fuchsjagd abbildet. Aber er versteht nicht, dass es hier um die Tötung von Exemplaren einer Tierart geht, zu der sein loyaler Begleiter gehört.

Gemeinsam ziehen beide auf der Suche nach dem Grünen Ritter durch sommerliche Wälder, die, ein nicht wirklich dezent visualisierter Witz, gar nicht sommerlich sein dürften. Das Gipfeltreffen zwischen Jüngling und Grünem Ritter findet am 24. Dezember statt, Heiligabend, und der Hinweis auf Weihnachten fällt so häufig, dass man befürchten muss, der moosbehangene Gigant kommt zum Duell auf einem Schlitten angebraust und verteilt Geschenke.

Das Produktionsdesign dokumentiert auch die deutlichsten Schwächen des GREEN KNIGHT. Dieser Ritterfilm ist ein Novelty-Ritterfilm, er soll aussehen, als wäre Gawains Welt eine Welt, in der sich alle Epochen der Menschheit wiederfinden. Er nächtigt auf seiner Reise in einem Schloss, dessen Speisesaal aus dem Rokoko zu stammen scheint, und er trägt während seines Aufenthalts ein Wohlfühl-Sweatshirt.

Vielleicht offenbart sich gerade in dieser Szene, in Kostümbild und Ausstattung, ein Missverständnis. Ein Missverständnis beim Versuch einer zeitgemäßen Darstellung des Genres. Warum sind so wenige Ritterrüstungen zu sehen? Natürlich bedingen sie Unbeweglichkeit. Aber eine Ritterrüstung zu tragen, bedeutet nicht unwillkürlich, dass Ritter steif auftreten müssen. Ritter sind steif, weil sie steif reden. THE GREEN KNIGHT wirkt so, als traue man den altertümlichen Ehrenmännern keinen Kino-Erfolg zu, sobald sie als Figuren ihrer Ära abgebildet werden. Deshalb der *casual style*. Jede Innenraum-Sequenz in privaten Gemächern, also jede, in der Ritter keine Kampfmontur tragen müssen, könnte auch aus einem Film stammen, der die heutige Zeit abbildet. Das bringt uns dem GREEN KNIGHT nicht näher.

Falls David Lowerys Werk einen Ritter-Boom auslösen wird, dürften alle folgenden Ritterfilme jedenfalls so aussehen wie seiner. A24 ist von Lowerys Arbeit zweifelsfrei überzeugt. Das Studio überließ den Film, dessen Kino-Premiere im Mai 2020 wegen Corona abgesagt wurde, nicht einfach einem Streamingdienst, sondern ließ ihn mehr als ein Jahr später noch im Kino anlaufen.

Die Klasse von EXCALIBUR hat THE GREEN KNIGHT nicht. EXCALIBUR sucht noch einen Nachfolger. Er war ein Erfolg. Bei einem Budget von elf Millionen Dollar nahm er mehr als das Dreifache ein, 35 Millionen. Zu den Verehrern des Films zählen Regisseure wie Zack Snyder (DAWN OF THE DEAD, 2004, MAN OF STEEL, 2013) und Peter Jackson.

Snyder zitiert in seiner Arbeit aus seinem Lieblingsfilm EXCALIBUR. «The Future has taken root in the present» teilt ein Computer mit, als der verstorbene Superman in ZACK SNYDER'S JUSTICE LEAGUE (2021) wieder zum Leben erweckt wird. «The Future has taken root in the present», «Die Zukunft wurzelt in der Gegenwart», das klingt wie ein Gemeinplatz. Diese Formel verkündet jedoch großes Unheil. Snyder entnahm sie Boormans Geschichte, weil er Gemeinsamkeiten herstellen will. Merlin sagt die Worte zu sich selbst, nachdem er Zeuge der Vergewaltigung Igernes wird, aus der Artus entsteht. Beide, Superman wie Artus, sind die Könige ihrer Welt. Der reanimierte und seine Ideale verratende Superman könnte zum Tyrannen unserer Erde werden. Artus erbaut Camelot und ist gleichzeitig für dessen Untergang verantwortlich.

Peter Jackson zitiert Boorman in seinen Werken nicht, aber er erweist sich als unverhohlener Fanboy. Der passionierte Memorabilia-Jäger erwarb bei einer Auktion die goldene Rüstung des mörderischen Mordred.

Sagte Jackson nicht mal, Fantasy war in den 1980er-Jahren ein B-Genre? Eine Gattung, aus der kein einziger hochwertiger Film entsprang? Dieses Werk schließt er davon anscheinend aus. Vielleicht auch, weil es keine durch schlechte Effekte zum Laufen gebrachte Bestien präsentiert.

Es war also Boorman, der 1981 den «Sword and Sorcery»-Boom begründete. Und er schätzte richtig ein: «Da waren viele ‹Sword and Sorcery›-Filme in der Mache.»

Sein Kollege John Milius arbeitete parallel an einem Heldenepos, das er im Jahr darauf ins Kino bringen und das unzählige Nachahmer nach sich ziehen würde.

Und das seinen Hauptdarsteller, einen muskelbepackten Österreicher mit urigem Amerikanisch, zum Superstar machte.

4.
Conan der Barbar: Angriff des «Sword and Sorcery»

> «He is Conan, Cimmerian, he won't cry, so I cry for him»
> – *Subotai, Conan der Barbar*

Dass Ridley Scott, Jim Henson oder John Boorman Fantasy-Filme drehen, schien nicht unvorstellbar. Dass John Milius einen dreht, schon. Mit ihm trat ein Cineast des «American New Wave», später «New Hollywood» genannten Genres in den Ring, was ungewöhnlich war.

Die Regisseure des New Hollywood, deren bekannteste Vertreter Martin Scorsese, Peter Bogdanovich, Robert Altman, Francis Ford Coppola und Hal Ashby sind, hatten kein Interesse daran, Heldengeschichten zu inszenieren, in denen Zauberer und Elfen sich mit dem Teufel anlegten. Das war für sie Fantasterei. Diese – überwiegend – jungen Wilden machten sich ab Ende der 1960er-Jahre an die Umwälzung von Mythen auf Basis realistischer Darstellungen.

Sie knöpften sich Stoffe vor, die amerikanische Träume und Traditionen in Frage stellen, aber stets glaubwürdige Ausgangssituationen liefern.

Zu ihren Protagonisten zählen Kriminelle, die mit dem Revolver große Pläne verfolgen und im Stillen unter ihrer Impotenz leiden. Wie Warren Beatty in Arthur Penns Bonnie und Clyde von 1967, das vielfach als Geburtsstunde des New Hollywood bezeichnet wird. In ihren Gangsterfilmen gibt es ausschließlich

Anti-Helden (der Corleone-Clan in Coppolas DER PATE) und eine auf allen Ebenen bestechliche Justiz (Roman Polanskis CHINATOWN, 1974).

Auch vor dem Heiligtum des amerikanischen Kinos, dem Western, machten sie nicht Halt. Sam Peckinpahs THE WILD BUNCH – SIE KANNTEN KEIN GESETZ (1969) zeigt, wie Sheriffs Unschuldige töten, weil es Spaß macht. Peckinpah war 44, kein junger Wilder mehr, aber ein Revisionist. Deshalb wurde er vom New Hollywood als einer der ihren vereinnahmt.

Zur gleichen Zeit war der junge John Milius an der University of Southern California eingeschrieben. Er strebte nur deshalb ein Studium als Regisseur an, weil das Militär ihm seinen Wunsch, in Vietnam zu kämpfen, abschlug. Ausgemustert wegen Asthma. Viele Jahre später, nach seiner Regie-Karriere, würde er Leitungsmitglied in der National Rifle Association (NRA) werden, der größten Waffenlobby Amerikas, außerdem die US-Army beraten: «Ein Glück, dass sie mich haben.»[1]

Der Wikinger auf dem Surfbrett

Während seiner Studienjahre schleppte der bärtige, oft mit Barett-Armeemütze paradierende Mann Waffen an den Strand, wo er mit seinen staunenden Kommilitonen George Lucas und Steven Spielberg Projekte besprach. Milius' Spitzname war «Viking Man», weil er ein Schwert dabeihatte, und mit diesem Schwert, wie die Wikinger, im Wasser nach Feinden Ausschau hielt. Er nahm den Beidhänder mit auf sein Surfbrett, denn Milius war begeisterter Wellenreiter. Er trat auf wie sein eigener Schauspieler, wie ein Anti-Held der American New Wave.

John Milius war ein Waffensammler, ein Republikaner, der Fäuste sprechen lassen wollte. Eine damals schon altmodische Gestalt. Und in späteren Jahren ungewohnt sentimental. Seine Rührseligkeit kam in der berühmt-berüchtigten Szene aus Steven Spielbergs 1998er-Film DER SOLDAT JAMES RYAN zum Ausdruck, in der jener alt gewordene Veteran Ryan auf dem Soldatenfriedhof vor dem Grab des für ihn gefallenen Retters zusammenbricht. Er fragt seine Familie, ob es das alles wert war. Milius verfasste die Drehbuchzeile für seinen alten Freund Spielberg: «Habe ich ein gutes Leben geführt?» Eine amerikanische Frage, wie sie auch einem Dramolett entspringen könnte. Milius konnte sich das leisten, er hatte seine Karriere schon hinter sich.

Anfang der 1970er-Jahre lag sie noch vor ihm. Das Selbstbewusstsein der New-Hollywood-Filmemacher war unendlich groß. Jeder hatte darin eine Rolle. Ihr Anführer war Francis Ford Coppola. «Wir würden die neuen Godards und Kurosawas sein. Francis unser Leader. Er würde es sich irgendwann gemütlich machen, aber dennoch dem Marsch voranschreiten», erinnerte sich Milius.[2]

---

1 Plume, Ken. *IGN*: An Interview with John Milius, bit.ly/2D0MSIu (30.06.2021).

2 Biskind, Peter: *Easy Riders, Raging Bulls*.

Wenn PATE-Regisseur Coppola der Leader war, dann war er selbst der Auskundschafter. So urteilte jedenfalls Spielberg: «John ist unser Scout. Derjenige, der uns sagt: Nimm nur genug Essen und Wasser für einen Tag mit, aber bleib' dann länger draußen. Sei ein Mann.»

Milius betrachtete sich nicht als Regisseur, aber sicher auch nicht als Scout. Sondern als General. Jeder Film war eine Schlacht.

Auch Steven Spielberg und George Lucas wurden zu Beginn dem New Hollywood zugerechnet. Aber gerade diese beiden Regisseure würden durch die Erfolge vom WEISSEN HAI und KRIEG DER STERNE die Karrieren ihrer Freunde erschweren. Das Popcorn-Kino beendete ab 1975 schleichend die American New Wave. In DER WEISSE HAI wuchtet sich ein mechanischer Hai in voller Länge auf ein Fischerboot und macht den Kutter dank seines Körpergewichts zu einer Rutsche, auf dass alles Verwertbare in sein Maul gleite. Kommt der Mensch nicht ins Wasser, kommt der Fisch halt zu ihm.

Wer diese Szene gesehen hatte, ein Wunder der Tricktechnik, der wollte mehr. Und das auf Realismus abzielende Autoren-Kino bekam ein Problem.

John Milius gehörte zu den jungen Wilden, wurde dann aber in das Spektakel-Kino eingebunden. In sein frühes Regie-Portfolio fällt ein Haudegen-Abenteuer alter Schule (DER WIND UND DER LÖWE, 1975), aber auch ein Drama über junge Surfer, die für den Krieg rekrutiert werden (TAG DER ENTSCHEIDUNG, 1978).

Als Script Doctor war Milius längst mehr als ein Geheimtipp. Auf ihn ging Clint Eastwoods legendärer Spruch «Go ahead, make my day» aus DIRTY HARRY (1971) zurück. Eastwoods Harry Callahan ist ein Konservativer, der sich als Ordnungshüter in Selbstjustiz der «Punks» annimmt, wie auch dessen Darsteller Eastwood ein Konservativer ist, und wie auch dessen Autor Milius ein Konservativer ist.

Milius übernahm auch eine Bearbeitung des Drehbuchs von Spielbergs WEISSEM HAI, dem Popcorn-Film, der das New Hollywood in Schwierigkeiten brachte. Zum Lehrstück wurde Milius' «U. S. S.-Indianapolis-Rede» des Hai-Jägers Quint (Robert Shaw), der von einer Raubfisch-Attacke auf schiffbrüchige Marines berichtet. Das war mindestens so brutal anzuhören wie den Großen Weißen in Aktion zu sehen. Es war der Sieg der Vorstellungskraft über das bewegte Bild.

Als eine seiner größten Leistungen bezeichnet Milius die Co-Autorenschaft für Coppolas Vietnamkriegs-Opus APOCALYPSE NOW (1979). Die Geschichte schrieb er 1969, mit 25 Jahren, zehn Jahre bevor das Meisterwerk in die Kinos kommen würde. Das Script brachte ihm auch seine einzige Oscar-Nominierung ein.

In die Annalen der Filmzitate schaffte es der begeisterte Kommentar Colonel Kilgores (Robert Duvall), der den Irrsinn moderner Kriegsführung mit dem Bedürfnis nach heimeliger Alltags-Routine paart, woraus eine perverse Erregung folgt: «Ich liebe den Geruch von Napalm am Morgen.» Kilgore beordert mitten im Gefecht einen Soldaten, der in seinem ersten Leben als Surfer eine Bekanntheit war, in die Wellen, während der Dschungel grün und gelb wie ein Konzert der Doors leuchtet, vom abgeworfenen Napalm.

Fremdenlegion – oder Conan

Als Autor saß Milius also fest im Sattel. Nach TAG DER ENTSCHEIDUNG von 1978 sollten zwei Jahre vergehen, bis ihm ein Film angeboten wurde, den er einfach drehen musste. Ein Film, der seinen Waffen-Fetisch ebenso bediente wie seine Faszination für Muskelfleisch: CONAN DER BARBAR. «Ich brauchte dringend eine Mission», erzählt Milius im Audiokommentar der DVD. «Ich hatte TAG DER ENTSCHEIDUNG gedreht, und der wurde ein großer finanzieller Verlust. Ich hätte mich ehrenhaft der Fremdenlegion anschließen können. Unnötig zu sagen, dass ich das nicht tat. Stattdessen drehte ich CONAN.»

Mit der New-Hollywood-Idee, lebensnah zu erzählen, hatte Fantasy-Held Conan nur bedingt zu tun. Aber die Grundzüge ähneln sich. Ein Außenseiter erkämpft sich seinen Platz in der Gesellschaft, die ihn verstieß.

Milius, 37, setzte sich seine rote Armee-Mütze auf und machte sich an die Arbeit. Was auch bedeutete, dass er das Drehbuch eines gewissen Oliver Stone weitestgehend umschrieb.

Stone war vor Drehbeginn kein Unbekannter. 1979 erhielt er für 12 UHR NACHTS – MIDNIGHT EXPRESS einen Oscar für das «beste adaptierte Drehbuch». Mit Filmen wie PLATOON (1986), WALL STREET (1987) und GEBOREN AM 4. JULI (1989) würde er zu einem Regie-Star der 1980er-Jahre werden. Stone hatte eine Sci-Fi-Welt für Conan skizziert. Endzeitlich, angesiedelt in der fernen Zukunft, mit Mutanten als Gegner.

Anders als Milius stand er politisch weit links und war tatsächlich ein Vietnam-Veteran, mit einigen Hubschrauber-Kampfeinsätzen. Stone glaubt heute noch, dass seine Version das Fantasy-Genre verändert hätte, rund 20 Jahre vor Peter Jacksons HERR DER RINGE. Er ärgert sich darüber, dass in Spanien gedreht wurde und Produzent Dino De Laurentiis angeblich an allem sparte: «Ich meine, der Kaktus sah lächerlich aus. (...) Ich glaube wirklich, dass dies eine zehn- bis zwölfteilige Filmreihe hätte werden können. Es gab da eine Wüste. Es gab Berge. Und die Monster sahen alle unterschiedlich aus. Und das alles hätte vor DER HERR DER RINGE stattgefunden, und all dem, was danach kam.»[3]

Milius machte sich an eine weit günstigere Variante, mit Jägern und Sammlern, kleinen Bataillonen von Soldaten und wenigen Monstern (Hexe, Gestaltwandler, Riesenschlange).

Die Beschränkung tat dem Film nur gut. Das verdeutlicht allein der Showdown, ein Kampf in einem Hinkelstein-Labyrinth. Conan, begleitet von seinen zwei schmalen Freunden Subotai (Gerry Lopez) und Akiro (Makoto Iwamatsu alias Mako), nimmt es darin mit einer Gruppe von vielleicht 20 Reitern um den Sektenführer Thulsa Doom (James Earl Jones) auf, darunter Thorgrim (Sven-Ole Thorsen), den er in die Falle lockt (Abb. 44).

3 *Empire*, 09/2020.

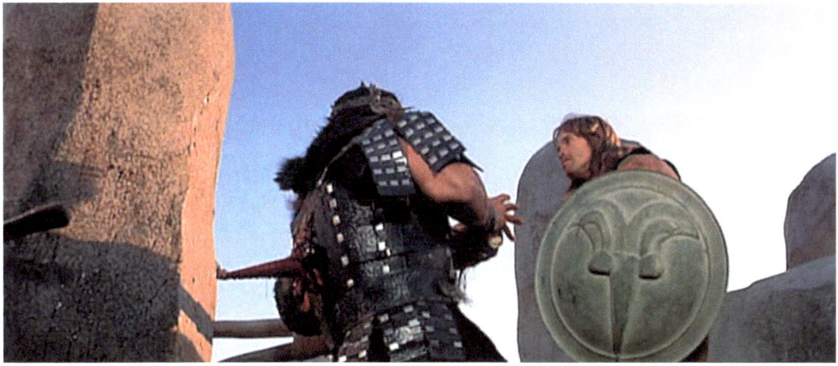

44 Conan (Arnold Schwarzenegger) hat seine Feinde, darunter Thorgrim (Sven-Ole Thorsen), in das Felsen-Labyrinth gelockt, wo er sie mit seinen Fallen schlagen kann. Thorgrim wird aufgespießt. Die Formationen erinnern an Stonehenge, erbaut in einer heidnischen Welt, so wie Conans Welt eine heidnische ist. (CONAN DER BARBAR, USA 1982)

Hätte CONAN DER BARBAR über den Etat heutiger «Sword and Sorcery»-Blockbuster verfügt, dem Helden stünden mindestens zehn Freunde zur Seite, im Gefecht gegen 100 Reiter, von denen 90 computeranimiert sind. Dieser Film aber bietet den Kampf weniger Außenseiter gegen eine Armee, die selbst aus wenigen Außenseitern besteht.

Die Credits führen beide als Drehbuchautoren auf, Milius und Oliver Stone, gleichwohl musste der Film ins Laufen kommen. Die Crew arbeitete zunächst in Jugoslawien, aber dort war es 1980 politisch unruhig. Milius verfrachtete die Produktion ins südspanische Andalusien.

In Almería drehte Milius' Vorbild, David Lean, 1961 seinen LAWRENCE VON ARABIEN. Auch das war ein Film über Strategien, Pakte und Gefechte. Die Dünen, Salzebenen und Hügel sollten nun dem rennenden Conan als Schauplatz dienen.

Milius war im Gefechtsmodus, glaubte sich in Spanien, wie er kundtat, an Afghanistan erinnert, oder stellte sich Afghanistan, wo er nie war, zumindest so vor. Der südostasiatische Staat befand sich zu Drehbeginn in einem Krieg mit der Sowjetunion. Die technologisch unterlegenen Afghanen nutzten die schwer zugänglichen, zerklüfteten Rückzugsmöglichkeiten ihrer Berglandschaft zur zunehmend erfolgreichen Verteidigung gegen die Invasoren. Genau nach Milius' Geschmack.

Aber er war ja auch Surfer, und er ließ es sich nicht nehmen, besonders schöne, nicht verwendete Aufnahmen kalifornischer Strand-Sonnenuntergänge aus seinem 1978er-Werk TAG DER ENTSCHEIDUNG in seinen neuen Film zu montieren. Auch seine Hingabe an Waffen brachte Milius vortrefflich ein, im wahrsten Sinne des Wortes. Als für eine Szene der Kopf einer Gummi-Riesenschlange per Pfeil an der Wand festgenagelt werden musste, durfte an den Bogen nur der zielsicherste Schütze ran, da Conan seinen Kopf dicht unter dem des künstlichen Reptils hielt.

Für den riskanten Schuss kam nur einer infrage: Milius.

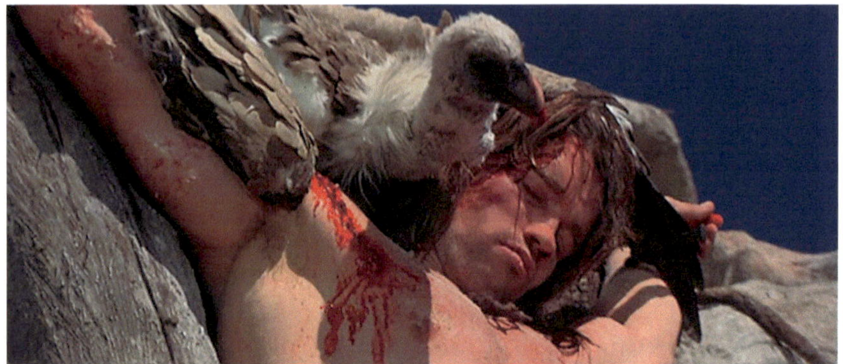

45 Conan (Arnold Schwarzenegger) wurde von Thulsa Dooms Lakaien an den «Baum des Leidens» gefesselt. Dort soll er verdursten, und die Geier knabbern bereits an ihm. Regisseur Milius hat seinen Helden wie eine Jesus-Figur in Kreuzigungspose dargestellt. (CONAN DER BARBAR, USA 1982)

Der Regisseur erfand auch Waffen. Eine Schlangen-Requisite wurde als Pfeil eingesetzt, der über weite Strecken und in tiefster Dunkelheit sein Ziel findet. Milius bezeichnete das steif-verhexte Tier militärpoetisch als «missile heat seeking sidewinder», als «Klapperschlangen-Wärmesuchrakete».

Arnold oder keiner

Auf der Suche nach einem Hauptdarsteller fand Milius schnell seinen Wunschkandidaten: Arnold Schwarzenegger. Der österreichische Bodybuilder, ein fünffacher Mr. Universum und siebenfacher Mr. Olympia, war ein Star, aber nur als Muskelheld und Doku-Darsteller. Ein Schauspiel-Star war er nicht, und sein ungelenker Komödienauftritt in HERKULES IN NEW YORK von 1969 verhieß nichts Gutes. Weil man seinen Nachnamen zu kompliziert fand, wurde Hauptdarsteller Schwarzenegger darin als «Arnold Strong ‹Mr. Universe›» gelistet, was jedoch nicht minder umständlich zu lesen ist.

Milius setzte dennoch Mr. Universum als Conan durch – wen sonst? Conan war der stärkste Mann der Fantasy-Welt, Arnold der der echten. Das Studio fürchtete jedoch, Schwarzeneggers österreichischer Akzent könnte abschreckend wirken. Bis heute hört sich das Amerikanisch des Grazers, der längst US-Staatsbürger ist und Kalifornien als republikanischer Gouverneur regierte, komisch an. Als spreche er nicht frei, sondern lese eine für ihn nicht ganz leichte Sprache vom Spickzettel ab.

Milius aber sagte: «Gäbe es Arnold nicht, hätten wir ihn bauen müssen.»[4] Und Arnold war ein ganzer Kerl. Für die Dreharbeiten biss er, in Kreuzigungspose an

4 DVD-Bonus: THE MAKING OF CONAN.

einen Baum gefesselt, in den Nacken eines toten Geiers, immer wieder, bis die Einstellung saß. Nach jedem «Cut» rannten die Ärzte zu ihm. Er musste ein Mittel gurgeln, um sich am Kadaver nicht zu vergiften. Schwarzenegger berichtete, er habe so gut wie jeden Stunt selbst ausführen müssen, da sich kein Double mit ähnlicher Statur auftreiben ließ. Legendär der lakonische Kommentar Milius', sobald es am Set zu Verletzungen kam: «Schmerz vergeht, Filme sind für die Ewigkeit.» (Abb. 45)

«Ich war ein Monster»: Sven-Ole Thorsen im Gespräch

Milius hätte einen Arnold also bauen müssen, gäbe es ihn nicht schon. Ihn und einen Menschen wie Sven-Ole Thorsen. Der war noch imposanter. Der Bodybuilder, Karate-Schwarzgurtträger und Stuntman, 1,93 Meter groß, würde sich 1983 den Wettbewerbstitel «Dänemarks stärkster Mann» sichern. Zu Beginn der CONAN-Aufnahmen wies er ein Gewicht von 160 Kilogramm auf. 50 mehr als Schwarzenegger.

Thorgrim, so Thorsens Rollenname, war ein Gehilfe des Sektenführers Thulsa Doom und schwang einen 30 Kilogramm schweren Hammer. Im Zweikampf hätte Conan keine Chance gegen ihn.

«Ich war ein Monster!», sagt Sven-Ole Thorsen. Er spricht mit ruhiger Stimme und hartem dänischen Akzent. «Aber Monster waren wir eigentlich alle. Sonst hätten wir den Film nicht drehen brauchen.» Thorsen sitzt am Telefon in Spanien, seinem Zweitwohnsitz. Seit dem Beginn seiner Hollywood-Karriere pendelt er zwischen Kalifornien und jenem Land, in das er sich bei den CONAN-Dreharbeiten verliebte. Dort verbringt er im Dezember 2020 auch den Corona-Lockdown. In seiner Villa mit Garten, also mit Auslauf. Rastlos aber fühlt er sich trotzdem. Er

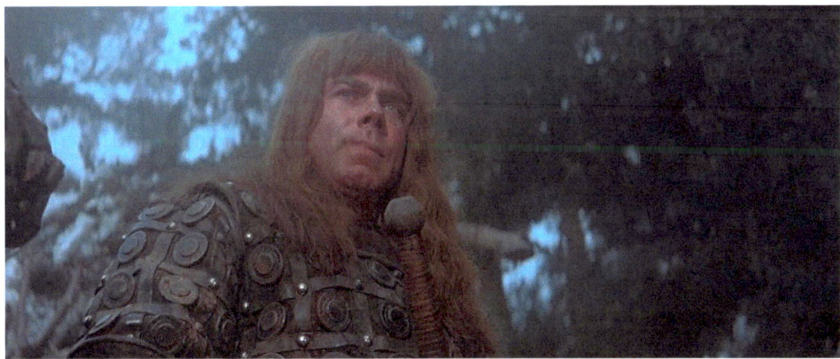

46 Sven-Ole Thorsen als Thorgrim (CONAN DER BARBAR, USA 1982)

läuft, wie er einer dänischen Zeitung bereits mitteilte, täglich tausende Schritte um sein Anwesen herum, wie ein Löwe, um sich fitzuhalten.

Für CONAN trug Thorsen die langen Haare eines Kriegers, heutzutage pflegt er einen eisgrauen Militärhaarschnitt. Er hat ein kantiges, wie aus Stein gehauenes Gesicht, aus dem stahlblaue Augen blitzen. Er sieht aus wie ein General aus einer Desert-Storm-Operation.

Der 76-Jährige lacht auf. Es geht ihm eigentlich gut. Und die Erinnerungen sind stärker als die trübe Gegenwart inmitten einer Pandemie. Thorsen bezeichnet CONAN als «Zeit meines Lebens», macht bei der Nacherzählung heikler Stunts viele Kunstpausen und stattet Anekdoten mit einem Pointen-Timing aus, das über Jahrzehnte erprobt wirkt.

John Milius engagierte den jungen Dänen für seine erste Rolle, auf Empfehlung des gemeinsamen Freundes Schwarzenegger. «Ich sollte alle meine Kumpels mitbringen. Wrestler, Athleten, Bodybuilder, Gewichtheber. Keiner von uns hatte Schauspiel-Erfahrung. Wir waren Daredevils, Draufgänger, keine professionellen Stuntmen. Es war wild. Spanien, das tolle Essen, wir bereisten 17 Sets. Wir wurden dafür bezahlt, Cowboy und Indianer zu spielen. Jeden einzelnen Tag.»

Thorsen hat viel mitgemacht, bereue davon aber keine Sekunde: «Sechs Operationen. Ich habe neue Knie, eine neue Hüfte, neue Schultern. Verschleiß. Stunt-Arbeit.» Sobald der Lockdown vorbei ist, wird er wieder vor die Kamera treten. In Kevin Smiths Fortsetzung der Komödie MALLRATS (1995) schlüpft er erneut in die Rolle des Sicherheitsbeamten LaFours.

Ein Star-Schauspieler ist Sven-Ole Thorsen nicht. Kein Schwarzenegger, kein Stallone, nicht mal ein Dolph Lundgren. Aber er ist ein heimlicher Star. Nicht nur, weil er den Fun-Fact-Titel «am häufigsten in Schwarzenegger-Filmen getöteter Typ» trägt, in 16 Streifen des Österreichers mitspielte, und sei es nur als Stuntman.

Thorsen und andere Zweite-Reihe-Schauspieler haben eine substanzielle Bedeutung für das «Sword and Sorcery»-Genre. Es waren Muskelpakete wie er, die ab Ende der 1970er-Jahre neuartige Helden in der Fantasy etablierten. In CONAN DER BARBAR schlugen mit Thorsen, Schwarzenegger und dem Zwei-Meter-Footballer Ben Davidson in der Rolle als Rexor gleich drei Schwergewichte aufeinander ein. Die höchste Konzentration an Testosteron, die bis dahin im Kino zu sehen war.

Ihre Erweckung war die 1977er-Dokumentation PUMPING IRON. Sie zeigt Kraftsportler wie Schwarzenegger und Lou Ferrigno, der bald als TV-HULK Karriere machen würde, bei der Vorbereitung auf die «Mr. Olympia»- und «Mr. Universum»-Turniere. Dem Kinopublikum wurde das Bodybuilding erklärt.

Heute erscheint das Defilee der Fleischberge zwingend. Es konnten doch nur solche Kerle sein, die das Fantasy-Genre belebten, oder? Aber vor PUMPING IRON und CONAN befand Bodybuilding sich in der Muffelecke, erschien als nicht salonfähig. Sport für Leute, die nur sich selbst schön finden konnten, abgeschirmt schwitzen und auf alle anderen verstörend wirkten.

Bis Conan kam, dominierten wendige Swashbuckler den historischen Actionfilm, Tyrone Power, Douglas Fairbanks, Sr., Errol Flynn. Der Lichtschwert-schwingende Mark Hamill alias Luke Skywalker steht in ihrer Tradition. Auch in der Fantasy-Literatur hatten Helden wenig Ähnlichkeit mit Herkules-Figuren. Im *Herrn der Ringe* gibt es keinen einzigen Kraftprotz. Die schafften es nur in Schundromane, auf Gemälde und in Comics.

Man wird zuerst Bodybuilder, dann Schauspieler, nicht umgekehrt. Deshalb wirkten Sportler, denen ab den 1970er-Jahren der Sprung auf die große Leinwand gelang, wie Schwarzenegger in HERKULES IN NEW YORK, auch so unbeholfen. Ihnen fehlte die Ausbildung zum Darsteller. Diese Unsicherheit wurde oft als Ausdruck niedriger Intelligenz wahrgenommen, ein Vorurteil, gegen das Bodybuilder sich bis heute wehren müssen.

Erst mit Schwarzenegger gelangten die Kolosse als Hauptdarsteller nach Hollywood. Thorsen sagt, Figuren wie Thorgrim oder Conan waren längst überfällig. «Es gab schon so viele Filme, in denen normale Typen sich wie Superman verhalten. Aber ein Typ, der einen Superman spielt und endlich wie Superman aussieht? Der war doch viel authentischer!»

Gleichwohl, sagt er, können Schauspieler über ihre Rolle hinauswachsen. Man werfe einen Blick auf die 1960er-Jahre. «Kirk Douglas als Spartacus. Ein eher kleiner Mann. Keine Muskeln. Dünne Ärmchen. Dünne Beinchen. Aber als Schauspieler? Er machte aus SPARTACUS einen der größten Schwertkämpfer-Filme aller Zeiten.»

CONAN DER BARBAR zeige einen neuartigen Athleten und Schwarzenegger auf dem frühen Höhepunkt seiner Darstellungskunst: «Conan ist massig, aber unglaublich schnell auf den Füßen und sehr behände. Arnold ist ein körperlich fantastischer Schauspieler, und CONAN ist seine Krönung.»

Thorsen, der ab den 1990er-Jahren als Stuntkoordinator für Filme wie DIE TOTALE ERINNERUNG – TOTAL RECALL (1990), BRAM STOKER'S DRACULA (1992) und BATMAN UND ROBIN (1997) tätig war, hat auch die Riege der Bizeps-Brüder, die das heutige Action-Kino prägen, betreut. «Ich arbeitete mit Dwayne Johnson und Vin Diesel zusammen. Tatsächlich arbeitete ich mit so ziemlich jedem zusammen. Ich zeichnete mit meiner Arbeit für 160 Filme verantwortlich. Wir sind ein Team, große Kerle. Natürlich bitten sie mich als Stuntkoordinator um Hilfe. Aber eigentlich kommen die auch ganz gut allein klar.»

In Ridley Scotts GLADIATOR aus dem Jahr 2000 erhielt Thorsen seinen letzten großen Auftritt. Als Tigris ging er mit Axt und Säge auf Russell Crowes Arenakämpfer Maximus los, beide in Sprungweite zweier Tiger.

Früh sei am CONAN-Set klar geworden, dass John Milius die Nähe seiner starken Männer sucht. «Er war einer von uns», erzählt Thorsen. «John hing in jeder freien Minute mit den Stuntmen ab. Und war dann plötzlich wieder weg. Er war nicht aufzutreiben, obwohl der nächste Szenen-Dreh anstand. Der Regisseur der Second Unit stöberte ihn in seinem Trailer auf. John spielte mit seinen Modellflugzeugen und machte Motorgeräusche wie ein Kind. Er rief: ‹Fangt doch ohne mich an! Ich bin beschäftigt!›»

Vor einigen Jahren schenkte Thorsen seinem Freund Milius eine CONAN-Requisite, den Hammer des Thorgrim. Der 76-jährige Regisseur lebt nach einer überstandenen Krebserkrankung zurückgezogen. «Ich hoffe, die Waffe baut ihn etwas auf», sagt Thorsen. Der Hammer hänge nun an der Wand in Milius' Büro.

Die Welt des Conan

Die Abenteuer Conans gelten als Ursprung des «Sword and Sorcery»-Genres in der Literatur. 1932 veröffentlichte der Schriftsteller Robert E. Howard die ersten Kurzgeschichten über wortkarge Krieger der Frühzeit. Ab 1952 wurden seine Storys auch in Comics weitergesponnen. Die im Film Conan zugeschriebene Hintergrundgeschichte gehört zur zweiten Howard-Figur, Kull der Eroberer, aber Milius fand an ihr Gefallen. 10 000 Jahre vor Christus, im fiktiven «Hyborischen Zeitalter», befreit sich Conan der Cimmerier aus der Sklaverei, besteht Abenteuer und wird schließlich zum «König von Aquilonien» gekrönt. Aber ein Barbar, wie der Titel behauptet, ist er nicht, und so wird er zumindest im Film auch nie bezeichnet.

Milius empfindet sich als Wesensverwandter Howards. Der texanische Autor verließ sein Heimatnest Cross Plains zeit seines Lebens nicht, war ein Amateur-Bodybuilder und Waffennarr. Er litt unter psychotischen Episoden und beging im Alter von 30 Jahren Suizid. Howard glaubte, Conan würde jede Nacht in der Ecke seines Arbeitszimmers lauern und den verängstigten Literaten mit erhobener Axt auffordern, weiter Geschichten über ihn zu schreiben. Bei Milius machte es Klick. «So ging es mir mit Conan auch. Ich musste den Film einfach fertigstellen.»

Milius' Hingabe an Howards Giganten ist in jeder Minute spürbar. CONAN DER BARBAR ist eine Symphonie, eine Liebeserklärung an das Gesetz des Stärkeren, aber auch eine tatsächliche Symphonie. Milius beauftragte seinen Komponisten und ehemaligen Kommilitonen, Basil Poledouris, eine orchestrale *Wall-to wall-music* zu schreiben, die nahezu jeden Schritt des Helden begleitet. Dafür bekam er 13 Monate Zeit, für damalige wie heutige Auftragsverhältnisse dankbar lang.

Poledouris zauberte eine Gala der Leitmotive und gregorianischen Chöre hervor, verwendete aber auch traditionelle Stücke wie eine Variation von «No. 166 (Como Poden per sas Culpas)» aus der Liedersammlung *Cantigas de Santa Maria*, ein Stück aus dem 13. Jahrhundert, das in der Soundtrack-Einspielung die hypnotische Messe des Schlangenkult-Führers Thulsa Doom illustriert.

Die Geschichte von CONAN DER BARBAR wirkt wie ein Tanz, ein atemberaubender Tanz, bei dem auf Angriffe mit Gegenangriffen, auf Entführungen mit Gegen-Entführungen reagiert wird. Ein Tanz, bei dem schwächere Charaktere sterben, aber als allmächtige Kämpfer ins Diesseits zurückkehren. Die *pre-*

pare-for-battle-Situationen sind nervenaufreibend, die Demonstrationen von *shock and awe* brachial. Man könnte sich Milius gut vorstellen, wie er sich, einem Kriegsstrategen gleich, über eine Modell-Landschaft beugt und mit dem Schieber Armeen manövriert.

Zum eigentlichen Plot – Conan rächt den Mord an seinen Eltern und die Auslöschung seines Stamms – gesellt sich eine reizvolle Nebengeschichte, die Befreiung einer Prinzessin. Ein gut bezahlter Auftrag, den Conan aber vor allem deshalb annimmt, weil es sich bei dem Entführer auch um jenen Mörder seiner Eltern handelt, Thulsa Doom.

Eine geschnittene Sequenz zeigt, wie Conans Auftraggeber, König Osric (Max von Sydow), kurz nach dem Treffen mit ihm von Attentätern ermordet wird. Damit entfiele auch der Sinn von Conans Befreiungsaktion für die Regenten-Tochter. Für Conan dürfte es in der Zeit des anschließenden Aufruhrs keinen Sold mehr geben, wenn er den Abkömmling eines gefallenen Potentaten zurückbrächte. Eine grandios nihilistische Konsequenz, die wohl zu dunkel war für diesen eh schon dunklen Film.

Der Cimmerier begibt sich also auf seine Reise als Rächer. Ein Plädoyer für Selbstjustiz, wie manche Kritiker argwöhnen, ist der Film aber nicht. Es gibt im Hyborischen Zeitalter ja keine Justiz. An wen hätte Conan sich wenden sollen? Er ist ein Gesetzloser, wie Thulsa Doom. Es zählt das Recht des Stärkeren.

Conan und seine Gefährten sind keine Menschen vieler Worte. Milius und sein Komponist Poledouris hätten CONAN DER BARBAR auch als Musikfilm inszenieren können, in dem die Töne den Erzählfluss formen. Richard Wagner klingt im Soundtrack an, und das führt schnell zu dem von Milius bewunderten Friedrich Nietzsche. «Was mich nicht umbringt macht mich stärker» aus der *Götzen-Dämmerung* von 1889 ist dem Film in einer leichten Abänderung vorangestellt: «That which does not kill us makes us stronger».

Nietzsche, Riefenstahl – und Conan

Milius führt den Versuch einer Nietzsche-Ehrerbietung in CONAN DER BARBAR nach rund 15 Minuten ein. Conan, ein angeketteter Kindersklave, muss Tag ein, Tag aus, Jahr für Jahr, das «Rad der Schmerzen» drehen, eine riesige Apparatur zur Getreidegewinnung, und angepeitscht durch Wachmänner (Abb. 47).

Zu Beginn der Tortur sind noch weitere Kinderarbeiter am Rad. Am Ende bleibt nur einer übrig, der Cimmerier. «Hier kommt Nietzsche ins Spiel», sagt Milius. «Natürliche Selektion. Jeder will das. Jeder will auserwählt sein, jeder will stark sein.» Für ihn ist das «Rad der Schmerzen» ein Mittel zur natürlichen Auslese. «Jeder will das Rad drehen und zu Arnold werden.» Milius hält fest: «Arnold ist das Rad.» Mit den Zuschreibungen kommt er jedoch durcheinander. Der Philosoph Nietzsche hatte durchaus eine Meinung zum «Survival of the fittest», vor allem aber geht die Evolutionstheorie nicht auf ihn, sondern den Naturforscher Charles Darwin zurück.

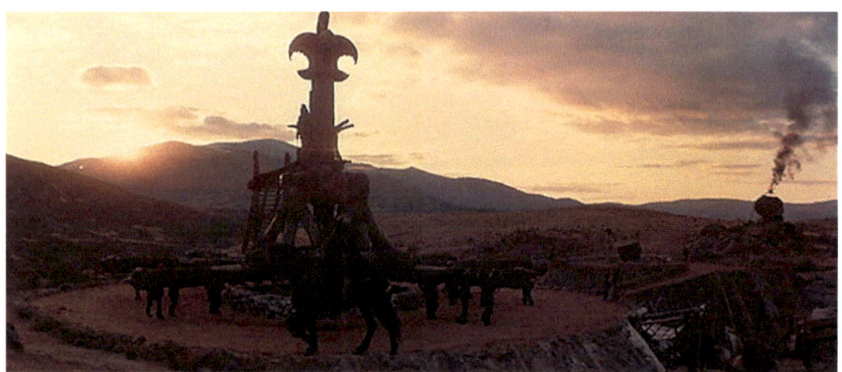

47 Als Kind wurde Conan (Arnold Schwarzenegger) zum Kindersklaven gemacht, seine Eltern getötet, sein Dorf niedergebrannt. Er muss mit anderen Gefangenen das «Rad der Schmerzen» drehen. Am Ende ist er der einzige Überlebende der Schinderei. (CONAN DER BARBAR, USA 1982)

Milius klingt auch wie ein Sozialdarwinist, der seinen Helden martialisch-schwärmerisch beschreibt. Als Ausdruck purer Dichtkunst gelingt ihm das, als Conan vor hungrigen Hunden auf eine Felsformation flüchtet. In dessen Inneren findet er das Atlantean-Schwert, welches das Kräfteverhältnis zwischen geflüchtetem Menschen und Wildtier umkehrt. Conan ist kalt, und er braucht Kleidung. Aber jetzt hat er eine Waffe. «Er blickt hinunter. Er sieht die Hunde. Schlägt seine Ketten entzwei. Sieht die Hunde. Und in der nächsten Szene hat er sie sich *angezogen*.»

Auch Sektenführer Thulsa Doom, der sich in eine Riesenschlange verwandeln kann, ist für Milius ein Beispiel für den Beweis der Darwin'schen Evolutionstheorie. Thulsa Doom reist mit seinen Lakaien des Set-Kults durch die Welt und sucht nach neuartigen Waffen, um sein Reich zu vergrößern. Die Schmiedekünste mit Stahl und Eisen erforscht er schon lange nicht mehr. Er ist beim Fleisch angelangt. Seine Jünger springen für ihn von Felsen in den Tod, durchbrechen Holzböden, verwenden ihre Körper als Waffe. Sie werden zu Selbstmord-Attentätern. Milius: «Fleisch ist stärker als Stahl. Das ist Nietzsche!»

Für manche klingt es so, als sei Milius nicht nur Sozialdarwinist, was allein eine Diskussion wert wäre. Sondern auch ein Aktivist, der politisch sehr weit rechts steht.

Stramme Worte zeichneten ihn seit jeher aus, und sie blieben nie ohne Folgen. Einige Kritikerinnen und Kritiker, die prominenteste war Pauline Kael vom *New Yorker*, sahen in ihm womöglich einen Rechtsradikalen. Er hat dem stets widersprochen, auch mit dem Verweis auf seine Religions- und Kulturzugehörigkeit: «Sie vergleichen mich mit Leni Riefenstahl. Sie sagen, ich bin ein Nazi, und dass meine Filme voll von Visionen alpiner Reinheit und nordischer Charaktere sind [...]. Natürlich schrieb ich ihnen zurück, erklärte, dass ich Jude bin, dass mich diese Vorwürfe verletzen würden und ich sie deswegen wohl verklage.»

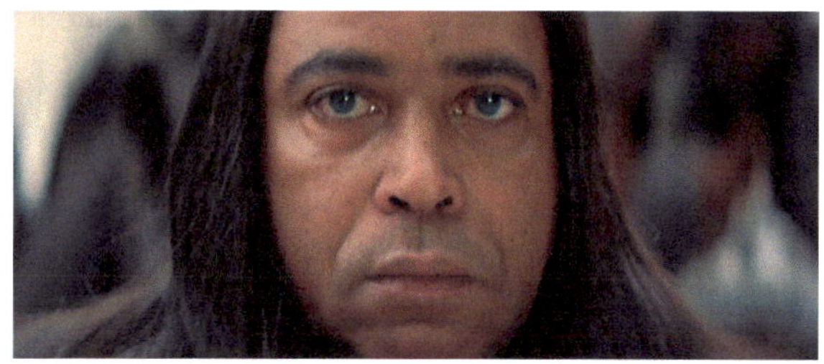

48 Thulsa Doom (James Earl Jones) hypnotisiert Conans Mutter, damit sie ihr gegen ihn gerichtetes Schwert senkt. Jones erhielt blaue Kontaktlinsen und ihm wurde das Haar geglättet, auf dass er außerweltlich erscheine. (CONAN DER BARBAR, USA 1982)

Milius' Androhung jedoch hätten die Rezensenten als Vorwand betrachtet, sich bestätigt zu fühlen: «‹Wir sagten doch, er ist eine Bedrohung für die westliche Gesellschaft›. (...) In Wirklichkeit bin ich aber kein Faschist. Ich bin ein Mann des Volkes. Die Kritiker sind die Faschisten. Sie kreieren die faschistische Gesellschaft.»[5] Milius kommt zu einer bemerkenswerten Selbstauskunft. Er ähnele einem Maoisten, aber in erster Linie sei er ein «Zen-Anarchist».

Milius inszeniert sich als Mann der Widersprüche. Er, der nicht wie Leni Riefenstahl sein will, ruft im DVD-Audiokommentar begeistert: «Wie Riefenstahl!» Gemeint ist seine Inszenierung einer Prozession am «Berg der Macht», die Parade der weißgewandeten Jünger der Sekte, die am Fuße eines Tempels auf ihren Gott wartet, Thulsa Doom.

Doom wird brillant verkörpert von James Earl Jones, ein bäriger Schauspieler, ganz Bass-Stimme, die er auch schon Darth Vader in den KRIEG DER STERNE-Filmen lieh. Milius hat ihm ein eigentümliches Aussehen verpasst. Dem dunkelhäutigen Mimen wurden das Haar geglättet und blaue Kontaktlinsen gegeben, was ihn als Wanderer zwischen den Ethnien erscheinen lässt, oder als den letzten seiner Art. Er schafft es Conans Mutter zu hypnotisieren, damit sie ihn nicht mit ihrem Schwert attackiert (Abb. 48).

Nieder mit den Hippies

Milius ist ein Religionskritiker, und CONAN DER BARBAR ist ein religionskritisches Werk. Die «Berg der Macht»-Szene ist von grundlegender Bedeutung. Milius verachtet die Anbeter Thulsa Dooms. Die jungen Menschen sind blind vor Liebe für ihren Führer, sie sind langhaarig und jung, wirken wie betäubt und singen dümmliche Lieder. «Hippies! Die ganze Zeit high», sagt Milius. Conan versucht, sich als einer der ihren auszugeben (Abb. 49).

Milius gab also einer Kulturbewegung, die Anfang der 1980er keine Rolle mehr spielte, nochmal einen mit. Hippies musste er in den 1970ern schon am kalifornischen Strand ertragen, als er, der «Wikinger», mit seinem Schwert auf dem Surfbrett stand und glaubte, das Wasser vor Blumenkindern bewachen zu

5 *IGN*: An Interview with John Milius, bit.ly/2D0MSIu (30.06.2021).

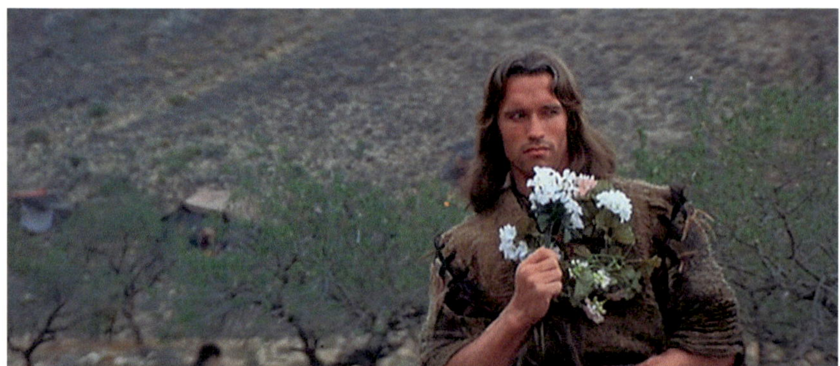

49 Conan (Arnold Schwarzenegger) reist zum «Berg der Macht», wo er Thulsa Doom sehen will, den Mörder seiner Eltern. Er versucht sich als einer seiner hippiesken Jünger zu tarnen, indem er sich ein Blumensträußchen vor die Brust hält. Er wirkt wie ein Parodist. (CONAN DER BARBAR, USA 1982)

müssen. Diesen Stellenwert hat CONAN DER BARBAR exklusiv: ein «Sword and Sorcery»-Abenteuer als verachtender Kommentar zum Traum von Love and Peace.

Ein gescheiterter Traum. Die Jünger lassen sich mit Drogen vollpumpen, töten und verspeisen. Thulsa Doom und seine Soldaten machen aus ihnen Eintopf. «Das ist einfach nur krank, John!», sagt Arnold Schwarzenegger lachend im Audiokommentar, als beide den riesigen Suppenkessel im Film sehen, darin unzählige abgehackte Hände.

Die Figur des Doom lehnte Milius an den Sektenführer Jim Jones an, der 1978 im Urwald von Guayana über 900 seiner Anhänger in den Freitod trieb. Jones starb an jenem Tag auch, ungeklärt ist, ob durch Selbsttötung oder Fremdverschulden. Der frühere Pfarrer ging Jahre vor dem Massensuizid auf Erweckungsreise und glaubte ans Gesundbeten. Als gegen ihn wegen des Vorwurfs sexuellen Missbrauchs ermittelt wurde, flüchtete er nach Südamerika ins Exil. Jones war ein Blender, wie Thulsa Doom.

Der Führer des Set-Kults gliedert unzählige Sinnsucher in seine Gemeinde ein. Dabei müssten alle Menschen im Hyborischen Zeitalter nicht an ihn, sondern den cimmerischen Gott Crom glauben. Und doch erscheint die Gesellschaft, der sie entspringen, als heidnisch. Crom macht es ihnen leicht. Er verlangt keine Opfergaben, er kann auf Priester, die seine Lehren in die Welt tragen, verzichten. Und er legt auch keinen Wert auf den Bau von Tempeln. Vielleicht sieht Conans von Thulsa Doom angegriffene Festung auch deshalb wie Stonehenge aus. Assoziativ angeordnete Brocken, deren Bedeutungen bis heute ungeklärt sind. Stonehenge, ein Bauwerk aus der Jungsteinzeit in der Nähe der südenglischen Stadt Amesbury, ist eine der weltweit beliebtesten Wallfahrtsstätten für Heiden, die dort schräge Rituale vollziehen.

Conan – der Übermensch?

War Conan wirklich ein Übermensch? Intelligenter als der Mensch? In Milius' Film ist er es nicht, und Schwarzenegger befand: «Er ist kein Superman.»[6] In den Jahren, in denen Ronald Reagan die USA regierte, 1981 bis 1989, kämpften sich einige Muskelhelden durch die Landkarten der Kino-Welt. Sie gewannen für Reagan den Krieg der Systeme. John Rambo erledigt in RAMBO II – DER AUFTRAG Vietcong und Russen, als Wiedergutmachung für den verlorenen Vietnamkrieg. Rocky Balboa zerlegt in ROCKY IV den Sowjet Ivan Drago (Dolph Lundgren) derart leidenschaftlich, dass ihm im Film dessen Staatschef, ein Michail-Gorbatschow-Lookalike, stehend applaudiert.

Conan will sich als Held der Reagan-Jahre in diese Reihe nicht recht einfügen. Er vertritt kein System. Er rächt keinen verlorenen Krieg. Er rächt die Leute seines Dorfs.

In seine Rolle als Krieger muss er sich erst hineinfinden. Es vergehen 20 Jahre seines Lebens (im Film immerhin 20 von 122 Minuten), bevor er sich in sein erstes Gefecht stürzt. Und das auch nur, weil er als Sklave zu einem Gladiatorenkampf gezwungen wird. Der ehemalige Kinderarbeiter kannte zuvor nur die Schufterei am «Rad der Schmerzen». Er hat die Kraft. Aber Prügeln liegt nicht in seiner Natur.

Als Erwachsener wählt der «Übermensch» fehlerhafte Taktiken, lässt sich, dürftig maskiert und im Besitz eines gestohlenen Artefakts, von Thulsa Dooms Truppen gefangen nehmen.

Conan stirbt sogar. Seine Gefährtin Valeria (Sandahl Bergman) wird nach einem Pakt mit Geistern ihr eigenes Leben opfern müssen, damit ihr Geliebter wiederauferstehen kann.

Auch in seinem letzten Kampf, dem prekären Versteckspiel im Quasi-Stonehenge, verliert der Cimmerier die Übersicht. Als das feindliche Schwert auf seinen Kopf hinabzurasen droht, muss Valeria aus der Überwelt zurückkehren, um als Engel eine Parade durchzuführen. Sie fragt ihn, wie oft er denn noch in die Schlacht ziehen will: «Willst du denn ewig leben?» Conan erkennt, dass er ohne seine Gefährtin wenig erreicht hätte (Abb. 50).

In solchen Momenten steht der Krieger dann doch nicht für das Überleben des Stärksten, ist kein Gewinner der natürlichen Selektion. Conan ist nicht mehr «das Rad».

Auch Thorgrim-Darsteller Sven-Ole Thorsen befindet, dass Conan Lehrgeld zahlen muss. «Er führt einen täglichen Kampf ums Überleben. Und er macht eine Entwicklung durch. Er beginnt sein Leben als Fighter, aber er wird zweifelnder, weil er sich nach Liebe sehnt. Am Anfang ist Conan nur ein Rächer. Am Ende ist er ein guter Mensch.»

6 Interview mit Schwarzenegger am Set, bezogen über bit.ly/3gzbxBR (30.06.2021)

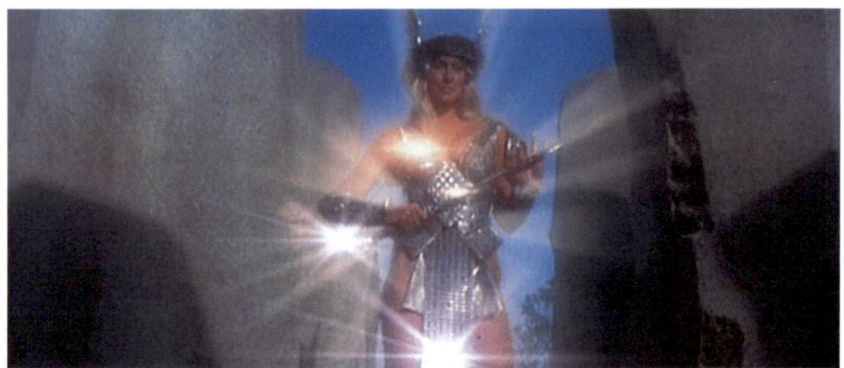

50 Valeria (Sandahl Bergman) kehrt als Engel auf die Welt zurück, um Conan im Kampf gegen Thulsa Dooms Reiter zu beschützen. Sie fragt ihn, leicht amüsiert, warum er denn unbedingt an seinem Dasein festhält: «Willst du denn ewig leben?» (CONAN DER BARBAR, USA 1982)

Noch zu Beginn seiner Odyssee trompetete Conan, angesprochen auf die Frage nach dem Sinn des Lebens: «Zu kämpfen mit dem Feind, ihn zu verfolgen und zu vernichten – und sich zu erfreuen an dem Geschrei der Weiber.» In Kinotrailern und auf dem Plakat wird er als düster dreinschauende Gottheit und Valeria als seine ihm zu Füßen hockende Gehilfin dargestellt. Die Ironie besteht darin, dass Conan ohne sein «Weib» aufgeschmissen wäre. Die schlaue Story-Wendung bekundet den Respekt, den Milius gegenüber Frauen empfindet. Ihn, den viele als Reaktionären schmähen.

«Eine Valkyrie!», schwärmt Milius von Sandahl Bergman, die er als Tänzerin in einem Musical sah und deshalb engagierte. Und als seine Lieblingsszene bezeichnet er jene, in der eine Hexe (Cassandra Gava) auf allen Vieren zu Conan schleicht, um ihn zu verführen, aber der hormongesteuerte und dadurch leicht zu täuschende Mann ein Detail nicht erkennt, woran sich ihre bösartige Übernatürlichkeit offenbart: «Wenn man genau hinsieht, dann wird etwas klar. Ihr ist der eigene Schatten immer ein kleines Stück voraus.» Bei Milius haben die Frauen es leicht, Männer zu überlisten.

Dabei ist dem «Übermenschen» Conan schon als Kind ein innerer Kompass abhandengekommen. Seinen Daseinszweck definiert er einzig über den Gedanken, Thulsa Doom zu töten. Doom ließ Conans Vater von Hunden massakrieren, sein Dorf niederbrennen und köpfte dann eigenhändig seine Mutter. In der späteren Konfrontation bleibt der Schlangenkult-Führer auch im Angesicht seines eigenen Todes ruhig.

Er weiß, dass Conan sein Leben auf ihn ausgerichtet hat.

«Wenn ich nicht mehr da bin, kannst du niemals mehr derjenige sein, der du sein könntest. Ich bin die Quelle, aus der du fließt.»

Er ist zu Conans Vater geworden.

Nach kurzem Zögern beschließt Conan aber doch, zum Vatermörder zu werden.

Und enthauptet Thulsa Doom.

Conan wirft erst den Kopf des Gegners, dann sein Schwert weg. Er verabschiedet sich von seiner Vergangenheit. Es ist das Ende der Gewalt.

Welches Ziel kann er jetzt noch haben?

Das Ziel ist natürlich sein Auftritt im Kino! Milius' Verfilmung maß sich, in einem schwer umkämpften Jahr, mit Rocky Balboa (ROCKY III – DAS AUGE DES TIGERS), John Rambo (RAMBO), dem POLTERGEIST, dem «Ding» (DAS DING AUS EINER ANDEREN WELT), BLADE RUNNER und dem neben Boxer Rocky einzig freundlichen Mitglied dieser Truppe, jenem watschelnden, wie eine Kartoffel auf zwei Beinen aussehenden E. T – DER AUSSERIRDISCHE.

CONAN feierte seine Premiere am 16. März 1982, wurde mit einem Einspielergebnis von 70 Millionen Dollar ein Erfolg und machte den Ex-Bodybuilder Schwarzenegger über viele Jahre zu einem der bestbezahlten Schauspieler.

Der Einfluss Conans, die Erben Conans

Als CONAN DER BARBAR anlief, fand «Sword and Sorcery» langsam auch hierzulande seinen Weg in Wohn- und Spielzimmer. Man konnte selbst zum Krieger, Elfen oder Zwerg werden, dazu bedurfte es lediglich eines Regelbuchs, Würfel und Bleistift, also «Pen & Paper». Rollenspiele werden jene Abenteuer genannt, in denen die Teilnehmer durch Erzählungen eines Spielleiters und eigener Pläne voranschreiten, aber eben nicht auf dem Brett, sondern im Geiste.

Schon 1974 kam in den USA die «Dungeons & Dragons»-Box, kurz «D&D» auf den Markt und erschien 1983 auf Deutsch. Ebenfalls 1983, dem Jahr nach Conan, lief eine Animationsserie an, die tatsächlich DUNGEONS & DRAGONS hieß. Darin werden Kids in einem Vergnügungspark in eine geheime «Sword and Sorcery»-Welt teleportiert, wo sie Abenteuer bestehen müssen. Bereits 1982 entstand mit IM LABYRINTH DER MONSTER ein Film über ein an «D&D» angelehntes Rollenspiel (mit Tom Hanks in seiner ersten Hauptrolle), in dem es um den lebensgefährlichen Realitätsverlust eines adoleszenten Spielers geht.

2021 haben sich weltweit fast 14 Millionen Menschen regelmäßig mit Papier, Stift und Würfel an «Dungeons and Dragons»-Spieltische gesetzt, um in Fantasy-Welten abzutauchen. Tendenz steigend.[7] Wohl auch deshalb befinden sich aktuell ein «D&D»-Film sowie eine davon unabhängige TV-Serie in der Entwicklung.

Im Jahr 2000 gab es mit DUNGEONS & DRAGONS bereits einen von New Line Cinema vertriebenen – und gescheiterten – Versuch, das Rollenspiel für die Leinwand zu adaptieren. Vielleicht haben die neuen Regisseure Jonathan Goldstein und John Francis Daley (GAME NIGHT, 2018) und ihr Hauptdarsteller Chris Pine

7 *Dungeonvault*, bitl.y/39GP1Gh (30.06.2021)

mehr Erfolg. Derek Kolstad, Autor der JOHN WICK-Reihe (2014–), arbeitet derweil an der Fernsehversion von «Dungeons & Dragons».

In Deutschland hatte «D&D» keine echte Chance. 1984 gründete Ulrich Kiesow *Das Schwarze Auge* rund um die Welt Aventurien. «DSA» ist seitdem, seit 37 Jahren, das größte Rollenspiel des Landes. Heute gibt es, für beide Spielsysteme, zusätzliche PC- und Mobile-Spiele, dazu etliche Romane.

He-Man, Heavy Metal und die Italiener

Damals geisterte auch eine Legende durch die Welt, die Conan in einem schlechten Licht erscheinen ließ. Die «Sword and Sorcery»-Spielzeuge der «Masters of the Universe» von 1982 seien nur Abwandlungen einer Produktlinie gewesen, die zu CONAN DER BARBAR in die Läden hätte kommen sollen. Die CONAN-Produktlinie sei aber eingemottet worden, weil der Film zwar ein Erfolg, wider Erwarten aber kein Blockbuster war. Deshalb habe man das Material neu modelliert und in «Masters of the Universe» umbenannt, die auch als Cartoon ein Hit werden sollten.

Doch auch, wenn He-Man, Skeletor oder Battle Cat aussehen wie der Welt Robert E. Howards entnommen – diese Ursprungsgeschichte He-Mans ist ein Mythos. He-Man war von Anfang an He-Man. Und Conan wurde nicht umgemodelt. Die Verwirrung könnte entstanden sein, weil später auf Billigmärkten nicht lizensierte No-Name-Actionfiguren in den Handel kamen, die wie Conan-Protagonisten aussahen, die von He-Man inspiriert sein könnten. Ja, das Ganze ist durchaus kompliziert.

Bis 1984 allein, also innerhalb der ersten zwei Jahre nach Einführung der Produktlinie, hat der Spielzeughersteller Mattel 70 Millionen Figuren aus der He-Man-Kollektion verkauft. Wie die *New York Times* vorrechnete, besaß jedes US-amerikanische Kind im Alter von bis zu neun Jahren im Schnitt 1,7 dieser 14 Zentimeter großen Puppen, die wie barbarische Bodybuilder gestaltet sind.[8]

Die Kopf-Körper-Struktur der «Masters of the Universe» ist verkehrtherum gedacht, also wahnwitzig. Der Plastik-Bizeps ist steif, der Gummi-Kopf lässt sich eindrücken. Ein federgestützter Mechanismus bietet den Figuren die Möglichkeit eines ultraschnellen Hüftschwungs, von dem die Aerobic-Vorturnerin der 1980er-Jahre, Jane Fonda, nur träumen konnte.

He-Man, der Muskelprotz aus der Sagenwelt Eternia, wurde damit zur ernsthaften Konkurrenz für den eigentlichen Goldstandard des Jahrzehnts, den Kenner-Spielzeugen von STAR WARS. Nicht nur in den Staaten, auch hierzulande ließen sich Klassenkameraden bald nach einem strengen Kriterium in Freund und – bemitleidenswertem – Feind einteilen: «Bist du Krieg der Sterne oder He-Man?«

Für mich ist die Frage einfach zu beantworten. Alle He-Man-Charaktere eint das Problem, dass sie Individuen sind. Sie existieren auf Eternia nur einmal. Ein

8 *New York Times*, ny.ti.ms/2RjTmsR (30.06.2021).

doppelter Stinkor zum Beispiel ergibt beim Spielen keinen Sinn, keiner käme allein schon auf die Idee, auch nur zwei Stinkors zu kaufen. Man könnte aus lauter Stinkors keine Divisionen bilden, ohne sich lächerlich zu machen. Deshalb überschätzt sich Oberschurke Skeletor stets. Er verfügt über Einzelkämpfer, jedoch nicht über eine Streitmacht. Mit den gesichtslosen, behelmten Sturmtruppen aus STAR WARS aber lassen sich prima Armeen aufbauen. Vorausgesetzt, die Eltern verstehen dieses Argument verzweifelter Kinder-Kriegsstrategen und zahlen für mindestens Doppelte.

Besorgt sein müssen He-Man und Skeletor aber auch nicht, denn ihr Leben steht zu keiner Zeit auf dem Spiel. Sie beharken sich gegenseitig wie Tom und Jerry. Auch deshalb wird über die HE-MAN-Cartoons bis heute gelacht. Die einzige gelungene «Sword and Sorcery»-Comedy war damit eine gezeichnete.

Es war also nicht Conan, der die Kinderzimmer eroberte, sondern der übermenschlich starke Barbar mit Wohnsitz Castle Grayskull. Abgesehen davon kann der Einfluss von CONAN DER BARBAR auf das Fantasy-Genre schwer überschätzt werden. Vielleicht war HAWK – HÜTER DES MAGISCHEN SCHWERTES 1980 der echte erste «Sword and Sorcery»-Film der Dekade. Aber er sah noch zu sehr nach Ritter-Abenteuer des alten Hollywoods aus, nach Musketier und Schnurrbart, und wurde kaum beachtet. Nur DER ZAUBERBOGEN (1981), drei Monate vor CONAN in die Kinos gekommen, nahm mit seinen absurden Schlangenmensch-Masken bereits das Billigmonster-Inferno vorweg, das nach CONAN auf uns einbrechen würde. Beide Arbeiten, HAWK und DER ZAUBERBOGEN, sind auch deshalb zeitlich gut einzuordnen, weil deren Helden eben noch keine Athleten waren. CONAN definierte ab 1982, wie Krieger auszusehen hatten. Zumindest so lange, bis mit Tom Cruise' LEGENDE-Waldläufer Jack wieder ein Schmalhans als Held auftrat.

Natürlich war EXCALIBUR von 1981 derjenige Beitrag, der dem Genre Schub verlieh. Aber Regisseur John Boorman versagte sich der Wildheit, die John Milius befallen hatte. Außerdem war Conan im Vergleich zu Artus und seinen Rittern der Tafelrunde eine weniger tiefgründige Figur, dazu komplett erfunden. Das war durchaus ein Vorteil. Im Grunde ließ sich der Conan-Typus nach Belieben formen, war also geeigneter für die Nachahmung in Rip-Off-Filmen. Auch das machte den Einfluss des «Barbaren» aus, dessen Imitate keine zerrütteten Rächer mehr waren, sondern tumbe Kraftmeier mit Neigung zur Selbstparodie.

CONAN war der erfolgreichste «Sword and Sorcery»-Film, und er würde die Nummer eins bis zum Abflauen des Booms mit LEGENDE, drei Jahre später, bleiben.

Zeitgleich rückte der New Yorker Fantasy-Illustrator Frank Frazetta, der ab 1966 *Conan*-Bücher zeichnete und die Ästhetik des späteren Films beeinflusste, in das Interesse eines Publikums, das sonst nie zu diesen Geschichten gegriffen hätte.

Fantasy-Artwork mit überproportionierten Grobianen und knapp bekleideten Gefährtinnen war ab Anfang der 1980er-Jahre allgegenwärtig. Nur ein Jahr vor Conan der Barbar kam mit Heavy Metal ein Werk ins Kino, dessen auf den französischen *Métal hurlant*-Comics beruhenden Zeichentrick-Welten «für Erwachsene» wie von Frazetta erschaffen schienen. Deren Gründer Philippe Druillet und Jean Giraud alias Moebius waren selbst Koryphäen unter den Fantasy-Zeichnern. Das Filmposter mit der auf einem Dino-Raubvogel über eine apokalyptische Stadt hinwegfliegenden Amazone wurde weltberühmt.

Der Boom, den Conan der Barbar auslöste, griff auf andere Länder über. Manches wurde zu «Kult», wofür natürlich, wie oft im Kino, die Italiener zuständig sind. Auf den Western reagierten sie einst mit dem «Spaghetti Western», und nach einem einzigen halbwegs blutigen amerikanischen Untoten-Film, George A. Romeros Zombie, stießen sie die weit blutigere Splatterstreifen-Welle der späten 1970er-Jahre an.

Joe D'Amato war ein solcher Fachmann des italienischen Exploitation-Kinos, und Conan der Barbar beantwortete er mit Ator – Herr des Feuers (1982). Sein Kollege Lucio Fulci schoss Conquest (1983) hinterher, und Ruggero Deodato probierte es, als es längst zu spät war, 1987, mit Die Barbaren. Das waren solche «Kult-Streifen», die das unmäßig genutzte, nicht wirklich verständliche Fan-Gütesiegel «So schlecht, dass es schon wieder gut ist» erhielten. D'Amato, Fulci und Deodato waren B-Filmer. Aber: Sie waren die Könige des italienischen B-Films. Erotik, Gore und Giallo waren ihre Expertisen, und sie drehten Black Emanuelle 2. Teil (1976), Woodoo – Schreckensinsel der Zombies (1979) und Nackt und Zerfleischt (1980).

Ator, Conquest und Die Barbaren landeten in den Videotheken und legten dann mit der Ausdauer eines geduldig in den Regalen liegenden VHS-Tapes eine klassische Karriere als Home Video hin. Als zweite Wahl, weil die Top-Filme schon ausgeliehen waren.

Conan setzte jedoch nicht nur in Italien, sondern auch in Amerika eine Folge von B-Produktionen in Gang. Beastmaster – Der Befreier (1982), Talon im Kampf gegen das Imperium (1982) … es sind zu viele, um sie alle hier aufzuführen. Auch diese Filme waren derart grottig, dass automatisch davon ausgegangen wurde, sie müssten aus Italien stammen.

Speere, die Laserstrahlen verschießen

Von dieser Trash-Lawine der Fellwindel-Lendenschürze, Pferdehaarstiefel und Korbholz-Bikinis wurden auch Werke nach unten gerissen, die nicht schlecht waren. Auch, weil sie keine Testosteron-Barbaren in den Mittelpunkt stellten.

Eines, Krull, war sogar sehr gut.

Die 1983 angelaufene Geschichte um einen monströsen Außerirdischen, der eine Prinzessin entführt, war die Abwandlung eines Drehbuchs namens «The Dragons of Krull». Columbia Pictures nahm jedoch von Flugechsen Abstand, weil im Jahr zuvor die Disney-Co-Produktion Der Drachentöter kein Erfolg wurde.

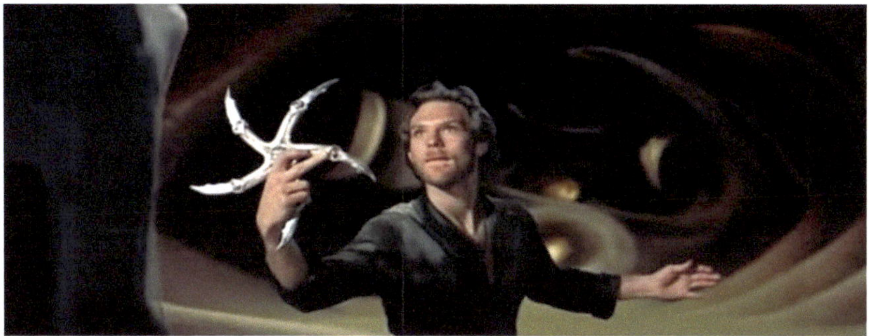

51 Prinz Colwyn (Ken Marshall) setzt sein Fünfklingenschwert gegen den «Biest» genannten Außerirdischen ein. Das Fünfklingenschwert ist ein Bumerang – und die einzige Waffe, die das Monster töten kann. (KRULL, GB/USA 1983)

Deshalb nun ein Alien als Antagonist, in der Hoffnung, neben Fantasy- auch Sci-Fi-Fans zu begeistern.

Hierzulande denkt man beim Titel KRULL vielleicht an die Bekenntnisse eines Hochstaplers namens Felix, gemeint aber war ein Planet. Was heute als «worldbuilding» bezeichnet wird, die optisch und inhaltlich glaubhafte Darstellung einer fiktiven Welt und ihrer Regeln, setzte Regisseur Peter Yates (BULLITT, 1968, DIE TIEFE, 1976) souverän um.

Die Gefährtensuche auf Krull erinnert zwar an den HERRN DER RINGE, und die Notwendigkeit einer magischen Waffe, um den gutgläubigen Jüngling zum Elitekämpfer zu machen, an EXCALIBUR. Und, klar: Die Lasergewehre der Slayers-Soldaten dienten allein als Mittel, KRIEG DER STERNE-Publikum abzuholen.

Aber die Erzählung, in der traditionelle Märchen-Elemente mit neuartigen Waffen und Geschöpfen verknüpft werden, ist stringent. Das intergalaktisch reisende, Planeten ausbeutende Ungeheuer landet mit seiner fliegenden Festung auf Krull, entführt die Prinzessin, ihr Prinz überlebt den Angriff, der Verwundete sucht eine schlagkräftige Truppe, findet Gesetzlose mit goldenen Herzen, lässt sich von einem älteren Ratgeber, den eine geheimnisvolle Trauer umgibt, begleiten, gelangt an eine Wunderwaffe (das «Fünfklingenschwert», ein Bumerang mit fünf ausfahrbaren Klingen, im Original heißt er schlicht und elegant «glaive», in der deutschen Übersetzung kommt natürlich die Funktionalität zum Ausdruck), benötigt für die Befreiungsaktion ein rasendes Transportmittel, weil sich die Festung des Biests bei jedem Morgengrauen an einen anderen Ort teleportiert, und reitet deshalb auf Wildpferden mit brennenden Hufen dorthin um pünktlich zu sein. Passt (Abb. 51).

Für eine originäre Geschichte, eine, die sich also keiner Literatur- oder Comic-Vorlage bedient, vereint KRULL beachtliche Leistungen. Das «worldbuilding» zeigt sich schon in den Natur-Nachbauten. Die künstlichen Sümpfe in den Londoner Pinewood Studios sind wie durch die Moosbrille fotografiert und gleichzeitig abstrakt, nahezu kubistisch. Die Gewölbe der Festung, in denen sich die entführte Prinzessin auf ihrer Flucht verläuft, sind illusorisch geschraubt wie ein Fiebertraum von Escher. Der klassische Soundtrack von James Horner, dem 2015 bei einem Flugzeugabsturz ums Leben gekommenen Komponisten, ist so leitmotivisch und dennoch unprätentiös, wie es ihm danach nicht mehr gelang. Erst Jahre später würde Horner uns mit seiner Musik zu TITANIC und den keltischen Flöten, die jede Windmaschine ersetzen, vergraulen.

Aber die größte Errungenschaft von KRULL ist die Zusammensetzung der Darstellerriege. Die jungen Schauspieler, Ken Marshall als Prinz Colwyn, Lysette Anthony (Prinzessin Lissa) und die späteren Stars Robbie Coltrane (Rhun) und Liam Neeson (Kegan), haben noch jenes Leuchten in den Augen, wie es nur Menschen haben, die an den unbedingten Erfolg ihrer Sache glauben. Ich behaupte, dass es seit des fechtenden Errol Flynn keinen Swashbuckler mehr gab, der sich so vital, biegsam und tänzerisch bewegte wie Ken Marshalls Prinz Colywn.

Dazu gelang es, einige britische Veteranen zu engagieren, obwohl sie zum Teil bis zur Unkenntlichkeit maskiert wurden. Darunter Bühnendarsteller Bernard Bresslaw als Zyklop Rell sowie Freddie Jones und Francesca Annis, die das tragische Liebespaar Ynir und «Die Witwe im Netz» verkörpern. Im Anschluss an den Dreh würden beide für David Lynchs WÜSTENPLANETEN vor die Kamera treten. Jones in der Rolle des Strategen Thufir Hawat, Annis als Jessica, Frau des Herzogs, dem Hawat dient.

KRULL hatte zum US-Starttermin 1983 keine echte Konkurrenz, obwohl das Datum des 29. Juli nach hartem Sommer-Wettbewerb klingt. Aber der parallel anlaufende DER WEISSE HAI 3D wurde ein Flop, und die Chevy-Chase-Komödie DIE SCHRILLEN VIER AUF ACHSE bediente ein anderes Publikum. Es half nichts. Das traurige Ergebnis: KRULL kostete 27 bis 30 Millionen und spielte knapp 17 ein.

Der Film lässt sich mit CONAN DER BARBAR nicht vergleichen. Das eine ist ein Rache-Epos, das andere ein Märchenfilm. Doch der KRULL-Misserfolg verdeutlicht, wie schwer es Fantasy-Werke haben, in denen alles stimmt, aber deren Charaktere, Schauplätze oder Mythologie nicht auf einer populären Vorlage fußen.

Schwarzenegger jubilierte, aber Milius kämpfte

Für John Milius sollte es bei einem einzigen CONAN bleiben. Er hätte gern eine Trilogie gedreht. Allerdings geriet er mit dem Produzenten Dino De Laurentiis in Streit und soll ihn, was sich noch keiner bei dem Italiener traute, vom Set geworfen haben. Damit war der Bruch besiegelt.

De Laurentiis galt als schwieriger Verhandlungspartner, der sich für Profit, nicht für Kunst interessiert. Ein Jahr nach CONAN DER BARBAR würde er einem anderen Regisseur bei einem von ihm finanzierten Film, David Lynch und DER WÜSTENPLANET, das Leben ebenso schwer machen. De Laurentiis, verstorben

2010, war aber nicht nur ein schwieriger Verhandlungspartner. Er war auch ein schwieriger Gesprächspartner. Nicht wegen seiner Einwände. Sein Englisch war einfach nicht zu verstehen. In Hollywood belächelte man den kleingewachsenen Neapolitaner, der für Amerikaner so redete wie ein Kino-Mafiosi aus DER PATE. Regisseur David Cronenberg berichtete, dass heute noch jeder, der eines von De Laurentiis' Bonmots zitiert, automatisch dessen italienischen Akzent nachäfft. Aber sie fürchteten den Mogul auch, denn seine Beschlüsse waren Gesetz.

Dino De Laurentiis spielte eine zentrale Rolle für die Fantasy-Welle. Die Comicverfilmung FLASH GORDON (1980) war seine erste Sci-Fi-Produktion. Danach fing er Feuer. Ohne De Laurentiis hätte es keinen CONAN, keinen WÜSTENPLANETEN gegeben – und keinen zweiten CONAN-Film.

Denn früher oder später erhält jeder Pionierfilm eine Persiflage, und vielleicht war es ganz gut, dass John Milius sich von Conan und De Laurentiis trennte. Die 1984 ins Kino gekommene und von Richard Fleischer inszenierte, humoristische Fortsetzung CONAN DER ZERSTÖRER wirkt wie Rummelplatz-Fantasy. Der «Zerstörer»-Titel verweist bereits auf einen ungeahnten Spieltrieb des Cimmeriers. Die Monsterkostüme machen den Ganzkörperanzügen-Godzillas aus den 1960er-Jahren Konkurrenz, und Conan selbst tritt auf wie ein wichtigtuerischer Oktoberfest-Herkules, der noch bei einer Geisterbahn nach dem Künstler-Eingang fragt.

Sven-Ole Thorsen übernahm auch in diesem Film eine Rolle, als Kämpfer namens Togra. Dank seines gesichtsverdeckenden Helms war nicht zu erkennen, dass hinter Togra der gleiche Schauspieler steckt wie hinter Thorgrim aus CONAN DER BARBAR, der darin von einem riesigen Speer erdolcht wurde.

«Richard Fleischer», erzählt Thorsen, «wollte einen Arnold haben, der noch muskulöser war als im ersten Film.» Einen Bodybuilder, keinen realistischen Helden, so wie noch John Milius seinen Conan vor Augen sah. «Milius sah es so: Muskeln? Unbedingt! Eine Märchenfigur sein? Nein! Arnold trainierte dennoch sechs Monate für die Fortsetzung. Fleischer sagte nur: ‹Geht noch mehr?› Die beiden Filme lassen sich einfach nicht vergleichen.»

Aber Schwarzenegger war mit dem «Sword and Sorcery»-Genre noch nicht fertig. Irgendwie schafften es Regisseur Fleischer und Produzent Dino De Laurentiis ein Jahr später, den Österreicher, dazu die Sylvester-Stallone-Freundin und Schauspiel-Debütantin Brigitte Nielsen sowie Sandahl Bergman, die Valeria aus CONAN DER BARBAR, gemeinsam vor die Kamera zu kriegen. Und Ennio Morricone musste die Musik machen.

RED SONJA (1985), basierend auf den gleichnamigen Comics, war ein Tiefpunkt des «Sword and Sorcery». Da die Urheberrechte von CONAN verletzt worden wären, spielte Schwarzenegger zwar zum dritten Mal seinen Conan, musste aber «Kalidor» heißen, unabhängig davon, dass die «Rote Sonja» ab den 1970er-Jahren schon in den *Conan*-Comics auftauchte. Wäre Ridley Scotts LEGENDE nicht so ein teurer Misserfolg gewesen und hätte den Untergang beschleunigt, RED SONJA gälte vielleicht als derjenige Film, der dem Genre den Todesstoß versetzte.

2011 kam eine neue CONAN-Geschichte ins Kino, ein sogenannter Reboot, also alles zurückgesetzt auf null: neuer Hauptdarsteller, und die Geschichte wurde von Neu auf erzählt. Regisseur Marcus Nispel, der schon mit Interpretationen von BLUTGERICHT IN TEXAS (2003) und FREITAG, DER 13. (2009) für ungewollte Heiterkeit sorgte, erschuf einen Film, der die Fallen, in das ein Remake tapsen kann, deutlich aufzeigt.

Es reicht nicht, einen austrainierten Adonis – Jason Momoa, der rabiate Khal Drogo aus GAME OF THRONES – durch heiße Landschaften stapfen und gegen Computer-generierte Riesenviecher antreten zu lassen. Denn was Milius verstand, verstand Nispel nicht. Es geht bei Conan darum, niemals Frieden zu finden. Die Geschichte des Conan ist die eines Waisenkinds, das niemals Frieden finden wird, weil seine Welt eine heidnische ist, in der es keine andere Strafe als den Tod geben, also auch keine Vergebung durch Gott, keine jenseitige Versöhnung mit dem Feind geben kann. Conan wird niemals ans Ziel kommen. Der von allen gefürchtete Gott Crom übt auf ihn keine Macht aus. Vielleicht wird Netflix es besser machen als Nispel mit dem Remake, denn der Sender hat eine neue CONAN-Serie ausgeschrieben.

Die «Barbaren-Lücke» im Genre hat bis heute kein Film, keine Serie schließen können. Mit BARBAREN lief im Oktober 2020 auf Netflix der jüngste, klägliche Versuch an, Fellstiefel-Action, Tribal Power und öligen Lagerfeuer-Sex zu zelebrieren.

Die deutsche Mini-Serie schildert den Kampf der Germanen gegen die römischen Besatzer im Jahr 9 n. Chr. Echte B-Barbaren: Wer eine riesige Explosion verursacht, dreht sich natürlich nicht zu ihr um, sondern schreitet mit Beherrscher-Miene und ganz langsam, das Feuer im Rücken, davon. Dazu gibt es solche Dialoge: «Du glaubst nicht an Götter?» – «Ich glaube an das Schwert!» Dabei scheint auch im Teutoburger Wald Magie zu existieren, Tote können von Hexen wiederbelebt werden.

«Die Römer nannten sie Barbaren», heißt es vielsagend im Prolog. Weil sie, wie Conan, eben keine sind. Sondern Menschen mit Familie, Stammesgefühl und Liebe zur Natur. «Ihre Begegnung veränderte die Geschichte», heißt es weiter. Unter dem Deckmantel der Historizität verbirgt sich Infotainment light. So sollen wir wohl Völkerkunde lernen.

John Milius in der Ruhmeshalle des Surf

John Milius huldigte auch ohne CONAN weiter den starken Kerlen. Er drehte 1984 eine Ode an den Patriotismus, DIE ROTE FLUT. Die Verteidigung Amerikas gegen russische, kubanische und nicaraguanische, also allesamt irgendwie kommunistische Landungstruppen. Eine erfolgreiche Verteidigung Amerikas selbstverständlich, nicht nur mit Hilfe von Soldaten, sondern auch Jugendlichen, eben korrektem Nachwuchs.

Der Mut der roten Besetzer im Film wurde begünstigt durch die deutsche Partei der Grünen. Die setzte die Abrüstung von Nuklearwaffen in Westeuropa durch, was den Weg für die Kommies frei machte, wie Milius schwadronierte.

Die Rote Flut wurde verrissen. Der Kalte Krieg befand sich 1983/1984 auf seinem Höhepunkt, aber Werke wie The Day After – Der Tag Danach (1983), Das letzte Testament (1983), Tag Null (1984) oder das spätere Wenn der Wind weht (1986) zeigen eine weit schonungslosere und dennoch nicht aufwieglerische Perspektive. Dabei bilden sie lediglich den nuklearen Angriff auf den Westen ab, nicht den Gegenschlag auf die Sowjetunion.

Nach der Roten Flut war Milius als Regisseur bald erledigt. Sein letzter Film, Rough Riders – Das furchtlose Regiment, erschien nahezu unbemerkt 1997, im Fernsehen. Heute wird er als Vaterfigur des New Hollywood verehrt, und es gibt eine – aufgeblasene – Dokumentation über den letzten General der Traumfabrik (Milius, 2013). Seine nicht jedem gefallende Bedeutung besteht auch darin, dass er inmitten einiger der wichtigsten Filmrebellen derjenige war, der zwischen 1975 und 1984 konservative Werte in Hollywood unterbringen konnte.

Auf sein Vermächtnis angesprochen, sagte der ehemalige Bauchspeicheldrüsenkrebs-Patient etwas ganz anderes, etwas Unerwartetes: «Gott, ich weiß nicht. Ich nehme mal an, mein Vermächtnis besteht darin, dass ich für immer in der ‹Surfer's Hall of Fame› stehen werde.»[9]

Arnold Schwarzenegger sicherte sich dafür das Vermächtnis seines Conan, nachdem er 2003, 21 Jahre nach Conan der Barbar, zwar nicht zum König von Aquilonien gekrönt, aber immerhin zum Gouverneur von Kalifornien gewählt wurde. An der Bürowand hinter dem Chefsessel hing das Schwert des antiken Kämpfers, welches er vom Set mitnehmen durfte. Das Atlantean-Schwert des Gottes Crom.

Die Stahl-Inschrift lautet: «Suffer no guilt, ye who wield this in the name of Crom.» – «Wer dieses Schwert im Namen Croms schwingt, der wird sich niemals schuldig machen.»

Vielleicht telefonieren Schwarzenegger und Milius manchmal noch miteinander. Gut vorstellbar, dass sie sich über die hyborischen, ihre Dienstzimmer schmückenden Waffen unterhalten. Von Sven-Ole Thorsen erhielt der Regisseur ja unlängst den Riesenhammer des Thorgrim. Sie könnten solche Dialoge führen: «Hängt das Schwert noch, geht's Crom gut?» – «Ja! Was macht der Hammer?»

Im Jahr 2011 hatte Schwarzenegger seine zwei Amtszeiten als Gouverneur erfüllt, sein Atlantean-Schwert eingemottet hat er keineswegs. Wenige Tage nach dem Sturm der Trump-Anhänger auf das Kapitol im Januar 2021 setzte Schwarzenegger die Königswaffe ein weiteres Mal in Szene. Nicht mehr gegen den Sektenführer Thulsa Doom, sondern gegen den POTUS.

In einer Videobotschaft aus seinem Büro, links die US-Flagge, rechts die kalifornische, verglich er jene Protestierenden, die in den Sitz des Kongresses eindrangen, mit den Nazis bei den November-Pogromen 1938.

Fast bis zum Ende seiner Rede liegt das Schwert auf dem Tisch. Der 73-Jährige scheint sich darauf aufzustützen, als würde es ihm Kraft verleihen. Dann hält er

---

9 *IGN:* bit.ly/2D0MSIu (30.06.2021).

die Klinge in die Kamera. «Dies ist Conans Schwert. Je stärker es erhitzt wird, je stärker es glüht und geschmiedet wird, desto beständiger wird es. Unsere Demokratie ist wie dieser Stahl – je stärker sie geschmiedet wird, desto beständiger wird sie.»

Das war Schwarzeneggers Comeback als Conan der Barbar. Und er kämpfte nun für Einigkeit.

Machen wir den nächsten Zeitsprung, ins Jahr 1984.

Das Jahr, in dem «Sword and Sorcery» nicht nur mit *Das Schwarze Auge* die deutschen Kinderzimmer erobert.

Auch das heimische Kino entdeckt die Fantasy.

Die Verfilmung von Michael Endes *Die unendliche Geschichte* kommt auf die große Leinwand.

5.
Das deutsche Märchenwunder: Die unendliche Geschichte

«Wir suchen nicht Atréju das Kind, sondern Atréju den Krieger.»
- *Cairon, Die unendliche Geschichte*

Der Einfluss der Unendlichen Geschichte auf die Popkultur ist, auch bald 40 Jahre nach Entstehung des Films, groß. Ernst genommen wird das Werk nicht, aber es bleibt im Gespräch. Oft wird über dessen Nähe zum Kitsch gelacht. Das ist der Preis, den Filmemacher für die Umsetzung eines Kinderbuchs zahlen, das sämtliche Altersklassen erreichen soll. Es gibt darin einen «Glücksdrachen Fuchur», «Sümpfe der Traurigkeit», die «Wüste der gescheiterten Hoffnungen» und eine «Kindliche Kaiserin».

Vor allem für amerikanische Teenager ist The NeverEnding Story, wie der Streifen international betitelt und geschrieben wird, stilistisch überpointiert, also das, was als camp gilt. Huldigungen finden sich im Fernsehen sowie in den sozialen Medien.

2015 ging ein Fan-Video viral, das den affektierten Charakter des Fantasy-Films mittels einer Montage würdigte. Daenerys Targaryen, die «Drachenmutter» aus Game of Thrones, reitet auf ihrer Flugechse Drogon durch die Lüfte, zu den seifigen, von Giorgio Moroder produzierten Klängen des Unendliche Geschichte-Titelsongs «The NeverEnding Story». Dessen Interpret war Limahl, einstiger Kajagoogoo-Sänger, Markenzeichen: Bi-Color-Frisur in Form eines Staubfeudels.

Es verwundert nicht, dass das Traumland Phantásien schon in der US-Übersetzung nicht zu «Fantasia» wurde, wie es richtig heißen müsste, sondern «Fantastica». Denn auch das ist «camp»: einen draufzusetzen. «Fantastisch» zu sein ist glamouröser, als einfach nur «fantasievoll» zu sein.

2019 wurde die Pop-Schnulze «The NeverendingStory» dann in STRANGER THINGS aufgegriffen, einer Netflix-Serie, die in den 1980er-Jahren spielt und nicht nur die wichtigsten Filme jener Ära referenziert, sondern auch erfolgreicher ist, als viele dieser Streifen es je waren. Im Finale der dritten Staffel jagt der Dämon namens Demogorgon die jungen Helden über einen Highway. Die Kids wollen das Monster zurück in seine Dimension befördern, indem sie ein Gesetz der Quantenphysik anwenden und dabei «The NeverEnding Story» schmettern. Das hält kein Ungeheuer aus.

Solche Reminiszenzen an grässliche Ohrwürmer bestätigen den auch negativ zu verstehenden amerikanischen Film-Titel. Das ist ja wirklich *neverending*. Hört das denn nie auf! Vielleicht wäre THE NEVERENDING STORY doch besser «The Infinite Story» getauft worden.

Eichinger klopft in Amerika an

1984 also brachte die Neue Constantin Film GmbH, angetrieben von Bernd Eichinger, die Michael-Ende-Verfilmung DIE UNENDLICHE GESCHICHTE auf die Leinwand. Die Vorlage war vielversprechend. Nach *Jim Knopf und Lukas der Lokomotivführer* (1960) sowie *Momo* (1973) war *Die unendliche Geschichte* das dritte Werk Endes, das mit dem Deutschen Kinderbuchpreis ausgezeichnet wurde. Alle drei waren Bestseller. Und wer viel liest, geht auch gern ins Kino. Umgekehrt gilt das leider nicht immer.

Vergeben wurden die Filmrechte schon kurz nach Erscheinen des Romans 1979. Am 5. Mai 1980 griff Produzent Dieter Geißler zu, eine frühe Drehbuchfassung stammt von Hans W. Geißendörfer, dessen Lebensprojekt ab 1985 DIE LINDENSTRASSE werden würde. Geißler verkaufte die Filmrechte für eine sechsstellige Summe an Eichinger, der zunächst mit Helmut Dietl als Regisseur plante. Dietl verstand es, fürs Fernsehen gleichermaßen leichtfüßige wie gescheite Serien zu drehen, wie das spätere MONACO FRANZE – DER EWIGE STENZ (1983).

Arthouse-Filmschaffende, aber vor allem Feuilletonisten neigten dazu, dem 2011 verstorbenen Bernd Eichinger die Klasse abzusprechen. Es überwiegt die Wahrnehmung, dass es zwei Eichingers gegeben haben muss, von denen spätestens in den frühen 1980er-Jahren der Geschäftsmann den engagierten Unterstützer des Autorenkinos abgelöst habe.

Einen also vor, einen nach der UNENDLICHEN GESCHICHTE. Tatsächlich förderte Eichinger nach der UNENDLICHEN GESCHICHTE das deutsche, aber auch das europäische Big-Budget-Kino. In seine Filmografie fallen schwer miteinander zu vergleichende Produktionen wie WERNER – BEINHART (1990), DAS GEISTERHAUS (1993), DER BEWEGTE MANN (1994) FRÄULEIN SMILLAS GESPÜR FÜR SCHNEE (1997) oder DER BAADER MEINHOF KOMPLEX (2008). Manchmal griff Eichinger daneben, verantwortete Trash wie die Zombieflicks der RESIDENT EVIL-Reihe (ab 2002) oder die Comicverfilmung-Katastrophe FANTASTIC FOUR (2005).

Vor der UNENDLICHEN GESCHICHTE wirkte seine Projektwahl idealistischer, vielleicht, weil er noch nicht die finanziellen Mittel hatte Blockbuster zu antizipieren. Er widmete sich, da war er noch keine 30 Jahre alt, dem Autorenfilm (DER STARKE FERDINAND, 1975, HITLER – EIN FILM AUS DEUTSCHLAND, 1977), vertrieb hierzulande George A. Romeros kapitalismuskritisches Meisterwerk ZOMBIE (1978) und brachte mit CHRISTIANE F. – WIR KINDER VOM BAHNHOF ZOO 1981 die erschütternde Umsetzung der Buch-Dokumentation einer heroinabhängigen Minderjährigen ins Kino.

DIE UNENDLICHE GESCHICHTE war Eichingers bis dato zeitintensivste Produktion. Ihr lagen drei Jahre Vorbereitung zugrunde, die sich angeblich mit 587.400 Stunden Arbeitszeit bemessen ließ.[1]

Und es war die teuerste deutsche Co-Produktion aller Zeiten.

Die Zahl 60 Millionen, denn so teuer war der Film: 60 Millionen DM, kannte damals jeder, der die Film-Berichterstattung las oder einfach nur den Fernseher anschaltete, denn vermeldet wurde es überall. Den Rekord hielt die UNENDLICHE GESCHICHTE 22 Jahre, und überboten wurde er von Eichinger selbst. 2006 bewerkstelligte er mit Regisseur Tom Tykwer die Romanverfilmung DAS PARFUM – DIE GESCHICHTE EINES MÖRDERS, für 50 Millionen Euro.

60 Millionen DM entsprachen 1983 rund 23 Millionen Dollar. Das waren nur rund zehn Millionen weniger, als Lucasfilm zuvor in den dritten KRIEG DER STERNE-Streifen DIE RÜCKKEHR DER JEDI-RITTER investierte, den Abschluss der einflussreichsten Trilogie der Kinogeschichte. Ein Rekordbetrag für ein Märchen, das als aufwändigste deutsche Kino-Co-Produktion umgesetzt werden würde. Für einen Kinderfilm, dessen Botschaft auch Erwachsene mitreißen sollte.

Dieser Mut könnte nicht bedeutsamer sein. Aber was sonst, außer Fantasy, hätte so teuer sein können?

Petersen im Boot

Regisseur Helmut Dietl stieg noch während der Vorproduktion aus. Er begründete seinen Abschied mit der Auffassung, dass der Roman in einer Spielfilm-Länge von rund 90 Minuten nicht zu adaptieren sei.

Mit Wolfgang Petersen als Nachfolger hoffte Eichinger, einen äußerst belastbaren Mann ins Boot geholt zu haben. Er kam irgendwie auch aus einem. Der

---

1 Eyssen, Remy: *Die Unendliche Geschichte – Der Film.*

gebürtige Emdener wuchtete 1981 die Lothar-Günther-Buchheim-Verfilmung DAS BOOT ins Kino.

Die atemlose Schilderung des U-Boot-Kriegs in der Atlantikschlacht aus Sicht einer deutschen Besatzung wurde der erste Welterfolg der BRD-Filmindustrie. Im Grunde war es ein Kammerspiel – und erhielt sechs Oscar-Nominierungen. So viele, wie kein deutscher Film davor oder danach, darunter zwei für Petersen, als «bester Regisseur» und für die «beste Drehbuch-Adaption».

In den USA lief das Kriegsdrama erst 1982 an, und die Oscars, für die DAS BOOT infrage gekommen wäre, wurden im darauffolgenden Jahr vergeben. Wichtige nominierte Crew-Mitglieder würden den Dreharbeiten der UNENDLICHEN GESCHICHTE 1983 also für ein paar kostenintensive Tage fehlen, denn sie mussten zur Preisverleihung nach Hollywood. Darunter Petersen und Jost Vacano, Kamera, und Hans Nikel, zuständig für den Schnitt. Bernd Eichinger hoffte, die drei Nominierten würden Oscar-Selbstbewusstsein zurück nach München bringen.

Doch DAS BOOT ging leer aus. Die weit größte Chance auf einen Academy Award hätte sicher in der Kategorie «bester fremdsprachiger Film» bestanden. Aber die für die Auswahl eingereichter Beiträge zuständige deutsche Jury hat das erstaunlicherweise anders gesehen. Sie reichte DAS BOOT nicht für die Nominierungen in dieser Kategorie ein. Das Gremium einigte sich stattdessen auf Werner Herzogs FITZCARRALDO, der dann aber nicht mal nominiert wurde.

Eichinger trieb das Budget für seine UNENDLICHE GESCHICHTE auch international auf. Das machte aus der teuersten deutschen Produktion die teuerste deutsche Co-Produktion. Den nicht unwesentlichen Betrag von elf Millionen Dollar steuerte Warner Communications aus den USA bei. Und der Bayer blieb cool. Wie Joschka Fischer zwei Jahre später bei seiner Vereidigung als Grünen-Minister im Bundestag, zelebrierte auch Eichinger bei offiziellen Anlässen seine Vorliebe für Sneakers. Der wie ein großer Junge wirkende, bei Drehbeginn 34-Jährige bevorzugte – das darf in keinem Porträt fehlen – ein lässiges Auftreten in Turnschuhen und Jeans, selbst bei Verhandlungen um Millionenbeträge.

Eichinger plante DIE UNENDLICHE GESCHICHTE als Film mit entscheidender amerikanischer Beteiligung. Er wollte US-Publikum anlocken, also musste Amerika auch zu sehen sein. Er siedelte den Film statt in Deutschland in den USA an (als Drehort für New York hielt das kanadische Vancouver her). Dazu sicherte sich Eichinger einen Completion Bond, eine Versicherung, die die Fertigstellung einer Produktion garantiert.

Drei Kinderstars

Die drei Hauptdarsteller im Kindesalter, Noah Hathaway (Atréju), Tami Stronach (Die Kindliche Kaiserin) und Barret Oliver (Bastian) waren US-Amerikaner. Fernsehzuschauer kannten Hathaway schon aus der Serie KAMPFSTERN GALACTICA,

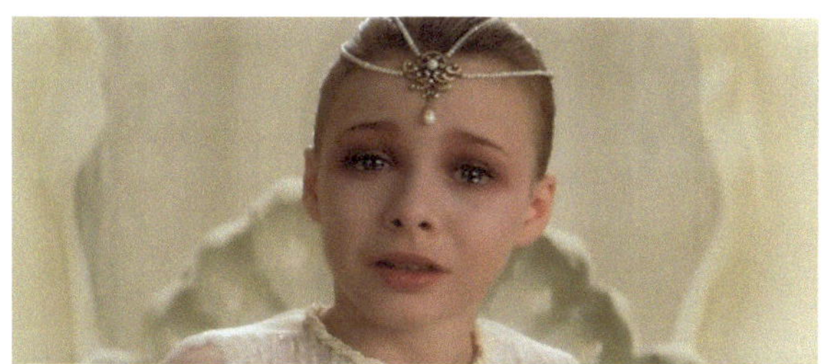

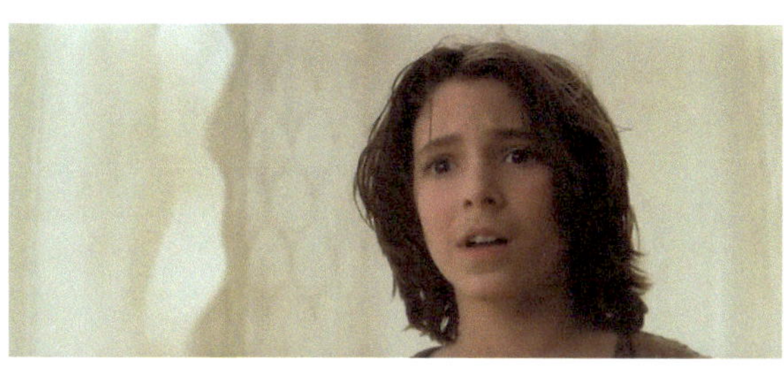

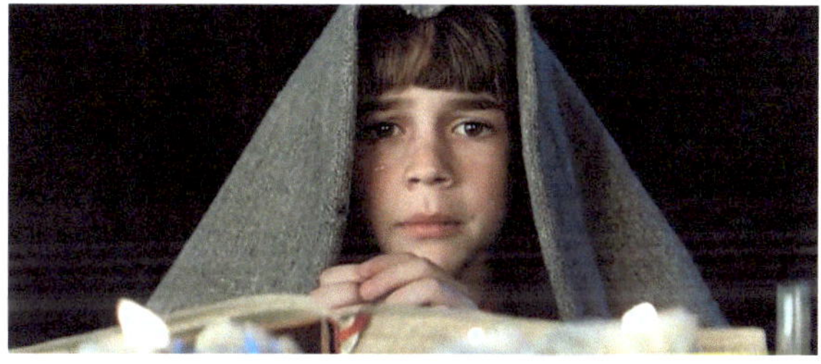

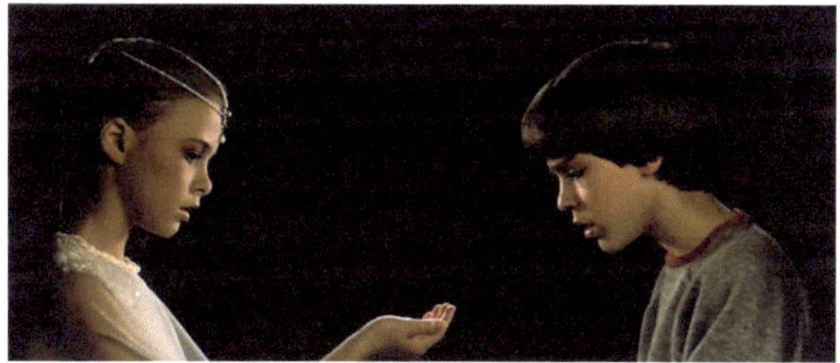

52–55 Erst zum Finale, als das «Nichts» Phantásien zu zerstören droht, kommen die Helden zusammen. V. o. n. u.: Die Kindliche Kaiserin (Tami Stronach) ist dem Tode nahe und erklärt ihrem weit gereisten Besucher Atréju (Noah Hathaway), dass nur ein «Kind aus einer anderen Welt» den Planeten retten kann. Bastian (Barret Oliver) versteht, dass nicht Atréju, sondern er damit gemeint ist. Bastian spricht laut ihren Namen aus: «Mondenkind». Daraufhin steht er ihr in Phantásien gegenüber. Sie überreicht ihm das leuchtende Sandkorn, das letzte Überbleibsel ihrer alten Welt, und der Anbeginn einer neuen. (Die unendliche Geschichte, BRD/USA 1984)

darin verkörperte er ab 1978 den Jungen Boxey mit dem pfundigen Roboter-Fellhund Muffit II.

Auf Tami Stronach lastete eine besondere Erwartung. An ihre Figur ist das Schicksal Phantásiens geknüpft, sie wird aber erst innerhalb der letzten zehn Filmminuten vorgestellt. Die Kindliche Kaiserin musste so überzeugend sein, dass sich die Welt allein für sie zu retten lohnt. So ausdrucksstark, dass Atréju unter Lebensgefahr die Reise zu ihr unternimmt, so anziehend, dass Bastian sogar den Planeten Erde für sie verlässt (Abb. 52–55).

Stronach, die nie für eine Schauspiel-Rolle vorgesprochen hatte, erhielt den Part auf Anhieb. Die damals Elfjährige zeigte die Erhabenheit einer durch viele Krisen gereiften alten Seele, die auch ihren Rollentitel rechtfertigt. Sie war kindlich in ihrer Statur, aber kein Kind mehr. Sie war keine Kinder-Kaiserin, sondern eine Frau in einem kleinen Körper. Dennoch musste Stronachs tatsächliches Alter kaschiert werden. Sie trug bei den Aufnahmen ein künstliches Gebiss. Sie hatte gerade erst ihre Milchzähne verloren.

Auch die beiden Jungs waren Glücksgriffe. Hathaways Atréju ein sehr körperlich spielender, aufgeweckter, indigen aussehender Junge. Olivers Bücherwurm Bastian ein bekümmerter, gut meinender Träumer.

Auf die Frage, warum er denn keine der Rollen an deutsche Kinder vergeben hätte, antwortete Bernd Eichinger nonchalant, dass er doch auf der ganzen Welt gesucht habe. Mehr als 1 000 Kinder wären zum Casting gekommen. «Und der wichtigste Charakter», so Eichinger bei einem Fernsehauftritt, «ist ja ein Indianer-Junge. Und da sucht man natürlich …», er zuckte mit den Schultern, «… als erstes … in Amerika.»[2]

Leider setzte keiner der Hauptdarsteller nach der UNENDLICHEN GESCHICHTE die Schauspielkarriere bis ins Erwachsenenalter fort. Aber alle drei blieben den Künsten treu.

Noah Hathaway arbeitet heute in Los Angeles als Tätowierer mit eigenem Studio. Manchmal nimmt er Einladungen auf Fantasy-Messen an, wo die Leute über diesen drahtigen, ganzkörpertätowierten Mann mit dem Irokesenschnitt staunen.

Sein Kollege Barret Oliver, der scheue Bastian Balthasar Bux mit der Topffrisur, ist gar nicht mehr wiederzuerkennen. Oliver arbeitet seit vielen Jahren als Fotograf, hat auch seine Ausstellungen, meidet aber die Öffentlichkeit. Zumindest Selbstporträts lassen sich googlen. Er trägt darauf eine dicke Brille, einen langen Vollbart und Rasta-Zöpfe. Die optisch größtmögliche Distanzierung vom Erscheinungsbild, das ihn zum Kinderstar machte. Oliver erinnert ein wenig an Aussteiger aus dem Silicon Valley, die über ihre Erlebnisse nicht sprechen wollen, aber Jahre der Leidensprüfungen mittels eines exzentrischen Looks nach außen tragen.

Für Stronach, die Kindliche Kaiserin, sollte es bis vor kurzem bei dieser einzigen Kino-Rolle bleiben. Ihre Eltern trafen nach der UNENDLICHEN GESCHICHTE die Entscheidung, Tamis Film-Karriere zu beenden. Sie befürchteten, ihre Tochter könnte zu einer jener Kinderdarstellerinnen werden, die tief fallen, sobald sie keine Engagements mehr bekommen.

Stronach begann nach der UNENDLICHEN GESCHICHTE eine Laufbahn als Choreografin, Gründerin einer Tanzschule und Filmproduzentin. Unterstützt wird sie von ihrem Ehemann, dem Schauspieler und Autoren Greg Steinbruner.

Stronach blickt stolz auf ihre Rolle der Kindlichen Kaiserin zurück. Sie wirbt auch mit ihrer Vergangenheit.

---

2 AUF LOS GEHT'S LOS, 1984, bezogen über bit.ly/2CW18lU (30.06.2021).

Ein Kurs, den Stronach anbietet, heißt «Never Ending Yoga».

Im Herbst 2020 weilte die New Yorkerin für längere Zeit in Schottland, wo sie am Telefon über den Film, der sie berühmt machte, spricht.

Tami Stronach: «Unserer Welt fehlt eine Kindliche Kaiserin»

Tami Stronach weiß, dass ihre Figur der Kindlichen Kaiserin einzigartig ist. «Schauen Sie auf die Charaktere, mit denen das Genre damals bestückt war», sagt sie. «Es gab für Mädchen so gut wie keine Rollen in Fantasy-Filmen. Allein die Idee, dass die mächtigste Person jener Welt nicht nur eine Frau, sondern dazu ein Mädchen ist, war revolutionär und wundervoll.»

Die traditionelle Vorstellung davon, was Macht auszeichnet und wie sie sich äußert, werde durch das «Mondenkind» auf den Kopf gestellt. «Ihre Autorität gründet sich nicht auf körperlicher Stärke. Sondern auf ihrer Barmherzigkeit und der Fähigkeit, Menschen mitzureißen, damit die sich für andere Menschen stark machen.»

Stronach erkennt die Parallelen zur echten Welt. Zu dem, was unserer Welt fehlt. «Die Anführer der mächtigsten Nationen predigen eine aggressive Führungsstärke, die unserer Gesellschaft schadet.»

Die Unendliche Geschichte hält Stronach für relevanter denn je. Wie viele Menschen glaubt sie, dass der Wert der Fantasy im Versprechen der Alltagsflucht aus einer kompliziert gewordenen Realität liegt, man sich «Pforten, die zu schöneren Orten führen» vorstellen könne.

Der Film mache verschiedene Angebote. «Für Jugendliche im Allgemeinen, wie es ist, Verantwortung zu übernehmen. Dem verunsicherten Bastian, dass er seiner Vorstellungskraft freien Lauf lassen soll, egal, was die Erwachsenen sagen.» Die Story stelle aber auch eine Forderung: «Und zwar an die Erwachsenen – mehr für die Rettung der Umwelt zu tun.»

Das Revival der Fantasy ab der Jahrtausendwende ist an Tami Stronach nicht vorübergegangen. Sie sieht für sich eine Möglichkeit, zum ersten Mal seit 1984 und der Unendlichen Geschichte ihrer Liebe zum Genre Ausdruck zu verleihen. Mit einer Rückkehr ins Rampenlicht. Als Schauspielerin.[3] «Meine Karriere als Tänzerin hat sich eh dem Ende zugeneigt», sagt die 48-Jährige und lacht. «Ich bekäme mein Bein nicht mehr bis an den Kopf.»

Eines Films zuliebe ist sie auch in Schottland. Ihres eigenen Films. Gemeinsam mit ihrem Ehemann will sie dort noch 2021 die Dreharbeiten zu Man & Witch beginnen. Eine Hommage an Fantasy-Komödien der 1980er-Jahre, wie Die Braut

3 Den ersten Kino-Auftritt seit der Unendlichen Geschichte hatte sie, als «Tami», 2018 in dem Indie-Festival-Film Ultra Low.

Des Prinzen (1987). Steinbruner schrieb das Script und spielt den «Mann», Stronach nicht etwa eine Prinzessin, sondern die «Hexe», Regie führt Rob Margolies (She Wants Me, 2012).

Man & Witch wird ein Low-Budget-Streifen. «Ein Fantasy-Film aus dem Independent-Bereich? Klar, das klingt verrückt», sagt Stronach. Die Erschaffung realistisch anzusehender Welten benötigt normalerweise ein einigermaßen hohes Budget. «Wir haben nicht viel Geld, aber wir lassen uns was einfallen.»

Stronach und Steinbruner sind nicht auf sich gestellt. Sie erhalten prominente Unterstützung für ihre Reminiszenz an die gute alte Zeit. Nicht nur, weil einige der Leinwandkreaturen durch Puppen der Jim Henson Company zum Leben erweckt werden, was zum nostalgischen Charme von Man & Witch beitragen könnte.

Auch die Liste der Darsteller macht Lust auf den «kleinen Indie-Film». Zugesagt haben die 1980er-Ikonen Christopher Lloyd aus Zurück in die Zukunft (1985), Rhea Perlman (Cheers, 1982–1993) und Goonies- und Herr der Ringe-Star Sean Astin (1985, 2001–2003); außerdem Michael Emerson, der vielleicht beeindruckendste Darsteller aus dem beeindruckenden Ensemble der Lost-Schauspieler.

Gerüchte, dass auch Noah «Atréju» Hathaway und Barret «Bastian» Oliver zumindest Cameo-Auftritte haben werden, wehrt Stronach glucksend ab. Sie verneint die Frage aber auch nicht.

Alle Darstellerinnen und Darsteller in Man & Witch haben keine Rollennamen, sondern werden nach Archetypen benannt. Das soll auf die Stärke einer Gattung hinweisen, in der Charaktere wie «Alchemist» (Lloyd) oder «Evil Wizard» (Emerson) schon alles aussagen, was zu wissen ist. Abgesehen davon, dass Astin als «Dog» eingetragen ist, also wohl einer Henson-Puppe seine Stimme leihen wird.

Ein Ziegenhirte (Steinbruner) bittet eine Hexe (Stronach), ihn von einem Fluch zu befreien, damit er eine Prinzessin heiraten kann. Die Hexe lässt ihn vorher drei Prüfungen bestehen. Aber erst vor dem Traualtar stellt der Mann fest, dass sich wahre Liebe nicht herbeizaubern lässt.

«Wir probieren, dem klassischen Märchen einen Twist zu geben, es moderner und vertrackter zu machen», sagt Stronach. Am Friede-Freude-Hochzeitskuchen-Ende sei sie nicht interessiert. «Es geht darum, dass zwei Leute zusammenfinden, die nicht zusammengehören – oder umgekehrt.»

Produktionsnotizen und Synopsis des Films sind auf Stronachs Website übrigens nicht auf Englisch, sondern auf Deutsch formuliert. Sie weiß, dass sie dank der Unendlichen Geschichte hierzulande viele Fans hat.

Sie ist auch mit dem Roman vertraut, vor allem den Namen «Michael Ende« spricht sie schön aus. Der Nachname hat seiner Bedeutung nach ja was von Schlussstrich. Stronach lässt ihn eher wie eine Einladung klingen, sagt ihn wie «Entrée», also «Endée», was sich optimistisch und edel anhört.

Für die Zukunft möchte Stronach nicht ausschließen, wieder öfter vor die Kamera zu treten. «Als Kind hatte ich Angst, in Hollywood unterzugehen, mich nicht einbringen zu können, *to end up as a wallpaper in somebody else's story*», bekennt sie. Weil Stronach über viele Jahre Erfahrungen sammeln konnte, als Chefin ihres eigenen Tanzstudios und Co-Chefin einer Film-Produktionsfirma, wisse sie jetzt umso deutlicher, was sie will. Wie sie Herrin über die Situation bleiben kann.

Ende gegen Eichinger

Die zugrunde liegenden Themen der sowohl auf der Erde als auch in Phantásien spielenden UNENDLICHEN GESCHICHTE sind universell. Umweltschutz, weil wir es dem Planeten schulden. Die Pflege der Fantasie durch den Genuss von Literatur, weil wir es uns selbst schulden. Förderung von Selbstwirksamkeitserwartungen bei Kindern, weil wir es unseren Kindern schulden.

Die Protagonisten kämpfen gegen das alles aufsaugende «Nichts», welches die Fantasie, unseren Drang zum Schöpferischen zerstört. Im Film wird das «Nichts» als Nebelsturm inszeniert, der Mensch, Tier und Pflanze tötet. In Michael Endes Buch ist es eine Metapher für Lügen und die Gleichgültigkeit der Menschen angesichts eines drohenden Armageddon. 1979 war die Zeit, als der Kalte Krieg auf einen neuen Höhepunkt zusteuerte. Die Großmächte rüsteten atomar weiter auf.

Der Roman wurde zur Bibel für Friedensbewegte, die sich politisch engagieren. Aber auch für Aussteiger, die sich nicht engagieren, sondern in Gedanken in eine bessere Welt flüchten wollen.

Als Eskapismus hat Michael Ende seine Erzählung indes nie dargelegt, und er widersprach allen, die *Die unendliche Geschichte* als Anleitung zur Weltflucht deuten wollten. Im Gegenteil, Fantasie sei ein notwendiges Instrument, um Probleme im echten Leben zu überwinden. Der um seine verstorbene Mutter trauernde Bastian kehrt schließlich in die wirkliche Welt, zu seinem Vater, zurück. Er möchte das Verhältnis zum Witwer, der ihn vernachlässigt hat, verbessern. Möglich wird das, in dem der Sohn seine Fantasie benutzt.

Die bittere Ironie besteht darin, dass eben dieser Wunsch nach Schutz der Fantasie, nach Freiheit der Gedanken, bei der Umsetzung der *Unendlichen Geschichte* keine Rolle mehr spielte. Die Beteiligten gerieten in Streit. Was dem einen vorschwebte, empfand der andere als fantasielos. Jeder hatte Ideen. Und in den Augen der Gegenseite waren diese Ideen meist falsch.

DIE UNENDLICHE GESCHICHTE war als Kinofilm eine schwere Geburt. Der Konflikt zwischen Schriftsteller Michael Ende auf der einen, und Produzent Bernd Eichinger und Regisseur Wolfgang Petersen sowie den (amerikanischen) Geldgebern auf der anderen Seite, sind vielfach dokumentiert. Sie wären ein Theaterstück in vielen Akten wert.

Dass Schriftsteller mit den Verfilmungen ihrer Werke nicht immer glücklich sind, ist absehbar. Meistens lässt sich der Umfang eines Buchs innerhalb eines Spielfilms nicht erfassen. Figuren müssen für die Leinwand verändert werden.

Regisseur und Produzent wägen wirtschaftliche Interessen und Verbindlichkeiten ab, auch, indem sie versuchen, die Bedürfnisse des Kinopublikums einzuschätzen. Nicht das der Leser einer (Kinder-)Buch-Vorlage.

Dieser Streit aber dokumentiert ein vielleicht beispielloses Pech. Ein Fantasy-Autor ist nicht nur unzufrieden mit der Adaption seines Materials, er geht sogar dagegen vor, wozu wir gleich kommen. J. K. Rowling und George R. R. Martin etwa unterstützten Regisseure und Drehbuchautoren, schrieben sogar eigene Scripts. Wie sich J. R. R. Tolkien gegenüber Ralph Bakshi oder Peter Jackson geäußert hätte, bleibt Spekulation.

Auf Michael Ende muss die Profitorientierung der Produzenten so gewirkt haben, als hätte sich das «Nichts» aus Phantásien nun in die reale Welt aufgemacht, um Visionen aufzusaugen, und zwar seine Visionen. Das immer weiter umgeschriebene Drehbuch bezeichnete er als «Bastard.»[4]

Es fielen schwere Vorwürfe, aber die Frage, ob jemand den anderen hinters Licht geführt haben könnte, bleibt offen. Ende verstarb 1995, 16 Jahre vor Eichinger. Die dokumentierten Diskussionen ergeben das Bild eines wütenden, enttäuschten und schließlich zerknirschten Michael Ende, der sich von ruchlosen Finanzjongleuren um sein künstlerisches Erbe betrogen fühlte.

Ende erträumte sich als Regisseure für seinen Roman Koryphäen, die nicht mit den von Eichinger favorisierten Spielleitern Helmut Dietl oder Wolfgang Petersen zu vergleichen waren. Zum einen die japanische Kino-Legende Akira Kurosawa (Die Sieben Samurai, 1954), der heroische Kämpfer inszenierte, die sich auch der Natur stellen mussten. Die Verknüpfung mit Atréju, der jeder Witterung bei seiner beschwerlichen Reise durch Phantásien trotzt, ist mit gutem Willen nachvollziehbar. Außerdem dachte Ende an Andrzej Wajda. Der polnische Film- und Theaterregisseur wäre eine unvermutete Wahl gewesen, realisierte er doch konkret-politische Werke, und die bekanntesten widmeten sich dem Widerstand seiner Landsleute im Zweiten Weltkrieg, wie Eine Generation (1954).

Ende verstand *Die unendliche Geschichte* eben als politisches Buch. Aber weder Kurosawa, noch Wajda wären bei einer werkgetreuen Adaption darum herumgekommen, einen sprechenden Glücksdrachen Fuchur und einen sprechenden Werwolf Gmork bauen zu lassen.

Ob Bernd Eichinger in Erwägung gezogen hat, die beiden Regisseure anzufragen? Sicher wäre es nicht Endes Stil gewesen, darauf zu drängen.

Diese couragierten Ideen kamen Michael Ende wohl, bevor Eichinger seine Fühler gen Amerika ausrichtete und für die Spezialeffekte ein internationales Expertenteam aufstellte. Darunter mit dem britischen Chef der Trickabteilung, Brian Johnson, einen Meister, in den hohe Erwartungen gesetzt wurden. Allein in den drei Jahren davor zeichnete Johnson für die Effekte in Alien, Krieg der Sterne: Das Imperium schlägt zurück und Der Drachentöter verantwortlich.

4 Pfau, Ulli: *Phantásien in Halle 4/5*.

Da Eichinger nicht in den USA, sondern überwiegend in den Bavaria Studios in München drehen wollte, musste er Technik nach Deutschland holen. Der Dreh fand in der Halle 4/5 statt, die mit einer Größe von 1 700 Quadratmetern als größtes Filmproduktionsgebäude des europäischen Kontinents galt und mit der weltweit größten Blue-Screen-Anlage aufwartete.[5] Nachbearbeitungen der Blue-Screen-Aufnahmen wiederum sollten in George Lucas' «Industrial Light & Magic»-Studios in San Francisco bewerkstelligt werden. Auch so kam man nach und nach auf 60 Millionen DM Produktionskosten.

Bedenken gegenüber Eichingers Hommage an amerikanische Fantasy-Filme äußerte Michael Ende schnell. Schon, als er das frühe Exposé von Hans W. Geißendörfer las, sei er «ausgeflippt» und habe sich geweigert, fortan mit dem Regisseur zu sprechen.

Auf einer Pressekonferenz verwies er auf eine angebliche Zusage, dass aus der *Unendlichen Geschichte* kein Popcorn-Film, sondern ein Beitrag für das Kunst-Kino werden solle. Die sei nicht eingehalten worden. «Wenn die Neue Constantin den Film macht», wurde Ende zitiert, «dann wird das ein Science-Fiction-Reißer im üblichen amerikanischen Klischee.»

Diese Gefühlsausbrüche, auf die noch einige folgen würden, ließen sich schwer mit dem öffentlichen Bild Endes in Einklang bringen. Er war ein bärtiger Mann mit sonorer Stimme und Gelehrten-Lesebrille, zu Beginn der Dreharbeiten 54 Jahre alt, ein Märchenvater wie gemalt. Es gibt Fotos von ihm in seiner Casa Liocorno («Villa Einhorn»), eine halbe Autostunde von Rom entfernt, wo er mit seiner Frau lebte, der Schauspielerin Ingeborg Hoffmann. In Hausbesuch-Porträts ist zu lesen, wie er die italienische Sonne genießt, auf seiner Gartenbank sitzt und auf Olivenbäume blickt.

Dramatischer Countdown

Es könnte Ende gewurmt haben, dass er von Rom aus nicht im Blick hatte, was das Filmteam in München anstellte. Irgendwann sei gegenüber Eichinger der Vorwurf «künstlerische Inkompetenz» gefallen. Eichinger sei ebenfalls derb geworden, aber nicht in Richtung des Schriftstellers. Er habe die Vorlage dennoch mit drastischen Worten abgelehnt: «Dieses Buch ist scheiße. Das mache ich nicht.» Regisseur Petersen wiederum wollte sich nicht zwischen den Fronten aufreiben, sprach zwischenzeitlich von der «härtesten Schlacht meines Lebens.»[6]

Einige seiner Einwände trug Ende mündlich vor. Aber er wählte als Ausdrucksform ebenso den auf größere Nachwirkung ausgerichteten – offenen – Brief. Er verfasste einen Aufsatz, um die Neue Constantin Film GmbH mittels besonnener Worte zu einem Umdenken zu bewegen, das er für nötig hielt.

5 Pfau, Ulli: *Phantásien in Halle 4/5*
6 Pfau, Uli: *Phantásien in Halle 4/5*

In den Monaten vom Drehstart bis zur Welturaufführung der UNENDLICHEN GESCHICHTE spielte sich ein dramatischer Countdown ab.

Am 24. Februar 1983 schrieb Petersen zunächst einen Brief an den «Lieben Michael», in dem er um ein Gespräch bittet, damit die beiden sich «zusammenraufen», damit man sich austausche, «oder aber du sprichst nie wieder in diesem Leben mit mir. (...) Aber schade wär's doch.»[7]

Schnell folgte Endes Antwort. Aber nicht als Rückantwort an den lieben Wolfgang, sondern in Form einer Presseerklärung. Sieben Seiten, verschickt an Redaktionen. Ende machte die Medienwelt zu seiner Bühne. «Ich rede hier nicht von der Verlegung der Story in ein amerikanisches Milieu, das für Europa durch ein deutsches ersetzt werden soll, ich rede von der Elimination all dessen, was der Geschichte Tiefe, Bedeutung und künstlerische Ernsthaftigkeit gibt.»

Ende sondierte Möglichkeiten, die Produktion zu blockieren.

Die Gegenseite reagierte.

Am 10. März 1983 musste Ende eine Stillhalteerklärung unterschreiben. Er distanziert sich vom Script, geht aber nicht mehr gegen den Film vor. Sonst würde eine Schadensersatzklage drohen. Ein erschöpfter Ende bekannte sich zur Gedankenlosigkeit: «Ich war so fertig an diesem Tag, dass ich wieder etwas unterschrieben habe.»[8] Für die Neue Constantin war die Unterschrift ein erforderlicher Schritt, damit die internationale Filmversicherung für das Projekt gültig bleiben konnte.

Vier Tage später, am 14. März, war in den Münchner Bavaria Studios Drehstart für DIE UNENDLICHE GESCHICHTE. Knapp vier Monate später flog Ende nach München, um Rohaufnahmen des Films zu begutachten. Hinterher klagte er: «Mein Glücksdrache ist ein Super-Goofy geworden (...). Dieser Film wird so laut, da bin ich ja schon beim Lesen des Drehbuchs taub geworden.»

Das Jahr verging, und am 29. März 1984, eine Woche vor der Premiere der UNENDLICHEN GESCHICHTE, verlor Ende einen Gerichtsprozess. Zwar war sein Name wie von ihm gefordert nicht mehr im Vorspann, auf Plakaten oder in sonstiger Werbung zu sehen. Allerdings würde er noch im Nachspann des Werks erwähnt werden. Ende konnte Abstand vom Film nehmen, aber ganz kam er aus der Sache nicht raus.

Das Recht auf Distanzierung dürfte Ende nichts gebracht haben. Natürlich betrachten wenige Leser den Film als ebenbürtig zum Buch. Aber jeder wusste, welche Geschichte mit der «Unendlichen Geschichte» gemeint war und würde sie sehen wollen. Endes fehlender Name machte auf das Werk nicht weniger neugierig.

DIE UNENDLICHE GESCHICHTE war nun bereit für die Leinwand. Die Musik konnte beginnen.

Genau, welche Musik eigentlich?

«Nun, ich kann mich ja auch ans Klavier setzen, wenn Sie das möchten.»

---

7 Dankert, Birgit: *Michael Ende: Gefangen in Phantásien.*

8 Eyssen, Remy: *Die unendliche Geschichte – Der Film.*

«Ich wollte begriffen werden»: Ein Anruf bei Klaus Doldinger

Es raschelt, und ein leises, emsiges Schnaufen ist am anderen Ende der Leitung zu hören. Dann ist die Verbindung unterbrochen. Stille.

Aber nur für kurze Zeit.

Rückruf von Klaus Doldinger.

Das Telefonkabel war nicht lang genug, es reichte nicht bis zu seinem Flügel. Er hatte versucht es zu straffen und zog das Kabel aus der Buchse. Deshalb die Stille. Deshalb sein Wechsel an ein zweites Telefon, ein schnurloses. Nun geht's. Er nimmt Platz auf dem Schemel. «Und jetzt hören Sie bitte zu.»

Auf dem Rücken Fuchurs fliegt Atréju über die Landschaften Phantásiens. Schnell nimmt die Musik an Fahrt auf. Die Bläser sind der Wind. Die Streicher sind die Sonnenstrahlen. Es ist die Melodie vom «Flug auf dem Glücksdrachen». Doldinger spielt sie auf dem Klavier, und im Geiste stoßen alle Instrumente seines Orchesters dazu. Musik, die traumhaft, und im Gegensatz zum von Limahl gesungenen und von Giorgio Moroder komponierten «The NeverEnding Story» nicht kitschig ist.

Die Leichtigkeit des Soundtracks überträgt sich auf die Film-Dialoge. Die Sorge, Phantásien nicht retten zu können, verfliegt. Ob er wisse, wo das «Nichts» sei, fragt Atréju Fuchur. «Ich habe keine Ahnung!», antwortet er jauchzend. «Wie können wir dann das Menschenkind finden?» Die doppeldeutige Antwort des Glücksdrachens: «Mit Glück.»

Auch Doldinger muss kichern. Dann wieder ein Rascheln. Er legt den Hörer ein zweites Mal zur Seite. Und greift zum Saxofon. «Denn das geht schließlich auch.»

«Der Flug auf dem Glücksdrachen» ertönt in einer Fassung, die es auf dem Soundtrack nicht zu hören gibt. Doldinger spielt mit Vibrato, und diese Version wäre auch in einer Jazz-Bar gut aufgehoben.

Er legt sein Saxofon wieder zurück.

Die unendliche Geschichte hat einen symphonischen Score. Wie würde er die Musik beschreiben? Doldinger erinnert sich an die frühen 1980er-Jahre. «In Deutschland entwickelte sich die Klassik in eine abstrakte Richtung». Es sei die Ära einer modernen Musik gewesen, die man sich nicht gegenseitig hätte vorsingen können. «Als Auftragsarbeit konnte ich sowas jederzeit abliefern. Es war aber nicht ganz mein Ding, unabhängig davon, dass es manchmal erforderlich war so zu komponieren. Ich mochte etwas anderes lieber: erinnerbare Stücke.»

Doldinger sagt den schönen Satz: «Ich wollte begriffen werden.» Ein Flug auf dem Drachen sollte als Flug verstanden, der Abschied von einem geliebten Pferd, «Atax's Tod», betrauert werden. Die «Spukstadt» sollte zum Fürchten sein. Seine Musik für Die unendliche Geschichte ist poetisch und feierlich. Sie nimmt ihre Fantasie-Welt ernst. Wer über den Score lacht, tut das nicht wegen Doldinger, sondern wegen des von Giorgio Moroder produzierten, nachträglich hinzugefügten Limahl-Songs.

Und Doldinger setzt ein drittes Mal an, um seine eigene Musik zu intonieren. Er beginnt, übers Telefon das Titelmotiv nun nicht mehr zu spielen, auf dem Piano oder Saxofon, sondern zu singen: «Lade ladaadaa, ladidi ...»

Seine aufwändigste Kino-Arbeit

Es war die bekannteste Filmmusik des Jahres 1984. Falls der Produktion noch etwas fehlte, dann dieser Score. Das Engagement Klaus Doldingers komplettierte die Vorzeige-Besetzung für den teuersten Film, der hierzulande angestoßen wurde. Bernd Eichinger war der mutige Produzent. Wolfgang Petersen der begabte Action-Drama-Regisseur. Brian Johnson die britische Koryphäe der Spezialeffekte. Und Doldinger der berühmteste Soundtrack-Komponist Deutschlands.

Petersen und Doldinger waren schon seit einigen Jahren befreundet. 1976 schrieb er die Musik für dessen TV-Film VIER GEGEN DIE BANK, 1981 für DAS BOOT, dessen orchestrale Titelmelodie, unterlegt mit einem Echolot-Geräusch, bis heute präsent ist.

Der 1936 geborene Klaus Doldinger stammt aus dem Jazz, die meisten Fotos zeigen ihn mit Saxofon oder Klarinette. Aber schon früh, sagt er, habe er sich bewusst gegen eine Kategorisierung in «Jazz-Musiker» oder «Soundtrack-Komponist» ausgesprochen. 1962 gründete er das Klaus Doldinger Quartett, tourte über den Globus und erhielt die Ehrenbürgerwürde von New Orleans. 1970 der Durchbruch im Film. Er schrieb das TATORT-Motiv, dessen Wiedererkennungswert im deutschen Fernsehen wohl unerreicht ist. Doldinger beschreibt den Prozess lakonisch: «Die haben mir was gezeigt. Ich hab' ihnen was vorgeführt. Das war's.» Und Doldinger wurde zum John Williams von Germany.

Bis heute hat er mehr als 50 Alben und 2 000 Stücke veröffentlicht. Der Stellenwert einer bestimmten Arbeit, sagt Doldinger, definiere sich über dessen Zeitlosigkeit. Und da stehe DIE UNENDLICHE GESCHICHTE bei ihm ganz oben. «Die ganze Nation sprach über den Roman, alle über den Dreh. Ich empfinde es als großes Glück, engagiert worden zu sein.»

Der Soundtrack wurde zu seiner aufwändigsten Kino-Arbeit. «Die Komposition war auch maßgeblich für meine eigene Entwicklung», sagt Doldinger, der bei Drehstart 47 Jahre alt war. Petersen und Eichinger zeigten ihm ausgesuchte Filmszenen. Er entwickelte drei bis vier Leitthemen, die er ihnen auf Klavier und Keyboard vorspielte oder vorsang. Nach der Zusammenstellung eines Orchesters stieß sein Freund Curt Cress dazu, den viele als den hierzulande kompetentesten Schlagzeuger bezeichneten.

Doldinger sagt, von den Streitigkeiten zwischen Michael Ende und Bernd Eichinger habe er nichts mitbekommen. Auch, dass er zu keiner Zeit Druck angesichts einer 60-Millionen-DM-Produktion verspürt habe.

Auf die Frage, wie viel Zeit ihm für die Komposition zur Verfügung stand, gibt Doldinger eine ebenso spontane wie verblüffende Antwort. Sie stellt seine Verbundenheit zum bald 40 Jahre alten Film unter Beweis: «Da müsste ich mal eben in meinem Kalender nachsehen!» Er hat seine Akten zur UNENDLICHEN GESCHICHTE anscheinend griffbereit.

Hätte die Corona-Krise ihm keinen Strich durch die Rechnung gemacht, Doldinger befände sich längst auf Tournee. Beim Gespräch im Dezember 2020 ist er 84 Jahre alt, mit seiner Band Passport veröffentlichte er im selben Jahr das Album *Motherhood*. Zu den Gastkünstlern zählt sein alter Kumpel Udo Lindenberg, der 1971 als Drummer in seiner Gruppe anfing.

Die Titelmelodie der UNENDLICHEN GESCHICHTE ist fester Bestandteil seiner Konzerte. Auf der Bühne greift er dabei zu seinem Lieblingsinstrument, dem Saxofon.

Solange aufgrund der Covid-Pandemie an Auftritte nicht zu denken ist, spiele er seine Songs daheim. Jeden Tag. So laut, wie er will, denn er wohnt auf dem Land. Klaus Doldinger spricht von den Geschenken, die das Leben ihm gemacht hat: «Ich blicke aufs Isartal, und wenn ich will, bin ich in einer halben Stunde in München. Seit 1968 lebe ich hier, mit meiner Frau Inge, mit der ich seit 60 Jahren verheiratet bin. Ich habe fünf Enkelkinder, bald kommt das sechste hinzu. Ich bin dankbar für dieses Leben. Und dankbar für die Musik, die ich komponieren durfte.»

Der Vermächtnis der UNENDLICHEN GESCHICHTE

Die Welturaufführung des Films fand am 05. April 1984 im Münchner Mathäser-Kino statt, flankiert von einem 21-seitigem Exklusivbericht im *Stern*. Im Februar schon gab es jenen Auftritt von Wolfgang Petersen, Bernd Eichinger, Barret Oliver, Tami Stronach und einer mechanischen Phantásien-Rennschnecke in Joachim Fuchsbergers TV-Show AUF LOS GEHT'S LOS (1977–1986), wo Eichinger über sein Casting des kleinen Indianers sinnierte. Eine Woche nach Kinostart warb man mit ausgesuchten Puppen nochmal in WETTEN, DASS..? (1981–2014). Eichinger platzierte seinen Film also in einer der damals wichtigsten Illustrierten sowie den zwei wichtigsten Samstagabend-Sendungen.

Am Ende gingen für DIE UNENDLICHE GESCHICHTE rund 4,8 Millionen Zuschauer in die deutschen Kinos. Das positioniert sie im Jahr 2021 auf Platz 25 der erfolgreichsten deutschen Filme aller Zeiten.[9] Kein Vergleich jedoch zum ein Jahr später angelaufenen OTTO – DER FILM, der mit rund 14 Millionen Kinogästen prompt zum erfolgreichsten deutschen Streifen aller Zeiten avancierte.

Eine Komödie über den blödelnden Ostfriesen Otto Waalkes kaufte dem teuren Phantásien mit dem liebenswerten Fuchur, den aufmunternden Botschaften

9 *Filmstarts*, bit.ly/34qqbZD (30.06.2021).

an Leseratten und dem Plädoyer für die Rettung unserer Umwelt also den Schneid ab. Waalkes hatte fast dreimal so viele Zuschauer.

In den USA lief DIE UNENDLICHE GESCHICHTE am 20. Juli 1984 an und konkurrierte mit Sommer-Blockbustern wie CONAN DER ZERSTÖRER, GHOSTBUSTERS – DIE GEISTERJÄGER, PURPLE RAIN und GREMLINS – KLEINE MONSTER.

Das Einspielergebnis wird mit rund 20 Millionen Dollar beziffert, was bedeuten würde, dass die Kosten von umgerechnet 23 Millionen Dollar nicht erreicht wurden. Somit war THE NEVERENDING STORY ein Flop.[10]

Bis heute wurde kein Fantasy-Film dieses Ausmaßes mehr in Deutschland gestemmt. Was auch damit zusammenhängen könnte, dass es zu wenige gute Fantasy-Buchvorlagen aus Deutschland gibt, die sich für Kino-Epen eignen.

Wo sind die deutschsprachigen Kino-Märchen?

2008 produzierte New Line Cinema, die Firma hinter DER HERR DER RINGE, eine Verfilmung des weltweit fünf Millionen mal verkauften Cornelia-Funke-Märchens *Tintenherz*. Sie kam als INKHEART ins Kino und wurde in England und Italien gedreht. Das Werk war mit Brendan Fraser, Helen Mirren, Paul Bettany und Andy Serkis ansprechend besetzt, spielte aber gerade mal die Herstellungskosten von 60 Millionen Dollar ein. Das schloss anscheinend eine Fortsetzung aus. Mit der erfolgreichen Umsetzung einer *Tintenherz*-Trilogie (Funke schrieb zwei weitere solcher Romane) hätte New Line Cinema die Franchise-Lücke stopfen können, die DER HERR DER RINGE: DIE RÜCKKEHR DES KÖNIGS fünf Jahre zuvor hinterließ.

Kummer hatte das Studio aber nicht nur mit der Verfilmung einer deutschsprachigen Vorlage. Auch die Adaption von Philipp Pullmans DER GOLDENE KOMPASS (2007), Teil eins seiner Roman-Trilogie *His Dark Materials* (begonnen 1995), wurde als Misserfolg abgeschrieben. Das britische Märchen über den Konflikt zwischen Menschen und sogenannten Dæmonen, die deren Seelen in Tiergestalt repräsentieren, kostete 180 Millionen Dollar. Es war die teuerste Produktion, die New Line Cinema sich bis dahin leistete. Das weltweite Einspielergebnis betrug um die 370 Millionen Dollar. Aber nur 70 Millionen davon kamen aus den USA, was weit unter den Erwartungen war. Deshalb wurde auch hier, wie bei INKHEART, auf weitere Teile verzichtet.

Für Pullmans nuancierte Katholizismus-Kritik war in Chris Weitz' mit Figuren und Handlungssträngen überfrachteten Film kein Platz. Es war auch das Engagement Ian «Gandalf» McKellens sowie Christopher «Saruman» Lees, das eine trügerische Sicherheit offenbarte. Große Namen, große Effekte, großes Ausgangsmaterial und großes Geld garantieren im neuen Jahrtausend nicht, dass daraus großes Kino entsteht.

10 *Box Office Mojo*, bit.ly/2QmcP8u (30.06.2021).

Auch den Umsetzungen der *Chroniken von Narnia*-Romane, der siebenbändigen Erzählung von C. S. Lewis, ging recht früh die Luft aus. Zwischen 2005 und 2010 kamen drei Filme ins Kino. Die Walt Disney Company hoffte, die RINGE-Trilogie damit über Jahre zu beerben, schließlich verkauften sich die Buchvorlagen mehr als hundert Millionen mal. Den Erfolg von DIE CHRONIKEN VON NARNIA: DER KÖNIG VON NARNIA (2005) konnten DIE CHRONIKEN VON NARNIA: PRINZ KASPIAN VON NARNIA (2008) und DIE CHRONIKEN VON NARNIA: DIE REISE AUF DER MORGENRÖTE (2010) jedoch nicht wiederholen. Danach setzte eine bis heute anhaltende Stille ein, die Werke vier bis sieben bleiben unverfilmt.

Den Werken Cornelia Funkes und Michael Endes eint zumindest der Ansatz, dass Lesen ein magischer Vorgang ist. Eine Möglichkeit, Figuren dadurch zu verkörperlichen, sie zum Leben zu erwecken. Beiden Verfilmungen wiederum ist gemein, dass die Effekte mehr Raum einnehmen als die Gedankenprozesse der jungen Leser, in denen fantastische Welten erschaffen werden.

Dennoch ist DIE UNENDLICHE GESCHICHTE – falls man sie das letzte Mal 1984 gesehen haben sollte – nicht so schlecht gealtert wie befürchtet. Vielleicht sieht Fuchurs Flug vor der Blue Screen, jener größten unseres Planeten, zu künstlich aus. Aber der Glücksdrache mit dem Hundekopf und einem 13 Meter langen Körper ist trotz verkabeltem Innenleben zu geschmeidigen Bewegungen fähig. Die Kindliche Kaiserin verleiht ihrem Hilferuf mit bewegenden Tränen Nachdruck. Die Blitze verschießenden Sphinxen lächeln bösartig. Und dass Gmork, der Werwolf, schnell rennt, aber nie beim Rennen gezeigt wird, ist zu verschmerzen. Hohe Lykanthropen-Laufgeschwindigkeiten konnten auch die Trick-Ikonen Rick Baker mit AMERICAN WEREWOLF (1981) und Rob Bottin mit DAS TIER nicht visualisieren. Der 1984 einzig weitere relevante Film mit einem Werwolf, Neil Jordans DIE ZEIT DER WÖLFE, zeigte zwar eine schaurig anzusehende Verwandlung, aber nach deren Abschluss Aufnahmen von echten Wölfen, die als Monster herhalten sollten.

Da DIE UNENDLICHE GESCHICHTE auf Fortsetzungen angelegt war, endet der Film bald, nachdem der auf dem Schuldachboden schmökernde Bastian unerwartet in die Welt Phantásiens eintritt.

Bastian wurde ein albernes, durch und durch amerikanisches Finale zugedacht, das dem zornigen Michael Ende in die Hände gespielt haben dürfte. Der Junge nimmt nach der Rettung Phantásiens auf Fuchur Platz und darf Rache an den Schulhof-Bullys üben, die ihn am Anfang des Films noch in die Mülltonne stopften. Drache und Reiter jagen die Kids durch die Straßen New Yorks (Abb. 56).

Eben noch beschützte er fast im Alleingang einen fremden Planeten, nun denkt er plötzlich in umso kleineren Dimensionen. Die Revanche war dem nachtragenden Bastian anscheinend auch wichtiger, als sein Alter Ego Atréju kennenzulernen. Bastian winkt dem tapferen Burschen, der immerhin an der Gesundung Phantásiens beteiligt war, vom Rücken Fuchurs zu – und überfliegt ihn prompt. Der sonst so loyale Fuchur, mit dem Atréju seine Abenteuer bestritt, dient nun

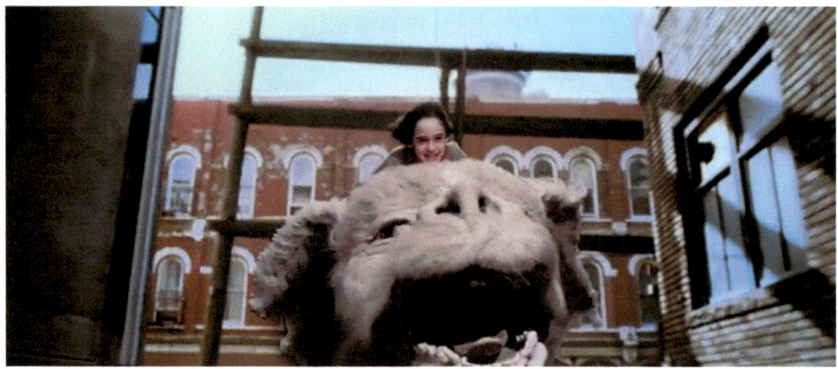

56 Auf dem Rücken Fuchurs fliegt Bastian (Barret Oliver) von Phantásien zurück nach New York. Beide lachen, denn sie jagen den Schulhof-Scheusalen mit dem Drachen-Auftritt einen gehörigen Schrecken ein. (DIE UNENDLICHE GESCHICHTE, BRD/USA 1984)

lachend einem neuen Herrchen. Ein *out-of-character*-Moment, der außerdem ein wenig überstürzt wirkt. Als dürfte der Film die 100-Minuten-Grenze nicht überschreiten. Ein Dialog zwischen Bastian und Atréju wäre doch zu erwarten gewesen.

Atréju ritt übrigens auf seinem Pferd Atax. Zu Beginn war der Hengst noch in den «Sümpfen der Traurigkeit» versunken. Sein Tod gilt als gravierender Höhepunkt der UNENDLICHEN GESCHICHTE. Das Pferd geht im Sumpf unter, in fatalistischer Ruhe, befallen von der «Traurigkeit» des Orts, während Atréju weinend an dessen Zügeln zieht (Abb. 57).

Atax schien von einer Abgeklärtheit beseelt zu sein, die den meisten Menschen im Angesicht des Todes fehlt und uns damit eine Überlegenheit des Tieres vor Augen führt. Es überrascht nicht, dass Kinder, denen eine realistische Vorstellung vom Sterben fehlt, oft an diese Szene denken und auch als Erwachsene nicht

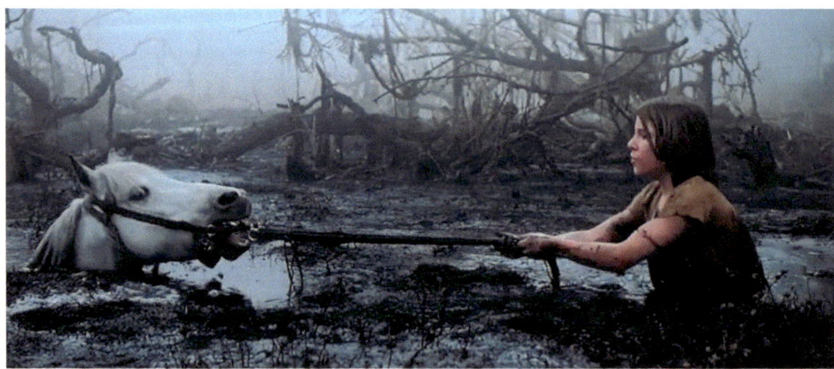

57 Atax versinkt in den «Sümpfen der Traurigkeit». Zuerst glaubt Atréju (Noah Hathaway), der Hengst sei nur müde und brauche Ansporn. Dann erkennt er, dass sich das Tier nicht gegen seinen Untergang stemmt. (DIE UNENDLICHE GESCHICHTE, BRD/USA 1984)

vergessen haben. Oder, wie ein Zuschauer es noch 2021 in einem Forum auf den Punkt gebracht hat: «R. I. P. Childhood!»

Zum Schluss ist Atréju also wieder mit seinem geliebten Schimmel vereint. Mit der Neuerschaffung Phantásiens, dem Ende des großen «Nichts», ging eine Wiederauferstehung der Toten einher, die unsere Helden nicht in Frage stellen. Angeblich soll Noah Hathaway, der ein begeisterter Reiter war, nach Drehschluss ein Geschenk gemacht worden sein: Er könne das Pferd nach Hause in die USA überführen. Diverse rechtliche Bestimmungen hätten dem jedoch im Wege gestanden.

Die Kritiken zur Unendlichen Geschichte

Die Streitereien im Vorfeld des Kinostarts boten Anlass zur Sorge, aber die Rezensenten waren sich nicht allzu uneinig im Urteil. Von vielen wichtigen US-amerikanischen Medien gab es Lob. «Die unendliche Geschichte behandelt die Entwicklung einer Geschichte, und die Rahmenhandlung mit dem Jungen, der sich auf dem Dachboden seiner Schule versteckt und atemlos eine Seite nach der anderen umschlägt, ist interessant», schrieb die *Chicago Sun-Times.*[11] «Sie lässt Kinder wissen, dass eine Story nichts ist, das einfach so passiert, dass Geschichtenerzählen ein unendlicher Akt der Vorstellungskraft ist.»

Boston Globe urteilte ebenso freundlich, aber auch haarscharf am Vorwurf des Infantilismus vorbei: «Die unendliche Geschichte, Wolfgang Petersens raffinierter Fantasy-Film, ist derart wunderschön angemessen für Kinder, dass er fast wie von Kindern gemacht scheint. Aber es gibt ausreichend künstlerische Verdienste innerhalb dieser Geschichte, sodass sich auch Erwachsene angesprochen fühlen können.»[12]

Auch die heimische Presse zeigte sich ungewohnt gnädig. *Der Spiegel* trifft einen salomonischen Ton. «Die unendliche Geschichte ist gewiß nicht Michael Endes Unendliche Geschichte. Ein ganz ‹rundes›, aus sich heraus auch in den Details sinnfälliges Drehbuch hat der Film nie gefunden, und den genialen Kick der ganz großen Vorbilder – Flemings Wizard of Oz, der erste Krieg der Sterne und E. T. – hat er nicht. Doch er ist über alle Erwartung hinaus, was er sein wollte: handwerklich und tricktechnisch auf Hollywood-Höhe, malerisch, aufregend und gefühlsstark genug, um kindliche Gemüter jeden Alters zu überwältigen.»[13]

Weit vor Kinostart war für die Filmemacher Stichtag in Amerika. Am 12. Dezember 1983 saß Bernd Eichinger in Hollywood in einem Vorführraum der Geldgeber von Warner. Als nach Ende der Filmpräsentation das Licht anging, soll einer der US-Produzenten sich zu ihm umgedreht haben: «Das alles haben Sie für nur 25 Millionen Dollar auf die Beine gestellt?»[14]

---

11 *Chicago Sun-Times*, bit.ly/2EuZZlK (30.06.2021).

12 *Boston Globe*, bit.ly/34pr9W1 (30.06.2021).

13 *Der Spiegel*, bit.ly/3aP9MPC (30.06.2021).

14 Eyssen, Remy: *Die Unendliche Geschichte – Der Film.*

Eichinger atmete auf.

Es folgten zwei verfehlte Fortsetzungen der UNENDLICHEN GESCHICHTE (1990, 1994), die noch deutlicher von Michael Endes Buch abwichen. Aber darum brauchte sich Bernd Eichinger nicht zu kümmern. Er war in die Produktionen dieser Kuriositäten nicht involviert. Mit ihm verabschiedete sich auch Regisseur Wolfgang Petersen, und die drei Hauptdarsteller wurden ausgetauscht. Der dritte Teil wurde nicht mehr in den Bavaria Studios, sondern in Potsdam-Babelsberg gedreht.

Eichinger und Petersen legten mit der UNENDLICHEN GESCHICHTE einen Film vor, der heute mehr geliebt als ernst genommen wird. Zumindest hat er die Zeit überdauert, fand seinen Platz in der Popkultur. Fuchur lebt ebenfalls weiter. In der Bavaria Filmstadt können Kinder auf dem Glücksdrachen reiten. Selbstverständlich vor einer Blue-Screen-Wand.

Durch DIE UNENDLICHE GESCHICHTE, dem ersten kostspieligen Fantasy-Film für Kinder, wurde etwas sehr deutlich. Etwas, das heute selbstverständlich erscheint, aber damals erst überprüft werden musste: Dass die Kleinen nicht nur Fantasy-Puppen, sondern auch das Fantasy-Kino lieben.

Michael Ende war sich, bei allem Ärger über die Leinwand-Adaption, der kontinuierlichen Bewunderung seines literarischen Werks sicher bewusst. Zwischen 1981 und 1984 stand *Die unendliche Geschichte* insgesamt 111 Wochen auf Platz eins der *Spiegel*-Beststellerliste Belletristik.

Selbst Horrorschriftsteller Stephen King konnte Ende hierzulande diesen Nummer-eins-Platz nicht streitig machen. Im Kinojahr der UNENDLICHEN GESCHICHTE veröffentlichte er, gemeinsam mit Co-Autor Peter Straub, einen Fantasy-Roman, es war sein erster: *Der Talisman*. Die Go-West-Parabel über ein mittelalterliches Amerika in einer Parallel-Dimension wurde in den USA zum meistverkauften Buch des Jahres. Spätestens 1984 also war Fantasy in so ziemlich jedem Medium tonangebend.

Der Walt Disney Company war diese Affinität jüngerer Menschen zu «Sword and Sorcery» längst bewusst. Auch sie ließ sich in den 1980er-Jahren vom Fantasy-Fieber anstecken.

In einer Konzern-Ära, die «Dark Age» genannt wird, schickte sie einen animierten Helden in den Kampf gegen einen Hexer. In einem Film für Kinder.

Disney ließ aber auch, in einem Realfilm, einen Zauberlehrling gegen den monumentalsten Drachen antreten, der je auf der Leinwand zu sehen war.

Und dieser Film war für Erwachsene.

6.
Der Drache und sein DRACHENTÖTER, TARAN UND DER ZAUBERKESSEL – Disney und «Sword and Sorcery»

«In the Dark Ages, fantasy was fact. Magic was a weapon. Love was a mystery. Adventure was everywhere. And heroes were needed. Because in the Dark Ages … dragons were real.»
– Tagline des Films DER DRACHENTÖTER

Disney und das «Dark Age»

Nur Filme, die zu ihrer regulären Laufzeit ein Misserfolg waren, können zu sogenannten «Kult-Streifen» werden. Den «Kult» beobachteten wir schon beim DUNKLEN KRISTALL. Ein Film erhält von einer überschaubaren, aber fanatischen Anhängerschaft höchste Weihen. Sie ist sich der Schwächen des Werks bewusst, schützt es aber nach außen vor Kritikern, die die Makel gut begründen könnten.

Nichts ist Kult schon zur Zeit seiner Veröffentlichung, schon gar nicht zur Zeit seiner Entstehung. Manchmal vergehen Jahre, bis sich der Reiz eines Films offenbart, da er immer wieder angesehen werden muss. Zu einem Kult gehört auch, dass deren Anhänger stolz darauf sind, dass ihr Kreis exklusiv ist und auch bleiben soll.

DER DRACHENTÖTER und TARAN UND DER ZAUBERKESSEL sind solche Kultfilme. Beiden Werken ist gemein, dass sie von der Walt Disney Company (co-)produziert, von einer kleinen Fan-Schar verteidigt und von der Allgemeinheit schnell vergessen wurden – und heute als essenzielle Genre-Beiträge gelten, was immer noch zu wenige wissen. Nun will Disney natürlich Hits in Serie drehen. An Kultfilmen ist der Konzern nicht interessiert.

TARAN UND DER ZAUBERKESSEL wird der sogenannten «Dark Age» zugerechnet. Ein anderer «dunkler», für dieses Buch wichtige Film, die zwischen Disney und Paramount Pictures geteilte Produktion DER DRACHENTÖTER, fällt zeitlich mit der Ära zumindest zusammen.

Der Name «Dunkles Zeitalter» ist verwirrend. Er klingt, als hätte der Mickey-Maus-Konzern in dieser Epoche nur düstere Stoffe umgesetzt. Das stimmt selbstverständlich nicht. Filme wie ROBIN HOOD (1973) oder BASIL – DER MÄUSEDETEKTIV (1986) sind, wie alle Disney-Animationsfilme, Komödien.

Über die exakte Zeitspanne des dunklen Zeitalters wird gestritten. Mal datiert sie auf 1969 bis 1988, mal 1979 bis 1984, dann 1981 bis 1988 – je nachdem, ob nur die verwendeten Zeichentechniken dazugezählt werden oder der Verlust jener Zeichenkünstler, die die Firma nach dem Tod Walt Disneys 1966 verließen. Schließlich bezeichnet «Dark Age» auch die Ungewissheit, wie es mit dem Konzern in einer Epoche weitergehen sollte, in der an die früheren Erfolge von Märchen-Klassikern, wie SCHNEEWITTCHEN UND DIE SIEBEN ZWERGE (1937) oder CINDERELLA (1950), nicht angeknüpft werden konnte. Irgendwann waren alle Märchen weggefilmt.

Manche Chronisten definieren sogar jeden Zeitabschnitt, in dem ein Disney-Film floppte, als «Dark Age», zählen also auch den Mickey-Maus-Film FANTASIA von 1940 als unfreiwilligen Beitrag einer solchen Ära mit. Lediglich das Ende der Düsternis ist eindeutig. Mit dem Erfolg von ARIELLE, DIE MEERJUNGFRAU war Disney 1989 zurück im Spiel.

In der «Dark Age» entstandene Beiträge trugen manchmal ruppige, wie scheinbar dem New Hollywood entliehene Namen, THE RESCUERS oder THE FOX AND THE HOUND. Die deutschen Fassungen waren eindeutiger, hinter den existenzialistisch anmutenden Titeln befanden sich die Helden BERNARD UND BIANCA – DIE MÄUSEPOLIZEI (1979) und CAP UND CAPPER (1981). Es war der entschlossene Versuch, mit geheimnisvollen Umschreibungen Aufmerksamkeit zu generieren, was jedoch erst recht zu nachlassendem Publikumsinteresse geführt haben könnte. Die Subtilität ging den Großnamen der 1990er, der Comeback-Strecke mit ALADDIN (1992), MULAN (1998) oder TARZAN (1999) natürlich ab. Bei ihnen wusste jeder sofort, was er kriegt.

Das Schwarze Loch, Der Drachentöter und Tron

Mit der «Dark Age» fallen auch Realfilme zusammen, wie DER DRACHENTÖTER, 1981 gedreht von Matthew Robbins. Heute steht er in einer Reihe mit zwei anderen damals gefloppten Realfilmen Disneys, DAS SCHWARZE LOCH (1979) und TRON (1982), beides Science-Fiction. Die durch KRIEG DER STERNE ausgelöste Sci-Fi-Welle erfasste ja sogar James Bond (MOONRAKER, 1979). Auch die TV-Serie RAUMSCHIFF ENTERPRISE wurde als Kinofilm STAR TREK (1979) reaktiviert.

Disney wollte mitmischen und entwarf im selben Jahr mit dem SCHWARZEN LOCH eine demütigende Perspektive auf das Dasein, die viele Kinogänger abschreckte. Aber nicht nur, weil der Film – das hatte er mit dem auch 1979 angelaufenen ALIEN gemein – in der Schwärze des Weltraums spielt, also keine Auflockerung durch Szenen auf taghellen Planeten erhielt. DAS SCHWARZE LOCH scheiterte auch an den Kassen, weil er beunruhigende Fragen zur Entstehung des Universums stellt.

Im Mittelpunkt stehen zwei desolate Altstars, Maximilian Schell als Kapitän Dr. Reinhardt und Anthony Perkins als bei ihm gestrandeter Wissenschaftler Dr. Durant. Sie diskutieren, ob sich hinter dem Schwarzen Loch, vor dem der Sternenkreuzer U.S.S. Cygnus parkt (und der sich, wie sich herausstellt, aus dem Sog nicht befreien kann), ein Jenseits verbirgt, das durch kosmische Gesetze nicht zu erklären ist. Ein Fenster zu Gott.

Schnell herrscht Unfrieden an Bord der U.S.S. Cygnus. Ein Kampfroboter namens Maximilian, der also verwirrenderweise Schells Vornamen trägt, zerfleischt mit seinen Drehklingen-Armen Dr. Durant. Der Wissenschaftler wusste zu viel. Er fand heraus, dass die stumme Crew Reinhardts nicht aus Androiden, sondern lobotomierten Menschen besteht. Und das alles in einem Disney-Film.

Himmel und Hölle

Zur dräuenden, schwindelig machenden Musik John Barrys trudelt eine Rettungskapsel mit fliehenden Astronauten ins Schwarze Loch. Eine Erfahrung, die für die Mannschaft ebenso traumatisierend verlief wie für jüngere Disney-Zuschauer. Dort erwartet die Raumfahrer der Anblick eines mittelalterlichen Infernos, aber auch die Erlösung durch einen Engel (Abb. 58–59).

Inspiriert von den Gemälden Hieronymus Boschs erschuf Regisseur Gary Nelson einen Höllentrip, den Blick in die Unterwelt, einen Albtraum in Rot-Tönen. Maximilian steht auf einem tosenden Vulkan, unter ihm Legionen kuttengewandter Jünger. Reinhardt, der seine Leute geknechtet hatte, muss nun in seinen persönlichen Hades. Er schlüpft in die Metallverkleidung des Roboters Maximilian und schmort dort bis ans Ende seiner Tage.

Was Betrachter zu dem lustigen Wortspiel verleitete: «Maximilian Schell is in Maximilian's shell.»

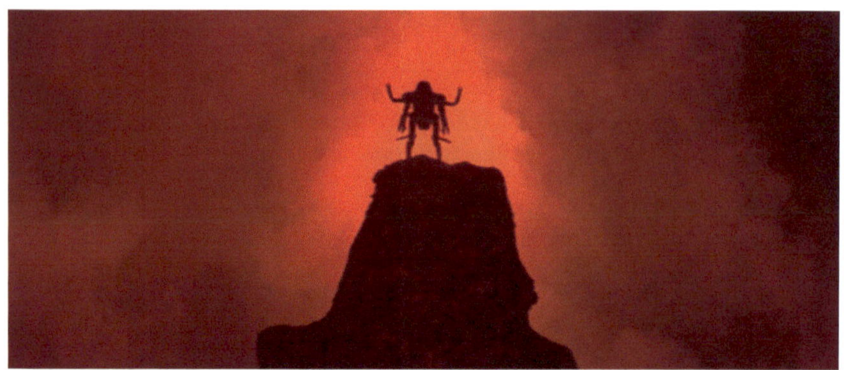

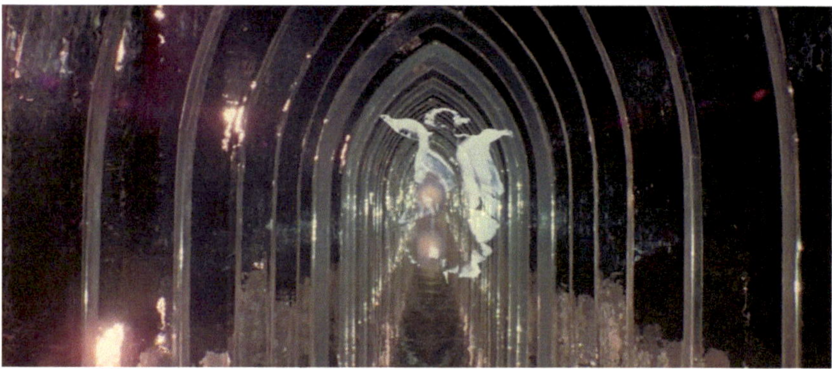

58–59 Die Astronauten fliegen mit ihrer Rettungskapsel durch das Schwarze Loch. Dort plagen sie Visionen einer Unterwelt, in der Roboter Maximilian über ein Heer willenloser Jünger herrscht. Ein Engel geleitet die Astronauten dann in den Himmel, visualisiert durch einen Flug durch einen Korridor mit Kirchenfenstern. Am Ende schafft es die Kapsel unbeschadet in die Freiheit - oder in das Jenseits? (DAS SCHWARZE LOCH, USA 1979)

Der Flug durchs Schwarze Loch wird zu einer spirituellen Erfahrung. Ein Engel geleitet die Astronauten durch eine an die Sixtinische Kapelle erinnernde Glasfenster-Galerie. Eine Einstellung, die tatsächlich im Vatikan gedreht wurde.

Disney fantasierte also die Hölle und den Himmel. Beim ersten Anblick des Schwarzen Lochs ulken die Astronauten noch herum, offenbaren damit aber auch das schnelle Ende ihrer Wissenschaftsgläubigkeit. Sie lachen über «Mistgabeln», den «Pferdefuß» und den «Höllenschlund», der sich vor ihnen auftut. Als wäre es der Teufel, der sie in diesem Nichts erwartet. Am Ende sind die Helden vielleicht wirklich tot. Eine Unklarheit, die sich die Produktionsfirma angeblich noch nie geleistet hat, wie Schauspieler Joseph Bottoms, in der Rolle des Lieutenant Pizer zu sehen, zu Protokoll gab.[1]

1 *The Hollywood Reporter*, bit.ly/3hRA8WO (30.06.2021).

Das schwarze Loch ist ein überwältigender Film in der Tradition von Stanley Kubricks 2001: Odyssee im Weltraum (1968). Auch Kubrick gewährt seinen weit reisenden Entdeckern keine Einsicht in die Entstehungsgeschichte des Universums. Stattdessen konfrontiert er sie mit einer stellaren Präsentation, die der menschliche Geist nicht erfassen kann. Das Selbstbewusstsein, sich mit Kubrick messen zu können, zeigt sich im Schwarzen Loch bereits ab der ersten Filmminute. Wie 2001: Odyssee im Weltraum wird das Werk mit einer Ouvertüre vor schwarzer Leinwand eröffnet, einer galaktischen Sinfonie ohne Bilder. Anders als Györgi Ligetis zehnminütiges «Atmosphères» dauert John Barrys «Ouverture» jedoch nur etwas mehr als zwei.

Vermithrax Pejorative: Monster für die Ewigkeit

Zwei Jahre nach dem schwarzen Loch versuchte Disney mit Der Drachentöter im «Sword and Sorcery»-Genre Fuß zu fassen. Ein Zauberlehrling begibt sich in den Kampf gegen ein derart detailliert gestaltetes Monstrum, das es noch Jahrzehnte später von George R. R. Martin mit Lob überhäuft wird. Der *Game of Thrones*-Autor bezeichnet den Drachen Vermithrax Pejorative als majestätischstes Biest, das er je gesehen hat. Platz eins in seinem Ranking, für das sich die Öffentlichkeit wohl noch vor zehn Jahren kaum interessiert hätte. Nach dem Erfolg der Game of Thrones-Serie umso mehr.[2]

Die ästhetischen Vorzüge dieses Ungeheuers gegenüber anderen Drachen sind offenkundig. Vermithrax' definierter Körperbau ist entweder Ergebnis von Disziplin oder Hungersnot, was zumindest seinen Zorn erklären könnte. Er ist außerdem sehr alt. Eine tiefe Sorgenfalte zerfurcht seine Stirn. Er trägt ein paar Zottel unter der Schnauze, was ihn wie einen gelehrten Bartträger aussehen lässt. Wenn der Gegner ihm gewachsen ist, lässt er sich auch auf Katz-und-Maus-Spiele ein (Abb. 60).

Die heute digital erzeugten Drachen haben meist die eine oder andere Verzierung, die eine oder andere Schillerlocke zu viel am schuppigen Körper. Vermithrax aber sieht aus wie ein souverän tätowierter Häftling im Kriegsgefangenenlager der Flugechsen. Ein Drache mit Style. Der Magier Ulrich (Ralph Richardson) hasst ihn, aber er bewundert ihn auch: «Diese Größe, diese Rippen … Wenn ein Drache derart alt wird, kennt er nichts mehr als Schmerz. Permanenten Schmerz. Er wird boshaft!»

Vermithrax hat keine Partnerin mehr und als Alleinerziehender drei hungrige Drachenmäuler zu stopfen. Dazu kommt sein eigener dezidierter Appetit. Damit er nicht noch rasender wird, serviert ihm der verschreckte König nur Jungfrauen.

Am außergewöhnlichsten ist seine Verletzlichkeit. Vermithrax Pejorative ist ein seiner Umwelt überlegener, aber nicht stolzierender Drache. Sein unfreiwilliges Zuhause sind Katakomben, die er nicht nach seinen Vorstellungen modellie-

2 *The Daily Beast*, bezogen über bit.ly/2G8C7Fk (30.06.2021).

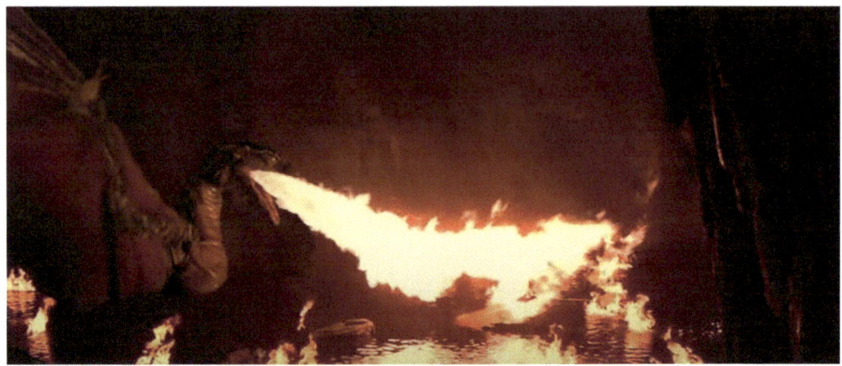

60 Galen Bradwarden (Peter MacNicol) begibt sich in die Höhle des Drachen Vermithrax. Er hofft, Prinzessin Elspeth retten zu können. Vermithrax legt einen filmreifen, verspielten Auftritt hin. Er baut sich unbemerkt hinter dem Rücken des Helden auf, spannt seine Flügel, entfaltet sich zu voller Größe. Holt tief Luft und… FEUER! (DER DRACHENTÖTER, USA 1981)

ren konnte, sondern denen er sich, als Vertriebener aus seiner eigentlichen Höhle, anpassen musste. Er kriecht durch enge Gänge, die Hautflügel hinter sich her über spitze Steine scharrend. Jeder Schritt ist qualvoll, weil das Gestein an ihm reibt.

Auch das unterscheidet ihn von den Glamour-Monstren seiner Rasse. Wie Smaug, der in der Tolkien-Verfilmung DER HOBBIT: SMAUGS EINÖDE hochmütig durch einen unterirdischen Palast voller Gold wandelt. Oder den drei Drachen der Khaleesi aus GAME OF THRONES, die in ihrer Jugendlichkeit so wirken, als stünde ihnen die Welt offen.

Die flüssigen Bewegungen Vermithrax' hat das Spezialeffekte-Team um Dennis Muren (KRIEG DER STERNE), Phil Tippett und Brian Johnson konstruiert, der gleich nach der Oscar-Nominierung für den DRACHENTÖTER 1982 von Bernd Eichinger für DIE UNENDLICHE GESCHICHTE angeheuert werden würde.

Drachen-Modell-Chef Tippett verfeinerte ein Verfahren, das er, in Anlehnung an die Methode der «Stop-Motion», schlicht «Go-Motion» taufte. Stop-Motion bedeutet, dass Figuren vor jeder neuen aufgenommenen Einstellung bewegt werden und aus der Montage dieser Einzeleinstellungen eine kontinuierliche Bewegung entsteht. Wie Skulpturierung in Echtzeit.

Go-Motion sieht glaubwürdiger aus und verdankt ihre Entstehung technischem Fortschritt. Das Modell des Drachens wird mechanisiert und per Computerbefehl animiert, in der Aufnahme entsteht lebensecht erscheinende Bewegungsunschärfe. Tippett eröffnete dem Fantasy-Genre mit dem, was er 1980 auf klobigen Rechnern programmierte und per Zwei-Knopf-Joystick steuerte, neue Möglichkeiten. Nur, dass der Motorik des DRACHENTÖTERS wenig Aufmerksamkeit zuteilwurde. Bei den Academy Awards verlor der Film in der Trick-Kategorie gegen Steven Spielbergs JÄGER DES VERLORENEN SCHATZES. Der zweite wichtige «Sword and Sorcery»-Film des Jahres 1981, EXCALIBUR, sollte auch leer ausgehen. Alex Thomson war darin für die «beste Kamera» nominiert.

«Ich will in die Werkstatt, nicht in die virtuelle Welt» – Ein Gespräch mit Phil Tippett

Ein Anruf in Kalifornien, beim Herrn der Go-Motion. Heute kann Phil Tippett über die Ignoranz, die seiner Schöpfung Vermithrax entgegengebracht wurde, lachen. «Meine Chancen in jenem Oscar-Jahr? *Zero*. Das Prinzip ist immer dasselbe: Wenn zwei Filme miteinander konkurrieren, gewinnt der erfolgreichere. Welches Academy-Mitglied hat den DRACHENTÖTER denn überhaupt gesehen?»

Die Bewegungen seines feuerspeienden Monstrums wirken weit authentischer als die parallel abgelieferten Ergebnisse Ray Harryhausens. Der Meister der Stop-Motion schenkte uns in Filmen wie SINDBADS SIEBENTE REISE (1958) und JASON UND DIE ARGONAUTEN (1973) säbelschwingende Skelette und stampfende Steinriesen. Die waren innerhalb ihrer Ära imposant, sahen aber für die 1980er zu hüftsteif aus. Wie eben in Harryhausens finalem Werk, seinen Beitrag zum «Sword and Sorcery»-Genre. Der Sandalenfilm KAMPF DER TITANEN, den wir im 3. Kapitel schon mit EXCALIBUR verglichen, lief in den USA zwei Wochen vor dem DRACHENTÖTER an.

Ob Vermithrax so grauenerregend anmutet wie Harryhausens Medusa, ist diskutabel. Aber der Drache erscheint auch in seiner beklemmenden Höhle agiler als die frei kriechende Bogenschützin mit dem Schlangenhaupt und ihrem tödlichen Blick. Vermithrax war eben Go- und nicht Stop-Motion. Das neue Modell.

1981 ließ Phil Tippett sein Vorbild alt aussehen. Ray Harryhausen erkannte, dass diese neue Technologie keine war, die sich mit seinen Mitteln irgendwie einholen ließe. Er vermeldete seinen Abschied aus Hollywood, und auch Stop-Motion verschwand nach und nach von der Bildfläche. Harryhausen konnte sich dennoch rühmen, über einen Zeitraum von rund 30 Jahren vorne mitgespielt zu haben. Für einen Trickkünstler in einer sich schnell wandelnden Branche ist das beeindruckend.

Es sollte von da an nur rund zehn Jahre dauern, bis Tippett selbst alt aussah und mit Blick auf das Schicksal der Dinosaurier trocken anmerken würde: «Soeben bin ich ausgestorben!» 1992 war er von Steven Spielberg für die Go-Motion-Effekte von JURASSIC PARK engagiert worden und musste nach unbefriedigenden Tests mit Dino-Modellen feststellen, dass sich die Trickwelt erneut weiterentwickelt hatte. Puppen wurden von Computer Generated Imagery abgelöst. Für die dynamische Darstellung von Lebewesen ab einer gewissen Größe, wie die der Dinosaurier, lässt sich mit motorisierten Modellen nur schwer arbeiten. Unmöglich wird es, wenn sie rennen sollen wie der Tyrannosaurus Rex.

Aber Tippett würde nicht «aussterben». Er werkelte, auch für Spielberg, weiter mit Figuren. Sie würden in JURASSIC PARK die digitalen Abbildungen von T.rex, Brachiosaurus, Velociraptor und anderen Urzeittieren perfekt ergänzen. In vielen Szenen sogar besser wirken als die Arbeiten aus dem Rechner. Vermithrax Pejorative lebt in ihnen weiter.

Tippett sah die Herausforderung durch CGI in der Darstellung von realen Geschöpfen: «Vor JURASSIC PARK wurden Computereffekte eingesetzt, um halluzinatorische Effekte zu erzeugen. Für künstliche Wesen, wie in jenen zwei Filmen von James Cameron.» Tippett verweist auf den aus Wasser bestehenden Außerirdischen in THE ABYSS – ABGRUND DES TODES (1989) und den flüssigen Cyborg aus TERMINATOR 2 – TAG DER ABRECHNUNG. «Die Dinos aber sollten wie aus Fleisch und Blut erscheinen. Wie atmende Tiere, mit Haaren. Sie waren nicht ausgedacht, wir wissen, wie sie aussahen.» Auch deshalb wird die Wirklichkeitsnähe vieler computeranimierter Tiere bis heute danach beurteilt, wie sich ihr Fell bewegt, also die Anordnung tausender digitaler Haare.

Die Geschöpfe des Phil Tippett

Tippett wurde 1951 in Berkeley, Kalifornien geboren und arbeitet heute noch in seinem dortigen «Tippett Studio». Er hortet nicht nur unzählige Bausätze und Skulpturen, sondern produziert mit seinem Team Go- und Stop-Motion-, als inzwischen auch Computer-Animationen. Der Mann mit dem wild gestutzten Haarkranz und einem Catweazle-Bart könnte, wie so viele in den 1970er-Jahren wichtig gewordene Effekt-Künstler, als in sich versunkener Eremit durchgehen. Dokumentationen zeigen, wie er in seiner überdimensionierten Garage Modelle bastelt, Material aufeinanderschichtet, hier und dort lötet oder Masken anprobiert.

Seine Erzeugnisse gingen um die Welt, und in den Jahren nach dem DRACHENTÖTER wurde Phil Tippett hoch dekoriert. Fünfmal wurde er bis heute in der Kategorie «Beste visuelle Effekte» für den Oscar nominiert, und er durfte die Trophäe 1984 für DIE RÜCKKEHR DER JEDI-RITTER (Spezialeffekte wurde in jenem Jahr nicht honoriert, dies war ein Sonder-Oscar) und 1994 für JURASSIC PARK entgegennehmen. Jener Film, von dem er fürchtete, er wäre sein persönliches Waterloo.

Tippett animierte einige der denkwürdigsten Charaktere des Kinos, gerade für die KRIEG DER STERNE-Reihe. Die Monster-Figuren aus dem Hologramm-Schach von EINE NEUE HOFFNUNG werden bis heute derart innig geliebt, dass sie fast 40 Jahre später in das ERWACHEN DER MACHT Wiederauferstehung feierten. In beiden Filmen, 1977 und 2015, wurden sie per Stop-Motion inszeniert, in dieser Hinsicht blieb Tippett Traditionalist. Auf die Schachfiguren folgten die Taun-Tauns genannten Schneetiere, der adipöse Gangster-Wurm Jabba, und Tippett setzte auch die ehrfurchtgebietendsten Maschinen der Saga in Gang, 1980 schon per Go-Motion: die vierbeinigen, durch die Eiswüste von Hoth laufenden AT-AT-Kampftransporter aus DAS IMPERIUM SCHLÄGT ZURÜCK.

Stop-Motion, Go-Motion, Modelle und Masken wurden, auch dank Tippett, immer realistischer. Deshalb nahmen Trickschmieden ab den frühen 1980er-Jahren von dem wahrscheinlich unglaubwürdigsten Monster-Design zunehmend Abstand: «Man in a suit», dem Menschen, der sich in einen Anzug zwängt.

Für Phil Tippett war diese Neuorientierung überfällig. «Der Anzug obliegt einer Beschränkung, der Beschränkung der Körperlichkeit durch eine ganz bestimmte Form, eben die des Homo Sapiens.» Wer in den Anzug steigt, bleibt also immer mehr Mensch als Kreatur. Bei der Verkörperung eines Gorillas gehe die Anzug-Variante vielleicht noch durch, selbst beim Fluss-Ungeheuer aus dem SCHRECKEN VOM AMAZONAS (1954): «Das sind Wesen, die zumindest grob an Primaten angelehnt sind. Fast alle anderen Monster aber nicht.»

So sehr Ridley Scotts ALIEN 1979 auch gefeiert wurde, der mörderische Parasit ist ebenfalls ein «man in a suit». Der Regisseur vermied es deshalb, dessen Körper vollständig von Kopf bis Klaue oder in Bewegung zu zeigen, weil sie ja doch nur unserer eigenen ähneln würde.

Für den DUNKLEN KRISTALL bewies Jim Henson große Kreativität, um den «man in a suit» unkenntlich zu machen. In den Schuppenpanzern der Garthim genannten Riesenkakerlaken steckten gleich zwei Animateure, und die grazil-langgliedrigen Landstrider wurden durch Akrobaten dargestellt. Die bewegten sich im Kostüm auf Stelzen, aber nicht nur an den Füßen, sondern auch an den Händen. Ein menschlicher Umriss war durch die maskierte Vierbeinigkeit nicht zu erkennen.

Phil Tippetts erste Screen-Tests mit einem geliebten RÜCKKEHR DER JEDI-RITTER-Untier, dem Rancor aus dem Verlies Jabbas, verliefen mit eben diesem «Mann im Anzug» unbefriedigend. «George Lucas präsentierte mir den besten Godzilla-Anzug aller Zeiten. Aber der ließ sich nicht anziehen. Und keiner konnte sich darin bewegen.» Am Ende musste Tippett wieder mit einem animierten Modell ran, darunter mit einer Rancor-Handpuppe.

Pratical Effects vs. Computer-Effekte

Die Bestie aus dem DRACHENTÖTER erforderte klare Konstruktionsbedingungen. «Man in a suit» war bei einer Flugechse sowieso ausgeschlossen. Der Drache Vermithrax wurde in drei verschieden großen Modellen gebaut, darunter eines in nahezu voller Größe. Der Kopf ging bis zu fünf Meter in die Höhe, der Schwanz war sechs Meter lang, die Spannbreite des Flügels betrug neun Meter. Das Innenleben wurde motorisiert, und die Krallen erhielten eine Mechanik, die es zupacken ließ. Die Spezialeffekte waren kolossal, Vermithrax entwickelte Charakter. Er war zärtlich zu seinen Babydrachen und bis zu seinem Tod ein erbitterter Feind des Menschen (Abb. 61–62).

«Disney mischte sich erstaunlicherweise nicht in mein Design ein», sagt Tippett. Und verrät, dass Vermithrax, ginge es nach dem Konzern, familienfreundlicher in Erscheinung getreten wäre. «Es gab einen Entwurf, aber den habe ich verändert. Denn der Drache sah anfangs wie eine Cartoon-Figur aus. Ich beabsichtigte natürlich, dass er wie ein Schurke daherkommt.» Das Gerücht, Disney wollte Vermithrax als sprechenden Drachen inszenieren lassen, kann er nicht bestätigen. Es ist aber vorstellbar.

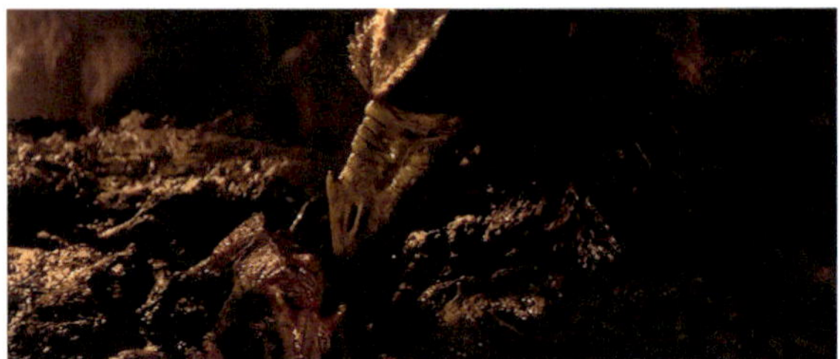

61 Vermithrax betrauert in seiner Höhle den Tod der Babydrachen, getötet von Galen. (DER DRACHENTÖTER, USA 1981)

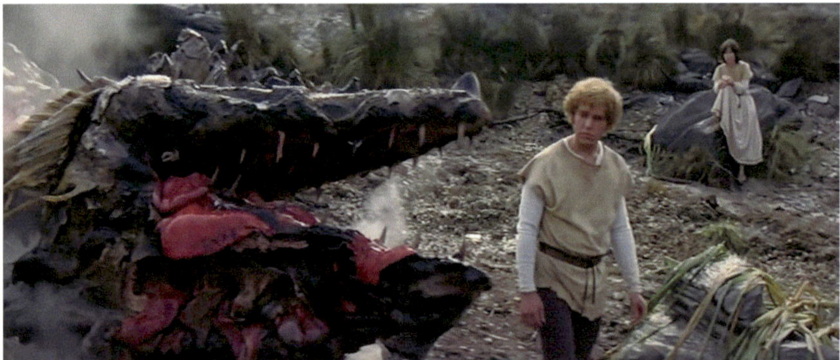

62 Galen (Peter MacNicol) und Valeria (Caitlin Clarke) haben Vermithrax mit Hilfe des Zauberers Ulrich besiegt und betrachten den verbrannten Kadaver. Sie brachten ein Amulett zum Explodieren, das der Zauberer in den Händen hielt und beide, Ungeheuer und Mensch, in den Tod riss. (DER DRACHENTÖTER, USA 1981)

Tippett spricht von Vermithrax als einer Schöpfung, auf die er besonders stolz ist. Aber der Transfer von «Practical Effects» zu Computereffekten, die ab den späten 1980er-Jahren zur Revolution in der Tricktechnik führten, war für ihn eine Herausforderung. Nicht erst, als er die visuellen Effekte in JURASSIC PARK begutachtete und Angst bekam, er könnte aussterben wie die Dinos. «Ich lehnte Computer prinzipiell ab. CGI bedeutete für mich: Arbeit am PC. Sitzen an einem Schreibtisch. Dort wird aber nur getippt. Und dort gibt es auch mehr Blah-Blah. Ich wollte lieber in die Werkstatt. In die echte Welt, nicht die virtuelle.» Doch an manchen Entwicklungen kommt man nicht vorbei. Für seinen Job bedeutete das, in Zukunft weniger Bildhauer zu sein, als auch in Tasten zu hauen. Inzwischen arbeitet auch seine Firma mit digitalen Tricks.

«Ich weiß, es klingt wie eine Floskel», setzt Tippett an – und seufzt: «Aber im Gegensatz zu Computerbildern, den visuellen Effekten, sind Spezialeffekte real. Sie können fotografiert und gefilmt werden. In echtem Licht. In einem echten Raum, in einer echten Umgebung. Ohne wesentliche Nachbearbeitungen. Effekte werden in-camera hergestellt. Aber all das – Licht, Raum, Umgebung – bekommen Sie dafür auch umsonst. Lediglich die Performance des Objekts muss arrangiert werden, das kann mühsam sein.»

CGI könne diese Detailschärfe niemals erreichen. «Visuelle Effekte sind Gemälde. Egal, wie gut sie sind, Gemälde sehen künstlich aus. Computer Generated Imagery ist doch exakt das, was der Name sagt. Sie existiert nicht in der Realität.»

Dennoch freut sich Tippett, dass die Computer-Effekte dem Fantasy-Genre einen Auftrieb verschafft haben. Anders als viele Kollegen ist er jedoch von den Tricks im HERRN DER RINGE, wie beim Aufmarsch der Pixel-Armeen aus Menschen und Orks, nicht überzeugt: «Sah für mich aus wie ein Videospiel.»

Jüngst kehrte Tippett zu Disney zurück. Für eine Folge der MANDALORIAN-Serie kreierte er die Scrapwalker-Müllroboter, die an die legendären AT-ATs erinnern. Die Macher der nostalgisch gefärbten STAR WARS-Reihe ließen Tippett freie Wahl der Waffen, und er wusste, welche er zu wählen hatte. Bewegte Modelle. «Ich bedanke mich bei Jon Favreau & Doug Chiang für ihre Überzeugung, dass der Gebrauch von Stop-Motion für die riesigen ‹Scrapwalkers› DIE METHODE darstellt.», twitterte er.[3]

Im DRACHENTÖTER gibt es keine Armeen, geschweige denn Roboter, auch kein Drachen-Schwarm, sondern nur ein einziges Monster plus drei Babydrachen. Aber diese Flugechsen haben Grip und Textur. Phil Tippett hat Wesen erschaffen, die lebendig wirkten.

Disney zeigt Haut – und Stumpf

Dafür lässt sich debattieren, ob Dramaturgie und Produktionsdesign des DRACHENTÖTERS nicht einige Schwächen offenbaren. Gäbe es den Tell-it-all-Filmtitel nicht, wäre einige Zeit lang unklar, worauf Regisseur Matthew Robbins hinauswill. Bis zur 30. von 109 Filmminuten wird nicht deutlich, dass es sich um ein *Creature Feature* handelt. Erst dann ist Vermithrax' erstes Grollen zu vernehmen, und er stößt, einer Dampffontäne gleich, seinen Drachenatem aus. Aber eben außerhalb unseres Sichtbilds.

Zunächst werden wir Zeuge von Kämpfen, nicht zwischen Menschen und Drachen, sondern zwischen Menschen und Menschen. Eine Magier-Gilde streitet mit dem Hauptmann des Königs über das weitere Vorgehen gegen Vermithrax Pejorative, der aus dem Lateinischen grob übersetzt «Der Wurm aus Thrakien, der alles schlimmer macht» heißt. Heute wäre solch ein Spannungsaufbau ohne zumindest der Andeutung eines *money shot* schwer zu verkaufen. Die meisten Filme würden einen Prolog konstruieren, in dem die Ausmaße eines Monsters wenigstens angedeutet werden.

DER DRACHENTÖTER ist ein Film der unbearbeiteten Naturaufnahmen, Burgruinen und spärlich dekorierten Innenräume. Kein Ausstattungskino, für das pompöse Bauten errichtet werden, die diese Schauplätze eindeutig in einem Frühmittelalter verorten, in dem auch Fabelwesen ihren Platz haben. Es ist das 6. Jahrhundert nach Christus, der römische Imperator Magnus Maximus hat seine

3 *Twitter*, bit.ly/3r7psFr (30.06.2021)

Truppen aus England abgezogen und hinterlässt im post-römischen Zeitalter eine verarmte, bis zur Einkehr des Christentums gottlose Bevölkerung. Eine Ära, die wir schon in John Boormans EXCALIBUR ergründeten.

Entsprechend schlicht sieht DER DRACHENTÖTER aus, was für damalige Verhältnisse respektabel war, den Film aus heutiger Sicht aber wie ein günstiges Fernsehspiel mit Wanderbühnenkleidung aussehen lässt. Ein Viertel der Produktionskosten von 18 Millionen Dollar schlug bei der Konstruktion des Vermithrax zu Buche. Für die Erschaffung einer Ritterwelt blieb nicht viel Geld übrig.

Im anderen großen «Sword and Sorcery»-Film des Jahres wurde auf mystische Kreaturen verzichtet. Hätte John Boorman für EXCALIBUR gemäß der Artussage einen Drachen bauen lassen, wäre ihm dann noch genug Budget geblieben, um die Residenzstadt Camelot zu errichten? Bei Boorman sieht alles, was da ist, teuer aus. Erstaunlich genug angesichts eines Etats von nur elf Millionen Dollar. Disney und Paramount Pictures wollten im DRACHENTÖTER dafür den besten Drachen präsentieren. Und das ist ihnen gelungen.

Blut und nackte Haut, beides zeigt der Film. Würde nicht Disney draufstehen, könnte man kaum an Disney glauben. Auch die drei Babydrachen sind nicht knuddelig, sondern schleimige, überdimensionierte Wurm-Säuglinge. «Es gibt ein paar kleine, junge. Die müssen wir töten», sagt Galen (Peter MacNicol) zu seiner Gefährtin Valerian (Caitlin Clarke). Solch ein Satz aus dem Mund eines Disney-Helden.

Diese Minibiester verursachen die blutigste Sauerei. Sie töten eine Frau, ausgerechnet die Prinzessin, und verstümmeln sichtbar ihre Leiche. Eine Disney-Prinzessin zeigt Stumpf.

Elspeth (Chloe Salaman) nimmt eine Sonderstellung in der nicht an Prinzessinnen mangelnden Märchenschmiede Hollywoods ein. Sie will sich dem Drachen freiwillig opfern, weil sie ahnt, dass die von ihrem Königsvater veranstaltete «Opfer-Lotterie», bei der eine Jungfrau gezogen wird, eine Scheinveranstaltung ist. Ihr blaublütiger Name befand sich bei keiner einzigen Ziehung im Lostopf, der Patriarch will sie vor einem grausigen Schicksal bewahren. Elspeth ist eine Monarchin, die sich entgegen ihrer Abstammung als Frau des Volkes, als eine unter vielen sieht.

DER DRACHENTÖTER beweist auch Mut zur Entlarvung von Genre-Theatralik. Zauberlehrling Galen wirft, obwohl ein Schwertkampf droht, harmlose Nebel-Kugeln durch die Gegend, um seine Ausweichbewegungen zu verschleiern. Ein Priester ruft verängstigt: «Bitte kein Nebel mehr – ICH FLEHE DICH AN!». Und das in einem Abenteuer mit einer viel größeren Gefahr, einem Drachen, der etwas anderes als Nebelkugeln speit. Bis Galen der Flugechse gegenübersteht, muss er heranreifen, dem (Spoiler-)Filmtitel erst gerecht werden.

DER DRACHENTÖTER würde außerdem in die Geschichte eingehen als erster – und wohl einziger – Disney-Film, in dem Darsteller komplett unbekleidet zu sehen sind. In einem Fluss badet Valerian nackt, und als Galen zu ihr ins Wasser springt, sieht man von hinten nicht nur sein Gesäß, sondern auch, wie etwas zwischen seinen Beinen baumelt.

Auf den DRACHENTÖTER folgt TRON

DER DRACHENTÖTER spielte nur 14 seiner 18 Millionen Dollar Produktionskosten ein. Die Presse war sich ihrer Zeit uneinig über dessen Vermächtnis. «Mr. Robbins' größte Leistung besteht darin, eine Atmosphäre erschaffen zu haben, und das gelingt ihm gut genug, damit man über die gelegentlichen Schwerfälligkeiten hinwegsieht», schrieb die *New York Times*.[4] Andere kritisierten Anleihen an Filme wie KRIEG DER STERNE oder EXCALIBUR. «Die universell bekannten Mythen und Legenden arbeiten gegen den Film, auch wenn er so gut gemacht ist», urteilte *Time Out*. «Der Letzte Zauberer im Film hat eine offensichtlich enge Verwandtschaft zu Merlin aus EXCALIBUR, während der unreife Jugendliche mit dem bemühten Versuch, die Magie seines Mentors zu erhaschen, wie ein zweiter Luke Skywalker auftritt.»[5]

Wobei sich die Frage stellt, wer hier wen inspirierte. Märchen mit unbedarften jugendlichen Helden und weisen alten Magiern existierten lange vor George Lucas. Dessen Idee, den ritterlichen Kampf von Gut gegen Böse, die Konflikte zwischen Magier (Obi-Wan Kenobi), einem zaubertalentierten Bauernjungen (Luke Skywalker), der Prinzessin (Leia) und dem König (Darth Vader) in den Weltraum zu verfrachten, ist so genial nicht. Richtig ist, dass Lucas mit KRIEG DER STERNE Grundlagen für den Erfolg des Fantasy-Kinos schuf. Hauptdarsteller Peter MacNicol hat den DRACHENTÖTER offiziell aus seinem Lebenslauf gestrichen, und er will auf den Film auch nicht mehr angesprochen werden. Der damals 27-Jährige konnte danach, obwohl er als Drachentöter Galen einen guten Job gemacht hat, nur noch eine einzige weitere Hauptrolle im Kino ergattern (AMERICAN BLUE NOTE, 1989). Ab Ende der 1990er-Jahre wurde MacNicol zu einem gefragten Darsteller in TV-Comedys, wie ALLY MCBEAL (1997–2002). Regisseur Matthew Robbins, der sich in den 1970er-Jahren als New-Hollywood-Autor einen Namen machte (SUGARLAND EXPRESS, 1974) blieb nach dem DRACHENTÖTER dem Phantastischen treu. Für Guillermo del Toro schrieb er die Scripts zu MIMIC – ANGIRFF DER KILLERINSEKTEN (1997), CRIMSON PEAK (2015) UND PINOCCHIO (2021).

Düster wie DER DRACHENTÖTER ist auch der Disney-Film, der ein Jahr später, 1982, ins Kino kam: TRON. Heute einer der größten Sci-Fi-Kultfilme des Jahrzehnts, fand er seinerzeit kein Publikum. Steven Lisbergers Werk behandelt die Geschichte eines in einen PC teleportierten Softwareentwicklers, der darin gegen feindliche Programme antritt, verbildlicht als Roboter.

Lisberger rühmt sich als CGI-Wegbereiter. Wer im Netz nach entsprechenden Filmen sucht, stößt auf etliche Regisseure, die dasselbe behaupten. Sie alle seien die ersten gewesen, die mit Computer-generierten Bildern gearbeitet hätten. Es scheint ein regelrechter Wettbewerb unter solchen Avantgardisten stattzufinden.

---

4 *New York Times*, nyti.ms/2FLiy5X (30.06.2021).

5 *Time Out*, bit.ly/3ck5sbN (30.06.2021).

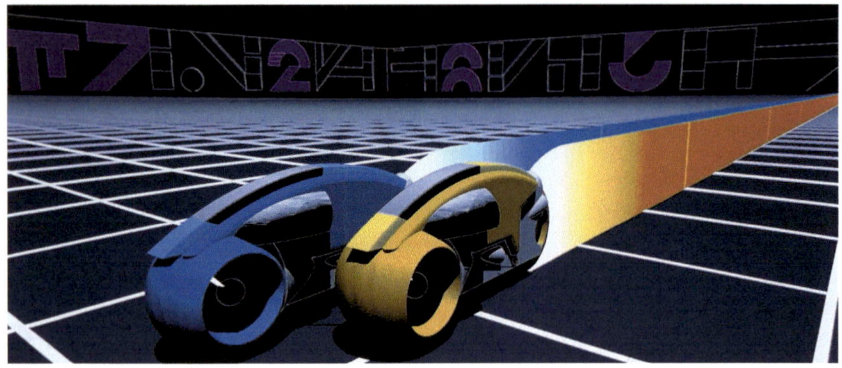

63 Der «Light Cycle»-Wettkampf verläuft für einen der zwei Fahrer tödlich, weil die Motorräder keine Bremsen haben und beim Rasen eine stahlharte Düsenwand hinter sich lassen, an der der Gegner zerschellen würde. Vorbild könnte der «Snake Game»-Videospielklassiker «Snafu» gewesen sein. (TRON, USA 1982)

Echte Unterschiede in der Inszenierung digitaler Einstellungen beziehen sich auf die Verwendungsdauer der Animation sowie die Vielschichtigkeit der Figuren. 1960 sei man bei 49 Sekunden (RENDERING OF A PLANNED HIGHWAY) gewesen, und Michael Crichtons Thriller LOOKER aus dem Jahr 1981 verweist auf den ersten Spielfilm-Charakter, der komplett aus dem Computer stamme.

Disneys TRON setzte Maßstäbe in der Dauer einer Actionsequenz, die rund drei Minuten währt: die Verfolgungsjagd der Motorräder «Light Cycles», gänzlich basierend auf visuellen Effekten. Flynn (Jeff Bridges) stellt sich im Wettkampf einem Konkurrenten. Beide Fahrer rasen durchs Innere eines Computers, und ihr Wettrennen erinnert an den «Snake Game»-Videospielklassiker «Snafu» (Abb. 63).

Das Verstörende an TRON sind nicht allein die digitalen Neon-Farbspiele in Rot und Blau innerhalb des Computers, die Räume zu psychedelischen Tech-Noir-Nachtclubs machen. Es ist auch die Tatsache, dass im aufblühenden Zeitalter des Heimcomputers, dem Zeitalter des PC für Jedermann, eine Gefahr suggeriert wurde. In den eigenen vier Wänden könnte ein Feind lauern, in jenem kleinen Kasten, dem wir vertrauen, während wir munter private Botschaften auf seiner Tastatur eingeben: Der Hacker, der unser Eigentum infiziert hat.

Das TRON-Erbe besteht also in der Erkenntnis, dass sich der überzogen wirkende Futurismus der Vergangenheit als wahr gewordene Prophezeiung für die Gegenwart herausstellt.

Als 2010 die Fortsetzung TRON: LEGACY ins Kino kam, war der Zauber verflogen. Visuelle Effekte waren Standard und das Innenleben eines Rechners durchleuchtet. An die entscheidende Entwicklung des neuen Computer-Zeitalters traute sich der Film nicht recht ran. Verheißung und Schrecken des Internet, die Weiterverarbeitung intimster Daten. TRON: LEGACY traute sich nicht, in die Zukunft zu blicken.

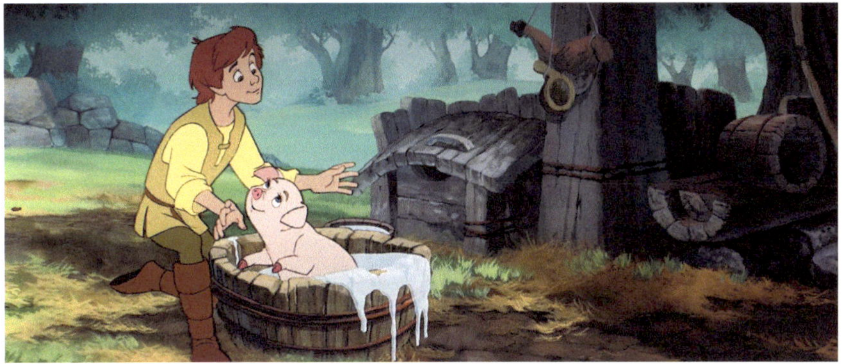

64 Bauernjunge Taran schließt Freundschaft mit dem Schwein Hen Wen, einem Neuzugang auf dem Hof seines Meisters Dalben. Hen Wen kann in die Zukunft sehen und muss deshalb in Sicherheit gebracht werden. Denn der Gehörnte König will das Ferkel für sich haben. (TARAN UND DER ZAUBERKESSEL, USA 1985)

TARAN UND DER ZAUBERKESSEL: Wenn im Kino Kinder weinen

Einen «Sword and Sorcery»-Beitrag würde Disney im Zuge der Fantasy-Welle noch produzieren. Ein Werk, welches das traditionelle Segment des Animationsfilms bedient – und neu geschnitten werden musste, weil es den Kinogängern zu brutal erschien, in Testvorführungen Kinder weinten und Eltern protestierten.

In TARAN UND DER ZAUBERKESSEL von 1985, lose angelehnt an den gleichnamigen Roman Lloyd Alexanders und gedreht von den CAP UND CAPPER-Regisseuren Ted Berman und Richard Rich, nimmt es ein Schweinehirte, der eine Prinzessin aus den Fängen des «Gehörnten Königs» befreien will, mit Untoten auf. Dabei muss er ein Ferkel beschützen, das über magische Fähigkeiten verfügt (Abb. 64).

Entscheidend sind die augenscheinliche Deutung des Flops durch Disney und die daraus gezogenen Rückschlüsse. TARAN UND DER ZAUBERKESSEL galt als Indiz dafür, dass «Sword and Sorcery» kein Publikumsinteresse mehr generiert, unabhängig vom Produktionsaufwand. Unabhängig davon also, dass gezeichnete 2D-Welten theoretisch leichter und preiswerter herzustellen waren als der Bau von Kulissen, Puppen und Masken oder einem Drachen wie Vermithrax aus dem DRACHENTÖTER, der mehrere Millionen verschlang. Das Argument, ein Film sei nur deshalb kein Erfolg, weil die Produktion von haptischen Fantasy-Lebensräumen zu kostspielig sei und das Ergebnis dennoch zu billig aussähe, kann bei animierten Filmen nicht greifen.

Dabei war TARAN ziemlich teuer. Er nahm nur 21 Millionen ein, kostete aber, dazu existieren unterschiedliche Angaben, zwischen außerordentlichen 25 und unbegreiflichen, rekordverdächtigen 44 Millionen Dollar. Falls das Budget wirklich 44 Millionen Dollar betrug, wäre der Film ungefähr so teuer gewesen wie DER WÜSTENPLANET und deutlicher teurer als LEGENDE. Beide, DER WÜSTENPLANET und LEGENDE, sind Ausstattungskino, beide sind Spezialeffekte-Kino, beide sind Star-Kino. Wohin das TARAN-Geld versickert ist, bleibt jedoch ein Geheimnis.

Seinen ersten animierten «Sword and Sorcery»-Film produzierte der Konzern 1963 mit DIE HEXE UND DER ZAUBERER, der im Original den besseren, auf die Legende verweisenden Titel THE SWORD IN THE STONE trägt. Allerdings fiel diese Artus-und-Merlin-Geschichte nicht in einen Fantasy-Boom, sondern stand für sich allein. Sie folgte auf 101 DALMATINER und war nicht nur der letzte Film, der zu Walt Disneys Lebzeiten ins Kino kam, sondern auch derjenige, auf den sich die längste Pause bis zum nächsten gezeichneten Beitrag anschloss. Vier Jahre später würde die Company mit dem DSCHUNGELBUCH einen beträchtlichen Kritiker- und Publikumserfolg erleben.

Zombies in Disneyland

Einige Webseiten, die sich durch Filme ausgelöste Kindheitstraumata widmen, verweisen auch auf TARAN UND DER ZAUBERKESSEL. Neben dem Tod von Bambis Mutter rissen die untoten Soldaten des Gehörnten Königs anscheinend eine zweite unheilbare, von Disney verursachte Wunde in uns auf. Der Anblick des Skelettheeres, dem Zauberkessel entsprungen, erschien manchen zu grausam (Abb. 65).

Falls vom kleinen Abenteurer Taran überhaupt Notiz genommen wurde. Denn der Konzern nahm den Film 1986 vom Markt und machte ihn erst 1998 wieder verfügbar, fürs Heimkino. TARAN UND DER ZAUBERKESSEL war der erste Disney, der in den USA ein PG-13-Rating erhielt, eine «Parental Guidance». Eltern wird damit geraten, Kinder unter 13 Jahren den Film nicht sehen zu lassen. Das wirkt sich auf die Kinobesuche aus, denn ein Großteil des Disney-Zielpublikums besteht aus Kindern. Anders als DER DRACHENTÖTER jedoch ist TARAN UND DER ZAUBERKESSEL heute im Streaming-Dienst von Disney+ erhältlich.

1985, im letzten großen Fantasy-Jahr alter Ordnung, erhielt das Werk in inoffizieller «Dark Age»-Tradition einen im Original herausfordernden Titel: THE BLACK CAULDRON, «Der schwarze Kessel». Ein Titel wie ein Fragezeichen. Weder verweist er auf einen Helden (Taran), noch auf Magie (Zauberkessel). Die Gemeinsamkeit des schwarzen Kessels mit dem ebenfalls als Disney-Misserfolg abgeschriebenen SCHWARZEN LOCH besteht darin: Zwar saugt jenes Loch im Weltraum alles Leben auf, während das andere, ein nicht zu versiegelndes Behältnis, den Tod in Form eines Skelett-Heeres gebiert, das auf unsere Welt losgelassen wird. Am Ende aber reißt das Loch den Gehörnten König genauso an sich wie den «Mad Scientist» Dr. Reinhardt.

TARAN war der erste Zeichentrickfilm der Cartoon-Schmiede, in dem nicht gesungen wird. Es gab auch nicht viel Grund zu singen. Eine so düstere Animation hatte es bei Disney noch nie gegeben und wird es wohl auch nicht mehr geben.

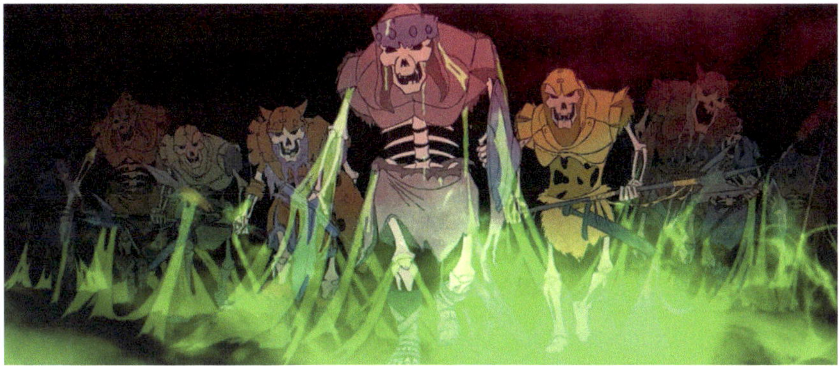

65 Der Gehörnte König hat die Kräfte des Zauberkessels beschworen. Aus dem Gefäß strömen Skelett-Soldaten, die die Welt für ihn erobern sollen. (TARAN UND DER ZAUBERKESSEL, USA 1985)

Dabei wurde die härteste Szene nach einer Testvorführung entfernt. Ein Untoter attackiert einen Mann, der sich danach, von Verletzungen übersät, selbst in einen Zombie verwandelt

Die Gründe für einen Kino-Misserfolg sind meist vielfältig. Mitverantwortlich für die Schlappe waren sicherlich die Altersfreigabe und der Verzicht auf Nummernrevuen und Tanzeinlagen. Unglücklicherweise erinnerte die Ästhetik an das 1983 in den Handel gekommene *Dragon's Lair*, einem wenig dynamischen, wie eine Serie von Quick Time Events anmutenden, aber hinreißend anzusehenden Videospiel auf Laserdisc. Dessen Design wirkt wie einem Disney-Streifen entnommen und bot erstmals die Möglichkeit, einen Animations-Film nicht zu sehen, sondern zu spielen. Nur, dass dieses «Sword and Sorcery»-Game nicht von Disney gemacht wurde, sondern ausgerechnet von Don Bluth. Ein Designer, der Anfang der 1980er Disney verließ und elf Zeichner mitnahm, fast ein Fünftel seiner Abteilung.

Hier offenbart sich ein sehr deutliches Kulturvermächtnis. J.R.R. Tolkiens Roman *Der Herr der Ringe* beeinflusste die Brettspiel-Macher von *Dungeons & Dragons*, das wiederum die Generation der Videospielmacher von Atari, Intellivision und anderen Game-Konsolen der späten 1970er-Jahre inspirierte. Es verwundert im Rahmen der Fantasy-Renaissance nicht, dass auch zu *Dragon's Lair* ein neues Kapitel aufgeschlagen wird. So wie zum DUNKLEN KRISTALL oder CONAN arbeitet Netflix an einer Umsetzung des Materials, allerdings nicht als Serie, sondern als Film, auch nicht als Zeichentrick, sondern Realfilm. Ryan Reynolds könnte den Verhandlungen zufolge in die Rolle des Ritters Dirk the Daring schlüpfen, der Prinzessin Daphne aus den Klauen des Drachen Singe und des Zauberers Mordroc befreien will.

Reynolds wäre eine erfrischende Wahl. Er hat schon als Superhelden-Antiheld DEADPOOL (2016), wie auch als Videospielfigur in FREE GUY (2021) die Metaebenen von Stoffen herausgearbeitet. Direkte Ansprache des Zuschauers («breaking the fourth wall») oder *in character* den Film als einen Film erkennen und darüber diskutieren. Reynolds käme ein «Sword and Sorcery»-Abenteuer, das sich ironisch darstellen ließe, sicher recht.

DRAGON'S LAIR wäre 2022 für den ehemaligen Disney-Zeichner Don Bluth ein Comeback. Er soll Regie führen, gemeinsam mit seinem Ex-Disney-Partner Gary Goldman. Goldmann ist 77, Bluth 84, es wäre ihr erster Spielfilm seit TITAN A. E, der im Jahr 2000 anlief.

Taran öffnete Disney die Augen

Bluth versuchte in den 1980er-Jahren seinem Ex-Arbeitgeber Konkurrenz zu machen. MRS. BRISBY UND DAS GEHEIMNIS VON NIMH (1982) trug einen ähnlich mysteriösen Titel wie die «Dark Age»-Werke Disneys und war ein – leider nur mäßig erfolgreicher – Fantasy-Streifen. Viele seiner Genre-Reminiszenzen präsentierte Bluth verdeckt. Der Schwertkampf seiner Protagonisten Jenner und Justin ist eine choreografische Kopie der Duell-Szene aus Richard Fleischers 1958er-Film DIE WIKINGER. Bluths darauffolgendes Werk FEIVEL DER MAUSWANDERER (1986) mit seiner Einwanderergeschichte trug einen im Original gewitzten Titel: AN AMERICAN TAIL. Ironisierende Wortspiele traut Disney sich bis heute nicht zu.

Daran gemessen war die Botschaft von TARAN UND DER ZAUBERKESSEL dürftig. Nur vordergründig geht es um den Kampf gegen den Gehörnten König. In Wirklichkeit behandelt das Märchen die Entwicklungsgeschichte eines Schweinehirten, der lernen muss, dass man für die Verwirklichung von Träumen buchstäblich nicht über Leichen gehen darf. Taran gibt den Besitz eines magischen Schwertes auf, damit sein Kobold-Freund, die Nervensäge Gurgi, wieder zum Leben erweckt werden kann.

Aber TARAN hat auch gelungene Momente, und er wurde aufwändig besetzt. John Huston tritt als Erzähler auf. Es war seine drittletzte Rolle, er starb zwei Jahre später. Freddie Jones, zuletzt in KRULL und DER WÜSTENPLANET zu sehen, leiht dem Ferkel Dalben seine Stimme. Der Gehörnte König, gesprochen von John Hurt, ist ein Charismatiker wie der Herr der Finsternis aus LEGENDE. Man wünscht dem Klappergestell einfach eine passende Partnerin, damit er Pomp und Eros ausspielen kann. Der Gehörnte König war vielleicht auch vom schulmeisterlichen Skeletor inspiriert, dem Antagonisten He-Mans aus den *Masters of the Universe*-Cartoons. Beide sind sprechende Skelette mit Großmannssucht und extremer Reizbarkeit, die zu herrlichen «Shoot the Messenger»-Situationen führt. (Abb. 66).

Die Dialoge sind angemessen zweideutig («Du hast doch nichts dagegen, wenn ich deine Harfe zupfe?»). Subversiver noch war die Konzeption einer Figur, die über hellseherische Fähigkeiten verfügt und dafür ausgerechnet auf ein Schwein zurückzugreifen. Das ermöglicht es den anderen Charakteren, in einer Tour

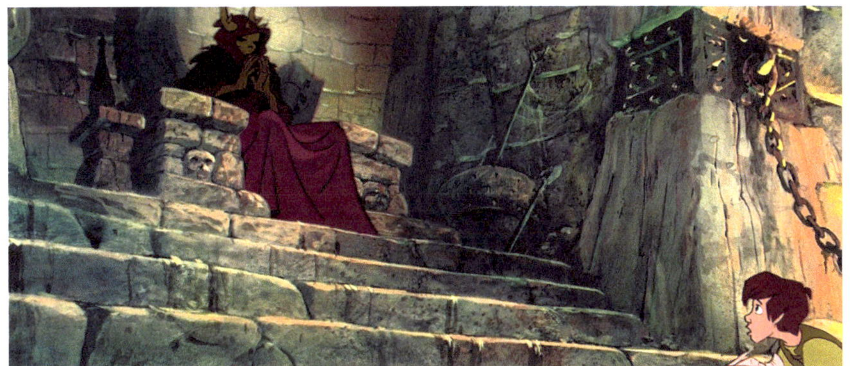

66 Im Schloss des Gehörnten Königs hat Taran versucht, seinen Freund Hen Wen zu befreien und wurde dabei selbst gefangen genommen. Der Gehörnte König lässt ihn in den Kerker werfen. (TARAN UND DER ZAUBERKESSEL, USA 1985)

Beschimpfungen auszuspucken, die streng genommen nur die Spezies des Gegners benennen: «Du bringst Neuigkeiten über das Schwein?»

Der Misserfolg TARANS hatte sogar einen positiven Effekt. Er öffnete Disney 1985 die Augen. Die Walt Disney Company musste sich ernsthaft Sorgen machen, dass ihr nach einer Reihe von Kassendebakeln die Übernahme droht. Roy E. Disney, der Neffe Walts, übernahm daraufhin die Kontrolle. Großer Druck lastete auf dem Geschäftsführer Michael Eisner, aber er brachte 1988 FALSCHES SPIEL MIT ROGER RABBIT und ein Jahr später ARIELLE, DIE MEERJUNGFRAU ins Kino. Disney schrieb endlich wieder schwarze Zahlen. Auf Eisner folgte 2006 der CEO Bob Iger. Mit ihm wurden Disney-Streifen nicht immer besser. Aber der Konzern setzte zu einem bis heute anhaltenden globalen Siegeszug an, weil Iger ein Einkäufer war, der immense Summen ausgeben durfte. Zuerst leibte sich die Walt Disney Company die Computeranimations-Pioniere von Pixar ein. TOY STORY (1995) und Co. liefen jetzt über sie. Dann wurde Marvel aufgekauft, womit der Zugriff auf ein Comic-Universum mit 5000 Charakteren gesichert war, die bekanntesten sind Thor, Iron Man, Captain America, Hulk, also das Stammpersonal der Avengers. Dann Lucasfilm, das STAR WARS-Imperium, und im Jahr 2019 schließlich 20th Century Fox. Im Jahr 2021 stammten 14 der 20 erfolgreichsten Filme aller Zeiten von Disney oder dessen zugekauften Firmen.

Aber 1985 sollte, auch dank TARAN, als jenes Jahr in Erinnerung bleiben, welches das langsame Ende des «Sword and Sorcery»-Booms einleitete, und in das auch die Misserfolge von Ridley Scotts LEGENDE sowie Richard Fleischers CONAN-Variante RED SONJA fielen.

1985 floppten noch einige andere Fantasy-Werke. Zum Beispiel die ZAUBERER VON OZ-Fortsetzung OZ – EINE FANTASTISCHE WELT, die immerhin 46 Jahre nach dem ersten Film anlief und mit dementsprechend großer Spannung erwartet wurde. Ebenso Richard Donners DER TAG DES FALKEN, mit Rutger Hauer, Matthew Broderick und Michelle Pfeiffer, eine Mittelalter-Romanze über Gestaltwandler.

Auch Hauers zweiter Ritterfilm des Jahres 1985, FLEISCH UND BLUT, konnte sich an den Kassen nicht durchsetzen. Es war die erste englischsprachige Arbeit des Niederländers Paul Verhoeven, und darin ließ der Regisseur seiner Lust an expliziten Darstellungen, von denen noch einige mehr kommen würden (BASIC INSTINCT, 1992, SHOWGIRLS, 1995) freien Lauf. Der Titel ist zweideutig, zeigt nicht nur Gewaltorgien im Pest-geplagten späten Mittelalter, sondern auch viel Sex. FLEISCH UND BLUT kostete 6,5 Millionen Dollar, spielte aber nur 100.000 ein.

7.
Der Abschied der Fantasy in den 1980er-Jahren

«It's better to burn out than to fade away!»
– Kurgan, Highlander

Die LEGENDE-Schlappe 1985/1986 mit einem Einspielergebnis von 15 Millionen US-Dollar bei Kosten von 25 Millionen zeigte Wirkung. Sie ließ das Interesse der Studios an Fantasy im Allgemeinen und an «Sword and Sorcery» im Speziellen rapide sinken.

Ein neues «F-Wort», das keiner mehr aussprechen wollte, schlich sich ein. Nicht das vulgäre «F», sondern das phantastische «F»: Das Wort «Fantasy» wurde in Hollywood tabu. «F» kostet viel, bringt aber nichts ein.

Es war der drohende Schlusspunkt einer dennoch über viele Jahre nicht absehbaren Entwicklung. Fast ein Jahrzehnt lang dominierten Sci-Fi-Filme, die auch dem Fantasy-Genre zugehörig sind, die Jahres-Spitzenplätze der weltweiten Einspielergebnisse. Die Abkehr Hollywoods von Fantasy-Stoffen verdeutlicht ein Blick auf die Box-Office-Zahlen des Kinojahrs 1986.[1]

Mit der Airforce-Flugschau TOP GUN stand auf Platz eins der weltweit erfolgreichsten Filme erstmals seit sieben Jahren ein Beitrag, der nicht der Science-

1 *The Numbers*, bit.ly/31KS1y5 (30.06.2021).

Fiction oder Fantasy zugehörig war. 1979 schaffte es der James-Bond-Streifen MOONRAKER auf die Eins, der im deutschsprachigen Raum den nicht anders zu erwartenden originellen Titel JAMES BOND 007 – MOONRAKER – STRENG GEHEIM erhielt.

Dabei spielt diese streng geheime Mission am Ende sogar im All, und Astronauten schießen aus Laserwaffen. Er erfüllt damit das Sci-Fi-Kriterium! Wir müssen also noch ein wenig weiter zurückgehen als nur bis MOONRAKER.

TOP GUN war der erste weltweite Spitzenreiter ohne Fantasy-Elemente nicht seit 1979 und MOONRAKER, sondern seit 1978. Damals dominierte der Musikfilm GREASE den Globus.

Das macht die Zeit von 1979 bis 1985 zur ersten großen Fantasy-und Science-Fiction-Ära, begonnen mit MOONRAKER und beendet mit ZURÜCK IN DIE ZUKUNFT, dem seinerzeit erfolgreichsten Film des Jahres. Robert Zemeckis' Komödie hatte weder Schwerter und Zauberer, noch Aliens und Laserwaffen. Aber auch ZURÜCK IN DIE ZUKUNFT war ein Science-Fiction-Film, weil es um Zeitreisen ging.

ZURÜCK IN DIE ZUKUNFT wurde von Steven Spielberg produziert. Wie prägend er und sein Regiefreund George Lucas waren, dokumentiert diese Bilanz, je nach Blickwinkel sensationell oder erdrückend: Für alle sechs Top-Filme zwischen 1980 und 1985 zeichneten Spielberg und/oder Lucas verantwortlich, entweder als Regisseure, Autoren oder Produzenten. 1980 war das KRIEG DER STERNE: DAS IMPERIUM SCHLÄGT ZURÜCK, 1981 JÄGER DES VERLORENEN SCHATZES, 1982 E.T. – DER AUSSERIRDISCHE, 1983 KRIEG DER STERNE: DIE RÜCKKEHR DER JEDI-RITTER, 1984 INDIANA JONES UND DER TEMPEL DES TODES und 1985 ZURÜCK IN DIE ZUKUNFT.

Vor GREASE kündigten 1975 bereits Spielbergs WEISSER HAI und 1977 Lucas' KRIEG DER STERNE die Dominanz ihrer Blockbuster an. Nur John G. Avildsens Sportlerdrama ROCKY funkte 1976 noch als Jahresbester dazwischen.

Spielberg und Lucas beherrschten das Blockbuster-Kino also in genau den Jahren, als «Sword and Sorcery» Fuß fassen wollte. Wie hätte sich das Genre entwickelt, wenn Spielberg einen Film über «Schwerter und Zauberer» gedreht oder zumindest produziert hätte?

Es lässt sich darüber streiten, ob seine 1991 ins Kino gekommene *Peter Pan*-Weitererzählung HOOK ein «Sword and Sorcery»-Film ist. Peter (Robin Williams) fliegt von einer Low-Fantasy-Welt, unserer Erde, in eine High-Fantasy-Welt, Nimmerland. Sein Treibstoff ist Feenstaub, dargereicht von der Fee Tinkerbell (Julia Roberts). In Nimmerland duelliert Peter sich mit Kapitän Hook (Dustin Hoffman). Der Film hat Schwerter, und er hat eine Zauberin (wenn man Feen als Zauberinnen gelten lässt). Nur spielt HOOK in unserer Zeit, nicht im Mittelalter.

Der offensichtlichere «Sword and Sorcery»-Beitrag stammte von Spielbergs Freund George Lucas: WILLOW, 1988 von ihm produziert. Zu diesem Film kommen wir noch.

Bis 1985 also regierten phantastische Filme das Blockbuster-Kino. Es war das Jahr 1986, das den Wechsel einleitete. Werfen wir einen Blick auf das an Fantasy-Filmen schnell ausdünnende Jahrzehnt.

Jim Hensons REISE INS LABYRINTH

1986 meldete sich Jim Henson zurück, der nach seinem kräftezehrenden DUNKLEN KRISTALL zunächst wieder ins Fernsehen abgewandert war und dort die FRAGGLES ins Leben rief.

Er probierte sich ein weiteres Mal, vor seinem frühen Tod 1990, an einer Inszenierung fürs Kino, selbstverständlich mit Puppen. Diesmal integrierte er jedoch auch Menschen, die Menschen spielen, in sein Werk. Vielleicht, damit er Identifikationsfiguren erschaffen konnte, die Zuschauer in den Gelflings-Puppen des KRISTALLS nicht sahen. Und gesungen wurde auch wieder, wie bei den MUPPETS und FRAGGLES, und anders als noch auf dem DUNKLEN KRISTALL-Planeten Thra. DIE REISE INS LABYRINTH sollte humorvoll sein.

Das von Henson und Kinderbuchautor Dennis Lee verfasste Drehbuch zur REISE INS LABYRINTH, eine Art Neuerzählung von *Alice im Wunderland* mit Muppets, befand sich seit drei Jahren in der «development hell», wurde also herumgereicht, kam aber lange Zeit nicht über erste Entwicklungsstufen hinaus. Bis zum Drehstart gab es 25 Umschriften.

Im Labyrinth herrscht David Bowie als «Goblin-König», und der glaubte an den MUPPETS-Erfinder Henson. «Ich wollte schon immer in einen Musikfilm involviert sein, der Kinder jeden Alters anspricht, so wie überhaupt jeden», sagte er über seinen Entschluss, die Rolle des Jareth anzunehmen.

Verklausuliert brachte der Popstar zum Ausdruck, dass er das Engagement an die Bedingung knüpfte, seinen Part selbst gestalten zu dürfen: «Ich muss sagen, dass Jim mir die komplette Kontrolle darüber überließ. Das Drehbuch war unglaublich amüsant, ohne bösartig oder blutrünstig zu sein. Und es trägt mehr Herz in sich als viele andere Spezialeffekte-Filme. Ich war also von Anfang an angefixt.»[2]

Als Diktator mit Tina-Turner-Perücke und weißer Strumpfhose in Reiterstiefeln stolziert Jareth durch seine Festung im riesigen Irrgarten. Dorthin entführt er das Baby Toby (jener Toby Froud, der später die Puppen von DER DUNKLE KRISTALL: ÄRA DES WIDERSTANDS entwerfen sollte, 2. Kapitel). Jareth gewährt dessen Schwester Sarah (Jennifer Connelly, 16, in ihrer ersten großen Rolle) 13 Stunden, um den Kleinen zu befreien, sonst wird er in einen Goblin verwandelt. Eigentlich will er gar nicht mehr warten, er übt den Zauberspruch gleich nach

2 *Movieline*, 13. Juni 1986.

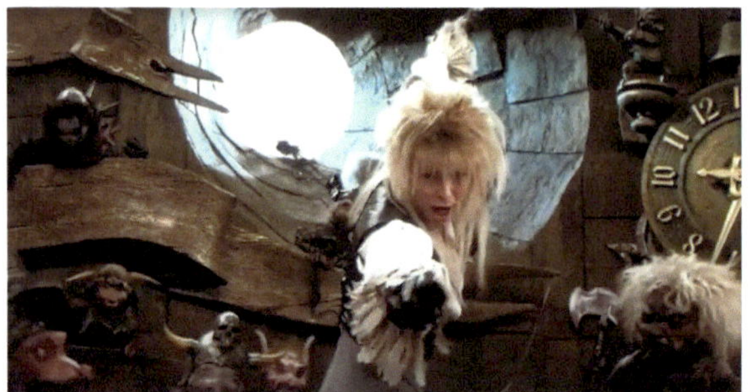

67 Goblin-König Jareth (David Bowie) hat das Baby Toby entführt und möchte es in einen Goblin verwandeln, angefeuert von seiner Koboldtruppe. «What kind of magic spell to use?», fragt Jareth im «Magic Dance». (DIE REISE INS LABYRINTH, USA/GB 1986)

dem Kidnapping: «What kind of magic spell to use?», singt Jareth im «Magic Dance» (Abb. 67).

Genug Zeit für Henson, während Sarahs Quest etliche handanimierte Kreaturen in Szene zu setzen sowie für Bowie, neben «Magic Dance» weitere Songs vorzustellen: «Underground», «Chilly Down», «Within You» und das wunderschöne «As the World Falls Down».

An Bowies turbulente Zeit in den Siebzigern erinnerten zumindest seine schlechten Zähne. Der Goblin-König sollte unbedingt singen, und es scheint klar, warum sich die Produzenten für die Hauptrolle zunächst an ihn wandten und nicht an andere Wunschkandidaten wie Michael Jackson, Prince oder Sting. Auch wenn Bowie, damals 39, mittlerweile als clean galt, erkannten auch diejenigen, die durch DIE REISE INS LABYRINTH auf ihn stießen: Der Mann hat eine Aura böser Lebenserfahrung, die sich wunderbar einbringen lässt.

Was Bowie vom fertigen Film hielt, ist nicht bekannt. Vom Script war er «angefixt», aber nach Kinostart äußerte er sich nicht mehr zur REISE INS LABYRINTH. Keinen der Songs spielte er je live. Der Zauberstab des Jareth zählte fast 30 Jahre später in der hochgerühmten »David Bowie Is»-Wanderausstellung zu den Requisiten, die einsam auf Besucher warteten, im letzten Raum vorm Ausgang. Dort, wo all die Dinge standen, über die man sich zu freuen einfach zu erschöpft war. Oder die sich nicht zuordnen ließen, weil sie kaum einer kennt.

Meta-Film über Tricktechnik

Bowies «Heroes»-Traum, 1977 besungen in eben jenem, seinem bekanntesten Stück, sein darin besungenes «I, I Will Be King»-Mantra, wurde in dieser Rolle endlich Realität. Dabei stellt sich das Königreich als brüchig heraus. Fast alle Zauberfallen und Giganten-Monster, das hat Jim Henson augenzwinkernd verpackt, erweisen sich als billige, ächzende Apparaturen. Hinter ihnen verbergen sich Hutzelmännchen, die sie mechanisch antreiben, und die vom Zuschauer auch gesehen werden sollen. Es ist ein Schauspiel im Schauspiel, eine Requisiten-Offenbarung innerhalb eines Requisiten-Films.

Die Geschichte in einem Irrgarten anzusiedeln war schlau, da sich so auf engstem Raum und episodisch eine Vielzahl von Bestien unterbringen ließ. Die nächste Meute lauerte gleich um die Ecke, war nur noch nicht zu sehen.

Zum Ensemble zählt der riesige, sanfte Ludo und der herausfordernd anzusehende Hoggle. Der wirkt wie eine Kreuzung aus Charakterschauspieler-Gesicht und einem Keith-Richards-Schrumpfkopf, bloß in aufgeblasen.

Vor allem hält DIE REISE INS LABYRINTH eine Balance aus Weisheit und Anleitung zur Anarchie, die DER DUNKLE KRISTALL im Gegensatz auch zu den MUPPETS vermissen ließ. Es gibt einige Szenen, die so wild sind, wie wir sie zuletzt in der MUPPET-SHOW erlebten. Eine liebe, weise Schnecke schickt Sarah auf einen falschen Weg durchs Labyrinth und sagt dann trocken zu sich selbst: «Wenn sie ihren Weg weitergegangen wäre, wäre sie direkt im Schloss gelandet.» Es waren eben keine kindischen Späße, die Henson seinem jungen Publikum anbot. Sondern Erwachsenenhumor. Das ist ein Ausdruck größten Respekts.

Sarah hat das riesige Labyrinth durchquert und ist beim Goblin-König angekommen. Es knistert zwischen den beiden, aber der Altersunterschied ist zu groß. Die Teenager-Sprache Sarahs stellt Jareth entnervt bloß: «Immer wieder sagst du, ‹Das ist nicht fair›. Woher hast du diesen Begriff von Gerechtigkeit?» Sie träumt dennoch von einem Rendezvous (Abb. 68). Er verweist auf ihre Sprunghaftigkeit. Es war das Mädchen, das sich wünschte, ihr Bruder würde verschwinden, weil er ständig brüllt. «Gesagt ist gesagt», hält Jareth Sarah entgegen und schnappt sich den Kleinen. «Ich habe nur getan, was du wolltest.» Teenager müssen lernen, auch mit den Konsequenzen von Impuls-Entscheidungen zu leben.

Der Schluss ist reinste Märchenparodie. Nach bestandenem Abenteuer befindet sich Sarah in ihrem Kinderzimmer und muss Abschied nehmen von den Gefährten, die sie nie wieder treffen, sondern nur noch in ihrem Spiegel sehen kann. Sie gehören in die Traumwelt, Sarah in die echte, bekannt aus fast allen Erzählungen.

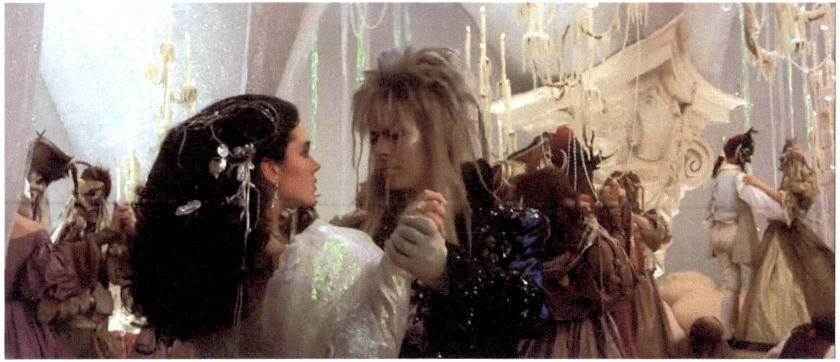

68 Träumt Sarah (Jennifer Connelly) nur? Sie befindet sich im Schloss des Goblin-Königs (David Bowie) auf einem Maskenball. Sie erliegt seinem Charme, sie tanzen, und er singt: «I'll Be There For You... As The World Falls Down.» (DIE REISE INS LABYRINTH, USA/GB 1986)

Oder?

«Warum hast du denn nicht gleich gesagt, dass du uns brauchst!», ruft Hoggle. Flugs befinden sich die Labyrinth-Freunde vor ihrem Bett und feiern eine Party. Sie bleiben zusammen. Wie es danach in der Erwachsenenwelt für die Neuankömmlinge weitergeht? Es spielt keine Rolle. Darum kümmern sie sich, sobald sie Sarahs Zimmer verlassen und die Treppe hinuntertanzen.

Die Reise ins Labyrinth lief vier Jahre nach Hensons Dunklem Kristall an und war ein Flop. 25 Millionen Produktionsaufwand, 13 Millionen Ertrag.

Doch war es nicht Jim Hensons letzter Streich. Ihm blieben noch vier Jahre. Auch im Fernsehen wandte er sich, ein letztes Mal, der Fantasy zu. The Storyteller (1987–1988) war eine Nacherzählung populärer Sagen, pro Episode lose verbunden vom Fabulanten John Hurt, der sich mit seinem sprechenden Hund an einem Lagerfeuer wärmt.

Der Highlander erhebt seinen Anspruch

Aus den Top 20 der weltweiten Einspielergebnisse des Jahres 1986 war für Genre-Liebhaber nicht viel zu holen. Mit Aliens – Die Rückkehr gab es auf Rang drei einen Sci-Fi-Horrorfilm, der eine Fortsetzung war, und auf der Fünf mit Star Trek IV: Zurück in die Gegenwart die sogar dritte Fortsetzung einer Space Opera, die selbst eine Vorlage hatte, die TV-Serie Raumschiff Enterprise von 1966. Es fehlten also originäre Stoffe, die zu Hits wurden.

Die Top 100 von 1986 muss auf der Suche nach Fantasy-Filmen ein wenig durchforstet werden. Hinten wird man fündig. Die Reise ins Labyrinth steht auf der 62. Zwei Plätze dahinter rangiert ein Film, der einen Kult begründete, heute seinen Platz in der Popkultur sicher und immer wieder Forderungen nach sich gezogen hat, dass er ein Remake erhalte: Highlander – Es kann nur einen Geben. Aktuell arbeitet Regisseur Chad Stahelski (John Wick) an einem neuen «Highlander», von dem noch nicht klar ist, ob er eine Neuverfilmung oder ein Reboot wird. Für die Hauptrolle ist Henry Cavill vorgesehen, der sich nach Man of Steel und The Witcher anscheinend mit einer weiteren Fantasy-Rolle, die in Serie gehen könnte, verewigen will.

Eigentlich hätten die Produzenten den damaligen Highlander-Pitch schon beim ersten Geschäftstreffen ablehnen müssen. Die Story spielt überwiegend in Schottland bei schlechtem Wetter. Sean Connery macht mit, aber nicht, seiner Nationalität entsprechend, als in den Highlands lebender Schotte. Sondern als ägyptischer Edelmann mit spanischem Namen. Und ein Franzose ohne große Englischkenntnisse, Christophe alias Christopher Lambert, übernimmt die Hauptrolle.

Ohne große Englischkenntnisse? Ohne alle Englischkenntnisse. Der 32-Jährige wurde engagiert, ohne vorher eine Sprechprobe gemeistert zu haben. Ein

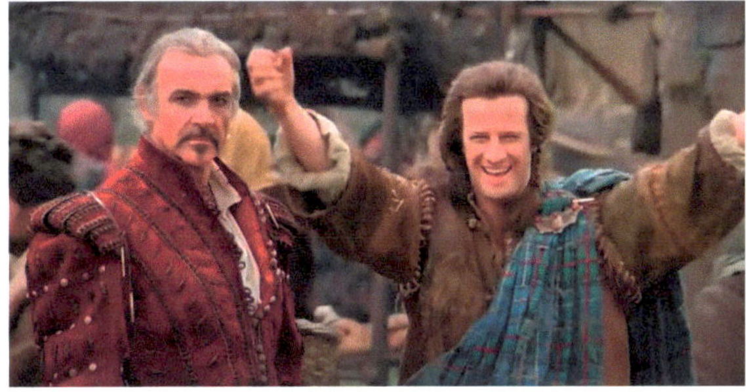

69 Ramirez (Sean Connery) freundet sich mit Connor McLeod (Christopher Lambert) an, der seine geliebte Heather auf dem Marktplatz mit offenen Armen empfängt. (HIGHLANDER – ES KANN NUR EINEN GEBEN, USA/GB 1986)

Wunder, dass Lambert und Connery dennoch wunderbar harmonierten, wie ein Vater-Sohn-Gespann (Abb. 69).

Der Satz «There can be only one» – «Es kann nur einen geben» hat es von der Leinwand in unser Alltagsleben geschafft. Seit Erscheinen des Films wurde er sicher schon Millionen Male ausgesprochen. Die Tagline der Duellanten wird bis heute überall benutzt, bei Trinkgelagen, Überholmanövern auf der Autobahn oder dem Fight auf der Judomatte. Auch das hat den Highlander unsterblich gemacht. Die Pointe besteht darin, dass der von Lambert verkörperte unsterbliche Connor McLeod als letzter seiner Art übrigbleiben will, damit er danach den Anspruch an die Götter stellen darf, endlich sterblich zu werden.

Der fertige Film bestätigte, dass Bedenken gegenüber Setting und Casting unnötig waren. Wie keine andere Arbeit des Jahres bediente HIGHLANDER die Sehnsucht nach dem (späten) Mittelalter, nach Waffen und Rittern, kurz bevor das Schießpulver alle Schlachtgesetze revidierte. Und die von Bauern bewohnten Highlands in Schottland, für Hollywood als Schauplatz recht neu, waren malerisch. Dazu kamen wie Laser aufgebotene Blitze, die immer dann eingesetzt wurden, wenn ein Krieger einen anderen köpft und überirdische Energie den Sieger in ein Kraftfeld badet. Wie bei Connor McLeods Sieg gegen Kurgan (Clancy Brown) (Abb. 70).

Das Epos spielt in den Jahren 1536, 1541, 1783, in den 1940ern sowie 1985. Es kombiniert also Mittelalter mit Zeitreise, und das Ergebnis ist Science-Fiction mit Schwertkämpfern.

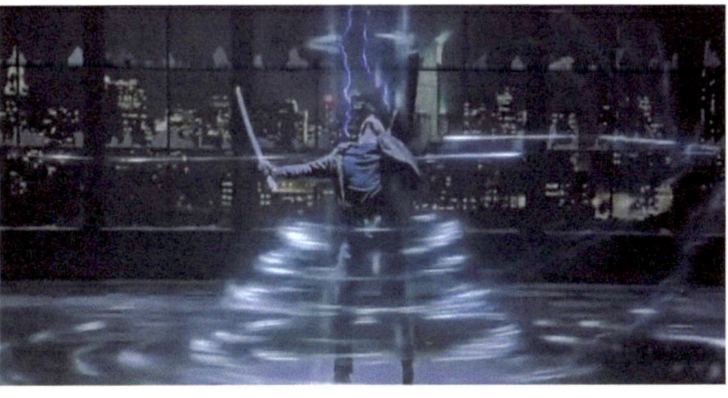

70 Connor McLeod (Christopher Lambert) hat seinen letzten Widersacher, Kurgan, geköpft. Er sagt den Satz «Es kann nur einen geben.» Der Unsterbliche wird nun sterblich, er darf Kinder kriegen und alt werden. (HIGHLANDER – ES KANN NUR EINEN GEBEN, USA/GB 1986)

Rockmusikfilm im Schottenrock

Wesentlicher Bestandteil des HIGHLANDER-Kults ist sein Soundtrack. HIGHLANDER war der erste, wenn auch zu späte Fantasy-Film des MTV-Zeitalters, fünf Jahre nach Gründung des zur Macht im Musikmarkt werdenden Fernsehsenders. Zum Orchester-Score Michael Kamens gesellten sich sechs Lieder der Band Queen, die sie auf dem Soundtrack *A Kind Of Magic* veröffentlichten, benannt nach einem Dialog aus dem Film. *A Kind Of Magic* wurde eines der erfolgreichsten Queen-Alben. Der drei Wochen später veröffentlichte *Labyrinth*-Score, den David Bowie sich mit dem klassischen Komponisten Trevor Jones teilte, ging dagegen in den Charts unter.

Queen plus Highlander: Der einzige gelungene Versuch des Fantasy-Kinos, Pop mit «Sword and Sorcery» zu paaren, etwas, das für die 1980er-Jahre nach dem Aufstieg von MTV hätte selbstverständlich sein müssen.

Aber es hat so gut wie nie funktioniert. Bryan Ferrys «Is your love strong enough?» aus LEGENDE war kein Hit, obwohl der Roxy-Music-Sänger im selben Jahr mit *Boys and Girls* ein gefeiertes Solo-Album präsentierte. Und für ihren Soundtrack zum WÜSTENPLANETEN nahmen Toto keinen Song, sondern nur Instrumentalstücke auf. Ebenso Mark Knopfler, der ausgerechnet nach dem Dire-Straits-Welterfolg *Brothers In Arms* (1985) für DIE BRAUT DES PRINZEN einen Score komponierte, in dem seine Stimme nicht zu hören war. Sondern, und das auch nur bei einem Lied («Storybook Love»), die des Americana-Sängers Willy DeVille.

HIGHLANDER-Regisseur Russell Mulcahy kam sogar von MTV, inszenierte unter anderem für Duran Duran das mit viel Geld im Regenwald Sri Lankas produzierte «Hungry Like The Wolf»-Video (1982), eine Parodie auf JÄGER DES VERLORENEN SCHATZES. Mulcahy war jemand, der sich sowohl exotischer Natur aussetzte als auch apokalyptische Kulissen inszenierte. Über den Einsatz von Lichtern und Nebel- wie Windmaschinen machte er sich genauso viele Gedanken wie über die Dialoge seiner Schauspieler.

So unwichtig wie lineares Musikfernsehen heute im Netz-Zeitalter der sich überlappenden Video-Angebote geworden ist – gibt es das überhaupt noch, Regisseure, die von Hollywood verpflichtet werden, nur weil sie von MTV kommen?

Für Queen drehte Mulcahy in den HIGHLANDER-Kulissen auch Musikvideos. Wie «Princes of the Universe», gefilmt auf dem Dach der Silvercup-Studios, die passenderweise im New Yorker Stadtteil Queens beheimatet sind. Dort kommt es im Film zum Duell zwischen McLeod und Kurgan. In dem Clip blitzt und funkt es von allen Seiten, Gitarrist Brian May trägt einen McLeod-Trenchcoat und Sänger Freddie Mercury übt sich im Fechten. Band und Leinwandwerk bewarben sich gegenseitig, besser kann es nicht gehen.

HIGHLANDER war ein Rockmusikfilm im Schottenrock. McLeod hält seine alt gewordene, im Gegensatz zu ihm sterbliche Frau Heather (Beatie Edney) in den Armen. Sie staunt ein letztes Mal über seine ewige Jugend, ihr Blick schweift über die Hügel, Lambert redet im Off. Mercury singt «Who Wants To Live Forever», und Michael Kamen dirigiert dazu eine traurige Melodie. Diese vier Minuten waren

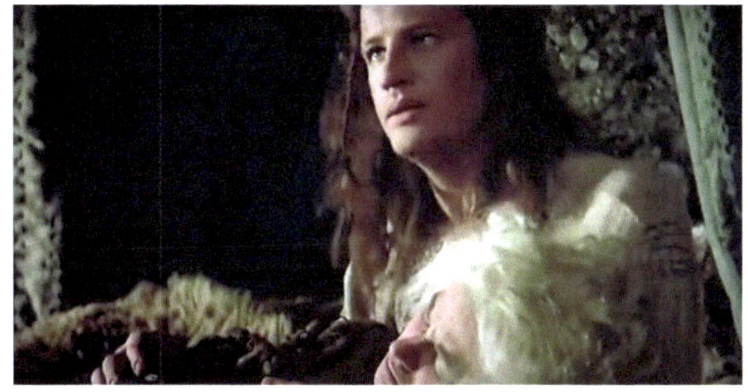

71 Die alt gewordene Heather (Beatie Edney) stirbt in den Armen des Highlanders (Christopher Lambert), von dem sie nicht weiß, dass er unsterblich ist. Sie weint, weil sie ihm nie Kinder schenken konnte. (HIGHLANDER – ES KANN NUR EINEN GEBEN, USA/GB 1986)

der noch gelungenere Musikclip des Jahres. Im Gegensatz zu «Princes of the Universe» musste er nicht mal nachträglich gedreht werden, er steckt schon im Film (später wurde dennoch ein eigenes Video gedreht) (Abb. 71).

Die Geschichte wird durch die Popmusik von Queen erzählt, in Vier-Minuten-Songs. Das wirkt sich auf die Erzählgeschwindigkeit aus. McLeod schreitet schnell durch die Jahrhunderte. HIGHLANDER erweckt den Anschein einer Romanverfilmung, für die aus Zeitgründen Passagen gestrichen wurden, und die dennoch im Unter-Zwei-Stunden-Format funktioniert. Manche Fragen wollen gar nicht geklärt werden, das macht die Erzählung so aufregend. Warum ist McLeod mit diesem anderen Unsterblichen, Kastagir (Hugh Quarshie), befreundet, statt ihn zu töten? Wieso hat Sean Connerys Ägypter so viel Wissen über die Welt? Woher stammt der Antagonist, Kurgan? «From the Dawn of Time We Came ...» liest Connery im Prolog von einer Texttafel ab. Viel mehr sagt er nicht, um die Vorgeschichte zu erhellen. Heute gäbe es Prequels, aber dieser Film wartet erst noch auf eine Neuverfilmung.

Christopher Lamberts Rollenname Connor McLeod klingt markant, nach Biss in schottische Kieselerde bei stetem Donner, aber Sean Connerys Rollenname Juan Sanchez Villa-Lobos Ramirez wirkt eher so, als hätte sich ihn ein spanisches Kind beim Spielen mit Action-Figuren ausgedacht. Wäre der spanische Edelmann kein spanischer Edelmann, sondern ein deutscher Edelmann, er wäre wohl Wolfgang-Heinrich Schmidt-Schmitzen getauft worden.

Connery wird der Name nicht so wichtig gewesen sein, er hatte andere Sorgen. Seine Karriere befand sich 1986 in einer Art Limbo. Sein Comeback-Bond-Film SAG NIEMALS NIE lag drei Jahre zurück. In Erinnerung daran war geblieben, dass er das auffälligste aller möglichen Toupets, also ein Seitenscheitel-Toupet trug – und hoffentlich nie mehr ohne Bart auf der Leinwand zu sehen sein würde, denn glattrasiert wirkte der 53-Jährige viel älter, als er war. Im HIGHLANDER-Jahr verkörperte Connery in Bernd Eichingers konfuser Euro-Produktion DER NAME DER ROSE außerdem einen Franziskanermönch. «Das Engagement von James Bond» wurde als Sensation verkauft, verschaffte der Umberto-Eco-Verfilmung weltweit aber keine Aufmerksamkeit.

Erst ein Jahr nach HIGHLANDER, der bei einem Budget von 19 Millionen Dollar nur rund 13 Millionen einnahm, würde Connery seinen goldenen Herbst antreten. Er erhielt einen Nebenrollen-Oscar für DIE UNBESTECHLICHEN, zwei Jahre später verkörperte er, mit 58 Jahren, Indiana Jones' Vater, wobei Harrison Ford mit 47 kaum jünger war. Von da an war Connery ein *Elder Statesman* in Hollywood.

Er hätte auch als Gandalf in die Kino-Geschichte eingehen können. Es wäre nach James Bond die Darstellung einer zweiten, großen literarischen Figur geworden, im Alter von 71 Jahren. 1998 wollte Peter Jackson den Schotten für die Rolle des Magiers im HERRN DER RINGE gewinnen.

Aber Connery sagte ab. Das heißt, eigentlich sagte er nicht ab. Das Script wurde zu ihm auf die Bahamas geschickt. Er ließ das Angebot unbeantwortet.

Erst Jahre später äußerte Connery sich zu seinem damaligen Schweigen, aber auch nur deshalb, weil er auf einer Pressekonferenz unvermittelt darauf angesprochen wurde. Warum also, Mr. Connery, reagierten Sie nicht auf das Drehbuch? Seine Antwort fiel schulterzuckend aus. Er habe nicht verstanden, worum es in dem Epos gehe, und was ihm die Rolle des Zauberers sagen soll.

HERR DER RINGE-Chronist Ian Nathan schreibt in *Anything You Can Imagine*, dass Connery bei Vertragsabschluss eine Gewinnbeteiligung an den Einspielergebnissen der Trilogie zugesichert worden wäre. Durch den Verzicht seien ihm mehrere hunderte Millionen Dollar durch die Lappen gegangen. Aber wer konnte schon ahnen, dass Jackson mit drei Meisterwerken aus Neuseeland zurückkehrt?

«Sword and what?» Ein Anruf bei John Carpenter

Der HIGHLANDER stand also auf Platz 64 der erfolgreichsten Filme des Jahres 1986. Fünf Plätze dahinter positionierte sich das Werk eines Mannes, den man bis dahin nicht mit Fantasy in Verbindung brachte: John Carpenters BIG TROUBLE IN LITTLE CHINA.

Carpenter galt damals, mit 38, schon lange als «Meister des Horrors». In den 1970er-Jahren etablierte er mit Weggefährten wie Wes Craven, David Cronenberg und George A. Romero den «politischen Horrorfilm». Darin entstammen scheinbar unsterbliche Killer oder eben richtige Monster nicht einfach nur dem Reich des Fantastischen. Sie lebten auch nicht mehr in gotischen Schlössern. Sie befanden sich mitten unter uns. Die Monster verweisen auf Probleme einer amerikanischen Gesellschaft, die von Rassenunruhen, Korruption und Ausgrenzung der Schwachen geprägt ist. Die Zombies in Romeros NACHT DER LEBENDEN TOTEN sind unbarmherzige Wiederkehrer im Vietnamkrieg gefallener US-Soldaten, der maskierte Michael Myers in Carpenters HALLOWEEN – DIE NACHT DES GRAUENS (1978) ein Rächer der aufgrund psychischer Störungen in Sanatorien weggesperrten Familienmitglieder. Wenn selbst der Psychiater ängstlich urteilt, sein Patient Myers verkörpere das «absolut Böse», dann gilt das auch als Abschied von den Gesetzen unserer Wissenschaften. Und bringt damit letztlich unsere staatlichen Institutionen ins Wanken.

Mit BIG TROUBLE IN LITTLE CHINA probierte sich John Carpenter in gewisser Hinsicht am «Sword and Sorcery»-Genre. Der Film spielt zwar nicht im Mittelalter, hat keine Burgen oder Ritter. Aber die chinesischen Kämpfer benutzen Schwerter, es gibt Zauberer und sie berufen sich auf mystische Traditionen.

«Sword … and what?» entgegnet Carpenter am Telefon. Vielleicht liegt es auch an der schlechten Verbindung. «Schwerter und Zauberer? Nun gut, wenn Sie das so sehen!», sagt er und prustet los. Der 73-Jährige sitzt in Los Angeles, im Interview für den *Rolling Stone*. Der Begriff «Sword and Sorcery» muss ihm erklärt werden.

«Verstehe! Ja, kann man so sehen. Aber eigentlich hat mich das chinesische Fantasy-Kino inspiriert. Ehrlich gesagt jeder asiatische Film jener Zeit.» Vor allem, wie er sagt, der Hong-Kong-Streifen ZU: WARRIORS FROM THE MAGIC MOUNTAIN von 1983.

Warum gerade asiatisches Kino? «Die Werke verbindet ein Sinn für Fantasy und Unschuld, sie integrieren spielerisch die unmöglichsten Dinge, fliegen und gleichzeitig dabei kämpfen. Solche Filme gibt es heute nicht mehr.»

Nur: Geholfen hat ihm diese Leidenschaft für Martial-Arts-Klassiker, als es an die eigene Arbeit ging, nicht. Er atmet tief durch und schweigt.

BIG TROUBLE IN LITTLE CHINA kostete 25 Millionen Dollar und spielte elf Millionen ein. Er war ein Fiasko. Andersrum gilt: Wer BIG TROUBLE IN LITTLE CHINA gesehen hatte, vor allem, wer ihn mehr als einmal gesehen hatte, behielt ihn in liebevoller Erinnerung. Er wurde zum hartnäckig verteidigten Kultfilm. Im Juli 1986 gingen die Leute eher wegen TOP GUN und KARATE KID II – ENTSCHEIDUNG IN OKINAWA ins Kino, sie sahen sich aber natürlich auch James Camerons ALIENS – DIE RÜCKKEHR an, der wie BIG TROUBLE IN LITTLE CHINA von 20th Century Fox produziert wurde. ALIENS habe, wie Carpenter im Audiokommentar der DVD sagt, derart viel Aufmerksamkeit des Konzerns auf sich gezogen, dass Werbemaßnahmen für seinen eigenen Film vernachlässigt worden sein könnten.

Ein Taugenichts als Held

In BIG TROUBLE IN LITTLE CHINA dringt der Truckfahrer Jack Burton (Kurt Russell) in eine Unterwelt von San Franciscos Chinatown ein, um gemeinsam mit seinem Freund Wang Chi (Dennis Dun) den Kampf gegen David Lo Pan aufzunehmen. Der Hexer muss eine Frau mit grünen Augen heiraten, um einen jahrhundertealten Fluch ablegen zu können.

Die unter der Erde gelegene und damit verborgene Low-Fantasy-Welt entwickelte sich Mitte der 1980er-Jahre zu einem mit großem Einfallsreichtum ausgearbeiteten Schauplatz von Abenteuerfilmen. INDIANA JONES UND DER TEMPEL DES TODES (1984), DIE GOONIES (1985), AUF DER SUCHE NACH DEM GOLDENEN KIND (1986) und eben BIG TROUBLE IN LITTLE CHINA siedelten die Quest in einem kulturfremden, verbotenen Untergrund an, in dem tödliche Fallen lauern.

BIG TROUBLE IN LITTLE CHINA sticht aus diesen Werken heraus. Er ist einer der wenigen komödiantischen Action-Filme der 1980er-Jahre, mit denen ein

US-Regisseur versuchte, durch den Showcase asiatischer Kampftechniken westliches Publikum für sich zu gewinnen.

Carpenter wiegelt ab: «Ja, aber ich habe Martial Arts doch wirklich nicht in Hollywood eingeführt! Das gab es schon in den 1970er-Jahren». Er verweist auf Bruce-Lee-Klassiker wie DER MANN MIT DER TODESKRALLE. «Nennen Sie meine Arbeit eine Hommage. Aber ich finde, wenn man sich ungewohntem Genre-Kino nähert, darf man auch riskant und verspielt rangehen. Man sollte halt nur nicht respektlos sein.»

Sicher war die Paarung von Kung-Fu-Spektakel und Humor nicht neu. Jackie Chans Karriere etwa baut allein auf Stunt-Slapstick. Aber hier ist es erstmals ein Ami, der im Kampf der Kulturen versagt. Als Proll im Muskelshirt gibt Kurt Russell eine herrliche Figur ab. Für keinen anderen Film trainierte er sich kräftigere Muckis an. Aber sein Truckfahrer Burton ist einer der wenigen Protagonisten des Action-Kinos, die sich als völlig nutzlos erweisen. Und das in der Dekade der Alpha-Männer Rocky, Rambo und Indy.

«Jack Burton ist ein prahlerischer John-Wayne-Imitator. Er ist eigentlich zu nichts zu gebrauchen», stimmt Carpenter zu. «Burton wird nicht zum Anführer, sondern schnell nur zum Sidekick.» Er reißt Sprüche, hat aber null Plan. Es sind seine chinesischen Freunde, die im unterirdischen Palast von Chinatown Rätsel lösen und die Auseinandersetzung mit dem Zauberer Lo Pan und seinen Gehilfen suchen (Abb. 72).

Carpenter hat eine sehr sublime Huldigung untergebracht. Er zelebriert die Mythen einer ihm nicht immer zugänglichen Kultur, indem er seine Hauptfigur eben nicht als «White Savior» inszeniert, sondern als Trottel.

Schon der Filmtitel beschreibt eine Fallhöhe. Übersetzt verkünden die um das BIG TROUBLE IN LITTLE CHINA-Plakat drapierten chinesischen Schriftzeichen: «Evil Spirits Make A Big Scene In Little Spiritual State». Carpenter wilderte derart aufmüpfig im B-Niveau, dass selbst der deutsche Verleih, ungewöhnlich für die 1980er-Jahre, kapitulierte, und das Werk mit Originaltitel ins Kino brachte.

War Carpenter klar, dass Möchtegern-Helden wie Jack Burton neuartig waren, aber Zuschauer sich vielleicht davon abschrecken ließen? Liegt darin ein Grund für den Misserfolg? «Dude, keine Ahnung.» Carpenter war in Interviews noch nie ein Mann großer Worte. Er sagt auch, dass er gerade wegen dieses Films selten von Journalisten angerufen wird.

Aber ihm ist bewusst, dass sein damals untergegangener Streifen heute verehrt wird. Sein größter Fan ist Quentin Tarantino. Er liebt BIG TROUBLE IN LITTLE CHINA. In seinem Werk DEATH PROOF – TODSICHER von 2005 ist das verschwitzte Trägerhemd Jack Burtons zu sehen, es hängt wie eine Trophäe an der Wand eines Diners. Und THE HATEFUL EIGHT (2015) wirkt wie eine Neuerzählung von Carpenters DAS DING AUS EINER ANDEREN WELT. Er hat dieselben Soundtrack-Stücke Ennio Morricones und handelt ebenso von im Schnee eingeschlossenen Menschen, die einander misstrauen; nur ein Monster fehlt bei Tarantino.

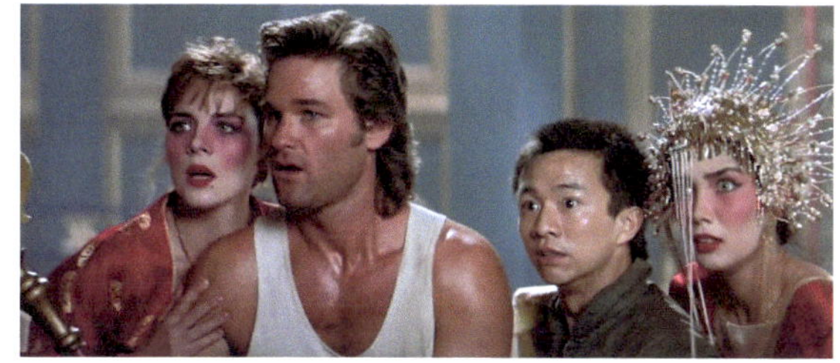

72 v. l. n. r.: Gracie Law (Kim Cattrall), Jack Burton (Kurt Russell), Wang Chi (Dennis Dun) und Miao Yin (Suzee Pai) sind wiedervereint. Die beiden Frauen wurden aus den Fängen des Magiers Lo Pan befreit. (BIG TROUBLE IN LITTLE CHINA, USA 1986)

John Carpenter kehrte Hollywood nach BIG TROUBLE IN LITTLE CHINA den Rücken. Der Fantasy aber auch. Er drehte wieder Horrorfilme, die er, wie zu Beginn seiner Karriere, von unabhängigen Studios produzieren ließ. Der letzte, THE WARD, entstand 2009. Carpenter hat seitdem eine zweite Karriere eingeschlagen, als Musiker, der seine von ihm selbst komponierten Scores sowie neue Stücke aufführt. Die Zuschauer kreischen, als wäre er ein Rockstar. Auf der Bühne steht er an seinem Keyboard und dirigiert, als ergrauter Meister mit lichter Mähne, seine Band. Deren Mitglieder, darunter sein Sohn, sind 30 Jahre jünger.

«Ich weiß nicht, warum der Film floppte», sagt Carpenter schließlich. »Sie etwa?» – Nein!

1986 war Fantasy also noch spärlicher im Kino vertreten als 1985. Aber das Jahr schien für eine Anekdote gut. Es erschien eine amerikanische Horrorkomödie mit einem Helden, dessen Name uns erst später bekannt vorkommen würde: Harry Potter, Jr. In TROLL gibt es einen Jungen, der so heißt, und er besiegt mit Hilfe von Zauberkreaturen ein Monster.

Regisseur John Carl Buechler soll der *Harry Potter*-Schriftstellerin J. K. Rowling später vorgeworfen haben, sie hätte den Rollen-Namen aus seinem Film übernommen. Rowling und Warner Bros. Pictures wiesen das zurück.[3]

In der Hauptrolle als Harry Potter, Jr. war ein damaliger Kinderstar zu sehen. Noah Hathaway, Atréju aus der UNENDLICHEN GESCHICHTE. Er sagte noch 2015: «Ich war ein besserer Harry Potter als Daniel Radcliffe. Ich war niedlicher.»[4]

DIE BRAUT DES PRINZEN – Wer befreit sie?

Das TOP GUN-Jahr 1986 war ein herausforderndes fürs Fantasy-Genre. 1987 war viel härter. Mit EINE VERHÄNGNISVOLLE AFFÄRE entwickelte sich erstmals seit 17 Jahren ein Drama zum erfolgreichsten Film des Jahres. 1970 lockten Ali McGraw und Ryan O'Neal mit ihrer LOVE STORY Millionen ins Kino.

3 *NBC Los Angeles*, bit.ly/306DPOm (30.06.2021).
4 *The News Tribune*, bit.ly/3mSStmr (30.06.2021).

Die Werke lassen sich sogar vergleichen. In beiden stirbt die Liebende, der Mann lebt weiter. Doch während O'Neal die an Krebs gestorbene McGraw betrauert, bringt Michael Douglas seine Ex-Geliebte Glenn Close, die nach Ende der Affäre zur Stalkerin wird, gemeinsam mit seiner Ehefrau Anne Archer in Notwehr um.

Im Jahr 1987 belegt der Action-Horrorfilm PREDATOR Rang acht der Bestenliste, und auf Platz 17 befindet sich der Gesetzeshüter der Zukunft, ROBOCOP.

Aber es erschienen 1987 auch zwei auffallende Fantasy-Filme. Nur einer davon ist ein Witz. Mit MASTERS OF THE UNIVERSE kam ein Realfilm über den Krieger He-Man ins Kino, mit Dolph Lundgren in der Hauptrolle. Obwohl keineswegs als Komödie angelegt, wirkt dieser plumpe Streifen wie ein Spoof. Als könnte der Testosteron-Zeichentrick mit echten Darstellern an Abstrusität übertroffen werden. MASTERS OF THE UNIVERSE fühlt sich so an, als hätte jemand nachgetreten, als «Sword and Sorcery» schon am Boden lag. Das Werk kostete 22 Millionen Dollar und erwirtschaftete 17. Regisseur Gary Goddard verabschiedete sich aus Hollywood, spezialisierte sich danach auf Kurzfilme für Vergnügungsparks. Die Bezeichnung «Masters of the Universe» fand dafür Niederschlag in der Literatur. In Tom Wolfes modernem Klassiker, dem Fortsetzungsroman *Fegefeuer der Eitelkeiten* (ab 1984) nannten die Wall Street Brooker sich so, in Anlehnung an He-Man: «Herren des Universums». Die Raubtierkapitalisten der New Yorker Börse glaubten, ihnen könnte keiner was.

Für Netflix hat Regisseur Kevin Smith eine neue Adaption gedreht, die den betont hochtrabenden Titel MASTERS OF THE UNIVERSE: REVELATION trägt und im Juli 2021 ausgestrahlt wurde. Als Cartoon, wie schon He-Mans Abenteuer von 1983 bis 1985. Ist wohl auch besser so. Die Geschichte ist keine Neuerzählung, sondern eine Fortsetzung des damaligen Serien-Finales. Was bedeutet, dass Smith die Franchise-Vergangenheit nicht ausradieren will, sondern in Ehren hält.

Die in alle Ecken verstreuten Helden um He-Man müssen sich zusammenraufen und das Zauberschwert finden, um in den letzten Kampf gegen Skeletor zu ziehen. Im Gegensatz zu den meisten Samstagnachmittagssendungen des 1980er-Kinderfernsehens ist REVELATION eindrucksvoll besetzt. Mark Hamill, als Synchronisator fast so berühmt wie als Schauspieler, spricht Skeletor, Henry Rollins Tri-Klops, und wie in GAME OF THRONES arbeiten Lena Headay (in GAME OF THRONES als Cersei Lennister zu sehen) und Liam Cunningham (Ser Davos) gegeneinander. Sie verkörpert die Hexe Evil-Lyn, er den He-Man-treuen Adjutanten Man-At-Arms. Ser Davos und Man-At-Arms sind Strategen, Cersei Lennister und Evil-Lyn bösartige Regentinnen. Die Konstellationen aus GAME OF THRONES sind derart stilprägend geworden, dass sie nun also als Erfolgsformel für andere Serien angewendet werden. He-Man selbst ist mit Chris Wood (SUPERGIRL, 2016–2018, 2020) am unauffälligsten besetzt.

Mantel und Degen

Auf Platz 36 der erfolgreichsten 1987er-Filme landete einer der schönsten Fantasy-Beiträge schlechthin. Eine Mischung aus «Sword and Sorcery» und Swashbuckler-Abenteuer. Man blamiert sich nicht mit der Meinung, DIE BRAUT DES PRINZEN für noch gelungener zu halten als den ihm zugrunde liegenden Roman von William Goldman.

Regisseur Rob Reiner, Sohn der Comedy-Legende Carl, hatte einen Lauf. Ihm gelangen sieben sehenswerte Filme in Folge, und das in sechs verschiedenen Genres, und DIE BRAUT DES PRINZEN befand sich mittendrin. Welcher andere Regisseur kann das von sich behaupten?

Er startete 1984 mit der Metal-Mockumentary THIS IS SPINAL TAP, die J.K. Rowling als einflussreich für *Harry Potter* bezeichnete, drehte danach mit DER VOLLTREFFER (1985) eine Gegensätze-ziehen-sich-an-Komödie zweier Twentysomethings auf einem unfreiwilligen Road Trip. Er verstand es Stephen King zu lesen und machte, als alle anderen noch dessen Horror-Romane umsetzten, aus der Novelle THE BODY das schwärmerische STAND BY ME – DAS GEHEIMNIS EINES SOMMERS (1986), ein Drama über Teenager, die in der Natur ihre Ängste überwinden müssen.

Nach der BRAUT DES PRINZEN legte Reiner mit HARRY UND SALLY (1989) ein feministisches Statement vor. Mit MISERY (1990) eine zweite essenzielle King-Verfilmung, die seiner Hauptdarstellerin Kathy Bates – bis heute einzigartig für eine King-Adaption – den Hauptdarstellerinnen-Oscar einbrachte. 1992 schloss er seine erhabene Strecke mit dem Militärgerichts-Drama EINE FRAGE DER EHRE ab, mit dem Aaron Sorkin (THE WEST WING, STEVE JOBS, 2015, THE TRIAL OF THE CHICAGO 7, 2020) seinen Einstand als Drehbuchautor feierte. Rob Reiner ist ein König unter denjenigen Regisseuren, über die heute kaum noch geredet wird. Und die Talente ins Rampenlicht geschoben haben.

Von all diesen Beiträgen ist DIE BRAUT DES PRINZEN Reiners gelungenster. Gut möglich, dass das bescheidene Abschneiden des Films – 30 Millionen Dollar Box Office bei einem Budget von 16 – damit zusammenhing, dass er für ein Mantel-und-Degen-Abenteuer zu humorvoll und für eine Liebeskomödie zu abenteuerlich ist.

Die Geschichte ist so, wie alle Märchen zu sein haben. Geradlinig in der Erzählung, aber detailliert in der Charakterisierung von Archetypen. Eine Landschönheit namens Buttercup (Robin Wright) verliebt sich in den Erntehelfer Westley (Cary Elwes). Er zieht los, um für die Heirat Geld zu verdienen. Dann wird ihr berichtet, dass Westley im Seegefecht gefallen ist, und kurz darauf wird sie entführt, um mit einem tyrannischen Prinzen (Chris Sarandon) vermählt zu werden. Der «Mann in Schwarz» taucht auf, um sie zu befreien. Der Fechter hat, Augen-Maske hin oder her, eine große Ähnlichkeit mit dem im Kampf gegen Piraten tödlich verwundeten Geliebten (Abb. 73).

In manchen Momenten wirkt DIE BRAUT DES PRINZEN wie ein Männer-in-Strumpfhosen-Theaterstück, das auf eine Freilichtbühne verlegt wurde. Alles sieht naturalistischer aus, weniger teuer als von «worldbuilding»-Fantasy gewohnt, die auf exotischen Planeten angesiedelt ist. Keine Elfen, die durchs Bild flattern, keine Ungeheuer, die aus dem Nichts angerannt kommen. Eher als eile Zorro zur Hilfe.

Die Priorität lag auf den Dialogen. Schriftsteller William Goldman schrieb auch das Drehbuch zu seinem Roman, was bewies, wie wichtig ihm die Kont-

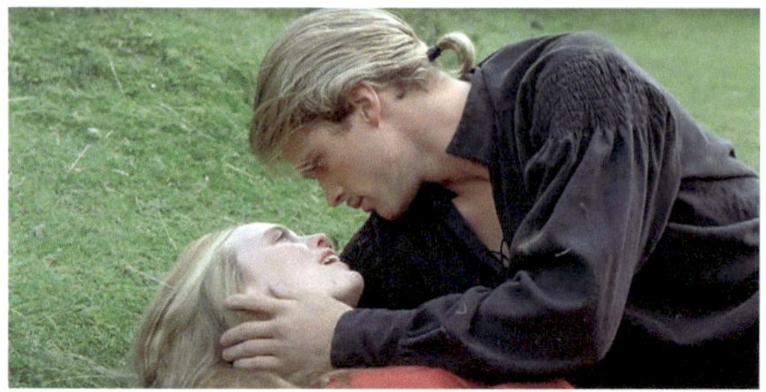

73 Buttercup (Robin Wright) wurde vom «Mann in Schwarz» (Cary Elwes) aus den Händen ihrer Entführer befreit. Sie streiten sich prompt. Buttercup schubst ihn einen Abhang hinunter, die Maske verrutscht: Es ist ihr geliebter Westley. (DIE BRAUT DES PRINZEN, USA 1987)

rolle über die Umsetzung gewesen sein muss. Tatsächlich war Goldman für seine Scripts noch berühmter als für seine Bücher.

Für ZWEI BANDITEN (1969) sowie DIE UNBESTECHLICHEN (1976) erhielt der 2018 verstorbene Autor jeweils einen Oscar. Goldmann destillierte seinen 493-Seiten-starken Roman nun in ein Drehbuch etlicher aufeinander folgender Pointen.

«Das überleben wir niemals», sagt Buttercup zu ihrem Befreier Westley. «Unsinn», erwidert der, zuversichtlich. Und kontert: «Das sagst du doch nur deshalb, weil das bisher noch keiner überlebt hat.»

Die Schlagabtäusche sind so brillant wie die Selbstzuschreibungen der vor Arroganz strotzenden Draufgänger. Das zeigt sich im Gipfeltreffen zwischen Entführer Vizzini (Wallace Shawn) und Braut-Retter Wesley. «Körperlich kann ich es mit dir nicht aufnehmen», sagt der kleine Übeltäter. «Aber geistig bist du mir nicht gewachsen.» Wesley erwidert: «So klug bist du also?» – «Lass es mich so sagen. Hast du jemals von Plato gehört, Aristoteles und Sokrates?» – «Ja» – «Idioten».

Heute taucht DIE BRAUT DES PRINZEN in etlichen Bestenlisten der 1980er-Jahre-Filme auf, wird in Deluxe-Editionen auf Blu-ray herausgebracht. Die späte Anerkennung ist berechtigt. Aber 1987 hat dem Kinofilm die heutige Bewunderung nicht geholfen.

WILLOW setzt den Schlusspunkt

Noch ein letzter, entscheidender Blick, jetzt auf das Film-Jahr 1988. Auf Platz eins der erfolgreichsten Streifen steht wieder ein Drama, RAIN MAN. In die Top 20 hat es nur noch ein Fantasy-Werk geschafft, aber auf Platz 13 immerhin: WILLOW. Ron Howards Märchen hätte eigentlich einen neuen «Sword and Sorcery»-Boom auslösen müssen. Einspielergebnis 127 Millionen Dollar, und für damalige Verhältnisse war er sehr teuer: 35 Millionen. Das Vertrauen des geldgebenden Studios, wie auch der Kinogänger war also da. Eine Antwort auf die Frage, warum das mäßig rezipierte, aber erfolgreiche Abenteuer keine Fortsetzung erhalten hat, wurde lange Zeit nicht gegeben.

Bis im Herbst 2020 auf Disney+ eine WILLOW-Serie angekündigt wurde. Hauptdarsteller Warwick Davis ist dabei, ausführende Produzenten sind Ron Howard sowie Jon M. Chu (CRAZY RICH, 2018), als Showrunner fungieren Jonathan Kasdan (SOLO: A STAR WARS STORY) und Wendy Mericle (ARROW, 2012–2020).

Auf Disney+ ist der MANDALORIAN ein großer Erfolg, aber es finden sich auf dem 2019 gestarteten Kanal noch zu wenige weitere, originäre und vor allem erfolgreiche Serien. Mit den Marvel-Weitererzählungen THE FALCON AND THE WINTER SOLDIER (2021–), WANDAVISION (2020–), LOKI (2021–) als auch dem STAR WARS-Original THE BOOK OF BOBA FETT (2021–) soll die Lücke geschlossen werden. WILLOW aufzupeppen, könnte funktionieren. Wenn einem sonst nichts einfällt.

Die WILLOW-Produktion von 1988 war mit einigen Hoffnungen verknüpft. Als Hauptdarsteller wurde neben Davis – der in KRIEG DER STERNE: DIE RÜCKKEHR DER JEDI-RITTER einen Ewok im Pelzkostüm spielte – TOP GUN-Star Val Kilmer verpflichtet. Davis verkörpert einen Bauern, der einen Säugling vor einer bösen Königin beschützen muss, Kilmer seinen Kompagnon.

Der Film wurde zwar in drei Romanen weitergesponnen, hat aber kein kulturelles Vermächtnis erzeugt. Der Weg auf die Leinwand verlief beschwerlich. Obwohl Produzent George Lucas durch den Erfolg seiner KRIEG DER STERNE-Trilogie Manpower ins Spiel brachte, tat er sich schwer, seine bereits 1972 entwickelte Story über den Zauberlehrling Willow und dessen Kampf gegen eine scheinbar übermächtige Armee zu verkaufen. Mehrere Produktionsfirmen lehnten ab. Metro-Goldwyn-Mayer wollte nur dann einen Anteil des Budgets übernehmen, falls das Studio auch Verwertungsrechte fürs Fernsehen erhält.

In der Bilanz des Jahres 1988 hatte WILLOW gegen die Sommer-Hits FALSCHES SPIEL MIT ROGER RABBIT, BIG und STIRB LANGSAM dennoch keine Chance. Drei Arbeiten, in denen viele Tricks zu sehen waren, die aber mit dem Fantasy-Genre nichts zu tun hatten. Bemerkenswert ist die Sequenz, in der Willow eine Ziege zurück in ihre ursprüngliche Gestalt, eine Frau, verwandeln will. Nachdem sich hierbei Stop-Motion, als auch die Erzeugung optischer Effekte durch Überblendungen als unzureichend herausstellten, wurde eine Software entwickelt, um den Wandlungsprozess geschmeidig aussehen zu lassen (Abb. 74–75).

Das Bild wurde in ein völlig neues verändert, aber nicht abrupt, sondern fließend. Die daraus entstandene 3D-Computergrafik überzeugte das Studio. Die Morphing genannte Technik war damit einen entscheidenden Schritt weiter.

Als treibende Kraft für die Wahrnehmung stetig optimierter Spezial- oder visueller Effekte können jedoch nicht nur die Trickkünstler gelten. Ebenso wenig nur die Regisseure, Autoren oder Produktionsstudios. Es war auch ein Musiker, der die sich wandelnden Vorlieben des 1980er-Jahre-Kinopublikums zügig erspürte und darauf reagierte: Michael Jackson. Wie sich zeigen sollte, hatte er sich das Morphing in WILLOW aufmerksam angeschaut.

Jackson war ein Fan des Fantasy-Kinos. Und er hatte einen kurzen Draht nach Hollywood. Für das «Can You Feel It»-Video seiner Band The Jacksons ließ er 1980

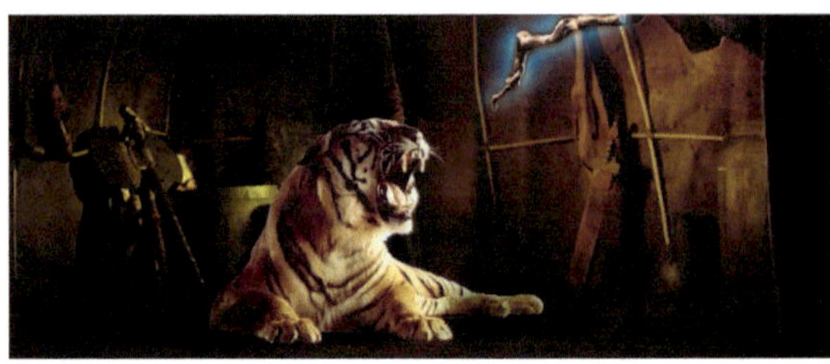

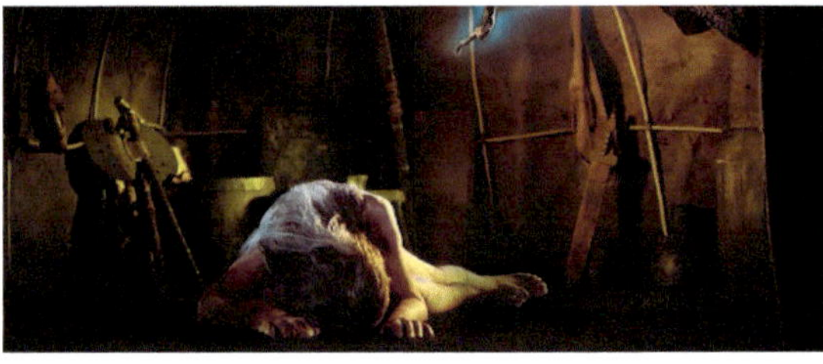

74–75 Willow (Warwick Davis) hat die Zauberin Fin Raziel (Patricia Hayes) gefunden. Nur wurde sie in ein Opossum verwandelt und später in eine Ziege. Willow versucht, sie wieder zum Menschen zu machen. Zunächst verzaubert er sich, sie wird stattdessen zum Tiger. Er probiert es nochmal, und sie ist wieder eine Frau. (WILLOW, USA 1988)

Laser-Geräusche produzieren, die denen aus KRIEG DER STERNE täuschend ähnlich waren. 1982 sprach er das Audiobook zu E. T. – DER AUSSERIRDISCHE ein und nahm den Song «Someone in the Dark» auf, in dem der krächzende Alien auch zu Wort kommt. Das von John Landis gedrehte «Thriller»-Video, in dem Jackson sich zuerst in einen Werwolf, und dann auch noch in einen Zombie verwandelt, erschien 1983 kurz vor der *Video nasty*-Welle der in Großbritannien indizierten Horrorfilme. Wer zu jung war, um Zombie-Filme zu sehen, durfte dennoch wegen Michael Jackson das «Thriller»-Video ansehen, spätestens, als es von MTV zu VHS herüberwanderte – für viele 80er-Kinder der erste Zombie-Film ihres Lebens, im Heimkino. Mit ihm als Hauptdarsteller erschien 1986 der Sci-Fi-Kurzfilm CAPTAIN EO in den Disney-Parks, Regie führte Francis Ford Coppola, das Drehbuch stammte von George Lucas. Nach heutigen Maßstäben ein eher rudimentärer 3D-Film, aber ein Pionier des «4D», weil im Kinosaal auch Effekte präsentiert wurden: Rauch und Laserblitze.

Jacksons «Bad», ein unter der Regie Martin Scorseses entstandener Kurzfilm über Identitätskrisen junger, sozial benachteiligter Afro-Amerikaner, fügte sich in jenes Kinojahr 1987 ein, das nicht mehr von Fantasy, sondern von Beziehungsdramen (EINE VERHÄNGNISVOLLE AFFÄRE) und dem Schlussspurt der turbokapitalistischen Reagan-Ära (WALL STREET) dominiert war. 1991 veröffentlichte er schließlich «Black Or White», wieder gedreht von John Landis. Eine farbenfrohe Abkehr von Gewalt und Schrecken, eine Feier der Diversität. Und ein Videodokument der bislang überzeugendsten Morphing-Arbeit, ausgefeilter noch als bei WILLOW. Die Gesichter etlicher Frauen, Männer, Mädchen und Jungen gehen fließend ineinander über.

Für die Zukunft des Fantasy-Genres sollten Weiterentwicklungen visueller Effekte, zu denen das Morphing gehört, noch von Bedeutung sein. Sie waren kennzeichnend für den Erfolg von DER HERR DER RINGE, HARRY POTTER und GAME OF THRONES, die im 21. Jahrhundert zu Kulturereignissen werden würden.

8.
Das Phänomen GAME OF THRONES: Sword and Sorcery and Politics

«When you play the game of thrones, you win or you die.
There is no middle ground»
- Cersei Lennister, Game of Thrones

Das Mittelalter nach George R. R. Martin

EXCALIBUR und DER DRACHENTÖTER sind «Sword and Sorcery»-Filme der Low Fantasy, sie spielen in unserem Mittelalter. DER HERR DER RINGE und LEGENDE sind «Sword and Sorcery»-Filme der High Fantasy, sie spielen im Mittelalter eines anderen Planeten.

Aber warum sind Geschichten aus dem Mittelalter so beliebt? Und weshalb sind Geschichten, die in mittelalterlichen Zeiten spielen, in denen es außerdem Drachen und Zauberer gibt, noch beliebter?

Für die Antwort braucht es keine Wissenschaften. Die Antwort ist einfach. Viele Menschen eint dieselbe Vorstellung vom Mittelalter: als Zeit der Dichotomien. Könige regieren, Bauern leiden. Männer stark, Frauen schwach.

Es sind also meistens Männer, die Dichotomien lieben, weil sie sich dann überlegen fühlen. Auch, wenn sie es nie zugeben würden. Schlichte Weltanschauung erfüllt den Zweck, Dinge nicht verstehen zu müssen. Deshalb auch der Glaube an Magie. Die Erde, das Universum? Musste im Mittelalter nicht erfasst werden. Die Gesetze machte nicht die Natur, sondern Gott. Mönche wussten auch irgendwie Bescheid.

Die Pest durchzog Europa. Die Straßen und Häuser stanken, es gab kein fließendes Wasser. Dafür roch es im Himmel nach Rosen. Der Heilige Vater würde uns erlösen, wenn wir erstmal bei ihm sind.

Selbstverständlich gibt es auch im Fantasy-Genre ein Konzept vom Leben nach dem Tod. Im HERRN DER RINGE tröstet Gandalf den wimmernden Pippin im Angesicht heranpreschender Feinde. Der Zauberer offenbart einen Blick ins Himmelreich: «Hier endet die Reise nicht. Der Tod ist nur ein weiterer Weg, den wir alle gehen müssen. Weiße Strände. Und dahinter … ein fernes grünes Land unter einer rasch aufgehenden Sonne.» Im Mittelalter glaubten so gut wie alle Menschen an den Himmel und die Hölle. In einer der beiden Überwelten war für jeden ein Platz reserviert. Es gab nur die Ausschließlichkeit.

Wohl keine Ära fasziniert uns mehr als die zwischen Ende der Antike und Beginn der Neuzeit, die Spanne zwischen dem 6. und 15. Jahrhundert. Ritterspiele im Freien locken hierzulande tausende Besucher an. Wir pilgern zu Burgen und Klöstern und trinken Met. Mittelalter-Rock von In Extremo steht an der Spitze der Charts. Und ist das Musik-Genre Heavy Metal, mit Band-Legenden wie Iron Maiden oder Manowar, nicht eine einzige Feier der Barbarei?

Mittelalter, Epoche unserer Sehnsucht. Das ist der reizende Widerspruch: Einerseits wünschen wir uns in einfache Zeiten zurück. Andererseits müssen wir dafür unsere Fantasie anstrengen, denn die Welt, die wir im Kino oder Fernsehen erleben wollen, soll auch überirdisch sein. Wir träumen davon, Magier oder Krieger zu werden und gegen Drachen und Trolle zu kämpfen.

Erst ab dem 17. Jahrhundert wurde das «finstere» Mittelalter von der Aufklärung abgelöst, was dem Menschen zunehmend Selbstbestimmung ermöglichte. Dabei kann Aberglaube viel gemütlicher sein als Vernunft. Aberglaube nimmt uns Entscheidungen ab.

GAME OF THRONES: Das größte Serien-Phänomen der Zehnerjahre

Der Fernsehautor Daniel Brett «D. B.» Weiss sieht in der Fantasy die Möglichkeit einer einzigartigen Perspektivübernahme. Den Reiz, einen Blick in die Seele von Figuren werfen zu können, die an das Übersinnliche glauben. Gerade die Magie und ihr Missbrauch fasziniert ihn: «Fantasy ist das Fenster in die Köpfe von Leuten, die etwas Schreckliches aus irrationalen Gründen tun.»[1]

Seinen größten Triumph hat das Genre zuletzt nicht im Kino, sondern im TV gefeiert, und Weiss hat daran entscheidenden Anteil. George R. R. Martins

1 Hibberd, James: *Feuer kann einen Drachen nicht töten: GAME OF THRONES und die offizielle, noch unbekannte Geschichte der epischen Serie.*

Romanreihe *Das Lied von Eis und Feuer* wurde als High-Fantasy-Serie GAME OF THRONES zu einem Ereignis, welches das Feuilleton genauso überwältigte wie die Millionen Zuschauer, von denen viele die Bücher Martins verschlingen und im Netz darüber diskutieren.

Und eben jene Dichotomien, an die wir uns klammern, existieren in dieser Mittelalter-Serie nicht. Nichts ist nur schwarz oder weiß, nichts ist vorhersehbar.

Der Erfolg von GAME OF THRONES war es auch nicht. Wer Anfang der Zehnerjahre eine Wette auf die populärste Fantasy-Erzählung der Dekade abgeschlossen hätte, der entschied sich wohl für die anstehende finale STAR WARS-Trilogie von Disney oder Peter Jacksons HOBBIT-Filme. Ganz sicher nicht für ein TV-Format, und ganz sicher nicht eines aus der Feder eines Autors, den vor Serienstart nur Genre-Leser kannten.

GAME OF THRONES begründete ein Phänomen, das nach dem Ende der finalen, achten Staffel 2019 von keiner anderen Serie, geschweige denn einem Kinofilm übertroffen wurde. Sogar gattungsfremde Schwergewichte biedern sich seither dem «Sword and Sorcery»-Trend an, nur um vom *Lied von Eis und Feuer*-Effekt zu profitieren. Matt Groening, Schöpfer der erfolgreichsten TV-Serie aller Zeiten, DIE SIMPSONS, kreierte 2018 mit den DISENCHANTMENT-Cartoons eine – wenig gelungene – GAME OF THRONES-Persiflage.

«GoT», wie dieses Universum genannt wird, hat in vielerlei Hinsicht keinen Nachfolger. Auch die Netflix-Serie THE WITCHER um Hexenmeister Geralt, die mit einem Budget von rund zehn Millionen Dollar pro Folge in ähnlichen Höhen unterwegs ist wie GAME OF THRONES in Staffel acht (15 Millionen)[2], hat nicht jene weltweite Begeisterung ausgelöst, die Charaktere wie Tyrion Lennister, Jon Schnee oder Daenerys Targaryen zu Idolen und deren Darsteller Peter Dinklage, Kit Harington und Emilia Clarke zu Stars gemacht haben. Sie drehten in Belfast, Dubrovnik, auf Island und Malta, und überall wurden sie von Fans umzingelt. Dinklage verglich die Euphorie tatsächlich mit der Beatlemania. Er glaubt jedoch, dass nicht einzelne Schauspielerinnen und Schauspieler bejubelt wurden, sondern ein Ereignis: «Wenn du an einer so großen Sache beteiligt bist, sieht man dich nicht als Individuum; die Hysterie dreht sich um das Universum, das erschaffen wurde.»[3]

Ein Grund für den Erfolg liegt sicherlich in der selbst für HBO-Verhältnisse expliziten Darstellung von Nacktheit. Ein unrühmlicher Erfolg. Nahezu sämtliche der Nackt- oder Sexszenen sind für die Handlung nicht erforderlich. Dass unzählige Oben-Ohne-Bilder Clarkes bis heute das Netz überschwemmen, dürfte die Produzenten aber auch nicht wirklich stören.

Es gibt wenige Ausnahmen, für die Entblößung tatsächlich notwendig war. Wie bei Cersei Lennisters «Gang der Schande». Die Regentin muss unbekleidet durch die Straßen von Königsmund laufen und sich dabei bespucken, mit Dreck bewer-

---

2 *Screenrant*, bit.ly/3htvR8b (30.06.2021) und *CNBC*, cnb.cx/2Zzt33a (30.06.2021).

3 Hibberd, James: *Feuer kann einen Drachen nicht töten: GAME OF THRONES und die offizielle, noch unbekannte Geschichte der epischen Serie.*

fen und schlagen lassen. Cerseis Nacktheit ist essenziell. Der Bußgang wurde vom Orden der «Spatzen» befohlen und wird Cerseis Hass auf diese Fanatiker nähren. Am Ende sprengt sie die in einer Kirche versammelten Gläubigen in die Luft und gewinnt die Hoheit über ihre Stadt zurück.

Ob nun «notwendige» oder «nicht notwendige» Nudität: GAME OF THRONES rühmt sich die erste Serie zu sein, die einen «Intimacy Coordinator» anstellte. Der beim Dreh anwesende «Intimitätskoordinator» fungiert als Ansprechpartner der Darsteller, wenn sie Bedenken und Scham bei Nackt- und Sexszenen verspüren. Einwände des «Intimacy Coordinators» wiegen im Zweifelsfall auch mehr als die Anweisungen des Regisseurs.

Die Menschen und Monster von Westeros

GAME OF THRONES ist eine Mittelalter-Serie, aber sie unterscheidet sich von so ziemlich allen Mittelalter-Serien. Es sind nicht nur Männer, die die Geschicke ihrer Nationen lenken. Mit Daenerys Targaryen, Cersei Lennister und Olenna Tyrell (Diana Rigg) stellen drei Frauen entscheidende Weichen.

Von einem allmächtigen Gott, der alles überwacht, ist nie die Rede. Und wer an einen Gott glaubt, der missbraucht dessen Lehre. Die Sekte der «Spatzen» um ihren scheinbar altruistischen, bei Lichte besehen ignoranten Anführer «Hoher Spatz» (Jonathan Pryce) geht an ihrer Hochmütigkeit zugrunde. George R. R. Martin ersann die «Spatzen» und deren Philosophie vom Leben voller Entbehrungen als Parodie des Mittelalter-Katholizismus. Viele Priester jener Zeit galten als bigott.

Etliche Martin'sche Figuren, die dem Bild vom Bösewicht am nächsten kommen, sind Politiker. Sie bewegen sich in Grauzonen, statt von einer «dunklen Seite» angezogen zu sein. Für sie ist der Feldzug ein notwendiges Übel.

Sogar Könige, eigentlich durch Erblinien in ihrer feudalen Position geschützt, sind gezwungen sich wie Politiker zu verhalten. Sie müssen täglich Stimmungen einfangen, taktieren und die Bevölkerung beschwichtigen, weil deren Zuspruch nicht garantiert ist, sie vielmehr zur Rebellion bereit sein könnte.

Der Eiserne Thron, geschmiedet aus etlichen Schwertern, ist ungemütlich. Es tut buchstäblich weh, auf ihm zu sitzen. Er ist ein Sinnbild für die Last, die eine Regentschaft mit sich bringt, die Verantwortung über tausende Leben.

Diese Weltanschauung offenbart einen Kontrast zum HERRN DER RINGE, in dem schon der Roman- und Filmtitel DIE RÜCKKEHR DES KÖNIGS den finalen Sieg des Adels glorifiziert, die Güte und Weisheit, mit der ein Alleinherrscher sein Volk beglücke. «Auf einem Thron zu sitzen», weiß dagegen GAMES-König Robert Baratheon (Robert Addy), «ist tausendmal schwerer als ihn zu erobern.»

Daenerys Targaryen wird von Bauern gefürchtet, da ihre Drachen Feuer speiend über Erntefelder rasen. Catelyn Stark (Michelle Fairley) wird von Verbündeten verflucht, weil sie einen gefangen genommenen Lennister hat ziehen lassen. Die Lennisters werden von ihren eigenen Leuten gehasst, weil König Joffrey (Jack Gleeson) sie hungern lässt.

Diese Regenten müssen jeden Tag politische Entscheidungen revidieren, um im Sattel zu bleiben.

Magie ist da, aber nur ein bisschen

GAME OF THRONES spielt also in einer Art Mittelalter, wenn auch nicht in unserem. Der Kontinent heißt Westeros, im Osten gibt es Essos, viel mehr ist über diese Welt nicht bekannt. «Was liegt westlich von Westeros?», fragt die Abenteurerin Arya Stark (Maisie Williams) in der allerletzten Episode und bringt damit auch endlich zur Sprache, was die Zuschauer umtreibt.

George R. R. Martin ließ sich von den Rosenkriegen inspirieren, die zwischen 1455 und 1485 geführt wurden, als die Adelshäuser York und Lancaster um die englische Krone stritten. Beide Häuser begründeten ihren Anspruch mit Verweis auf die Stammlinie zu König Edward III. Das findet sich bei Martin in der Auseinandersetzung zwischen den Starks und den Lennisters wieder. Somit wäre eine vergleichbare Welt das späte Mittelalter, als noch mit Langschwertern gekämpft wurde und das Schießpulver zwar entwickelt, aber noch nicht verbreitet war. Die Mauer im Norden, die Wildlinge von der Zivilisation fernhält, hatte den Hadrianswall zum Vorbild. Der trennte die Landschaft um Newcastle von Solway Firth und wurde auf Anordnung des Kaisers Hadrian zwischen 122 und 128 n. Chr. erbaut, also in einer anderen Ära.

Auch Martins Ethnien entstammen verschiedenen Zeitaltern. Neben den ritterlichen Lennisters und Starks wird Westeros auch von den Dothraki bevölkert. Sie sind angelehnt an die Hunnen, zentralasiatische Reitervölker, die bereits in der Mitte des 4. Jahrhunderts nach Europa vorstießen.

Diese Vermengungen der Epochen harmonieren in GAME OF THRONES miteinander. Aber die Klasse George R. R. Martins zeigt sich nicht nur in historischen Aneignungen und ihren Variationen. Sondern vor allem in seiner eigenen Erzählung. Martin hat der für Fantasy typische Kampf zwischen Gut und Böse magischen Ursprungs nie fasziniert. In seiner Fantasy-Welt sind übernatürliche Elemente zwar vorhanden. Sie bilden aber nicht den Mittelpunkt der Geschichte und entscheiden auch nur indirekt das «Spiel um die Throne» mit.

Drei Fabelwesen

Nur drei für die Story entscheidende mystische Kreaturen greifen in das Geschehen ein. Drachen, der Dreiäugige Rabe (dessen überwiegende Funktion darin besteht, uns Rück- und Vorrausschauen aus der Geschichte Westeros' zu liefern) sowie die untoten «Weißen Wanderer» unter Führung des «Nachtkönigs».

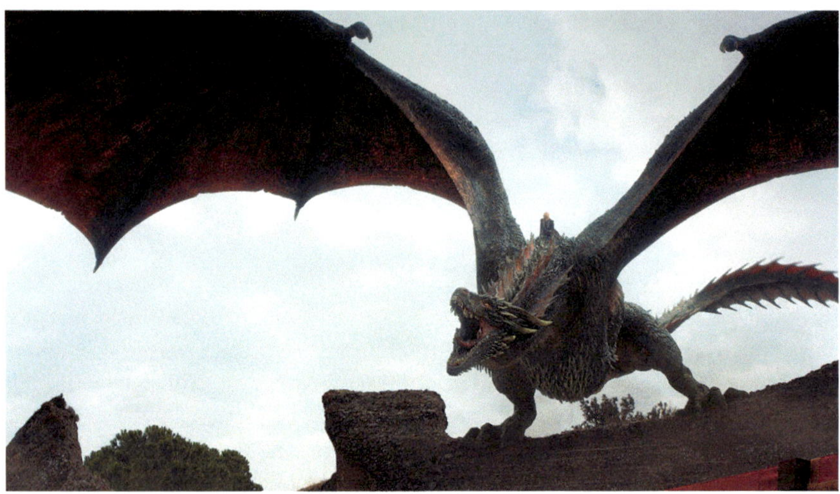

76 Daenerys (Emilia Clarke) landet auf ihrem Drachen Drogon in der verfallenen Drachengrube in Königsmund. Dort kommt es zu einem ersten Treffen aller Thronanwärter von Westeros. Sie beratschlagen, wie die Weißen Wanderer zu besiegen sind. (GAME OF THRONES, Staffel 7 – Episode 7: «Der Drache und der Wolf», USA 2017)

Pikanterweise zeichnen sich alle drei dadurch aus, dass die meisten Menschen nicht an sie glauben oder erst an sie glauben, wenn es zu spät ist. Die Verleugnung der Mythologien dieser Welt ist eine Besonderheit von GAME OF THRONES.

Der um den Thron kämpfende Renly Baratheon (Gethin Anthony) stirbt, weil er die bedrohliche Sprache einer Hexe nicht zu deuten versteht oder verstehen will. «Die Nacht ist dunkel und voller Schrecken», wirft ihm Melisandre (Carice van Houten) entgegen. Wenig später strömt schwarzer Rauch in Baratheons Zelt, und er begreift nicht, was er sieht. Der Rauch formt sich zu einer menschlichen Gestalt und ersticht ihn.

In nahezu allen Fantasy-Werken, Romanen, Filmen oder Serien, ist das Fantastische substanziell für den Ausgang der Geschichte. Strenggenommen aber würde *Das Lied von Eis und Feuer* auch funktionieren, wenn es darin keine lebenden Toten, in alle Zeitrichtungen blickende Raben oder Flugechsen gäbe. Beim ersten Zusammentreffen aller Thronanwärter von Westeros nutzt Daenerys Targaryen ihren Drachen Drogon für eine einschüchternde Landung (Abb. 76).

Daenerys Targaryen ist eine Vertriebene, die den Eisernen Thron der Sieben Königlande zurückerobern will. Sie ist eine ehemalige Regententochter, die mit einem Stammesführer der Dothraki verheiratet wird, ihren Kriegergatten, den Khal, wenig später zu Grabe tragen muss und dann als Khaleesi, als Königin eines neuen Volkes, Sklaven befreit. Mit ihnen bereitet sie den Sturm der Mittellosen auf den Adel vor.

Und sie ist die «Drachenmutter», weil aus drei ihr gehörenden Drachen-Eiern Drogon, Rhaegal und Viserion schlüpfen, die ersten ihrer Art seit Jahrhunderten. Daenerys betrachtet die Fabelwesen, die zu gigantischer Größe heranwachsen werden, als ihre Kinder.

Die Drachen erfüllen ihre Funktion in der Geschichte, aber sie sind nicht allein entscheidend für ihren Ausgang. In erster Linie sind sie lebende Waffen und Transportmittel für die im Streit liegenden Mächte. Daenerys legt auf ihnen Wegstrecken zu Verbündeten und Feinden zurück.

Ein wesentlicher, begründeter Kritikpunkt an der abschließenden achten Staffel ist die ungewohnte Beschleunigung von Ereignissen. Die Drachenmutter überwindet erstmals innerhalb von Minuten Klimazonen und kann in entscheidenden Situationen unvermittelt eingreifen. Das macht Daenerys zu einer Deus Ex Machina, da sich Konflikte nicht von den in entfernten Gebieten kämpfenden Parteien selbst lösen lassen müssen. Kommt einfach ein Drache geflogen, sitzt die Drachenmutter drauf, lässt Feuer regnen. Der Deus Ex Machina ist ein erzählerisches Stilmittel, das selten schlüssig ist.

Besonders die ersten vier Staffeln von GAME OF THRONES sind auch deshalb gelungen, weil es darin kaum Gelegenheiten gibt, in denen aus heiterem Himmel Helfer auftauchen und Rettung in letzter Sekunde ermöglichen. Gipfeltreffen, aber auch Befreiungsmanöver müssen von langer Hand geplant werden. Gerade die Reisen zu Fuß, in der Kutsche oder auf dem Pferd dienen der Charakterbildung. Die Protagonisten wachsen nach der-Weg-ist-das-Ziel-Manier in ihre Verantwortung hinein.

Die Drachen sind Beschleuniger, aber sie sind vor allem für zwei Erzählstränge entscheidend. Daenerys reitet auf Drogon, um Königsmund dem Erdboden gleich zu machen und ihre größte Konkurrentin um den Eisernen Thron, Cersei Lennister, aus dem Weg zu räumen. Ein anderer Drache läuft zur Gegenseite über. Der Nachtkönig erweckt den getöteten Viserion zu untotem Leben. Er soll die Mauer im Norden einstürzen lassen, sodass die Weißen Wanderer in Winterfell einmarschieren können.

Der Nachtkönig und seine Armee entspringen, wie die Drachen, der Mystik. Sie sind Zombies, die als kriegsverstümmelte Wiederkehrer im nördlichen Eismeer den Feldzug auf Westeros vorbereiten. Sie planen den ewigen Winter, eine ewige Nacht, kurz: die Zerstörung der Welt. Sie sind Geschöpfe, die lange Zeit weit im Abseits lebten, und deren Existenz fast alle Völker anzweifeln. Wer ihnen noch nicht gegenüberstand, glaubt nicht an sie. Wer ihnen gegenübersteht, kann davon selten berichten, denn er überlebt es meist nicht. Der Nachtkönig demonstriert seinem entflohenen Widersacher Jon Schnee, dass jeder getötete Mensch nicht nur ein Verlust für die Armee der Menschen bedeutet, sondern auch einen Gewinn für die Armee der Weißen Wanderer (Abb. 77).

«Winter is coming», «der Winter naht», das Motto des Hauses Stark, wurde zur Tagline, dann zum Meme, nicht nur für Bilder aus der Serie, sondern für alle

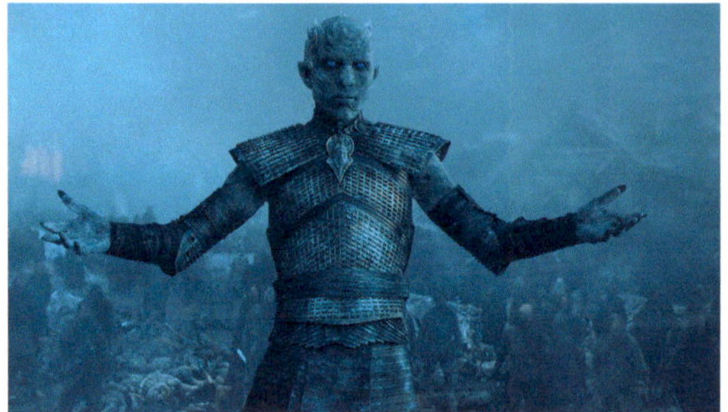

77 Die Weißen Wanderer haben die Wildlings-Siedlung Hartheim eingenommen. Der Nachtkönig (Vladimir Furdik) hebt die Arme und erweckt damit alle gefallenen, gegnerischen Menschen zu untotem Leben. Sie werden Teil seiner Armee. (GAME OF THRONES, Staffel 5 – Episode 8: «Hartheim», USA 2015)

möglichen Bilder unseres Alltags. Heute wird die sehr allgemein gehaltene Westeros-Wetterprognose mit nichts anderem mehr in Verbindung gebracht als mit GAME OF THRONES.

Die «Winter naht»-Prämisse ist schon seit der ersten Season präsent. Auch, weil die Weißen Wanderer zum Auftakt der ersten Episode zu sehen sind und Menschen töten. Die von ihnen ausgehende Bedrohung wird also frühestmöglich dargelegt. Das Bild des bleichen Zombie-Mädchens, dessen blaue Augen mit dem klirrenden Weiß des Schnees kontrastieren, hält lange nach (Abb. 78).

Und doch sind die lebenden Leichen noch weniger interessant für die Geschichte als die Drachen. Denn der Weiße-Wanderer-Anspruch auf Westeros – Auslöschung allen Lebens – wird überlagert vom klüger geplotteten Anspruch der Könige auf die Sieben Königslande. Es geht also um zwei verschiedene Konflikte. Die Mensch-Zombie-Konfrontation, die immer in Gewalt endet, kann nicht so faszinierend sein wie die politischen Taktiken der Königshäuser im «Spiel» um den Thron. Die fokussieren manchmal auf Diplomatie, maßgeblich aber auf raffinierte Attentatskomplotte sowie Arrangements trügerischer Sicherheit durch Heiratsverbindungen. Die Mensch-Zombie-Konfrontation ist schlichter strukturiert. Sie umreißt den Kampf gegen einen untoten Feind, der nur ein Ziel kennt, der keine Strategie neu ausrichten muss und sich einfach Stück für Stück in Richtung Süden der Mauer nähert.

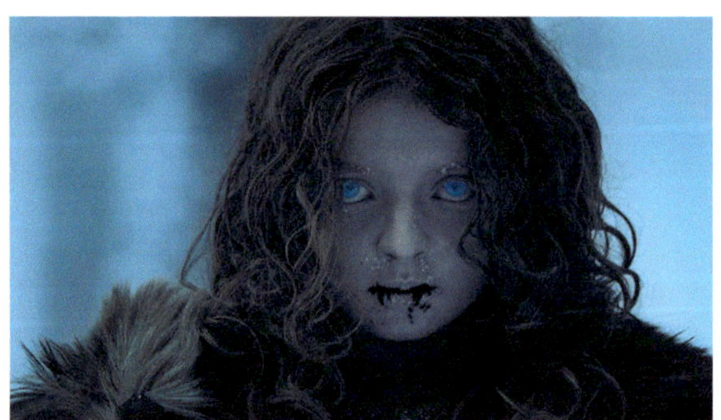

78 Ein untotes Wildlingsmädchen prägt den Auftakt der ersten GAME OF THRONES-Episode. Es nähert sich einem Soldaten der Nachtwache in feindlicher Absicht. (GAME OF THRONES, Staffel 1 – Episode 1: «Der Winter naht», USA 2011)

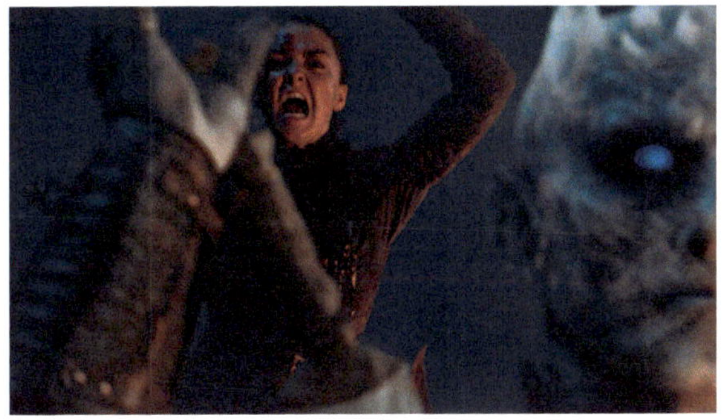

79 Der Nachtkönig (Vladimir Furdik) glaubt sich am Ziel. Er steht vor dem Dreiäugigen Raben Bran Stark und zückt sein Schwert, um ihn zu töten. Arya Stark (Maisie Williams) springt den Untoten aus dem Hinterhalt an. (GAME OF THRONES, Staffel 8 – Episode 3: «Die Lange Nacht», USA 2019)

«Die Lange Nacht»: Fernsehen als Kino-Schlacht

Eine der größten Enttäuschungen von GAME OF THRONES ist daher die Episode «Die Lange Nacht», der letzte Kampf von Jon Schnee und Gefährten gegen den Nachtkönig und dessen Soldaten. Die Zombie-Armee erscheint übermächtig. Aber am Ende lässt sich der 12 000 Jahre alte Ober-Ghul austricksen von einem jungen Menschen, dem Mädchen Arya Stark. Sie beherrscht Finten mit dem Messer.

Zunächst sieht es gut aus für den Nachtkönig. Arya setzt aus dem Hinterhalt zu einem Sprung an – aber er hat für so etwas einen sechsten Sinn, ist etwas schneller und packt das Mädchen. Doch während er Arya zu strangulieren droht, erdolcht sie ihn in einem Moment der, nun ja, Untoten-untypischen Unachtsamkeit. Er mustert die Miene der Gewürgten, sie aber lässt ihre Waffe von einer Hand in die andere fallen und sticht mit valyrischem Stahl zu, der sofort tötet. Damit zerfällt auch das Leichen-Heer. Arya nutzt einen Straßenkämpfer-Trick. Eine List, die plötzlich kommt und schick aussieht. Die aber keine besonders intelligente Erzählung darstellt (Abb. 79).

Denn eine Überraschung ist nicht unbedingt ein Twist. Der Twist bietet mehr. Ein Twist offenbart sich, als Tyrion Lennisters Plan in der Zweiten-Staffel-Episode «Schwarzwasser» aufgeht. Die wohl packendste Schlacht in GAME OF THRONES kam, wie alle Folgen bis zur achten Season, mit weit weniger Budget aus als «Die Lange Nacht». Tyrion, nach Varys (Conleth Hill) und Petyr Baelish (Aidan Gillen) der gerissenste Mann von Westeros, setzt die gegnerische Flotte in Brand, indem er das Meer anzünden lässt.

Damit wird klar, was es mit der alchemistischen Flüssigkeit namens Seefeuer auf sich hat, für die Tyrion, aber auch seine Feinde sich seit einigen Folgen – Entschuldigung für das Wortspiel – brennend interessierten. Im Gegensatz zu Aryas valyrischer Klinge, die als Wunderwaffe gegen die Weißen Wanderer bekannt war, ließen sich Tyrions Pyro-Effekte nicht erraten. Per Dialog zwischen ihm und einem Alchimisten kündigte sich ein Spektakel an, aber wir wussten nicht, was passieren würde. Und am Ende gibt es den Knall. Einen Twist. Das Schwarzwasser-Gefecht beinhaltet die beste Militär-Taktik der Serie. Und im Gegensatz zur «Langen Nacht» überhaupt eine.

Mit 82 Minuten ist «Die Lange Nacht» die längste aller «GoT»-Folgen. Sie ist Fernsehen als Kino-Film, ein CGI-plus-Statisten-Gemetzel auf dem Niveau des Gefechts um Helms Klamm in DER HERR DER RINGE – DIE ZWEI TÜRME. Die Macher der kommenden, milliardenschweren «Herr der Ringe»-Serie von Amazon werden diese Episode unter die Lupe genommen haben.

Eine gewaltige Armee rennt im Dunkeln die Burg Winterfell an. Die Weltbedrohung durch die Weißen Wanderer, über acht Staffeln angekündigt, sollte in einer sehr, sehr langen Schlacht zum Ausdruck kommen und auch beendet werden durch diese sehr, sehr lange Schlacht. Auch hier wurde also ein Spektakel angekündigt. Aber es endet ohne Twist.

Denn es ist eine Schlacht der Schlachten, in der so gut wie keine Strategien angewendet werden. Die Menschen verteidigen sich einfach gegen einen Ansturm. Das erforderte 750 Statisten, vor allem aber 55 Drehnächte – nicht Tage, sondern Nächte. Experten sprechen von einem der anstrengendsten Shootings der Fernseh-, sogar Kinogeschichte. Das Team erduldete Regen, Matsch und Kälte über einen Zeitraum von fast zwei Monaten, immer im Dunkeln.

Eine teure, strapaziöse, aber dramaturgisch dennoch bequeme Entscheidung, die drohende Apokalypse auf diese Art zu einem Finale zu bringen.

Sie demonstriert zum letzten Mal jene Erzählschwäche, die immer dann die Serie geprägt hat, sobald die Untoten ins Geschehen eingreifen. Die stummen Friedhofsgesellen müssen getötet werden, sie lassen nicht mit sich verhandeln.

Das Herz der Story macht etwas anderes aus. Das gesprochene Wort, die Kunst des politischen Gesprächs.

Es reicht nicht, die Bedrohung durch die Weißen Wanderer über einen Zeitraum von acht Staffeln durch kleinere Gefechte anzudeuten, nur um sie dann durch ein großes Gefecht zu beenden. Das ist einem Format, welches sich durch Plot-Wendungen und durch ungewöhnliche Allianzen bedingte Charakterentwicklungen auszeichnet, nicht angemessen.

Der Nachtkönig und seine Truppen werden innerhalb von einer Folge ausradiert, obwohl 67 Episoden lang Zeit war, sie in die Intrigen um den Eisernen Thron einzubinden. Wenn schon nicht als Diskutanten, dann doch als Akteure, die nicht nur dann ins Spiel kommen, wenn Schreckmomente gefragt sind.

Bezeichnend, dass auf «Die Lange Nacht» noch drei weitere Episoden bis zum Ende von GAME OF THRONES folgen. So lange brauchen die Menschen, um das Schicksal von Westeros unter sich zu entscheiden. Denn ihre Anliegen sind komplizierter als die der lebenden Toten. Und sprechen uns mehr an.

Die Politik in Westeros

Über Jahre lagen die Zombies als Schatten über dem Kontinent, dann wurden sie fix abgehandelt. Das könnte entweder Ausdruck einer geringen Wertschätzung der «GoT»-Autoren für diese Zerstörer der Welten sein. Oder Zeichen von Planlosigkeit. Mangelnde Kreativität wurde den Showrunnern David Benioff und D. B. Weiss öfter unterstellt, sobald sie auf sich allein gestellt waren.

Denn der Autor der Vorlage, George R. R. Martin, kam mit dem Schreiben seiner auf sieben Bände angelegten Reihe nicht hinterher. Er hinkt sogar bis heute hinterher. Aktuell arbeitet er an Buch sechs seines *Lieds von Eis und Feuer.* Der letzte Roman, *Ein Tanz der Drachen*, erschien 2011. HBO teilte früh mit, dass Martin dem Sender wesentliche Elemente der weiteren geplanten Geschichte inklusive des bereits erdachten Endes zur Verfügung stellte, damit die Fernsehserie noch vor Veröffentlichung seiner Bücher, aber auch in seinem Sinne zum Abschluss gebracht werden könne.

Das HBO-Team musste ab Staffel fünf und nach dem Ende von Martins jüngstem Buch dennoch etliche eigene Ideen umsetzen. David Benioff wirkt defensiv, wenn er sich auf die scheinbare Eindeutigkeit der Definition und Aufgabe eines auf einer Romanvorlage beruhenden Drehbuchs stützt und dabei doch nur ein Wort auseinandernimmt: «Es ist eine Adaption. Eine Adaption muss Anpassungen vornehmen, sonst überlebt sie nicht.»[4]

Die Serie gestaltet sich immer dann als scharfsinnig, wenn sich ihre Handlung allein durch politische Motivationen entfaltet, nicht durch *Creature Features* oder einem standesgemäßen Scharmützel zum Season-Finale. «Sword and Sorcery… and Politics», das ist es, was die Macher von GAME OF THRONES zur Meisterschaft perfektionierten. Dialoge und Pläne. Wie HOUSE OF CARDS, mit Drachen.

Und so lange George R. R. Martins Bücher als Grundlage dienten, wurden Pläne über lange Zeiträume geschmiedet, ob sie funktionierten oder nicht. Der Rachefeldzug von Oberyn Martell (Pedro Pascal) etwa nimmt ein fürchterliches, wenn auch fesselndes Ende, dabei organisierte der Wüstenprinz seine Machtprobe mit den Lennisters über die komplette vierte Season.

Die klugen Vier

Aber keine der unzähligen Protagonisten brachten unsere Ohren derart zum Klingen wie diese vier: Tywin Lennister (Charles Dance), Petyr «Kleinfinger» Baelish, Varys und Olenna Tyrell.

4 Hibberd, James: *Feuer kann einen Drachen nicht töten. GAME OF THRONES und die offizielle, noch unbekannte Geschichte der epischen Serie.*

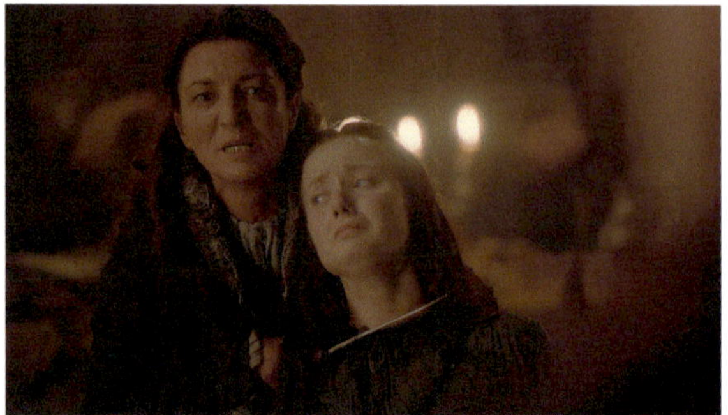

80 Bei der «Roten Hochzeit» greift Catelyn Stark (Michelle Fairley) zum letzten Mittel: Sie droht Walder Freys Ehefrau die Kehle durchzuschneiden, sollte er ihrem Sohn nicht freien Abzug gewähren. Sie bietet sich selbst als Geisel an. (GAME OF THRONES, Staffel 3 - Episode 9: «Die Regen von Castamaer», USA 2013)

Keine von ihnen ist eine Hauptfigur, aber jede ist substanziell für die Virtuosität dieser Serie, zumindest die der ersten vier Staffeln, als Benioff und Weiss noch komplett aus dem Fundus der Martinschen Erzählung schöpfen konnten.

Tywin besetzt im Hause Lennister nicht den Posten des Königs. Sondern einen mächtigeren, den des Strippenziehers. Er ist der Vater Cersei Lennisters, der Witwe des Königs Robert Baratheon, deren Sohn Joffrey Anspruch auf den Eisernen Thron erhebt.

Tywin dirigiert seinen denaturierten, unter Größenwahn leidenden Enkel, der auch schon mal gegen seinen Willen ins Bett geschickt wird. «Du glaubst wirklich, es ist die Krone, die dir Macht verleiht?», fragt er ihn.

Eine entscheidende Einschätzung, denn es sind ja Menschen im Hintergrund, die die Geschicke in Westeros lenken. Das zeigt sich in der meistdiskutierten Szene der Serie, eine, die in den Listen der «schockierendsten TV-Momente aller Zeiten» zu finden ist. Eine, die als erstklassige Suspense-Inszenierung in die Geschichte einging: die «Rote Hochzeit». Dabei handelt es sich um eine Trauung, die sich als Verschwörung entpuppt, und bei der mit dem König des Nordens, Robb Stark (Richard Madden), dessen Frau Talisa (Oona Castilla Chaplin) sowie seiner Mutter Catelyn Stark gleich drei Hauptfiguren aus dem Spiel genommen werden. Ein Drama, das keiner erahnen konnte, der nicht mit George R. R. Martins Vorlage vertraut war. Und das auf den Zuschauer auch deshalb so schonungslos wirkt, weil der unversehens vollzogene Meuchelmord uns einen gebührlichen innerlichen Abschied von den Helden unmöglich macht. Als letzte stirbt Catelyn, die erkennen muss, dass der Feind nicht mit sich verhandeln lässt (Abb. 80).

Es hätte nicht tragischer enden können. Vermählung beschreibt das romantisierte Ideal einer Feier, an deren Ende die Hochzeitsnacht steht, also die Schöpfung neuen Lebens. Nicht die Hinrichtung einer Familie.

Die Gastgeber des Frey-Clans sitzen mit den Starks an den Bankett-Tischen, aber sie verbergen Kettenhemden unter ihren Festkleidern und haben ihre Waffen griffbereit. Auf den Balustraden verstecken sich Bogenschützen, sofort zur Stelle, sobald die Hochzeitsmusiker ihre Instrumente weglegen. Die Starks blicken zu spät hinter die Scharade.

Der Plot der «Roten Hochzeit» aus der Folge «Der Regen von Castamaer» verdeutlicht zwei Stärken von GAME OF THRONES. Einmal, dass ein kleines Komplott mitreißender sein kann als eine Schlacht. Und, natürlich, das seitdem oft von anderen Serien kopierte, aber selten bravourös umgesetzte Prinzip: Es kann jederzeit jeden treffen, kein Held ist sicher.

Das Attentat plante nicht der König, sondern der Königsgroßvater Tywin: «Erkläre mir, warum es edler ist, zehntausend Männer auf dem Schlachtfeld zu töten, als ein Dutzend bei einer Feier. Der Preis war in jeder Hinsicht günstig». Um den Krieg zu beenden.

«Der Preis war in jeder Hinsicht günstig.» Vielleicht ist das der Satz, der GAME OF THRONES auf den Punkt bringt. Erfolgreiche Politik sucht nicht nach der lautesten, sondern der effizientesten Lösung, egal wie sehr dabei getrickst wird. Und dennoch bot die Lösung eine blutrünstige Performance, die in Westeros vielfach besungen werden würde. Es war halt eine, die nicht durch den altbekannten Aufmarsch von Armeen angekündigt werden musste. Tywin brauchte sich den Stark-Truppen nicht zu stellen. Es gelang ihm, deren Kopf während einer Feier auszuschalten.

Wer in der Politik nur von Hass getrieben ist, stößt an die Grenzen seiner Macht. Wer Politiker sein will, sollte sich generell nicht zu sehr von Gefühlen leiten lassen. Neben Tywin (auf dem Abort erschossen in Staffel vier) beherrschte das in Ansätzen noch Stannis Baratheon (auf dem Schlachtfeld gestorben in Staffel fünf). Beide sind weitsichtige Kommandanten mit gesundem Zweifel und einem Verständnis von Diplomatie, die dennoch zum eigenen Vorteil führt. Beide waren bereit, ihre Kinder zu opfern, aber nie haben sie sich von Blutrausch treiben lassen.

«Der Preis war in jeder Hinsicht günstig», befindet nun also Tywin Lennister. Eigentlich müsste es heißen: nicht Preis, sondern heimtückischer Mord. Sollte man Tywin dafür hassen? Nicht unbedingt. Er ist nicht eigennützig. Er ist ein Politiker, der nicht sich selbst, sondern nur seinem Enkel den Aufstieg zur Nummer eins sichern kann. Autor D. B. Weiss bezeichnet Tywin als «lawful neutral», «rechtschaffen neutral». Gesetzen ist Folge zu leisten, unabhängig von moralischen Einschätzungen. Der starke Staat muss gefestigt bleiben. Dass Weiss seine Klassifizierung in Anlehnung an das neunstufige Gesinnungssystem des Rollenspiels *Dungeons & Dragons* traf, also einer ausgedachten Organisationslehre, fiel kaum einem auf.

Umso bedauerlicher für die Lennisters, dass Enkel Joffrey nicht aus niederen Motiven – wie Rache für den Tod der Starks – sein Leben lassen muss, sondern aus politischen. Joffrey steht im Weg. Olenna Tyrell befindet, dass ihre Tochter Margaery (Natalie Dormer) mit einem anderen Lennister verheiratet sein sollte, einen, den sie einfacher manipulieren kann. Sie lässt ein Gift mischen.

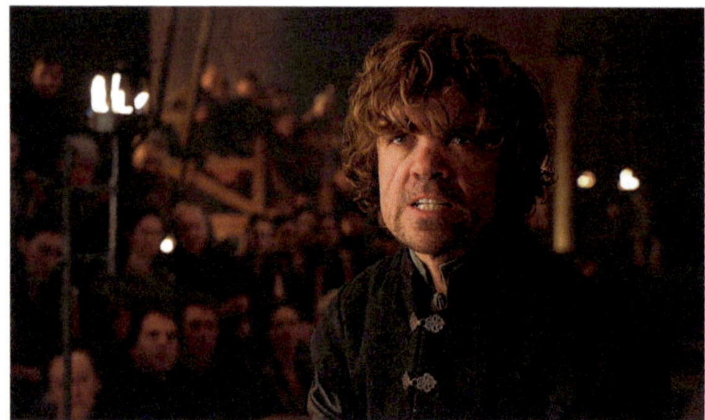

81 «Ich bin schuldig, weil ich ein Zwerg bin!», schleudert Tyrion (Peter Dinklage) dem Richter, seinem Vater Tywin, im Thronsaal von Königsmund entgegen. Er steht vor Gericht, weil er den Tod seines Neffen Joffrey in Auftrag gegeben haben soll. (GAME OF THRONES, Staffel 4 - Episode 6: «Die Gesetze von Göttern und Menschen», USA 2017)

Den Gegenpol zum pragmatischen Tywin bildet nicht sein unglückseliger Enkel Joffrey, sondern einer seiner Söhne, der zwergwüchsige Tyrion. Die Familie hasst ihn, weil seine Mutter bei seiner Geburt starb. Tyrion-Darsteller Peter Dinklage interpretiert den Gnomen, der sich zu Beginn der Geschichte in Wein und – bezahlte – Weiber flüchtet, als zunehmend verantwortungsbewussten Dramatiker. Seine Seufzer gelten aber nicht nur den Fehlern der anderen, sie klingen auch wie stille Anklagen an das Erbgut. Und doch zählt der Zwerg zu den wenigen Charakteren, deren Motivationen nicht mit Aufstieg oder Machtsicherung zu tun haben, sondern mit dem Wunsch nach einem schönen Leben. Tyrion ist auch der einzige Protagonist, dem es egal ist, ob ein Mitglied seiner Familie am Ende auf dem Eisernen Thron sitzt. Das kommt nicht gut an. Er wird vor Gericht zum Tode verurteilt, von seinem eigenen Vater. Tyrion wird – zu Unrecht – vorgeworfen, den Tod seines Neffen Joffrey arrangiert zu haben. Er wirft seinen Anklägern Menschenhass vor (Abb. 81).

Dinklage knüpfte sein Engagement an die Bedingung, dass sein Zwerg nicht wie eine «Sword and Sorcery»-Cartoonfigur auftreten müsse, also nicht wie ein tragikomischer Clown. Als einziger Schauspieler des Kollektivs erhielt er einen Golden Globe, neben den vier Emmys, die er für die Darstellung des Tyrion mit nach Hause nehmen durfte.

Bilderbuch-Bösewichte

Ab der fünften, spätestens sechsten Staffel scheinen sich die mehr oder weniger frei florierenden HBO-Autoren jedoch darauf verständigt zu haben, dass Grautöne weniger attraktiv sind als eine simple Aufteilung in Gut und Böse. Damit kehrten auch die Dichotomien in Westeros ein.

Die Showrunner kreierten einen Antagonisten, der Perversitäten in sich vereint. Ramsay Bolton (Iwan Rheon), ist Vatermörder, Brudermörder, Sklavenschänder und Vergewaltiger. Er ist für jedes Verbrechen zu haben, weil ihn vor allem Affekte antreiben. Solche Figuren sind auch leichter zu scripten als jene, die die Seiten wechseln, sich wie Jaime Lennister (Nikolaj Coster-Waldau) vom Schurken zum Anti-Helden, dann zum Helden und wieder zurück zum Anti-Helden entwickeln.

Seitenwechsel wie die von Jaime erfolgen nicht aus taktischen Gründen, sondern aus persönlichem Antrieb. Ihnen liegen tiefe Enttäuschung, nie geahnte Empathie oder unvermutete Liebesgefühle zugrunde. Indirekt ist der Lennister dafür verantwortlich, dass ein Nachkomme des Feindes auf dem Eisernen Thron landet. Es könnte Jaimes schneller Erregbarkeit geschuldet sein, dass ausgerechnet Bran Stark seinen beschwerlichen Weg zur Verwandlung in den Dreiäugigen Raben auf sich nimmt, die ihm konkurrenzlose Macht verleiht. Mit den Worten «Die Dinge, die ich für die Liebe tue» stieß Jaime den Jungen einst aus dem Turmfenster, weil der ihn heimlich beim Geschlechtsakt mit seiner Schwester Cersei beobachtete.

Jaimes verbotene Liebe zu Cersei führte also zum Mordversuch, den Bran querschnittsgelähmt überlebt. Wenig später wird Bran von seinen ersten Visionen heimgesucht, die aus ihm erst den Dreiäugigen Raben machen werden.

Mit den Jahren lernt Jaime, dass auch er nicht unverletzbar ist. Dem Lord Kommandant der Königsgarde wird seine Schwerthand abgeschlagen, und mit der linken Hand kommt er im Gefecht nicht zurecht. Jaime erlernt Respekt vor Behinderungen, und er bereut seine Tat von einst. Aber nicht, weil er damit einem Feind, dem Stark-Sohn, ungewollt zum Aufstieg verhalf. Sondern weil es ein Kind war, das er umbringen wollte. Letztlich zieht er für die Starks sogar in den Kampf, in Winterfell stellt er sich dem Nachtkönig entgegen. So wurde aus dem Bösewicht Jaime ein Anti-Held und dann ein Held. Am Ende eilt er zu seiner Schwester und Geliebten Cersei, um ihr in der Schlacht gegen Daenerys beizustehen. Dabei steht er auf niemandes Seite mehr. Jaime will einfach, dass das Blutvergießen ein Ende hat.

Diese Charakterentfaltungen unterscheiden die beziehungsreichen GAME OF THRONES-Figuren von denen des HERRN DER RINGE, die, Urbildern gleich, klar voneinander abgegrenzt sind. In Mittelerde ist man, Gollum ausgenommen, gut *oder* böse. Die kurzzeitig niederträchtigen Anwandlungen Frodos, Bilbos (Ian Holm) oder Boromirs entsprechen nicht ihren Wesen. Sie stehen dabei im Bann des Rings.

«GoT»-Figur Ramsay Bolton ist solch ein klassischer HERR DER RINGE-Unhold. Er soll offenbar Projektionsfläche für all diejenigen Zuschauer sein, die unbedingt hassen wollen. Bolton ist kein Politiker, sondern ein echtes, schlichtes, menschliches Monster, wie ihn sich jede *andere* Fantasy-Serie gönnt. Boltons Präsenz macht GAME OF THRONES weniger vertrackt und damit weniger überraschend. Für einen Twist ist Bolton nur ein einziges Mal zu haben. Er macht dem gefangen genommenen Theon Graufreud (Alfie Allen) zu Beginn seines Martyriums glauben, er stünde auf seiner Seite.

Twists, die unvorhergesehenen Wendungen innerhalb einer Geschichte, betreffen nicht nur Maskeraden wie diejenige Ramsays oder die Waffenwahl in Episoden wie «Schwarzwasser», in der Tyrion Lennister zum explosiven Seefeuer greift. In den meisten Fällen hängen Twists bei GAME OF THRONES mit gezielten Ermordungen zusammen. Der Tod Robb und Catelyn Starks war ein solches Ereignis, das die Geschehnisse der Serie neu ausrichtete. Die Hinrichtung des Patriarchen Eddard Stark (Sean Bean), platziert fast ans Ende der Auftakt-Staffel, war die erste.

Bean hatte das Top-Billing. Der HERR DER RINGE-Darsteller war bis zu seinem Serientod der prominenteste im Team. Wer die Romane nicht kannte, dachte: Der führt noch im Serien-Finale den Krieg um Westeros an. Eddard Starks öffentliche Enthauptung als Gefangener der Lennisters, einer Spontanentscheidung des aufgeputschten Möchtegern-Königs Joffrey folgend, mischte die Karten im Kampf um den Eisernen Thron neu.

Nichts deutete darauf hin, dass Stark dem Tod geweiht war. Und doch folgte sein Abschied einer nötigen Dramaturgie. Der Alte muss den Weg frei machen, damit die Kinder ihre lange Reise zur Emanzipation antreten können.

Die jähe Hinrichtung Starks sowie später die seiner Familie in der «Roten Hochzeit» waren unter den vielen Todesfällen erzählerische Höhepunkte, die GAME OF THRONES danach nicht mehr erreicht hat. George R.R. Martin brach bei der Exekution Eddards das ungeschriebene Plot-Gesetz, dass gestürzte Helden einen letzten Moment erhalten, in dem sie abschließende Worte sprechen können, für ihre Gefährten, aber auch für uns Zuschauer. Er huldigte mit dieser Entscheidung seinem Vorbild J.R.R. Tolkien. Martin liebt den *Herrn der Ringe*, und Tolkiens Umgang mit Figuren beeindruckte ihn als junger Leser. Früh im Roman dezimiert Tolkien die neun Gefährten um zwei Hauptakteure. Zum einen um Boromir (in Peter Jacksons Film, wie Eddard, auch von Sean Bean verkörpert), der aber immerhin mit seinen letzten Atemzügen eine stockende Abschiedsrede halten darf. Und, viel schockierender, um Gandalf, der von einem Dämon in einen Abgrund gerissen wird und seinen Gefährten nur drei Worte zuruft: «Flieht, ihr Narren!» Einige hundert Buchseiten später würde er von den Toten zurückkehren, aber damit war nicht zu rechnen. Dank seiner drei Vornamen mit den richtigen Anfangsbuchstaben konnte George Raymond Richard Martin sich als Hommage an Tolkien Jahre später George «R.R.» Martin nennen. Und sein eigenes Epos aufsetzen, seinen *Herr der Ringe* der Neuzeit.

Überraschungen, aber keine Twists

Auffallend ist, dass ab Staffel fünf viele der Tode, die nicht mehr der Romanvorlage Martins entsprangen, Schockwerte generierten, deren Überraschung jedoch kein Twist war. Also kein Ergebnis einer Entwicklung, die zunächst angedeutet wurde, aber unklar blieb, und die dann die Geschichte in eine neue Richtung lenken würde.

Der tödliche Katapultschuss auf den Drachen Rhaegal durch Euron Graufreud (Pilou Asbæk) ist ein Beispiel dafür. Unerwartet, aber ohne Konsequenzen für das

Verhältnis zwischen der «Drachenmutter» Daenerys und dem Mörder ihres «Kindes», dem Wikinger-Heißsporn Euron.

Oder der Tod Varys', des Beraters, der wegen seiner Kunst, Intrigen zu erkennen oder selbst zu spinnen, «Die Spinne» genannt wird. Varys wird kurz vor Schluss der Serie, vielleicht um eine «Kill Quote» zu erfüllen, aus dem Weg geräumt. Der Drache Drogon lässt Feuer auf ihn herab. Varys' Hinrichtung indes ergibt keinen Sinn, da sein Verräter, der eigentlich Verbündete Tyrion, davon nicht profitiert. Er kann die Gunst seiner Königin Daenerys nicht mehr erlangen, wird selbst inhaftiert.

Einige Bemühungen, die «Kill Quote» aufrecht zu erhalten, sind ungewollt lustig. Als Deus Ex Machina galoppiert Benjen Stark (Joseph Mawle) in ein Schlachtgetümmel, beteiligt sich am Kampf gegen die Weißen Wanderer jenseits der Mauer. Acht Episoden lang tauchte er nicht auf, aber er spielte – als einziges Familienmitglied der Starks – sowieso zu keiner Zeit eine tragende Rolle. Nun befreit er Jon Schnee aus dem Griff der Untoten, muss dafür aber sein Leben lassen. Sein Auftritt, die Rettungsaktion samt Opfertod, dauert keine drei Minuten. Benjens Opfertod jedoch erhielt kein Momentum, da er kurz zuvor nicht nur nicht präsent war, sondern sich auch keiner mehr an ihn erinnerte. Die «GoT»-Autoren haben Benjen flugs instrumentalisiert und sogleich weggeworfen. Sie hatten sich also mal wieder in eine Sackgasse geschrieben, sie wussten nicht, wie sie Jon ohne fremde Hilfe aus einer Action-Szene herausbekommen. Deshalb bedienten sie sich einer Figur, die zur Verfügung stand, weil eh keiner wusste, was sie gerade treibt.

Die Bedeutung eines Charakters definiert sich gewiss nicht über die Dauer seiner Anwesenheit. Umso mehr aber über sein Potenzial, allgegenwärtig zu sein. Ob wir ihn also auch dann im Sinn behalten, wenn er lange Zeit nicht zu sehen ist. Sauron aus dem HERRN DER RINGE ist so gut wie nie zu sehen und dennoch omnipräsent. Der schwermütige Jon Schnee, so trist sein Alltag auf der kalten, zugefrorenen Mauer auch sein kann, begleitet uns in Gedanken auch dann noch, wenn Daenerys Targaryen in der Wüstenstadt Quarth verzweifelt nach ihren Drachenbabys sucht. Aber Benjen? Wer war Benjen nochmal?

Nach der Story-Übernahme durch Benioff und Weiss sterben exakt diejenigen Charaktere, deren Tod als sicher gelten konnte, gerade dann, wenn sie für lange Zeit nicht auf der Bildfläche erschienen und plötzlich reaktiviert wurden. Die Helden wiederum entkommen immer wieder den brenzligsten Situationen, was *IGN* den Begriff «plot armour» erfinden ließ. Ein unerklärlicher Schutzschild für bedrängte Figuren, sobald die Handlung es erfordert. «Die Tage des ‹jeder kann sterben› sind vorüber. Es war mal so, dass in dieser Show (weil es natürlich auch im Buch so war) jede Figur getötet werden konnte, unabhängig davon, ob es für sie einen vorgezeichneten Weg gab. Jetzt sieht die Sache mehr nach traditionellem Fernsehen aus.»[5]

---

5 IGN, bit.ly/2ZJvPTB (30.06.2021).

Denn die Klasse von GAME OF THRONES besteht eben nicht darin, dass ein Name nach dem nächsten von der Liste der Lebenden gestrichen wird, nur um uns zu schockieren. Sondern darin, dass die wichtigsten Helden von uns gehen, und zwar dann, wenn wir es am wenigsten erwarten.

Zwei «GoT»-Romane stehen noch aus. Ob George R. R. Martin etwas tut, was die Serienmacher sich nicht zutrauten? Er könnte, nein er sollte Tyrion Lennister hinrichten lassen. Tyrion ist ein guter Mensch, er will den Frieden. Und Martin tötet gute Menschen: Eddard, Catelyn, Robb.

«Chaos ist eine Leiter...»

Die Politik von Westeros und die daraus resultierenden Attentate auf Mitglieder verfeindeter Königshäuser machen den entscheidenden Reiz von GAME OF THRONES aus. «Man braucht keine Allianzen mit Leuten schmieden, denen man vertraut», sagt Tywin Lennister. Mit ähnlicher Raffinesse geht Petyr Baelish vor. Der auch Kleinfinger genannte Lord ist ein Schatzmeister, der ständig seine Seiten wechselt, ohne dass jemand wissen könnte, wo er steht. Für den Meister der Manipulation sind Menschen keine Partner, sondern Investitionen.

Sein berühmtestes Zitat lautet «Chaos ist keine Grube. Chaos ist eine Leiter. Viele, die an ihr hochwollen, versagen und probieren es nie wieder. Sie klammern sich an ihr Reich, an die Götter oder an Liebe – an Illusionen. Nur die Leiter ist echt. Und es gibt nur den Aufstieg, mehr nicht.»

In diesen Worten kommt auch die Überzeugung zum Ausdruck, dass nicht die Götter in jenem Mittelalter die Geschicke lenken, sondern der aufgeklärte Mensch. In GAME OF THRONES gibt es Götter, aber sie werden selten um Beistand gebeten. Es wird kein Teufel im Jenseits vermutet. Es gibt also auch kein dichotomes Glaubenssystem, an das man sich festhalten könnte. Die «rote Priesterin» Melisandre glaubt an den «Herrn des Lichts», der im weit entfernten Kontinent Essos verehrt wird. In Westeros dagegen wird Melisandre als Schamanin gleichermaßen verachtet wie gefürchtet. Niemand versteht ihre Religion.

Unter Fantasy-Fans ist es im wahrsten Sinne des Wortes eine Glaubensfrage, ob Götter einer Erzählung guttun oder nicht. David Benioff strich sie in seiner Ilias-Umsetzung TROJA (2004), die ihn als Drehbuchautor berühmt machte, aus der Geschichte. Die meisten Fantasy-Helden jedoch glauben an den Herrn im Himmel. Selbst der Nihilist Conan betet schlussendlich zu Crom, versucht sich an einem wütenden Gespräch auf Augenhöhe mit dem unsichtbaren Schöpfer, bevor er sich in Hoffnung auf seinen Schutz ins Gefecht stürzt. In LEGENDE tritt die Prinzessin mit dem Herrn der Finsternis, also Satan selbst, in einen Dialog. Im Finale von John Boormans EXCALIBUR wird der verletzte Artus per Schiff, eskortiert von drei Engeln, auf die Insel Avalon gebracht, in die Überwelt. Dort werden, in einem himmlischen Lazarett für königliche Auserwählte, seine Wunden geheilt.

Jon Schnee macht eine andere Erfahrung mit dem, was nach dem Tod kommt. Seine Gefährten von der Nachtwache erdolchten den unliebsamen Anführer. Melisandre holt ihn ins Leben zurück. Er sagt, auf seine Erfahrungen auf der anderen Seite angesprochen: «Nichts. Da war überhaupt nichts.» Nur Schwärze.

Jons Bericht ist beunruhigend. Er negiert eine für alle Fantasy-Welten und ihrer Helden geltende Grundannahme, von der Artussage über CONAN bis zum HERRN DER RINGE. Dass sie nach einem Leben in einer erbarmungslosen Welt mit einem Dasein im Paradies belohnt würden.

Hinter unserem Drang zum Eskapismus, der uns zu Fantasy-Fans macht, steckt dieselbe Hoffnung. Dass es mehr gibt als nur das Jetzt. Ein Weiterleben nach dem Tod.

Olenna und Daenerys: zwei Frauen von GAME OF THRONES

Truppenstärke und Reichtum haben die Starks bei der «Roten Hochzeit» nicht retten können. «Wenn Kriege Arithmetik wären, würden Mathematiker die Welt beherrschen», sagt Petyr Baelish.

Die Ausgänge von Schlachten lassen sich nicht vorhersagen. Stannis Baratheon (Stephen Dillane) verliert einen Großteil seiner Flotte, weil Tyrion Lennister von nur einem einzigen Mann das Meer in Brand setzen lässt. Die Sekte der barfüßigen «Spatzen» kontrolliert ohne Waffen Königsmund, obwohl es die Stadt der Lennisters und derer Soldaten ist.

Tywin Lennister ist ein glänzender Politiker, Petyr Baelish auch, und Lady Olenna Tyrell nicht minder. Die alte Matriarchin bietet eine Gegenperspektive zu den Machtkämpfen der Männer. Tyrell zieht nicht in die Schlacht, sie bevorzugt eine Mischung aus langem Atem und Antizipationsvermögen. «Ich kannte so viele große, schlaue Männer», sagt sie. «Ich habe sie alle überdauert. Ich habe sie einfach ignoriert.»

Tyrell hält wenig von den klangvollen Titeln der Königshäuser, entlarvt sie als Maskerade, zerpflückt sie einen nach den anderen, vor allem ihren eigenen. «‹Kräftig wachsen› Ha! Das langweiligste Motto aller Häuser. ‹Der Winter naht›! Das ist einprägsam. ‹Wir säen nicht›! Stark, stark, vor solchen Häusern nimmt man sich in Acht. Schreckliche Wölfe und Kraken, fürchterliche Kreaturen. Aber eine goldene Rose, die kräftig wächst? Oh ja, die macht richtig Angst.» Aufgrund ihres hohen Alters kann sie nur bedingt ins Geschehen eingreifen, allerdings ist Tyrell im «Spiel um die Throne» mehr als nur eine sarkastische Kommentatorin. Sie schmiedet nicht nur die entscheidenden Heirats-, sondern auch entscheidende Mordpläne.

Aber die verblüffendste Entwicklung durchläuft eben jene Frau, der Olenna sich am nächsten fühlt. Der einzige Charakter sogar, der nicht nur eine unvorhersehbare, sondern auch verheerende Entfaltung vollzieht: Daenerys Targaryen.

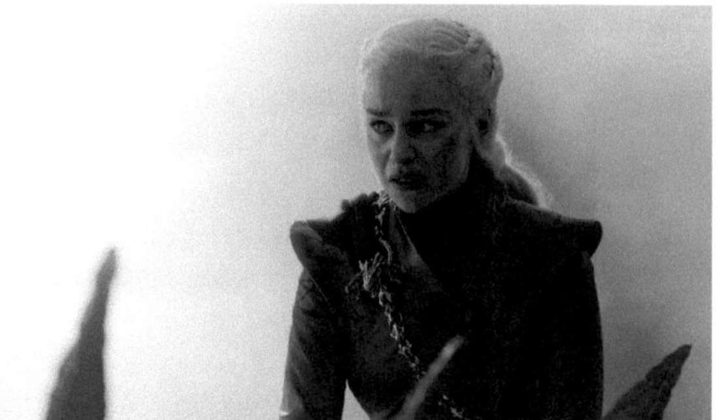

82 Die Armee der Lennisters hat sich ergeben, deshalb ertönen die Kirchenglocken. Aber Daenerys (Emilia Clarke) erkennt das verbindliche Friedenszeichen nicht an. Auf ihrem Drachen Drogon sitzend lässt sie Königsmund in Flammen aufgehen. (GAME OF THRONES, Staffel 8 – Episode 5: «Die Glocken», USA 2019)

Verliert Daenerys den Verstand wie ihr Vater Aerys, der «irre König», der seine Nation ins Verderben zu führen drohte? Auf jeden Fall verliert sie aus den Augen, was das Beste ist für all jene Völker, die sie von einer Fremdherrschaft befreien will.

Die Episode «Die Glocken», die vorletzte der finalen achten Staffel, gilt nicht als beste von GAME OF THRONES. Aber sie wurde zur meistdiskutierten. In Königsmund angekommen, ignoriert Daenerys Kapitulationszeichen, bläst auf ihrem Drachen Drogon zum Angriff auf Cersei und legt die Stadt in Schutt und Asche (Abb. 82).

Die Feuersbrunst vernichtet nicht nur die gegnerischen Einheiten. Es sterben auch die Einwohner. Frauen, Männer, Kinder. Daenerys befiehlt es ihrem Drachen. Die Khaleesi, einst Erretterin versklavter Völker, die, Alexander dem Großen gleich, befreite Menschen nicht mitziehen, sondern eine eigene Kultur an Ort und Stelle gründen ließ, ist anscheinend zu einer Faschistin geworden, die über das Leben aller entscheidet und zwischen Streitmacht und Bevölkerung nicht mehr unterscheidet.

Was sich wie eine Fake News liest, stimmt wirklich: Eltern aus aller Welt, die ihre Tochter nach der gerechten, rebellischen Thron-Anwärterin Daenerys tauften, jene, wie sie über Jahre auf dem Bildschirm zu sehen war, tobten nun. Wie sollen sie ihren Mädchen später erklären, dass man sie nach einer Massenmörderin benannte?

Tatsächlich ist «Die Glocken» die einzige herausragende Episode der letzten Season. Aufregend wie die Frage, ob Daenerys wie ihr Vater wahnsinnig geworden sein könnte, ist der Aspekt der Widerspruchsfreiheit ihres Feldzugs.

Kritiker im Streit über GAME OF THRONES

Ist Daenerys wirklich eine Faschistin? Oder könnte es eine gute Begründung für ihr Tun geben? Darüber entbrannten feuilletonistische, gar philosophische Debatten, wie es sie zuvor und seitdem zu keiner Fernsehserie gegeben hat. Daenerys'

Berater Varys, die «Spinne», musste die Auslöschung einer ganzen Stadt und ihrer Bewohner nicht mehr miterleben. Aber auch er sah die Gefahr, dass sich seine Königin auf direktem Weg zu einer Tyrannei befindet: «Zerstöre nicht die Stadt, die du retten willst», warnte er sie. «Werde nicht zu dem, was du eigentlich immer besiegen wolltest.»

Die meisten Kritiker zeigten kein Verständnis für Daenerys' Entwicklung, deren angeblich mangelnde Glaubwürdigkeit sie auch auf eine abschließende Staffel zurückführten, in denen vieles übereilt schien. «Über so lange Zeit wurde Daenerys als Anführerin präsentiert, die die Erfahrung hatte machen müssen, wie Eigentum eines anderen behandelt zu werden. Als jemand, der Sklaverei verabscheut und reine Gewalt geschmacklos findet», schrieb *Atlantic*. «Sehr leicht hätte GAME OF THRONES die entsetzliche Realität ihres Kampfes um Westeros schildern können, ohne die Entscheidung, ob sie Unschuldige massakrieren will, direkt auf ihren Schultern lasten zu lassen.» Entscheidend ist das Urteil über Daenerys' Wesen: «Stattdessen endete ‹Die Glocken› mit einer Darstellung, die aus einem der entscheidenden Handlungsstränge einen Gefühlsausbruch einer müden, einsamen, paranoiden jungen Frau machte.»[6]

Diese misogyne Interpretation der Drachenmutter bestätigt sich auch in der kontrastierenden Deutung der Natur ihres Alliierten und Geliebten, Jon Schnee: «Diese Entscheidung deutete armselig auf das Finale hin, da Jon als Daenerys' Gegenspieler präsentiert wird, der an Würde und Moral festhält, als die Invasionstruppen seiner Königin die Stadt plündern und Zivilisten töten.»

Die Rezension ist stellvertretend für viele andere, in denen Daenerys' mörderisches Treiben als unkluges Ergebnis einer stürmischen Weiblichkeit dargelegt wird. Ein Frau-Sein, dem im Zustand höchster Erregung die Fähigkeit zur Planung, überhaupt zum Nachdenken unmöglich wird.

Dass die Regentin zwangsläufig manisch geworden ist, wie zuvor ihr Vater, der «irre König», die Krankheit also auch in ihren Genen liegen könnte, scheint für viele Kritiker ausgeschlossen. Im Englischen spricht man klangvoll von «nature vs. nurture», also der Frage, ob ihr das Schicksal in die Wiege gelegt, es eine angeborene Tendenz ist, oder Daenerys schlicht falsche Wege beschritt. Vergleiche zu Anakin Skywalker aus STAR WARS hinken nicht. Im Jedi konfligiert eine von Geburt an hohe magische Kraft («Midi-Chlorianer») mit jahrelang genährter neurotischer Wut. Gefördert, oder eher: ausgenutzt wird dies aber vom falschen Ziehvater.

Oberbefehlshaberin Daenerys hat sich jedoch, im Gegensatz zu sämtlichen anderen Regenten, Cersei Lennister, Ramsay Bolton, Stannis Baratheon oder Robb Stark, keine strategische Niederlage geleistet. Auch nicht mit dem Überfall auf Königsmund. Die «Khaleesi» fällt auch nicht im Krieg, und die Verluste unter ihren Armeen halten sich in Grenzen. Niemand anderes führte ein Heer aus derart verschiedenstämmigen Soldaten über eine so weite Strecke über den Kontinent.

---

6 *Atlantic*, bit.ly/32yrMLB (30.06.2021).

Dass Daenerys am Ende einen fatalen Fehler begeht, indem sie einen Feind in ihren eigenen Reihen nicht kommen sieht, hängt nicht mit ihrer Geschlechtszugehörigkeit zusammen.

Bitter ist dennoch der Beigeschmack, den ihr Triumph über Cersei mit sich bringt. Auch Revolutionsführerinnen wie Daenerys lassen sich korrumpieren, und eine Diktatur wird durch eine andere ersetzt.

Hat Daenerys ihren Tod verdient?

Natürlich ist in der Targaryen ein Faden gerissen, als kurz vor dem Angriff auf Königsmund ihre Vertrauensperson, die Dolmetscherin Missandei (Nathalie Emmanuel), durch einen Handlanger Cerseis enthauptet wird. Wer jedoch davon ausgeht, Daenerys führte von da an einen persönlichen Rachefeldzug gegen die Lennister-Königin, unterstellt der jungen Frau nur ein weiteres Mal, sie sei als Taktikerin aufgrund ihrer Emotionalität ungeeignet.

Aber es gibt auch Stimmen, die ihre Wandlung zur «Mad Queen» nachvollziehen können. Eine gehört Stephen King. Auf Twitter schrieb der Autor: «Ich habe diese Staffel von GoT geliebt, auch, wie Dani über Königsmund hergefallen ist. Es gab viel Negativität über den Abschluss, aber ich denke, das passierte, weil die Leute GAR KEINE Art von Ende haben wollen. Wie heißt es noch: ‹Alle guten Dinge müssen irgendwann …› »[7] Er glaubt also, dass die Fans sich sowieso aufgeregt hätten, da es ihnen nicht recht zu machen sei.

Verständnis für Daenerys, die er als «progressive Bonapartistin» bezeichnet, zeigt auch Slavoj Žižek. Allerdings greift der Philosoph in seinem Essay die GAME OF THRONES-Autoren an, weil sie für die Charakterisierung Daenerys' ein antifeministisches Motiv Richard Wagners aufgegriffen hätten. Die Drachenmutter als Frau, die in der Politik nichts verloren habe, weil sie auch im Machtstreben nur Bestätigung in der Liebe suche: «Im Gegensatz zur männlichen Ambition will die Frau Macht, um ihre eigenen schmalen Familieninteressen zu fördern, oder, schlimmer, ihre persönlichen Launen, unfähig die grundlegende Dimension von Landespolitik zu verstehen. Dieselbe Feminität, die sich im engen Familienleben als beschützende Liebe äußert – und sich als obszöne Raserei äußert, sobald es um Staatsangelegenheiten geht.»[8]

Wie Žižek allerdings korrekt hervorhebt, ist Daenerys' Armee die der Diversität. Nicht nur, weil sie die dothrakischen Reiter aus dem Osten anführt. «Grauer Wurm» (Jacob Anderson), ihr General, ist dunkelhäutig, wie auch alle Soldaten ihrer wichtigsten Division, die der «Unbefleckten», der Ex-Sklaven. Die Unbefleckten sind zudem Eunuchen, gehören also auch in ihrer Geschlechtsidentität einer Minderheit an.

---

7 *Twitter*, bit.ly/3c2AeG7 (30.06.2021).
8 *The Independent*, bit.ly/3hAwdtx (30.06.2021).

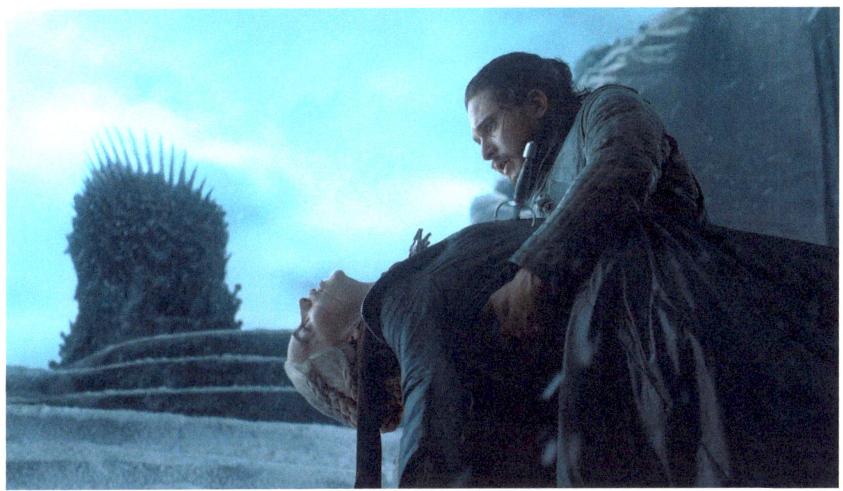

83 «Du bist meine Königin. Jetzt und für immer», sagt Jon Schnee (Kit Harington), bevor er seine Geliebte Daenerys (Emilia Clarke) nach seinem Kuss ersticht. Er liebt sie, aber er will verhindern, dass sich ihre Diktatur verfestigt. Zuvor hatte sie sich zur Herrscherin über die Sieben Königslande erklärt. (GAME OF THRONES, Staffel 8 – Episode 6: «Der Eiserne Thron», USA 2019)

Einst förderte die Khaleesi Freiheit und Inklusion. Dann greift sie nicht mehr nur den Feind, sondern auch diejenigen an, die nicht an ihre Herrschaft glauben. Wer nicht für sie ist, ist gegen sie.

Am Ende aber gewinnen wieder die Nordmänner der Starks. Und Jon Schnee ersticht Daenerys, die Frau, die er liebt, weil sie nicht Tyrannin sein, sich also nicht selbstverwirklichen darf (Abb. 83).

Mit Bran und dessen Schwester Sansa, die Winterfell nicht aufgeben will, gewinnen sogar gleich zwei Starks. Bran nimmt Platz auf dem Eisernen Thron, seine Schwester bildlich auf der Sitzlehne. Er wird Herrscher über sechs Königreiche, sie über eines. Der jüngste Stark-Spross, zum Orakel Dreiäugiger Rabe geworden, ist an Macht aber nicht interessiert. Er muss die Welt im Gleichgewicht halten, der neue Frieden innerhalb der Königreiche wird instabil sein.

Die Unbefleckten um Grauer Wurm werden nach dem Tod Daenerys' sogar ein zweites Mal bestraft, denn was die Serie nicht erzählt, steht in den Büchern George R. R. Martins. Sie reisen zur Insel Naath, wo Missandei geboren wurde, die ermordete Geliebte des Generals. Sie wollen Frieden finden. Dort angekommen, würden jedoch die Schmetterlinge des Eilands über sie herfallen, ein Stich ist tödlich. Man möchte fast Mitleid haben mit Wurm-Darsteller Anderson, der anscheinend kein Bücherwurm ist. Angesprochen auf die Perspektiven seiner Figur malte er sich eine andere Zukunft aus. Der Krieger sitze am Strand von Naath und schlürfe Piña Coladas.

Die Abwägungen und Erörterungen, Zustimmungen und Ablehnungen von Star-Schreibern wie Stephen King oder Feuilleton-Philosophen wie Slavoj Žižek, beschreiben eine Kulturbedeutung der Fantasy, die zu früheren Zeiten undenkbar gewesen wäre.

Nicht nur, weil das Lob aufs Genre per se peinlich wäre. Nicht nur wegen des F-Worts, das so lange in Hollywood vermieden wurde. Kulturschaffende und ihre Kritiker haben erkannt, dass auch «Sword and Sorcery» gesellschaftspolitische Diskussionen in Gang setzen kann.

Nicht zuletzt erhält das Genre größere Aufmerksamkeit, weil erst in diesem Jahrtausend mit immer größeren Budgets an den Umsetzungen vielschichtiger Stoffe gearbeitet werden konnte. Ab 2001 zunächst nur fürs Kino, wie für HARRY POTTER und DER HERR DER RINGE. Zehn Jahre später, ab 2011, dann also fürs Fernsehen mit GAME OF THRONES.

Die Bücher von *Game of Thrones* und ihre Umsetzungen als Fernsehserien

15 Jahre vergingen seit Veröffentlichung des ersten Bands vom *Lied von Eis und Feuer*, bis 2011 die erste Episode auf HBO ausgestrahlt wurde, auf die 72 weitere folgen würden – sowie 59 Emmys, mehr Auszeichnungen, als bis heute jede andere Drama-Reihe erhalten hat. Darunter viermal den Hauptpreis für die «Beste Drama-Serie». Denn auch als das darf Fantasy heute gelten: als Drama. Die Königs-Kategorie des Schauspiels.

Zu den weiteren Bestmarken zählen die größte Summe an Einzel-Emmys für eine Folge («Die Schlacht der Bastarde», sechs Preise) sowie Trivia wie die höchste Anzahl jemals in einem Film oder einer Serie in Brand gesetzter Stuntleute (73). GAME OF THRONES vereint einige Topleistungen.

Auf sein Vermächtnis angesprochen, erzählt George R. R. Martin von einer Hoffnung: «dass sich ‹Fantasy für Erwachsene› als Genre im Fernsehen etabliert.» Adult Fantasy ist eine Sparte, die 2011 kaum einer kannte. Es gab sie im TV nicht.

Martin zieht den Vergleich zu Fernsehserien über Polizisten und Rechtsanwälte, Formate, in deren Titeln gewohnheitsmäßig «Cops» oder «Law» vorkommt. Es gebe davon zwar nicht nur gute, sondern auch schlechte. Aber zumindest immer wieder neue.

David Benioff und D. B. Weiss gingen 2006, also fünf Jahre bevor GAME OF THRONES seine TV-Premiere feierte, mit George R. R. Martin in Verhandlungen. Es muss lustig ausgesehen haben, wie die Jung-Autoren den Schriftsteller zum ersten Gespräch in einem Café trafen. Martin, gedrungen, grauer Vollbart und nie ohne seine Schiffermannsmütze zu sehen, klopfte die beiden zunächst zu ihrem Wissen über seine Romane ab.

Er stellte die denkbar härteste Frage: Wer war wirklich Jon Schnees Vater? Die Theorien Benioffs und Weiss' erfreuten ihn. Sein Vertrauen in ihre Fähigkeiten war geweckt.

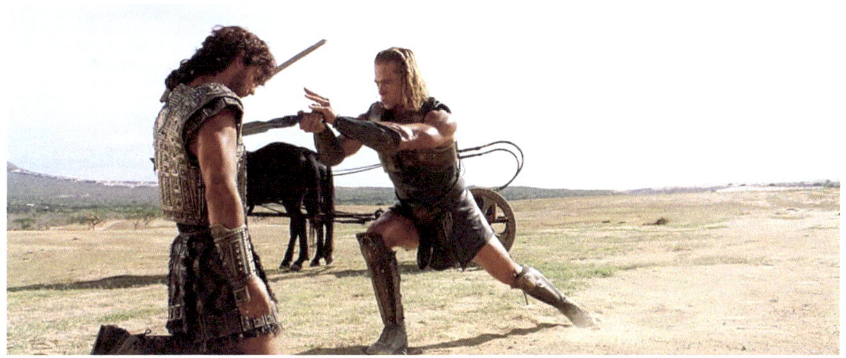

84 Achilles (Brad Pitt) tötet Hektor (Eric Bana) vor den Toren Trojas, er rammt ihm sein Schwert in die Brust. Er hatte den Heerführer und Thronfolger Priamos' zum Duell herausgefordert, nachdem der dessen Vetter Patroklos im Gefecht besiegte. (TROJA, USA/M/GB 2004)

Der zähe Anfang von GAME OF THRONES

D.B. Weiss feierte mit GAME OF THRONES seinen Einstand als Drehbuchautor. David Benioff, geboren als David Friedman, war bereits etabliert. 2001 erschien sein Debütroman *Die 25. Stunde*, den Spike Lee verfilmen würde.

Seine Feuertaufe war die beachtliche Adaption der *Ilias* nach Homer, sein Script zu Wolfgang Petersens nicht minder beachtlichem Film TROJA von 2004.

Das verblüffend schlecht rezipierte Opus war in mancherlei Hinsicht ein Vorgänger von GAME OF THRONES. Benioff ist fasziniert von Stoffen mit mangelnder Trennschärfe zwischen Protagonisten und Antagonisten. Er muss Parallelen erkannt haben zwischen den gegeneinander in den Krieg ziehenden Dynastien Trojas und Spartas und denen der Starks und Lennisters. Auf beiden Seiten gibt es aufrechte wie schlechte Menschen. Es gibt Menschen, die beides gleichzeitig sein können. Ebenso Menschen, die böse sind, und dann gut werden, und umgekehrt. Die Grautöne. Achilles und Odysseus gegen Hektor und Paris, also Brad Pitt und Sean Bean (wieder Bean!) gegen Eric Bana und Orlando Bloom. Wer soll siegen? Das ist so hart zu beurteilen wie der Kampf von Jaime und Tyrion Lennister gegen Robb und Catelyn Stark. Es fällt schwer, Partei zu ergreifen, weil wir mit beiden Seiten mitfühlen und beide nicht aus niederen Motiven den Sieg anstreben. Der Tod Hektors (Eric Bana) ist traurig, aber wir empfinden auch Mitleid mit Achilles (Brad Pitt), der dadurch nur seinen Vetter rächt (Abb. 84).

George R.R. Martin wusste, sein Stoff wäre bei Benioff und Weiss in guten Händen. Es gab auch einen nüchternen Grund dafür, den beiden Autoren mit ihrer Idee einer Fernsehumsetzung zu vertrauen. Angebote anderer Interessenten, aus seinen Epen einen Kinofilm zu machen, hatte er ausgeschlagen. Er war begeistert von der Tatsache, dass Peter Jackson seinen HERRN DER RINGE als dreimal dreistündige Filme durchboxte. Er verwies aber darauf, dass allein eines seiner bisher fertigen fünf Bücher schon den Umfang eines Tolkien-Romans habe.

Außerdem befürchtete Martin, dass ein Kinofilm nicht das volle Ausmaß der von ihm geschilderten Sex- und Gewaltszenen abbilden könnte, da Werke für die große Leinwand eine Altersbewertung durchlaufen müssen. Die meisten Produzenten kämpfen für eine Freigabe für jüngere Altersklassen, damit mehr Zuschauer in die Säle strömen.

Schon 2008 gab HBO grünes Licht für eine Pilotfolge, die im Jahr darauf gedreht wurde. Ein Test-Screening unter befreundeten Drehbuchautoren wie John August und Craig Mazin geriet für Benioff und Weiss zur Katastrophe. Angeblich wurden danach 90 Prozent des Materials neu gedreht. Wichtige Rollen, wie die der Catelyn Stark, wurden neu besetzt.

«Zu beobachten, wie sie die Original-Pilotfolge ansahen, war eine der schmerzhaftesten Erfahrungen meines Lebens», sagte Weiss. «Als es vorbei war, sagte Craig (Mazin): ‹Ihr habt ein gehöriges Problem›.»

Die größte Enttäuschung, notierte Benioff, war die mangelnde Eindeutigkeit der Figurenbeziehungen. «Keiner unserer Freunde realisierte, dass Jaime und Cersei Bruder und Schwester waren, was ein wichtiger, wichtiger Aspekt der Handlung war, und den wir irgendwie nicht herauszustellen vermochten.»[9]

Ein Roman wie ein Drehbuch

Dabei war die Vorlage wie geschaffen für eine filmische Umsetzung. Martin kann wie ein Drehbuchautor schreiben, er arbeitete über Jahrzehnte in diesem Metier, unter anderem für TWILIGHT ZONE. Er formuliert eher handlungsorientiert als introspektiv, Gedanken seiner Figuren breiten sich selten über mehr als eine Seite aus.

Eine Schlüsselszene hat er so verfasst, als stammte sie aus einem GAME OF THRONES-Skript, da war an die TV-Serie noch nicht zu denken. Bei der Hinrichtung Eddard Starks während des Lennister-Tribunals sieht seine Tochter Arya zu, versteckt in der Menge. Man erlebt die Exekution des Vaters aus ihrer Sicht, aber nicht mit Fokus auf das, was sich auf der Tribüne abspielt, sondern mit Blick auf ihr Gesicht. Es wird die Motivation, den Mord zu rächen, greifbarer machen. Die Serie zeigt den Akt der Enthauptung nicht, und auch Martin genügt die Beschreibung von Henker und Waffe. Eddard wird geköpft, obwohl er ein – falsches – Geständnis abgelegt und sich bereit erklärt hat, lebenslangen Strafdienst in der Nachtwache des Nordens zu leisten. Seine Exekution markiert einen klaren Bruch diplomatischer Regeln (Abb. 85).

---

9 *Vanity Fair*, bit.ly/34aacgt (30.06.2021).

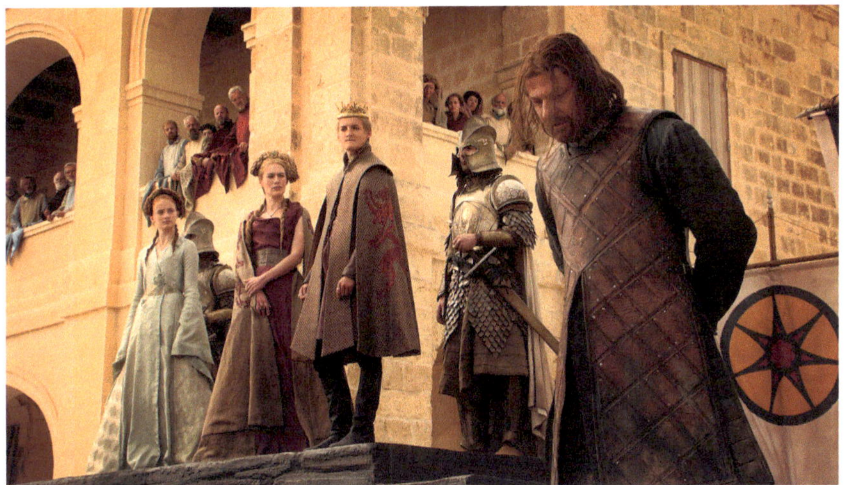

85 Eddard Stark (Sean Bean, r.) wird von Joffrey Lennister (Jack Gleeson, Mitte) im Tribunal an der Großen Septe von Baelor zum Tode verurteilt. Seine Familie und die königlichen Berater können den König nicht davon abhalten, diesen Bruch der politischen Beziehungen zu begehen. Stark hatte zuvor sein - falsches - Geständnis abgelegt, Joffrey ermordet haben zu wollen. (GAME OF THRONES, Staffel 1 - Episode 9: «Baelor», USA 2011)

Aber es geht bei Martins cineastischer Sprache auch nicht darum, vor unserem inneren Auge einen Kopf das Schafott herunterrollen zu lassen. Auch nicht um eine «haben sie ihn wirklich getötet?»-Spannung. Der Fokus auf die Tochter verdeutlicht eine Leitlinie. Nach dem Tod eines Regenten zählt nur noch die Frage: Was macht die Erbin, hier Arya, sofort daraus, wie sichert sie ihr Überleben?

In den Büchern sind die Nachkommen, wie wir schon im 1. Kapitel mit Blick auf das Young-Adult-Genre beleuchtet haben, deutlich jünger als in der Serie. Sansa und Daenerys sind 13, Robb und Jon 14 Jahre alt. Sie werden behandelt wie junge Erwachsene. Das ist auch konsequent, gab es im Mittelalter doch ein Konzept der Jugend, der Jugendlichkeit noch nicht. Menschen waren Kinder – oder sie waren schon erwachsen. Und die Romanfiguren wurden schnell erwachsen. Für HBO war die Darstellung von (sexueller) Gewalt gegen Kinder oder Teenager jedoch ausgeschlossen. Es wurde nach älteren Schauspielern gesucht.

An Young-Adult-Literatur ist George R. R. Martin nicht interessiert. Seine Sex- und Gewaltdarstellungen sind zu explizit für junge Leser, und er will sich nicht für sie verbiegen. An Konzepte wie «Zielgruppe» denkt er wohl auch nicht. Sein Werk wurde in den 1990er-Jahren jedenfalls nicht bei Teenagern beworben, sondern bei der damals klassischen Fantasy-Leserschaft: männlichen Erwachsenen. Die Serie aber konnte nur deshalb ein phänomenaler Erfolg werden, weil sie beide Geschlechter und alle Altersgruppen erreicht.

Fünf Serien

Noch vor dem Ende von GAME OF THRONES wurde beschlossen, dass die Saga fürs Fernsehen weitererzählt werden soll. HBO gab die «Entwicklung» von gleich fünf Serien in Auftrag.

«In development»-Statusnachrichten verbreiten sich rasend schnell, sind aber mit Vorsicht zu genießen. Weil dieser Status auch implizieren kann, dass viel entwickelt, aber gar nichts umgesetzt wird.

Dass HBO GAME OF THRONES auswringen will, steht außer Frage. Jeder Versuch, mit anderen originären Stoffen den Erfolg der Serie zu wiederholen, schlug bislang fehl. Die finale «GoT»-Episode, «Der Eiserne Thron», erreichte allein in den USA, inklusive Wiederholung und Streaming-Zugriffe, 19,3 Millionen Zuschauer. Das war nicht nur ein Rekord für GAME OF THRONES, das ist mehr, als je eine Folge einer anderen HBO-Serie erzielte.[10]

2021 beinhaltete das Programm des Kabelfernsehsenders drei mehr oder weniger Fantasy-orientierte Formate. Zwei davon, LOVECRAFT COUNTRY und HIS DARK MATERIALS (der zweite Versuch nach dem gescheiterten Film von 2007), wurden mit Wohlwollen aufgenommen, entwickelten sich aber nicht zu Quotenhits; ein knappes Jahr nach der Premiere von LOVECRAFT COUNTRY gab HBO bekannt, dass es mit ihnen keinen zweite Staffel der Serie geben wird. Die dritte, WESTWORLD, wird geschätzt, und ihre Rätsel füllen etliche «Explained!»-Threads auf Reddit, man kann also gut mir ihr als Lieblingsserie angeben. Geliebt aber wird sie nicht, denn in Wirklichkeit versteht sie kein Mensch (also mal ehrlich jetzt). Fest steht, dass es auf HBO ab 2022 eine DUNE-Serie mit dem Namen THE SISTERHOOD geben wird, die die Geschehnisse rund um Arrakis aus einem neuen Blickwinkel betrachtet. Nicht aus Sicht des Helden Paul Atreides, sondern aus Sicht der Bene-Gesserit-Schwesternschaft. Produziert wird sie vom Regisseur des neuen DUNE-Films, Denis Villeneuve.

Die neuen GAME OF THRONES-Formate würden, chronologisch betrachtet, Vorgänger-Geschichten sein, also Prequels, obwohl Martin lieber von «Successor Series», «Nachfolge-Serien» spricht. Keiner der «GoT»-Darsteller wird in die Formate involviert sein.[11]

Die «Successor Series» beschreiben eine Parallele zu STAR WARS und DER HERR DER RINGE. Auch diese Fantasy-Universen wurden beziehungsweise werden mit Prequels fortgesetzt. Es scheint wieder mal einfacher zu sein, dem immensen Erfolg einer Geschichte mit einem «Wie es wurde, was es ist» zu begegnen, als erzählerisch komplett Neuland zu betreten.

Das war 2019. Und schon ein Jahr nach Bekanntgabe des Fünfer-Packs waren nur noch zwei «Successor»-Serien übrig.

---

10 *TV By The Numbers*, bit.ly/bit.ly/3tSvJWF (30.06.2021)
11 *Entertainment Weekly*, bit.ly/3ce2VzR (30.06.2021).

«Bloodmoon» datierte auf das «Zeitalter der Helden», 10 000 Jahre vor den Ereignissen von GAME OF THRONES. Die Geschichte sollte die Gründung verschiedener Königshäuser sowie die erste «Lange Nacht» behandeln, in der die Weißen Wanderer in Westeros einmarschieren.

«Bloodmoon» kam nie über eine Testfolge hinaus, was aus zwei Gründen auffallend ist. Zum einen, weil mit Naomi Watts ein Star in der Hauptrolle engagiert wurde, der nun nicht mehr beschaftigt war und öffentlich die Segel streichen musste. Solche unangenehmen Offenbarungen dringen so gut wie nie nach außen. Anscheinend gab es nach Bekanntgabe ihres Engagements lange Zeit Grund zur Annahme, dass «Bloodmoon» in Serie gehen würde. Erst im Dezember 2020 äußerte sich eine «am Boden zerstörte» Watts zur Absage: «Ich war kein großer Fan und kannte die Serie (*GAME OF THRONES*) auch nicht – bis ich engagiert wurde. Dann sah ich mir alles innerhalb weniger Monate an, und ich fand es einfach wundervoll. Es ist eine Schande, es wäre ein großer Spaß geworden. Aber ich fürchte, ich darf nichts zur Serie sagen.»[12]

Zweitens ist die Absage beachtenswert, hätte die schlechte Erfahrung aus dem ersten Test-Screening von GAME OF THRONES doch Vorbild für eine Überarbeitung sein können, die «Bloodmoon» auf Kurs bringt. Die «GoT»-Probefolge galt schließlich auch als Fehlschlag, aber sie wurde nicht aufgegeben. Und eine missratene Test-Episode bedeutet nicht, dass eine ganze Staffel nicht funktionieren würde.

Dafür wurde mittlerweile eine andere GAME OF THRONES-Serie bestätigt, hat also das Testscreening bestanden, und einige weitere sollen sich wieder «in development» befinden. HBO plant mit der Ausstrahlung von HOUSE OF THE DRAGON für 2022. Grundlage ist Martins Chronik *Feuer und Blut*, die Aufstieg und Fall des Hauses Targaryen schildert, 300 Jahre vor den Ereignissen von GAME OF THRONES. Viele Darsteller sind bereits bekannt, darunter Paddy Considine (PEAKY BLINDERS, 2013–) als Viserys Targaryen, Olivia Cooke (READY PLAYER ONE, 2018) als Alicent Hightower und Matt Smith (THE CROWN, 2016–) als Prinz, dessen Name bereits einen Blick in dessen Seele zu bieten scheint: Daemon Targaryen.

Zumindest in der Planungsphase befindet sich «Tale of the Dunk and Egg». Der Titel klingt wie Comedy, das Format dürfte aber nicht allzu lustig ausfallen. Erzählt werden die Abenteuer von Ser Duncan dem Großen und Aegon Targaryen, der einem Auftragsmord der Lennisters zum Opfer fällt. Außerdem werden Prequels mit den Arbeitstiteln «9 Voyages», «10 000 Ships» und «Flea Bottom» diskutiert, die sich den Häusern Velaryion und Martell beziehungsweise einem Slum in Königsmund widmen.

Und so hat HBO zum zweiten Mal ein Quintett in die Entwicklung geschickt. Denn es gibt auch Gerüchte über eine zusätzliche, fünfte GAME OF THRONES-Serie. Eine, die am Zeichentisch entsteht. Und natürlich für Erwachsene ist.

---

12 *news.com.au*, bit.ly/3lvwHmR (30.06.2021).

«Adult animation»? So würde sich der Kreis zum HERRN DER RINGE von 1978 schließen. Der ist, mit Zeichentrick und Rotoskopie, einer der ersten Animationsfilme, die sich ausdrücklich nicht an Kinder richteten, aber von einer High-Fantasy-Welt erzählen.

Was wohl RINGE-Regisseur Ralph Bakshi zu einem GAME OF THRONES-Zeichentrick sagen würde?

Und erst zu THE LORD OF THE RINGS: THE WAR OF THE ROHIRRIM, dem kommenden animierten Mittelerde-Film?

Seine damalige Pionierarbeit wurde schließlich nicht als solche erkannt. «Keiner verstand damals, was ich tat!», sagt er.

Heute tut man es, umso mehr. Vielleicht empfindet Bakshi bald späte Genugtuung.

9.
Ausblick

Zum HERRN DER RINGE als auch zu GAME OF THRONES werden neue Kapitel aufgeschlagen, das HARRY POTTER-Universum begleitet uns seit bald 20 Jahren. Kann es dennoch passieren, dass das Fantasy-Genre erneut in den Dornröschenschlaf fällt? Dass keiner mehr «Sword and Sorcery»-Abenteuer sehen will?

Es ist schwer vorstellbar. Eine weitere (Zwangs-)Pause von 13 Jahren oder mehr, wie zwischen Ron Howards WILLOW von 1988 und Peter Jacksons HERR DER RINGE – DIE GEFÄHRTEN von 2001, ist unwahrscheinlich.

Denn der Markt für solche Erzählungen wird immer größer. Das Budget ist auch da. Und auch das wird immer größer. Das Vertrauen der Studios ist da. Bleibt hoffentlich. Die Effekte sind ebenfalls da. Sie werden nicht gerade schlechter.

Und in der Goldenen Ära des Fernsehens und Streamings sind auch endlich das Geld, die Geldgeber, der Sendeplatz und die Sendezeit da, solche Epen auch und gerade auf dem heimischen Bildschirm auszustrahlen.

In den frühen 1980er-Jahren lautete die Frage: Lassen sich Fantasy-Welten darstellen, ohne dass sie lächerlich wirken? Die heutige Frage ist eine andere: Gibt es noch irgendetwas, das sich *nicht* darstellen lässt?

Vielleicht ist das die Herausforderung: eine Übersättigung abzuwenden, weil wir bald glauben, alles gesehen zu haben. Alles, was unsere Fantasie ermöglicht.

Außerdem: Wo schlummern noch die literarischen Vorlagen, aus denen sich große Geschichten für Leinwand und TV stricken lassen? Wie viel Zeit müsste man andernfalls dem schnellsten und gleichzeitig fähigsten Writer's Room geben, um eine derart tiefgründige Erzählung zu erschaffen, dass sie einer J. K. Rowling, einem George R. R. Martin oder gar J. R. R. Tolkien gerecht würde?

Es ist kein Zufall, dass gerade solche Filme und Serien ein Remake erhalten, die in den 1980er-Jahren alle auf dieselbe Weise rezipiert wurden. Sie seien unter ihren Möglichkeiten geblieben, weil die Mittel fehlten. DER DUNKLE KRISTALL, CONAN DER BARBAR, DER WÜSTENPLANET, DIE REISE INS LABYRINTH... alle Werke, in denen es noch keine – oder nicht einwandfreie – Computereffekte gab, bekommen oder bekamen eine zweite Chance. Hinter den Revivals steckt also der Gedanke, dass die Anlagen eines Werks – Mythologie, Drehbuch, «worldbuilding» – einst schon vielversprechend waren.

Wie stilbildend über Generationen hinweg die Fantasy-Filme und -Serien der Neuzeit bleiben, DER HERR DER RINGE, HARRY POTTER oder GAME OF THRONES, könnte sich daran messen lassen, ob die ihnen zugrunde liegenden Romane jemals eine Neuverfilmung erhalten. Das scheint ausgeschlossen. Die Adaptionen vom *Herrn der Ringe* (drei Filme) und *Harry Potter* (acht Filme) sind ja auch deshalb so allumfassend, damit keiner auch nur auf die Idee eines Remakes kommt. Diese Filme haben mit Erscheinen sogleich das letzte Wort zum Thema gesprochen. Auch wenn Tom Bombadil da anderer Meinung sein dürfte.

All diese Storys, DER HERR DER RINGE, HARRY POTTER oder GAME OF THRONES, sind in endgültigen Versionen verfilmt. Sie lassen sich nicht neu erzählen. Selbst die kommende Tolkien-Serie von Amazon wird die Inhalte der *Ringe*-Trilogie nur streifen.

Die nächste Revolution in der Fantasy dürfte jedenfalls keine erzählerische, sondern wieder eine technische sein, basierend auf noch höheren Budgets. Das geheimnisumrankte AVATAR-Projekt James Camerons – vier Fortsetzungen am Stück, Drehstart zwar schon 2017, aber noch keine Inhalte bekannt, Gesamtbudget eine Milliarde Dollar – widmet sich jenem Planeten Pandora, der so psychedelisch ist, dass er die Sinne zu sprengen droht.

Er ist kein Fantasy-Film, deshalb wurde er in diesem Buch auch nicht behandelt, genauso wenig wie die Science-Fiction-Filme der STAR WARS-Reihe. Aber er ist ein großer Fantasie-Film. Einer, der Aufmerksamkeit auf jenes Erzählkino lenkt, das fremde Welten erschafft und bei uns dadurch umso größere Überzeugungsarbeit leisten muss.

Vielleicht gelingt Regisseur Cameron eine neue optische Revolution, wie er sie mit dem ersten AVATAR von 2009 anführte. Die Begeisterung für 3D-Effekte ließ zuletzt nach. Es hat den Anschein, als würden Filme wie AVENGERS: ENDGAME nur noch zur Rechtfertigung höherer Kinoticket-Preise in 3D anlaufen, was wiederum zu einem höheren Einspielergebnis führt.

Die erste der vier AVATAR-Fortsetzungen wird ein Jahr nach Erscheinen dieses Buchs in die Kinos kommen. Sogar «Avatar 5» hat schon einen Starttermin.

Er klingt wie Zukunftsmusik: 22. Dezember 2028.

Vielleicht haben wir bis dahin schon einen Menschen auf den Mars gebracht.

Wie wird ein Fantasy-Film gemacht sein, der in sieben Jahren in die Kinos kommt? Pandora war in 3D eindrucksvoll. Aber wie hätte Krull in 3D ausgesehen, wie Thra, König Artus' EXCALIBUR-England, Phantásien, wie das Hyborische Zeitalter, durch das Conan streift? Fantastische Welten, in denen wir uns einrichten möchten. Und die aufregender sind als unsere.

Es gibt sie nicht. Das ist traurig – und tröstlich zugleich.

Danksagung

Ich danke meiner Frau Ines, meinen Kindern Ted und Polly für Inspiration und Zuspruch.

Meiner Mutter Ingrid, die mich schon in frühen Jahren viele der Filme sehen ließ, von denen dieses Buch handelt. Ich bin der festen Überzeugung, dass man für bestimmte Erfahrungen nicht jung genug sein kann.

Annette Schüren und Erik Schüßler vom Schüren Verlag. Für den Rat und die Vorschläge, die dieses Buch bereichern.

Besonderer Dank gilt meinen Freunden, mit denen ich über viele Jahre, zum Teil Jahrzehnte über die Filme und Serien meines Lebens sprechen darf oder durfte. Andreas Jung, Peer Steinwald, Dirk Krampitz, Daniel Krüger, Marc Vetter, Arne Willander, Reza Jan Mansouri, Harry Booth, Andrew Blackman, Katharina Lauck, Philipp von Roeder, Denise Schöwing, Hartwig Vens, Markus Brandstetter, Jens Kaffenberger, Martin von den Driesch, Fabian Peltsch, Jörg Petri, Amir Molad, Stefan Feldt.

Literaturverzeichnis

Aguirre-Sacasa, Hack / Robert, Morelli, Jack: *Chilling Adventures of Sabrina*. Archie, 2014.

Auf Los geht's los, 1984, bezogen über: bit.ly/2CW18lU (30.06.2021).

Ayala, Nicolas: The Witcher's Budget: How Much The Netflix Show Cost To Make. In: *Screenrant*, 16.08.2020, bit.ly/3aMYLzs (30.06.2021).

Bardugo, Leigh: *Goldene Flammen (Legenden der Grisha, Band 1)*. Knaur, 2020.

Bisset, Jennifer: The Mandalorian Is The Most Pirated Show of 2020. In: *C/Net*, 03.01.2021. c.net.co/3vjCXDd (30.06.-2021).

Biskind, Peter: *Easy Riders, Raging Bulls*. Simon & Schuster, 1999.

Blumberg, Arnold T., Woodard, Scott. A: *Cinema and Sorcery: The Comprehensive Guide to Fantasy Film*. Green Ronin Publishing, LLC, 2016.

Blatty, William Peter: *Der Exorzist*. Festa Verlag, 2019.

Blowen, Michael: The NeverEnding Story. In: *The Boston Globe*, 20.07.1984.

Bobbie Wygant Archives, bezogen über: bit.ly/2HiUkAC (30.06.2021).

Boorman, John: *Adventures of a Suburban Boy*. Faber & Faber, 2004.

Boorman, John: *Excalibur-Audiokommentar*, Warner Bros. / Universal Pictures, 2011.

Boorman, John: Interview. In: *Empire*, November 2020.

Bowie, David: Interview über Die Reise ins Labyrinth. In: *Movieline*, 13.06.1986.

Box Office Mojo: *The NeverEnding Story*. bit.ly/2QmcP8u (30.06.2021).

Brien, Jörn: Apple, Amazon und mehr: Top 7 der Tech-Riesen gewann 2020 über 3 Billionen an Wert. In: *t3n*, bit.ly/39QaVHt (30.06.21).

Callaway, John: Interview mit Frank Herbert. In: *WTTW*, 1977. Bezogen über: bit.ly/342IwLK (30.06.2021).

Camp, Paul: How Many D&D Players are there Worldwide? In: *dungeonvault.com*, bit.ly/39GP1Gh (30.06.2021).

Canby, Vincent: Hensons «Crystal«. In: *The New York Times*, 17.12.1982. nyti.ms/3hnARfe (30.06.2021).

Cline, Ernest: *Ready Player One*. Fischer TOR, 2017.

Cogman, Brian / Martin, George R. R.: *Inside HBO's Game of Thrones*, Orion Publishing Group, 2012.

Collins, Pádraig: Kill Bilbo! Weinstein ‹threatened to hire Tarantino› for Lord of the Rings. In: *The Guardian*, 03.05.2018.

Cook, Sam: 50+ Netflix statistics & facts that define the company's dominance in 2021. In: *Comparitech*, 06.04.2021, bit.ly/ 2ZnvoOB.

Corliss, Richard: Holiday Movie Preview: The Lord Of The Rings: The Two Towers. In: *Time*, 23.12.2002, bit.ly/2ED0gU5 (30.06.2021).

Corliss, Richard: Cinema: The Fantasy Film as Final Exam. In: *Time*, 17.12.1984.

Csathy, Peter: Amazon Prime Video: The Stealthy, Ominous Streaming Force. In: *Forbes*, 31.01.2020, bit.ly/3tEIPqi (30.06.2021).

Dankert, Birgit: *Michael Ende: Gefangen in Phantásien*. Lambert Schneider, 2016.

Dick, Philip K: *Träumen Androiden von elektrischen Schafen?* Fischer TOR, 2017.

Ebert, Roger: Dune. In: *Chicago Sun-Times*, 01.01.1984.

Ebert, Roger: The NeverEnding Story. In: *Chicago Sun-Times*, 01.01.1984.

Ende, Michael: *Die unendliche Geschichte*. Thienemann Verlag, 1979.

Eyssen, Remy: *Die unendliche Geschichte – Der Film*. Heyne, 1984.

Finch, Christopher: *The Making of* THE DARK CRYSTAL, Henson / Mitchell Beazley, 1983.

Fowler, Matt: GAME OF THRONES: «The Dragon and the Wolf» Review. In: *IGN*, 28.08.2017, bit.ly/2R86NMc (30.06.2021).

Froud, Brian: *The Making Of* THE DARK CRYSTAL. Bezogen über: bit.ly/34u2Nub (30.06.2021).

Giesen, Rolf: *Der Phantastische Film*. Ebersberg/Obb.: Edition 8 ½, 1988.

Hanson, Dian: *Masterpieces of Fantasy Art*. Taschen, 2020.

Harryhausen, Ray / Dalton, Tony: *The Art of Ray Harryhausen*. Watson-Guptill, 2008.

Herbert, Frank: *Der Wüstenplanet*. Heyne, 2016.

Herbert, Frank: *Eye*. iBooks, 2005.

Hibberd, James: *Feuer kann einen Drachen nicht töten:* GAME OF THRONES *und die offizielle, noch unbekannte Geschichte der epischen Serie*. Penhaligon Verlag, 2020.

Hibberd, James: GAME OF THRONES writer Bryan Cogman developing a 5th prequel series. In: *Entertainment Weekly*, 20.09.2017, bit.ly/3gQIY6v (30.06.2021).

Hjorstberg, William: *Legend of Darkness*, «Legend Making». In: Harvest Moon Publishing, 2002. Bezogen über: bit.ly/34mKp6m (30.06.2021).

Holburg, Knut: Die erfolgreichsten deutschen Filme aller Zeiten. In: *Filmstarts*, 30.05.2014, bit.ly/3eCfuqq (30.06.2021).

Hudson Union, The: *A Conversation With David Lynch*. 17.02.2010, bit.ly/3hkm9pn (30.06.2021).

Jensen, Jeff / Fierman, Daniel: Inside Harry Potter. In: *Entertainment Weekly*, 14.09.2001. bit.ly/3fgpSny (30.06.21).

Jolin, Dan: When Harry Met Frodo. In: *Empire*, 4/2021.

Jones, Alan: The Making of LEGEND. In: *Cinefantastique,* Januar 1986.

Jones, Brian Jay: *Jim Henson: The Biography*. Ballantine Books, 2016.

Kain, Erik: A New Show Has Replaced «THE WITCHER» As The Most Popular Series On Netflix. In *Forbes*, 29.01.2021, bit.ly/3dPBIpA (30.06.2021).

Kehr, Dave: THE DARK CRYSTAL. In: *Chicago Reader*, bit.ly/3la3bUu. (30.06.2021).

King, Stephen: über GAME OF THRONES. *Twitter*, 17.05.2019, bit.ly/3gMpT5C (30.06.2021).

Kothenschulte, Daniel: *Das Walt Disney Filmarchiv. Die Animationsfilme 1921–1968*. Taschen, 2020.

Lacey, Liam: THE HOBBIT: An epic adventure that's hard on the eyes. In: *The Globe and Mail*, 14.12.2012. tgam.ca/2FiIgOI (30.06.2021).

Lachapelle, Tara: Has Netflix Peaked? In: *Bloomberg*, 20.04.2021, bloom.bg/3goh1Tv (30.06.21).

Levin, Ira: *Rosemary's Baby*. Corsair, 2011.

Lynch, David: *Lynch über Lynch*. Verlag der Autoren, 2006.

Lynch, David und McKenna, Kristine: *Traumwelten: Ein Leben*. Heyne, 2018.

Malory, Thomas: *Le Morte D'Arthur*, Wordsworth Editions Ltd, 1996.

Mahir, Wasif: 15 Most Expensive To Produce Netflix Original Series (& How Much They Cost To Make). In: *Screenrant*, 29.03.2021, bit.ly/3eTJT4H (30.06.2021).

Martin, Emmie: Here's how much it costs to produce one episode of GAME OF THRONES. In: *CNBC*, 14. April 2019 (30.06.2021).

Martin, George R.R.: *A Game of Thrones*, Bantam, 1996.

Martin, George R.R.: *A Clash of Kings*, Bantam, 1998.

Martin, George R.R.: *A Storm of Swords*, Bantam, 2000.

Martin, George R.R.: *A Feast for Crows*, Bantam, 2005.

Martin, George R.R.: *A Dance with Dragons*, Bantam, 2011.

Martin, George R.R.: GAME OF THRONES Author George R.R. Martin's Top 10

Fantasy Films. In: *The Daily Beast*, 16. Juli 2017, bit.ly/3fqXsr5 (30.06.2021).

Maslin, Janet: Sorcery and Immortality in DRAGONSLAYER. In: *The New York Times*, 26.06.1981.

Mendelsohn, Scott: THE HOBBIT' Trilogy Grossed Almost $3 Billion And No One Cared. In: *Forbes*, 11.02.2015, bit.ly/32UeAzR (30.06.2021).

Meyers, Stephenie: *Bis(s) zum Morgengrauen (Bella und Edward 1)*. Carlsen, 2017.

Milius, John: *CONAN DER BARBAR – Audiokommentar*. Concorde Video, 2004.

Miller, Frank: *300*. Dark Horse Books, 1999.

Miller, Frank: Interview über CURSED – DIE AUSERWÄHLTE. In: *Total Film*, Juli 2020.

Miller, Frank: *Sin City 1: Stadt ohne Gnade*. Cross Cult, 2011.

Miller: Frank: *The Dark Knight Returns*. DC Comics, 2016.

Miller: Frank: *The Killing Joke*. Titan Books, 2019.

Müller, Jochen: «TNT Serie mit mehr als drei Millionen Abonnenten». In: *Blickpunkt: Film*, bit.ly/3etW3jf (30.06.2021).

Nathan, Ian: *Anything You Can Imagine: Peter Jackson and the Making of Middle-Earth*. HarperCollins, 2018.

Nathan, Ian: The World Is Changed. In: *Empire*, 4/2021.

NBC: *Interview mit Frank Herbert*, 1982. Bezogen über imdb.to/32kzjw2 (30.06.2021).

Nellie, Andreeva: Amazon Sets ‹The Lord of the Rings› TV Series In Mega Deal With Multi-Season Commitment. In: *Deadline*, 13.11.2017. bit.ly/3hiYjsZ (30.06.2021).

Niasseri, Sassan: GAME OF THRONES: Im Herz der Fantasy. In: *ME. Movies*, 02/2016.

Nietzsche, Friedrich: *Götzen-Dämmerung*. Niko, 2017.

Odell, David: Working With Jim Henson. In: *David Odell*. darkcrystal.com. bit.ly/2FJZmFV (30.06.2021).

Pfau, Ulli: *Phantásien in Halle* 4/5. DTV, 1987.

Plume, Ken: An Interview with John Milius. In: *IGN*, 20.05.2012 (30.06.2021).

Power, Ed: Ridley Scott's beautiful dark twisted fantasy: the making of LEGEND. In: *The Telegraph*, 30.09.2015.

Riedel, Michael: *Singular Sensation: The Triumph of Broadway*. Avid Reader Press, 2020.

Rinzler, J.W.: *The Complete Making of Star Wars*. Del Rey, 2007.

Rinzler, J.W.: *The Complete Making of The Empire Strikes Back*. Quarto Publishing Plc, 2010.

Rinzler, J.W.: *The Complete Making of The Return Of The Jedi*. Del Rey, 2013.

Robinson, Joanna: GAME OF THRONES Show-Runners Get Extremely Candid About Their Original «Piece of Sh—t» Pilot. In: *Vanity Fair*, 03.02.2016, bit.ly/34aacgt (30.06.2021).

Roeper, Richard: THE HOBBIT: AN UNEXPECTED JOURNEY. In: *richardroeper.com*, bit.ly/33bPAE9 (30.06.2021).

Rowling, J.K.: *Harry Potter and the Philosopher's Stone*. Bloomsbury, 1997.

Rowling, J.K.: *Harry Potter and the Chamber of Secrets*. Bloomsbury, 1998.

Rowling, J.K.: *Harry Potter and the Prisoner of Askaban*. Bloomsbury, 1998.

Rowling, J.K.: *Harry Potter and the Goblet of Fire*. Bloomsbury, 2000.

Rowling, J.K.: *Harry Potter and the Order of the Phoenix*. Bloomsbury, 2003.

Rowling, J.K.: *Harry Potter and the Half-Blood Prince*. Bloomsbury, 2005.

Rowling, J.K.: *Harry Potter and the Deathly Hallows*. Bloomsbury, 2007.

Sailor, Craig: Noah Hathaway shares his neverending Hollywood story. In: *The News Tribune*, 15.08.2015, bit.ly/3mSStmr (30.06.2021).

Sapkowski, Andrzej: *Das Erbe der Elfen: Die Hexer-Saga 1*. DTV Verlagsgesellschaft, 2019.

Schwarzenegger, Arnold: *CONAN DER BARBAR – Audiokommentar*. Concorde Video, 2004.

Schwarzenegger, Arnold: *Interview.* Bezogen über: bit.ly/3gzbxBR, 1982. (30.06.2021).

Seeßlen, Georg: *David Lynch und seine Filme*. Schüren Verlag, 2006.

Sewell, Justin: Exclusive: Official Show Synopsis for Amazon's Lord of the Rings Series. In: *The One Ring*, 12.01.2021, bit.ly/3bZlfhW (30.06.21).

Shales, Tom: *Movies*. In: The Washington Post, 24.04.1986.

Sims, David: GAME OF THRONES Delivers Its Most Cataclysmic Episode. In: *The Atlantic*, 12.05.2019, bit.ly/32yrMLB (30.06.2021).

Siskel, Gene: LEGEND may become one, but for all the wrong reasons». In: *Chicago Tribune*, 18.04.1986, bit.ly/3t51hbs (30.06.2021).

Stewart, Patrick: Podiumsgespräch bei *Omega Ordained*, bit.ly/3aPagW4 (30.06.2021).

Stoll, Julia: Estimated number of Apple TV Plus users in the United States 2019 and 2020. In: *Statista*, 13.01.2021, bit.ly/3ltQB3c (30.06.21).

Stone, Oliver: *Chasing The Light – die offizielle Autobiografie*. FinanzBuch Verlag, 2020.

Stone, Oliver: Interview. In: *Empire*, September 2020.

Susko, Jenna / Schrader, Matt: Filmmakers Claim HARRY POTTER Lifted Ideas From Their 1986 Film. In: *NBC Los Angeles*, 17.08.2019, bit.ly/306DPOm (30.06.2021).

Taylor, Paul: DRAGONSLAYER. In: *Time Out*, bit.ly/3ck5sbN (30.06.2021).

The Telegraph: *Interview with J. R. R. Tolkien*, 22.03.1968, bit.ly/35SIGqe. (30.06.21).

Tolkien, J. R. R.: *The Hobbit*, Houghton Mifflin Harcourt, 2014.

Tolkien, J. R. R.: *The Lord Of The Rings – The Fellowship of the Ring*, Houghton Mifflin Harcourt, 2014.

Tolkien, J. R. R.: *The Lord Of The Rings – The Two Towers*, Houghton Mifflin Harcourt, 2014.

Tolkien, J. R. R.: *The Lord Of The Rings –The Return Of The King*, Houghton Mifflin Harcourt, 2014.

Unbekannt: A Princely Hero, Conquers The Toy Market. In: *New York Times*, 18.12.1984, nyti.ms/R52ykD (30.06.2021).

Unbekannt: LEGEND. In: *Variety*, 31.12.1985.

Unbekannt: Das Millionen-Märchen ohne Ende. In: *Der Spiegel*, 02.04.1984.

Unbekannt: Number of HBO subscribers worldwide from 2010 to 2017. In: *Statista*, Datum unbekannt, bit.ly/3ygZT8t (30.06.2021).

Unbekannt: «Shadows of the Darkness» und «A Dark Day», LEGENDE-Dokus, bezogen über: bit.ly/3iYu1Nw. (30.06.2021).

Unbekannt: Top 1986 Movies at the Worldwide Box Office. In: *The Numbers*, bit.ly/31KS1y5 (30.06.2021).

Unbekannt: The World's Most Powerful Female Entrepeneurs, In: *Forbes*, 22.05.2013, bit.ly/3jstbsK (30.06.21).

Villeneuve, Denis: Interview über DUNE. In: *Empire*, 10/2020.

Weiner, David: We Never Had an Ending: How Disney's BLACK HOLE Tried to Match STAR WARS. In: *The Hollywood Reporter*, 13.12.2019 (30.06.2021), bit.ly/2PuptW4 (30.06.2021).

Welch, Alex: Sunday Cable Rating: GAME OF THRONES series finale sets new records». In: *TV By The Numbers,* 21.05.2019, bit.ly/3tSvJWF (30.06.2021).

Wigney, James: Naomi Watts on Penguin Bloom, acting after 40 and her cancelled GAME OF THRONES prequel. In: *News.com.au*, 30.11.2020, bit.ly/3lvwHmR (30.06.2021).

Wortman, Marc: Sir Peter and the Airplane Thief. In: *Vanity Fair*, 3/2021.

Žižek, Slavoj: GAME OF THRONES tapped into fears of revolution and political women – and left us no better off than before. In: *The Independent*, 22.05.2019, bit.yl/3hAwdtx (30.06.2021)

Titelregister

Namensregister